核心江南

——世界罕见的苏州西部丘陵山区历史文化

徐国保 著

东南大学出版社
·南京·

内容简介

作者用"异域之眼",经实地踏察,以翔实、丰赡的史料和严谨的信史,全景式展示了苏州西部丘陵山区万年以来这方被誉为"世界罕见"的"核心江南""天堂中的天堂"的奇观异境,打开了一扇让世界读懂"江南文化之根"乃至中华文化的"最美窗口";博采众长,产业变革、创造性转化、创新性发展中国式现代化的绿色发展理念,拓展了人类文明新形态,开辟了马克思主义中国化时代化的新境界。

本书史料详实,内涵深刻,条分缕析,图文并茂,诗情画意,既是复活往事的历史叙述,也是连接古今的纪实文学,更是一部坚持文化自信、走好中国道路、从历史走向未来的学术专著,向世人输送出具有共享性、接地气的高价值观点。

图书在版编目(CIP)数据

核心江南:世界罕见的苏州西部丘陵山区历史文化 / 徐国保著. — 南京:东南大学出版社,2023.8
　ISBN 978-7-5766-0814-4

Ⅰ. ①核… Ⅱ. ①徐… Ⅲ. ①丘陵地-文化史-苏州 Ⅳ. ①K295.33

中国国家版本馆 CIP 数据核字(2023)第 143181 号

责任编辑:张丽萍　责任校对:张万莹　封面设计:毕　真　责任印制:周荣虎

核心江南——世界罕见的苏州西部丘陵山区历史文化
HEXIN JIANGNAN——SHIJIE HANJIAN DE SUZHOU XIBU QIULING SHANQU LISHI WENHUA

著　　者	徐国保
出版发行	东南大学出版社
社　　址	南京市四牌楼2号　邮编:210096　电话:025-83793330
出 版 人	白云飞
网　　址	http://www.seupress.com
电子邮箱	press@seupress.com
经　　销	全国各地新华书店
印　　刷	南京迅驰彩色印刷有限公司
开　　本	700 mm×1000 mm　1/16
印　　张	30.25
字　　数	593 千字
版　　次	2023年8月第1版
印　　次	2023年8月第1次印刷
书　　号	ISBN 978-7-5766-0814-4
定　　价	198.00元

本社图书若有印装质量问题,请直接与营销部联系。电话:025-83791830

自 序

"人人尽说江南好,游人只合江南老。春水碧于天,画船听雨眠。垆边人似月,皓腕凝霜雪。未老莫还乡,还乡须断肠。"韦庄在《菩萨蛮·人人尽说江南好》里把"江南好"这个主题强调到无以复加的程度,令多少人为江南意乱情迷。

其实,江南在史前是很荒凉的。司马迁在《史记》中对江南的描述是:"地广人希,饭稻羹鱼,或火耕而水耨。"[①]《汉书·严助传》中亦说:"南方暑湿,近夏瘅热,暴露水居,蝮蛇蠚生,疾疠多作",当时每平方千米只有2～3人[②],而且人的寿命一般都不长,曾被中原人视为畏途。

苦难的背后是伟大。不怕死的先吴人不离不弃,为了生存,"断发文身",浮大泽,劈草莱,战怪兽,斗蝮蛇,血战前行,独具一种强悍、刚健、习水的风骨。面对"早夭",顽强拼搏,苦难与艰苦奋斗是他们生命的本源。而到南朝刘宋时,情况已经大变,《宋书》载:"江南之为国盛矣。……地广野丰,民勤本业,一岁或稔,则数郡忘饥。……丝绵布帛之饶,覆衣天下。"这种壮美从何而来?主要原因有二:

一是先吴人与洪水搏斗、与猛兽厮杀出来的。远古时,"天倾西北,地陷东南",大禹带领广大民众治水,"三江既入,震泽底定",由此莺飞

[①] 司马迁:《史记》,甘肃民族出版社,1997年,第851页。
[②] 据《汉书》卷二十八《地理志》统计。

草长，杂花生树，朦朦胧胧胜天国。他们或行走于芦苇丛林，或行走于湖边，或飞身于流云之外，偶尔也会遇见老虎。据《江南府志》记载，江南曾是我国特有的虎亚种——华南虎（中国虎）的出没地。2022年8月，在太湖西北岸宜兴市丁埂遗址发现4 500～5 000年前典型的良渚文化"虎纹刻符"石钺，该石钺正反两面皆有一只老虎图案就是例证。《越绝书》中曰：在筑造吴王阖闾（又作阖庐）陵墓之时，"筑三日而白虎居上，故号为虎丘"[1]。三部明代志书都记载了一件事，那就是在今天苏州西部的东山镇有一个武山，本名虎山，是吴王养虎的地方[2]。《崇祯吴县志》中又载：邓尉山，在光福里锦峰山西南，去城七十里……山之西北为虎山。今日之浒墅关镇原名"虎䵺"，因唐代讳虎，改为"浒䵺"；五代吴越王钱镠忌"䵺"，遂改名为"浒墅"。至清代中期，"虎啸江南"才基本成为历史。即使在老虎存在的漫长时期内，元元也不离不弃：一方面是江南不但有70%以上的森林覆盖率，其中还有大量可供捕食的野猪、麋鹿等大中型动物，老虎有足够的捕食领域，不需要冒险侵犯人类，所以人类"与虎为友"，故江南人的虎崇拜要早于龙崇拜；另一方面，民众有时误入虎的"领地"，也不乏江南"武松"，不仅男子，就连妇女、儿童面对老虎也不示弱。

二是以人为本、自强不息奋斗出来的。马克思指出："主体是人，客体是自然……"[3] 江南人用坚持诠释热爱，用汗水血水浇灌梦想，千磨万击，韧性依旧，锻造出美的开端。公元313—1126年的800多年时间内，由于北方战乱，在三次"衣冠南渡"（西晋末年的八王之乱、唐玄宗天宝年间的安史之乱、宋代的靖康之难）中，江南接纳了中原近千万的南迁汉人，成为一个人丁兴旺、文教发达、美丽富庶的地区，由此江南也从最早的蛮荒之地，变为首善之区，彰显出大爱无疆，"不私，而天下自公"[4] 的

---

[1] 《越绝书》，张仲清译注，中华书局，2020年，第30页。
[2] 《苏州府志》和清末徐崧先所著《香山小志》。
[3] 《马克思恩格斯选集》第二卷，人民出版社，1972年，第88页。
[4] 马融：《忠经·广至理章第十二》

气象，见证了整个中国历史的发展。这些真情实感的历史故事，代代相传，直到当下，四方人杰依旧奔"三吴"。它反映了人民对美好生活的向往，江南也由此成为人们心目中的世外桃源。

江南的花儿繁盛，但最美的花儿在苏州西部；那里的民众不一定都是诗人，但他们都在诗意地生活，成为传统与现代的双面绣，展现出美丽江南绿肥红瘦社会经济发展的全新版图。她超越了"卡夫丁峡谷"，证实了马克思的伟大论断——东方经济文化落后国家可能"不通过"资本主义的发展阶段，既继承资本主义时代的成就，又免遭资本主义制度带来的苦难——即卡夫丁峡谷，直接进入社会主义并进行社会主义建设。俄国十月革命在"帝国主义统治链条上的薄弱环节"取得社会主义的"一国胜利"，使社会主义从理论和运动变成现实制度和现代化实践，并在"二战"后从一国发展到多国。但随着苏联和东欧社会主义国家改旗易帜，跨越"卡夫丁峡谷"的现代化探索半途而废。今天，实现中华民族伟大复兴进入了不可逆转的历史进程，标志着中国作为第一个成功走出社会主义现代化道路的国家，实现了马克思的伟大构想，为人类社会探索面向未来新的文明形态提供了中国方案，让科学社会主义在21世纪焕发出新的无穷美妙的蓬勃生机，不断谱写出马克思主义中国化时代化的新篇章。她既是世界和平与发展的希望之光，也是世界新型文明的希望之光，正如英国著名历史学家汤因比所说："就中国人来说，几千年来，比世界任何民族都成功地把几亿民众，从政治、文化上团结起来。他们显示出这种在政治、文化上的统一的本领，具有无与伦比的成功经验，……可能要发挥主导作用，其理由就在这里。"[①]

"太湖风光美，精华在吴中。"我边走边饱览这方面积不足800平方千米的美好湖山，寻思着这片古老土地上的风尘旧梦，默念着这片土地上灼热而纯粹的故事，更想倾听这片醇乡厚地的声音——斑驳的石板、苍老的"旧房"、众多的"国宝"级文物，既有1万年前的三山岛旧石器时代晚期

---

① 汤因比、池田大作：《展望二十一世纪——汤因比与池田大作对话录》，荀春生、朱继征、陈国梁译，国际文化出版公司，1985年，第294页。

人类文化遗址，又有 3 亿年前的"活化石"松叶蕨，更有被称为"水中大熊猫"的约 5.5 亿年前即存在的桃花水母；暖暖的人间烟火，缓缓的流水，游动的鱼，飞翔的鸟，参天的果木，充满了生命的力度……时光静好的江南味道一览无遗，沉醉得不知归路！难怪史树青、罗哲文、吕济民、刘建业四位文史大家在 2002 年 12 月共议呈送给党和国家领导人的信中说："在世界范围内有这样优厚人文与自然资源的地方也是极为罕见的。"亦无怪乎商朝晚期的泰伯与仲雍，春秋时期的伍子胥、孙子，秦末汉初的"商山四皓"……皆奔吴。

山水传情，聚力同行。唐敬宗宝历元年（825）五月至二年九月白居易任苏州刺史时，不仅为苏州百姓留下了善政，也留下了描写吴中山水美景和民风民俗的大量诗篇，表达了诗人对苏州的热爱之情。借此，愚人摘其一首：

吴中好风景二首（其二）

［唐］白居易

吴中好风景，风景无朝暮。晓色万家烟，秋声八月树。
舟移管弦动，桥拥旌旗驻。改号齐云楼，重开武丘路。
况当丰岁熟，好是欢游处。州民劝使君，且莫抛官去。

作为一名苏州人，平添了一股自豪。历史不是任人打扮的小姑娘，"一切历史都是当代史"。苏州西部的寂静空灵，一绿（草地）一蓝（天空）、一实一虚间尽显万般变幻，无不洋溢着诱人的灵气，正如晚清刘熙载在《艺概·诗概》中所说："野者，诗之美也。"这美好而纯真的景致，烙在我的灵魂深处，长长久久，于是我乘新冠疫情蜗居在家之机，翻阅历史古籍，边发掘边深研。所以近三年我成了时间的富翁。"平生不作难言事，且向灯前直笔书。"在疫情管控放松的间隙到实地勘察，看到了先人留给我们无数的历史宝贝；天气晴好时，敝人常站在修筑的苏州西部湖堤上，呼吸着从湖面飘来的清新湿润空气，静听着堤下悠悠荡漾的潮声，遥想万年前这里古人活动的场景，千年前吴越夫椒之战的烽火及世界上"真正的航天始祖"——明朝的士大夫万户在苏州西部穹窿山旁驾着自制的人类史上第一架载人飞行器——"飞车"上天、在空中爆炸捐躯的献身精神[①]，心底热血涌动，眼中生发出他们与蓝天同在、与日月共存的身影，胸中化作"一池春水"，洋溢着烈铮铮的史迹馨香。

文脉形成于历史，造化于万象。有梦想、有奋斗，一切美好的东西都能够创造出来。吴中区是苏州西部丘陵山区的主要所在地，它脱胎于秦朝设立的吴县，历史悠久，亦是江南文化的发源地和核心区。它犹如鸟儿虽小，但玩的却是整个天空，正如史蒂芬·霍金所指出的，果壳中隐藏着宇宙。在新形势下，该区重塑空间，革命形态，出现了许多意想不到的奇迹，交出了一份以"强富美高"为鲜明标志的时代答卷。

历史最大的魅力就在于，只要我们能够去细细品读，它就永远能够给予我们惊喜。藏匿在苏州西部丘陵山区西北侧的苏州高新技术开发区（虎丘区），创新之潮奔涌不息。狮子山下的"四新经济"（新技术、新产业、新业态、新模式）花开四季、姹紫嫣红，"两业融合"（先进制造业和现代服务业）引领的产业高地既有"颜值"更有"韵味"，展现出中国式现代化的崭新图景。

人们常说，浅水是喧哗的，深水是沉默的。在奇迹面前，他们"却卑处一隅，像一位绝不炫耀、毫无所求的乡间母亲，只知贡献"，实现了"双重超越"（超越苏联社会主义模式和西方资本主义道路）的中国式现代化，这就是苏州西部丘陵山区民众的可贵之处。以千古之辉光，映照人心之清凉。幸福本身是朴素的，低调也是一种力量。他们正借着太湖的微风，穿越古老的时间之门，引领所有痴迷于"人间天堂"的人，大步迈向更加美好的明天。一位作家说："人，用尽一生的时光，寻找自己内心深处的天堂。"我想，这人间天堂远在天边，近在眼前，苏州西部丘陵山区就

[①] 徐国保：《吴文化的根基与文脉》（第2版），东南大学出版社，2018年，第58页。14世纪末，明朝的士大夫万户用47枚自制的火箭捆绑在椅子上，点燃后飞上天空，爆炸身亡。在20世纪70年代一次国际天文联合会上，月球上一座环形山被命名为"万户"。

是一个现实世界中的"桃花源"！费孝通先生笔下的"各美其美"，已幻化成苏州西部丘陵山区的一花一草、一街一景，放射出五彩缤纷的心灵彩虹，使人的身心得到了抚慰，体现了马克思主义中国化的新飞跃。如图0-1。

图0-1 苏州西部丘陵山区范围地形概况图

二〇二二年九月十九日于苏州寓所

目　录

第一章　神秘古城世所罕见　满目烟云余韵悠长 ············ 001
　一、春秋时期特大古城，弥足珍贵文化瑰宝 ············ 002
　二、百花齐放探寻真相，学术争鸣五彩纷呈 ············ 010
　三、开释神都历史密码，波澜壮阔时代画卷 ············ 019

第二章　垂文贤俊书香世界　群星闪耀光照四海 ············ 045
　一、孙武隐居苏州西部，兵法成就光照千秋 ············ 046
　二、酷爱读书的朱买臣，创建生态的赵宧光 ············ 055
　三、先忧后乐的范仲淹，最有创意的金圣叹 ············ 072

第三章　吴国王陵见证历史　考古发现文化富矿 ············ 091
　一、真山古墓震惊世人，琳琅满目艺术宝库 ············ 092
　二、阖闾筑城雄居东南，千古之谜神秘虎丘 ············ 101
　三、夫差创造世界之最，宁死不屈拔剑自刎 ············ 127

第四章　集聚内外人财资源　首创山顶皇家园林 ············ 141
　一、建高大通天姑苏台，志在四方顶天立地 ············ 141
　二、物阜民丰基础厚实，文化底蕴源远流长 ············ 159
　三、虽由人作宛自天开，东方智慧奇观意境 ············ 166

第五章　人类最早备战运河　世界最长运河渊源 …… 183
一、世界最早备战运河，平战结合恩泽江南 …… 183
二、大运河发轫于望亭，浒墅关船埠是渊薮 …… 196
三、不断提高水生产力，大兴水利发展经济 …… 213

第六章　商山四皓隐居西山　烟雾缭绕若隐若现 …… 237
一、夫椒之战奠定霸业，实力雄厚显名诸侯 …… 239
二、"商山四皓"隐居西山，清韵古风历历在目 …… 250
三、以本然之心造两山，青山妩媚湖水旖旎 …… 268

第七章　摩崖石刻遍布山岭　文化资源斑斓多姿 …… 287
一、石刻文化历史悠久，精练幽雅造诣颇深 …… 288
二、石刻群落分布密集，名家荟萃精彩纷呈 …… 297
三、保护修复历史遗产，挖掘内涵传承光大 …… 327

第八章　奇巧工匠层出不穷　大师辈出名震中外 …… 332
一、香山匠人名震中外，能工巧匠层出不穷 …… 333
二、苏绣之盛冠于全国，碧螺春茶香飘世界 …… 355
三、民间绝技精彩纷呈，道技合一穿越时空 …… 370

第九章　薪火相传澎湃动能　点绿成金诗意无限 …… 405
一、太湖山水古吴文化，独特文明钟灵毓秀 …… 406
二、海纳百川自成一体，强富美高烟波胜景 …… 426
三、道法自然系统修复，以绿生金诗意生活 …… 448

后　记 …… 473

第一章
神秘古城世所罕见　满目烟云余韵悠长

　　无论是江南的人、江南的物，还是江南的文、江南的武，在江南这片土地上都拥有令中华民族魂牵梦萦的独特魅力。她崇勇尚智又文秀典雅、安礼乐仪又旷达洒脱、阳春白雪又市井浮生、抱诚守真又海纳百川，使人在欣赏苏杭"人间天堂"烟波胜景的同时，又深感江南历史文化的厚重，加之勾吴又是周朝的第一诸侯国，处处充满了神奇，尤其是苏州西部丘陵山区，花繁四季，气象万千，一万年之前的吴中三山岛上就有人类活动，在这"起点"类的遗迹中，留下了极为精彩的文明故事。对此，司马迁早年南游就曾到过吴中；也因为如此，现代的史树青、罗哲文、吕济民、刘建业四位文史大家于2002年10月专程到苏州西部调研考察，并于当年12月共议向江泽民报告："在世界范围内有这样优厚人文与自然资源的地方也是极为罕见的。"

　　古人云：山不在高，有仙则灵。江南的山，不胜在气势，乃胜在文化。苏州虽说有145个山丘，但海拔200米（含）以上的山（200米以上为山，200米以下为丘）只有10多座，除一座（常熟虞山263米）地处东部外，其余基本上都在苏州西部太湖之滨。最高的"一览众山小"的穹窿山也只有341.7米，可谓山温水软，青翠欲滴。可就在这幽香墨兰之中，2000年11月至2002年6月间，考古工作者在苏州西部穹窿山、灵岩山、五峰山、七子山、胥山与香山之间的盆地中发现了全国最大的春秋古城遗址——苏州木渎春秋古城遗址（简称"木渎古城遗址"），这一惊世大发现犹如一只黑天鹅，简直不可思议。众多考古学家立即投入了抢救性发掘。木渎古城遗址依山傍水，南北两道城墙之间的距离约6 728米，东西两道城墙之间的距离约6 820米，呈不规则状。经测算，总面积达24.79平方千米，2010年被列为中国十大考古新发现，引得无数国人竞折腰（见图1-1）。

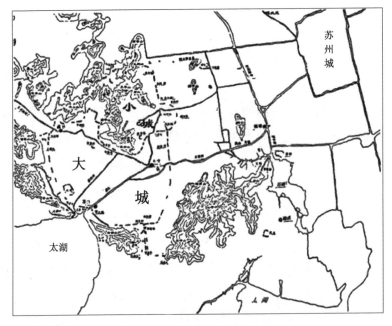

图1-1　木渎春秋古城遗址

一、春秋时期特大古城　弥足珍贵文化瑰宝

苏州地处长江、太湖下游，以典型的平原水网特征而著称，而山的意义对苏州人来说非同寻常。木渎春秋古城遗址史无记载，自2000年11月开始至2015年底，在长达15年的考古发掘中，经中国社会科学院考古研究所、苏州市考古研究所、苏州科技大学及南京大学历史学院、中国社会科学院研究生院等多个单位联合组成的考古工作队，在古城遗址内及周边

地区持续多点、多学科合作研究，已显露芳容——从西周晚期、春秋战国，一直延伸到秦汉三国，其璀璨文明，犹如群山之中一朵盛开的鲜花。其特点：一是内容涵盖广。遗存有城墙、城壕、河道、水城门、石板道、作坊、众多土台群（仅五峰山东南一带就有235处遗址）等，是不可再生、不可复制的历史禀赋、稀有资源和宝贵财富。二是时空跨越逾千年，为东南地区两周时期的考古学文化研究提供了一个关键基点。考古学家们不辞劳苦，除以手工为主发掘外，还采用了较先进的无人机、测绘、激光三维扫描提取数据，成果颇丰，先后出土了印纹硬陶器、原始瓷器、木构件、铜镞、青铜片、玉带钩、玉石器、玉璧、玉钺、玉璜等。

（一）遗址面积大等级高，四处遗址遗存丰厚

打开考古盲盒，在木渎镇五峰村彭家墩发掘点（东南面有灵岩山和大焦山，东北有天平山，西北有五峰山和银顶山，面积约2 025平方米），发现了大片红烧土遗迹和十余座良渚文化、汉及明清墓葬，这些墓葬共出土玉石器、陶器等180余件，其中不乏珍贵的玉璧、玉钺、玉璜等器物。经初步判断，彭家墩是一处苏州地区保存较完好、规模较大、等级较高的良渚文化祭坛及贵族墓地，距今约5 000年。由此联想到一万多年前苏州西部三山岛上的旧石器时代晚期遗址中就有苏州先人活动的遗迹，这里的一切也就顺理成章了。经过近15年的考古证实：木渎古城遗址范围内早在西周晚期、春秋早期就已出现城址。

2009年秋季，由中国社会科学院考古研究所与苏州市考古研究所等联合组建的考古队在这一区域进行综合性调查、发掘和研究，发现多处城墙、城壕、水门等

图1-2　木渎古城遗址古城墙

遗址、实物，依稀可见昔日城市的繁华（见图1-2）。根据现有的考古资料，考古专家们认为，这是一座具有都邑性质的大型城址。西周（前1046—前771年）晚期至春秋（前770—前476年）早期的硬陶罐和春秋时期原始青瓷碗等多件实物就是见证（见图1-3～图1-7）。

图1-3　合丰小城土墩出土文物

图1-4　合丰小城遗址工地现场

图1-5　合丰小城城墙出土的陶器　　图1-6　考古人员在工地现场测绘与器物三维扫描

神秘古城世所罕见　满目烟云余韵悠长

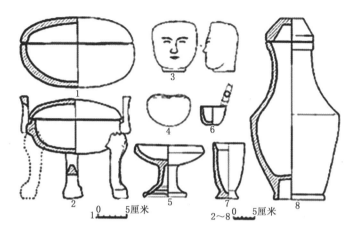

1-盒；2-鼎；3-俑头；4-勺；5-豆；6-匕；7-杯；8-钫

图1-7　出土陶器

在面上探测的基础上，考古专家将精力集中在木渎古城遗址内的四个遗存地点上：北侧的五峰遗址、西南侧的合丰遗址、东南侧的新峰遗址及中部偏北的廖里遗址（见图1-8）。此外，还对苏州西部地区聚落群作了考证研究。

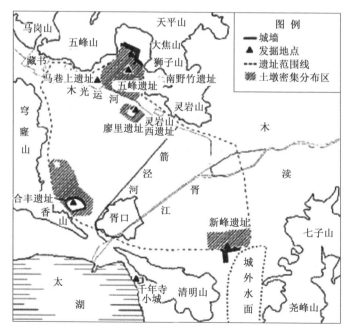

图1-8　木渎春秋古城遗址存分布示意图

（1）五峰遗址

该遗址位于木渎古城遗址北侧，处于灵岩山、狮子山、天平山、大焦山、五峰山、王马山系列山地所围绕的"几"字形盆地中，其南侧较为开阔。2010年发现的城墙即在此地点的中部偏北侧。因受地理与水文环境的限制，考古人员只能选择有线索的地方发掘，发现了长约1 150米的城墙（见图1-9）。

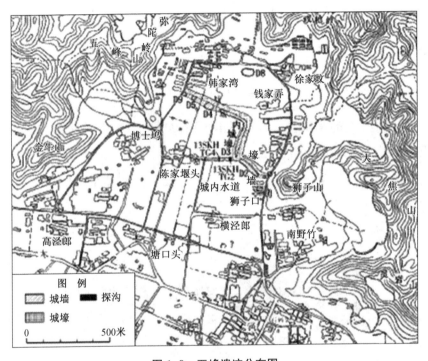

图1-9　五峰遗迹分布图

城墙东南起自狮子口，向西略偏北方向延伸，后又折向北方，至钱家弄村西南折向西，一直向五峰山方向延伸。城墙现存宽度约20～26米，高于地面约0.5～3米。通过发掘可见，残存墙体上宽约13米，下宽约22米，墙体为分段分块筑成。残存墙体最高处约3米。城墙外侧为护城河遗迹，宽度在14米以上，现地表1.5米以下为河道淤泥堆积。

（2）合丰遗址

该遗址位于木渎春秋古城遗址西南部穹窿山与香山东麓，北起穹窿山风景区的仰家村，南至胥口，西至穹窿山脚，东至箭泾河。小城址呈圆角长方形，南北长约500米，东西宽约450米，面积约22万平方米。该遗址是木渎春秋古城内遗存分布密集、保存状况较好的区域。地面残存城墙长约600米，残宽10~20米，残高约2米。南侧城墙为下场村所占压，西南城墙被绕城高速公路破坏。城壕位于城墙外侧，宽约8米，拐弯处明显变宽，城壕底部距地表约2米。在小城内外分布着大量的土墩遗存，当地有"七十二墩"之说，现存约五十座（因有两个村庄坐落在土墩之上）。这些土墩形状、高度不一，在不少土墩堆积中采集到很多西周晚期至春秋早期的硬陶罐（有曲折纹与回字纹的组合纹饰）、原始瓷杯、碗缸、瓿等遗物，还出土了很多春秋晚期至战国早期的通体装饰着细密的小米饰纹、小方格纹的硬陶坛、罐等（见图1-10）。

图1-10 合丰遗址遗迹分布图

（3）廖里遗址

木渎古城遗址偏北部的廖里遗址，在0.74平方千米的土地上，发现了许多东周时期和马桥文化时期的遗存。

（4）新峰遗址

在木渎古城遗址南边的新峰遗址，发现东西走向的城墙长约560米，折向南后的南北走向段长约360米；现存地表墙体遗存宽15~45米。城墙中有一豁口处,发现城墙、河道等遗迹。河道位于两段城墙之间,宽约14米、深约1.9米,河底距现地表2.9米。在河道的淤积层内出土有春秋晚期陶片、陶钵、木构件、铜箭头、原始瓷碗、板瓦残片等,其中发现东周时期重要的建筑材料——瓦,这是首次在东南吴越地区发现的高等级建材,显示古城址内可能有高等级建筑存在。经钻探,发现了南城门与南水门遗存,在南城墙、水门遗址附近,考古工作者发现了早期石板道路、河道遗迹,并从河道内出土木构件和板瓦,推测当时附近可能有木构建筑,为了解古城的道路、水路系统提供了新的线索(见图1-11)。这是吴文化研究的重大突破,也是吴文化正统地位的有力实证。

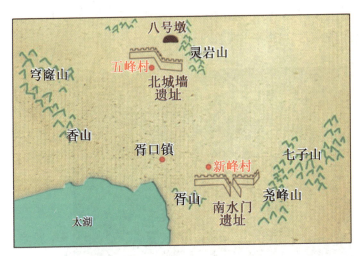

图1-11 新峰遗址南城墙与南水门

(二)木渎古城遗址周边地区,聚落群与墓葬众多

世界上的一切事物都不是孤立存在的,任何事物之间总是存在这样或那样的联系。"红花虽好,也要绿叶扶持"。同理,全国最大的木渎春秋古城遗址也绝不是孤立存在的。

① 根据考古发掘,发现在苏州西部丘陵山区有多处东周时期遗址,如越城遗址、鱼城遗址、张墓村遗址等。

② 周边墓葬:在苏州西部丘陵山区的诸多山体上,如上方山、七子

山、观音山、五峰山、天平山、真山、胥山、横山等山峰，山脊上存在大量的春秋时期土墩墓和石室土墩墓，其中有许多是高等级墓葬，如真山、树山、阳宝山、鸡笼山大墓等。2010年春季发掘的真山土墩墓D33位于真山北端一座直径30米、高3米的土墩上，其结构为在山体基岩上铺垫一层厚约30~40厘米的碎石，然后在其上垒砌"石椁"，再在上面覆以封土。主墓东西向，墓坑是由大小不一的石块垒成的"石椁"，外围东西通长13米、南北通宽9.3米；内径东西7.2米、南北6米，最高处为1.8米。虽然该墓被破坏殆尽，但还是留下了两个器物坑，其中器物坑D33K1出土器物48件，有印纹硬陶瓮22件，印纹硬陶罐6件，陶鼎5件，原始瓷盖碗15件；D33K2，出土器物10件，有印纹硬陶瓮2件，罐3件，原始瓷碗5件。如此大量的各等级墓葬的存在显示附近一定有与之对应的高等级政治中心聚落。

③严山玉器窖藏。1986年4月，在位于苏州西部丘陵山区严山的一个长2米、宽1.5米的略呈长方形的土坑内出土文物402件，包括玉器204件，以及各色玛瑙、绿松石、水晶器和玻璃器等。主要种类有璧、环、璜、琮、镯、玦、管、珠等；玉质好、等级高，属春秋时期。有学者推测应是吴国王室玉器。

从聚落群的角度看，如此多数量各等级墓葬分布于该区域、代表最高工艺水平和等级的玉器窖藏出现于此、多遗址构成的聚落群存在于这一带，显示该区域内应该存在一处高等级的政治中心性聚落。这一聚落群遗存为我们研究当时的社会、文化史提供了重要基点。

以上发掘的遗址与遗存其本身就是极具价值的文物，可谓"一物胜千言"，这是"木渎春秋古城"的金名片。它在风雨变幻的历史中穿越了沧海桑田而挺立千秋，始终散发着独一无二的魅力，较为全面地反映了苏州西部丘陵山区的文明程度，似个京畿之地。她就像一朵飘在苏州西部天际的一片火烧云，跳跃着、燃烧着，蔚为壮观。一踏入古城遗址，历史的气息扑面而来！众多专家学者极为关注，鉴于还存在一些谜题，各路"神仙"各抒己见，发表了很多极具价值的学术研究成果。

二、百花齐放探寻真相　学术争鸣五彩纷呈

蒙尘 2 500 多年的木渎春秋古城遗址为吴文化课题的深入研究提供了新材料，具有极其重要的意义。许多相关专业的研究者纷纷展开探讨、论证，上下求索，分享了自己的学术研究成果。笔者归纳一下，大体有如下三种观点：

（一）认为木渎春秋古城遗址是阖闾造吴大城，而现在的苏州古城是汉代的

早在 2003 年以前，就有几位学者发表了旗帜鲜明的学术观点，关于春秋晚期吴国都城吴大城的地望，自唐陆广微在《吴地记》中首次提出"郡城"说（即认为今苏州老城区为吴大城）之后，历代文人墨客及近现代专家学者均持相同的观点，似乎已成定论。但在 1989 年，钱公麟先生撰文认为"吴大城在今灵岩山侧"，对传统的"郡城"说首先提出了挑战。而苏州博物馆"一班人"于 2000—2001 年的吴文化考古调查和试掘，更是从考古上"发现"并确认了吴大城的位置。他们认为，前人的研究结果只是纸上谈兵，而考古发现和文献记载表明，现今苏州老城平面布局是在汉代以后，尤其是在宋代平江府的基础上形成的。

他们的观点是依据 2000 年秋冬至 2001 年 6 月在木渎春秋古城遗址考古的情况得出的。其论点如下：

(1) 从布局特点上看

吴国晚期，政治中心从无锡迁至苏州，苏州地处太湖流域腹地，北靠长江，西傍太湖，南有吴淞江，东临大海，占尽地理之险，而吴大城所在的位置，应是群山环抱。定都于此，易守难攻。

他们认为，吴大城的整个城址呈大城、小城及郭城三重套叠的格局。其中大城与小城相互依靠，外围以群山为郭城，大城与郭城间的夹道更增加了它们之间的紧密联系。城墙的走向随四周地形变化而变化，平面呈不

规则形，同正方形古城共同构成中国古代城市平面形状的两种类型。

他们还认为，在吴大城内，三重套叠结构本身便从一个侧面反映了各城区功能的不同。结合春秋列国都城情况分析：小城一般为王族聚居区，大城为贵族官僚聚居区，而郭城则以手工业工场为主；城内分布的小型城址可能为特别重要的官员居住。在吴大城外，分布着与吴大城息息相关的各类遗迹，石室土墩为土著越人墓葬，阳山北边、西边高级墓葬区为王族及贵族墓地。吴大城东南方千年寺古城、长头古城、吴城等小型城址对吴大城具有护卫作用，为军事设施。

（2）从吴大城规划的指导思想上看

他们认为在东汉《吴越春秋》中吴王阖闾与伍子胥的一段对话已表述得比较清楚和全面，简而言之可分为三个方面：一是从军事上考虑，为了"兴霸成王""以制敌国"；二是从政治上考虑，为了"安君治民""从近制远"；三是从经济上考虑，为了"实仓廪"。

结合考古发现的吴大城情况，这些学者认为吴大城的规划理念包括：

① 安全意识——军事防御问题。木渎灵岩山一带，群山环抱的地形构成了吴大城坚固的第一道防线；太湖、吴淞江、长江和大海构成了吴大城外围的天然防线；吴大城四周环绕的水域对习于水战的吴军也十分有利；随四周地形变化分布的城墙，同样也是出于防御的需要。

② 抗击自然灾害意识——防灾方面，群山环抱的地形，十分有利于防止热带风暴的袭击；而吴大城所处的山间盆地，地势较高，减少了水灾的侵扰，城内分布密集的高台房基则从根本上防止了水害。由于四周环水，旱灾的可能性则更小。另外，环抱的群山也有力地抵挡了西北寒流的袭击。总之，山环水抱的地形成为最佳的人居场所。

③ 经济的原因——吴大城北阳山有丰富的白泥矿用于制作瓷器；西有铜矿、铁矿用于制作兵器、礼器、乐器；南有太湖提供丰富的水产资源；吴大城四周的坡地十分有利于农业生产。

④ 交通方面的考虑——吴大城四周环绕的水域十分方便水上交通，既有利于对吴国境内辐射统治，也能使吴国境内的资源源源不断地运至国

都。吴大城南边的胥口当为其时水陆要冲，各城门设置的水城门更是四通八达的水上交通的标志。

综上所述，得出结论：木渎都邑性大城是吴大城（阖闾城），而现在的"苏州城最早建于汉代"。①

笔者认为，这些学者的观点应考虑采用近代享有国际声誉的著名学者王国维的"二重证据法"（运用地下的考古材料与纸上的文献材料相互印证，并使二者有机地结合起来）这种公认科学的学术正流方法，以防"走偏"。

（二）认为木渎春秋古城遗址绝不可能是"吴大城"（阖闾城）

2014年8—10月，上述第一种观点在苏州市吴文化研究会掀起了轩然大波，该学术社团的二百多名会员情绪激昂，除了个人发表意见外，还组织了两三个由专家学者牵头的写作班子，在会刊上连续发表了一二十篇论文，诸如《苏州阖闾大城的地位不可动摇》《关于苏州古城始建年代纷争的探究》《历史地看待最早苏州城的历史》等。

苏州博物馆原馆长、时年九十的张英霖在论文中指出：对于阖闾大城的存在，我一向是不怀疑的，这不是迷信，而是建立在理性认识的基础之上的。历史知识和生活常识告诉我，一个城市的历史可能有不清楚的地方，但绝不可能伪造。现在的苏州古城已有两千五百多年历史，历代研究者不知有多少，从不见有怀疑阖闾大城存在的！或者说那是因为没有出现近代科学考古，但科学考古也要尊重"二重证据法"，即地下（实物）与地上（文献记载）相结合，而且在有历史记载的情况下，应尊重文献记载的史实，否则将失去判断标准……

原苏州市科技学院历史系教授、苏州市吴文化研究会理事戈春源撰文指出：苏州古城是春秋吴国阖闾所建，称"阖闾大城"，又称"姑苏城""吴大城"；自建城两千五百多年来，并无异议。今有人将无锡、常州之间间江口的阖闾小城称作大城，并将苏州城降为夫差城，这是毫无根据

---

① 详见邬岭、张照根：《试论春秋时期吴国都城的规划理念》，《规划师》2003年第6期。

的……

对此，笔者亦于 2014 年 8 月 22 日在苏州市吴文化研究会编印的《吴文化研究》会刊上发表了一篇万字论文《苏州阖闾大城与周边相关四城的时序性质关系》，表明了自己的观点：对钱公麟的看法"不敢苟同。因为探索历史之谜不可能一蹴而就，科学鉴定的过程是一个严谨的学术论证过程。一些因为证据缺乏、技术不足等原因在短期内无法得到解答的疑问，有时甚至会耗费一代或几代学者的努力才能解答"。据笔者初步研究，春秋中后期主要战场已从中原腹地逐步转移到了江淮流域，南方的吴楚、吴越战争，成为春秋后期的两出精彩大戏。

吴国为抗击沿长江顺流而下的楚国，建立了一支新型的水上舟师。泰伯、仲雍一路由西北向东南奔到江南，步步为营，稳打稳扎，几经磨难，其后裔吴王寿梦于公元前 585 年即位。此时吴国的政治中心已由西向东、由北向南，从宁镇丹徒一带的"朱方城"迁徙到太湖流域。"太湖流域的无锡、苏州地区有规模很大的石室墓，有的也出青铜器，但主要是印纹硬陶器和仿铜礼乐器的原始瓷器，而且这类大墓时代都偏晚，见到的都是春秋晚期至战国，还没有一座是春秋中期以前的。"① 可见，吴国势力由宁镇一带向太湖流域发展的趋势和路线是清楚的。再说，春秋时期社会大动荡，周王朝的势力日渐衰弱，群雄纷争。寿梦即位后，对外"朝周，适楚，观诸侯礼乐"；对内整顿纲纪，发展生产，操练兵马，并引入了申公巫臣教吴人射箭驾车，国势渐盛。为争夺发展空间，公元前 570 年，楚国利用水军舟师攻陷芜湖。之后，吴、楚两国一再交锋，各有胜负，展开了诸如鸠兹之战、庸浦之战、舒鸠之战、夺徐（国）之战、长岸之战及著名的鸡父之战等。据初步统计，公元前 584 年至公元前 506 年，吴、楚两国前后打了近 80 年，前期近 60 年的"小打"十分频繁，后期 20 年就"大打"了。鉴于公元前 548 年吴、楚舒鸠之战（发生在今安徽舒城），诸樊战死，吴军惨败，晋国借机"联吴制楚"，楚国不悦。"前 546 年，晋、

---

① 李伯谦：《考古学上的吴文化》，2010 年 6 月 12 日在苏州博物馆的演讲。

楚、鲁、宋、蔡、卫、陈、郑、许、曹十国大夫在宋国商丘大会，约定晋楚两国同作霸主。此后楚可以专力对吴，晋可以专心内争。"[1] 对于楚国既不邀吴国参加弭兵大会，又将矛头直指吴国的严峻形势，吴王馀祭等深感不安、高度警惕。楚灵王三年（前538年），楚灵王为炫耀武力率领诸侯大军攻吴，还捉住了逃到吴国的晋国公子庆封，并杀死了他全家，以显示楚国盟主的淫威。加之现在的南京高淳区以西，是上古丹阳湖大泽，面积达3 000余平方千米，直通长江。后来伍子胥开挖胥溪也是利用古丹阳湖直通太湖的。所以，之后吴王寿梦不得不紧急备战，在太湖东岸——苏州木渎春秋古城一带全力构筑庞大的军事基地，操练水上舟师，筑造攻防兼备的都城……

（三）认为木渎古城遗址系吴都"二城一台"中的吴故都

学者张维明在《吴王阖闾都城考——关于苏州木渎春秋古城遗址的讨论》[2] 一文中指出，2000年11月至2002年6月间，考古工作者在苏州西郊木渎一带山间盆地及周围地区探明的规模宏大的春秋古城遗址群，打开了人们的眼界和思路，揭开了已经尘封了两千多年的历史面纱，使得吴国都城的本来面目逐渐显露出来。吴大城原来只是阖闾的新都，其位置大体上就在苏州城区，而木渎春秋古城遗址的所在地则是吴国的故都。阖闾借以开创霸业的国都，实际上包括二城一台，即吴大城、吴故都城及姑苏台，东西绵延超过20千米，规模之宏伟，远盛于当时的中原诸都城。下面便是该学者对木渎春秋古城遗址较为具体的研究成果。

由于历史上著名的吴宫遗迹——姑苏台、馆娃宫、采香径、香水溪等就在木渎一带，周围又有多个春秋遗址和高等级墓葬，结合当地口碑资料和地名分析，可以看出这座新发现的木渎春秋古城遗址是吴国的故都，其理由是：

---

[1] 范文澜：《中国通史简编》修订本第一编，4版，人民出版社，1964年，第176页。
[2] 张维明：《吴王阖闾都城考——关于苏州木渎春秋古城遗址的讨论》，《苏州科技学院学报（社会科学版）》2010年第3期。

第一章

神秘古城世所罕见　满目烟云余韵悠长

现存古代文献中，最早记述吴国都城形制、规模、布局等内容的典籍，当推成书于汉代的《越绝书》和《吴越春秋》。其中《越绝书》中保存的先秦史料尤为丰富……一是城池形势，二是形制与规模，三是小城城门，四是吴古故陆道，五是吴古故水道。仅此五例，就足以说明木渎春秋古城遗址并不是吴大城。显而易见，那是吴国故都！因为北宋地方志中早有记载：相传吴国故都在灵岩山附近。朱长文在其《吴郡图经续记·城邑》中记述了苏州城的来历之后，谓："流俗或传吴之故都在馆娃宫侧，非也。盖娃宫、胥台，乃离宫别馆耳。"对于当时民间的流俗传闻，朱长文不以为然，认为那是将阖闾、夫差的离宫别馆误作了吴国都城，所以断然加以否定。但是，民间所传既然是"吴之故都"，就有可能是阖闾以前吴王僚、馀昧、馀祭、诸樊、寿梦诸君，甚至更早的吴国都城。因此，有必要作进一步的探讨。

据《吴越春秋·吴太伯传》载，太伯恐中原的兵火殃及荆蛮，"起城，周三里二百步"，名故吴。此后的都城迁徙，历来众说纷纭：有寿梦徙句吴说、诸樊徙吴说、阖闾迁吴说等。《吴郡图经续记·封域》云："吴自泰伯以来，所都谓之吴城，在梅里平墟，乃今无锡县境。及阖闾立，乃徙都，即今之州城是也。"范成大特意在《吴郡志·考证》中作了一番探讨，认为："大抵泰伯之后，吴自梅里凡三徙，而定居于今之郡城。中间迁徙，不出数十里之内也。"

由此看来，如依《世本》所载、张守节所注、范成大所言，春秋时期寿梦或诸樊南迁后的吴国都城就在苏州古城与梅里之间。

古代史志中关于吴王古冢的记载及近些年来的考古实例也透露出同样的历史信息。《吴地记》载："岝崿山，在吴县西十二里，吴王僚葬此山中。"[①]《吴郡图经续记·冢墓》载："吴王僚坟，在吴县西十二里岝崿山旁。"岝崿山，即今狮子山。

《越绝书·吴地传》中除了记述阖闾墓在虎丘、夫差墓在卑犹之外，

[①] 陆广微：《吴地记》，江苏古籍出版社，1999年，第70页。

还记及四处吴王冢："蛇门外大丘，吴王不审名冢也，去县十五里。""筑塘北山者，吴王不审名冢也，去县二十里。""胥女大冢，吴王不审名冢也，去县四十五里。""蒲姑大冢，吴王不审名冢也，去县三十里。"

显然，这四座当时已经不知君王名号的陵墓当是吴王僚以前的吴王冢，甚至有可能就是馀眛、馀祭、诸樊、寿梦的陵墓。其中的一座在吴县县城的南面城门——蛇门外面。另一座所在的"胥女"，指的是胥女山。明王鏊《姑苏志·山》云："白石山，在浒墅北。《越绝书》云，故为胥女山，春申君初封吴，更今名。"后世方志中又称作白豸山。同例，"蒲姑"，应指蒲姑山。虽然它与筑塘北山的具体位置已难以考证，但结合苏州古城近郊西北多山、东南多水的地理特征分析，当在西郊丘陵山区。

经过多年来的考古调查和发掘，在苏州西郊丘陵山区已经发现了多座高规格的春秋吴国贵族墓葬。1992—1995年发现并发掘的浒墅关真山大墓D9M1，位于主峰，凿岩为穴，封土略呈覆斗状，顶部东西长26米、南北宽7米，底部东西长70米、南北宽32米，墓底至封土顶部高约8.3米。虽经早年破坏性盗掘，仍出土玉面饰、珠襦玉甲、原始青瓷盖罐等大量文物。结合其七棺二椁等葬制分析，当为春秋中晚期吴国王室墓葬。同类的墓葬还有树山、挂灯山、宝山、馒头山诸大墓。这一地区不但有多座记载中的吴王冢，而且分布着大量春秋吴国贵族墓葬，这清楚地表明，当时的吴国都城应该就在附近。

2002年11月，苏州博物馆邀请有关专家对木渎春秋古城遗址进行了实地考察和论证。与会专家认为：这是一处呈网络状布局、具有都邑性质的城址群，城址、墓葬、遗址分布明确，其年代属春秋时期，是吴文化的典型遗存。因此，北宋民间有关"吴之故都在馆娃宫侧"的传说，其实正道出了历史的真相：阖闾以前的春秋吴都，大致就在这次考古调查探明的木渎古城遗址范围之内。

《左传·昭公二十七年》记载公子光（即阖闾）使专诸刺王僚，"光伏甲于堀室而享王。王使甲坐于道，及其门，门、阶、户、席，皆王亲也，夹之以铍。羞者献体改服于门外。执羞者坐行而入，执铍者夹承之，及体以相授也。光伪足疾，入于堀室，鱄设诸置剑于鱼中以进，抽剑刺王，铍交于胸，遂弑王"。杜预注："掘地为室。"公子光在自己府邸中构筑的秘密窟室，竟然可以埋伏足以歼灭吴王僚卫队的大批甲士，可见其宫馆的宽大、地势的高峻、环境的幽秘。这在苏州一带的水乡泽国，只有西郊丘陵山区才有可能。现在看来，这幕惊心动魄的宫廷之变，就发生在灵岩山麓的吴国故都之中。据《吴越春秋·阖闾内传》记载，阖闾即位之初，问计于伍子胥："吾国僻远，顾在东南之地，险阻润湿，又有江海之害。君无守御，民无所依，仓库不设，田畴不垦。为之奈何？"① 想必阖闾认为，原先的吴都，城垣尚不完备，或许过多地依赖四周山岭的天然屏障。所以，这次发现的木渎春秋古城遗址，应该是阖闾、夫差在前代故都的基础上逐步扩建改造而成的，它在日后越王勾践的灭吴战争中发挥了重要作用。

从"吴郭"上看：吴都有郭，见于《国语·吴语》："越王句践乃率中军溯江以袭吴，入其郛，焚其姑苏，徙其大舟。"② 郛即郭。《墨子·非攻》则作"入北郭，徙大内〔舟〕"。《越绝书·吴地传》也有记载："吴郭周六十八里六十步（注：合今约28.23千米）。""阊门外郭中冢者，阖庐冰室也。"③ 还有一条讲得更加具体："放山者，在莋碓山南。以取长之莋碓山下，故有乡名莋邑。吴王恶其名，内郭中，名通陵乡"。莋碓山，古称鹤阜山，又名岠崿山，即今狮子山。莋碓山南的放山，疑即旧志所载的黄山（今改横山，与上方山原名混淆）。古音"放""黄"同在阳部，《国语·齐语》有："以方行于天下"，《管子·小匡》中"方"作"横"。这在古地名中是常见的音近变易之例。比如，《越绝书》中提到的"高颈山"，后来写作"高景山"，便是类似的例子。古代的莋邑，在今狮子山南的黄山一带，吴王改作通陵乡，并将其纳入郭中。顾颉刚先生对这些史料十分重视，他在《苏州史志笔记·吴城郭与小城》中留下了这样的文字：

---

① 赵晔：《吴越春秋全译》，张觉译注，贵州人民出版社，1993年，第95页。
② 《国语全译》，黄永堂译注，贵州人民出版社，1995年，第684页。
③ 《越绝书》，张仲清译注，中华书局，2020年，第25、30页。

"循其文义，姑苏台在郭中，此外城当宽于西隅矣。"①

此外，在吴大城东面，也是城垒相望。《越绝书·吴地传》载："娄门外鸡陂墟，故吴王所畜鸡，使李保养之。去县二十里。"《太平御览》卷一百九十二引《吴地记》曰："匠门外鸡陂者，吴王养鸡城。""娄门外鸭城者，吴王筑此城以养鸭。"《越绝书·吴地传》又载："摇城者，吴王子居焉，后越摇王居之。稻田三百顷，在邑东南，肥饶，水绝。去县五十里。"其地在今澄墩、大姚一带。这里经多次考古发掘，发现有崧泽文化、良渚文化及商、周至汉、晋、唐、宋各个时期的文化遗存，其中近期发现的古井就有四百余口，可见《越绝书》等文献所记，不为无据。

纵览吴都形势，可谓因地制宜，尽得山水之利：吴大城与吴故都位于东西两侧，一为水城，城坚池深，缩毂南北，水陆称便；一为山城，群岭掩隐，深藏勿露，易守难攻。两城之间有姑苏台，依山而起，高屋建瓴，总揽全局。规模如此宏大的吴国都城，比春秋战国时期的诸侯名都——齐都临淄（大城东西约4千米，南北约4.5千米）、楚国郢都（东西约4.5千米，南北约3.6千米）、燕下都武阳（东西约8千米，南北约4～6千米）大出许多，不但在东周列国中可谓绝无仅有，即使在今天看来也令人叹为观止。这也从一个侧面展现出春秋晚期南方霸主的强盛国力。

不过，连年的征战和长期过度的都城建设，严重地损耗了吴国的国力，也给人民带来了无穷的灾难。《国语·吴语》记载伍子胥在吴王夫差打算北伐齐国时进谏道："王既变鲧、禹之功，而高高下下，以罢民于姑苏。天夺吾食，都鄙荐饥。今王将很天而伐齐。夫吴民离矣。"这"高高下下"劳民伤财的宏大工程，自然不只姑苏台一处，还包括这一带的宫馆殿宇、城垣水道。而此时的越王勾践则趁机发难，挥师北上，势如破竹，直逼吴都。吴王夫差在民心涣散、军队溃败的情况下，凭借着有利的地形和坚固的都城防御体系，才迫使越王勾践的灭吴之战拖延了三年之久。

《国语·越语》载："居军三年，吴师自溃。吴王帅其贤良，与其重

---

① 顾颉刚：《苏州史志笔记》，江苏古籍出版社，1987年，第39页。

禄，以上姑苏。使王孙雒行成于越……使者辞反。范蠡不报于王，击鼓兴师以随使者，至于姑苏之宫。不伤越民，遂灭吴。"

吴王夫差在越王兵临城下之际，率领大臣亲信从吴大城撤退到姑苏台一带，并派遣议和使者，与勾践继续周旋。越军攻占姑苏台及故吴都城之后，夫差逃至城北的秦馀杭山（即今阳山）。《越绝书·吴地传》谓："秦馀杭山者，越王栖吴夫差山也，去县五十里。山有湖水，近太湖。"① 吴王最后含恨自尽，吴国宣告灭亡。史载夫差败亡的经过，也印证了吴都"吴大城—姑苏台—吴故都"二城一台的总体格局和苏州西郊的地理环境。

鉴于此，笔者原则上赞同张维明的学术成果，他从不同的角度体现了多数学者的观点。

三、开释神都历史密码　波澜壮阔时代画卷

历史不是任人打扮的小姑娘！中国考古学自1921年诞生，已经走过了百年历程。笔者在研究有关考古学常识的基础上，反复踏勘了挺立千秋的木渎春秋古城遗址，总感到孰是孰非，值得深究！我们既要坚持辩证唯物主义的历史观，又要采用科学的研究方法。

中国人民大学考古文博系教授陈胜前先生指出，考古学是一门通过研究物质遗存来了解人类过去的学科。然而，物质遗存（也称为考古材料）自己不会讲话，所有可靠的信息都需要通过推理才能获得。然而，常常有人以为考古发掘出了历史，这是不真实的。考古学家只是挖掘到一些物质遗存，并不直接就是历史，让物质遗存成为历史还需要一个推理过程，这个过程正是考古学研究的中心，也是考古学研究的本质。考古推理的秘密就在于如何处理古今一致性的问题，从而跨越从材料到历史的鸿沟。陈胜前先生主张，考古学不只是一门科学，更是文化，一项促进文化发展的事业。考古学的最终目标不应是科学式的，探究规律与真理，这是个乌托

---

① 《越绝书》，张仲清译注，中华书局，2020年，第43页。

邦，而应该是文化的，增加社会的福祉。科学与文化不是对立的关系，也不是平行的关系，文化高于科学，在科学的基础之上发展。作为科学的考古学是过程、是方法，而非目的，真正的目的是文化。他把他的主张归纳为一句话——"作为文化的考古学"。他指出，先师宾福德曾提出，"作为人类学的考古学"，要采用科学的方法。考古学研究的是人本身，从人的技术到人的社会再到人的精神世界，这个世界是人自身的创造，所谓外在的世界已经在历史进程中为文化意义所渗透，人与物是不可能分离的。笔者认为，不理解文化，就不可能理解物。

众所周知，"古国"的称谓由来已久，学术界每每因之。归纳起来，在先秦人们的眼中，"国"是由人口、武备和明确的疆域以及域内城郭等构成的并持有自己的一套仪礼制度的地方政治实体。从目前木渎春秋都邑性特大古城遗址出土的遗存来看，其有关资料并不全面详尽，若考虑到考古发现的偶然性和域内田野考古展开的局限性，现实发现的点状分布的城址、遗存极有可能只是残存的一部分，应该说与其实际原状相去甚远，实际数量还远不止这些。由此，笔者又一次来到五峰山上，端详遗址，伫立久久，推究根源。笔者认为，木渎春秋古城遗址，或是吴王寿梦独具特色的文修武备都城，其理由有三：

（一）木渎春秋古城，或是吴王寿梦一手筑造的都城

近二三十年来，中国的考古界对苏州"吴都"（又称阖闾大城、吴大城、苏州古城）的认定比较混乱，其混乱程度只要看看苏州市职业大学吴文化研究院教授吴恩培先生的《春秋"吴都"之争与苏州古城的历史地位》一文便知：

2 000多年来，由历代文献记载且经现代考古印证的春秋晚期江南吴地地域历史文化学术体系认定：吴地春秋历史遗址包括"吴都"（吴大城）、苏州古城、春秋时吴国所建"离宫"，木渎古城及拱卫吴都的军事城堡，无锡阖闾城等。这一学术认定体系的核心要素为《春秋》《左传》《国语》《史记》《越绝书》等多部文献记载且为1957年起的多次考古所印证

的论题——位于今苏州古城区的苏州古城"春秋时建、战国时重修"。这一论题亦为2 200多年前秦代于"故吴旧都"置会稽郡治吴县所证明。它的学术稳定性，是建立在王国维"二重证据法"和李学勤"研究'历史时期'以文献材料为主"等理论基础之上的。1982年国务院下发《国务院批转国家建委等部门关于保护我国历史文化名城的请示的通知》（国发〔1982〕26号）文件所附《国家第一批历史文化名城名单（二十四个）》中，有关苏州古城历史地位的定义为"春秋时为吴国都城"，也认同了该论断。

1986年苏州庆祝建城2 500周年时，对于"吴都"——苏州古城的城址及建城年代，无论在国家层面，还是在历史学界、考古学界等学术层面均无异议。30多年过去了，却出现了包括苏州古城在内的三座同时期的吴国"都城""都邑"。对此，吴先生列出了三点分述：

①"三都并峙"前的苏州文化生态。

1957年由南京博物院主持的苏州历史上最早的一次考古调查，按照王国维"二重证据法"之论述，实际已完成了对苏州古城为春秋古城的文献与考古相契合的学术论证。其考古报告《苏州市和吴县新石器时代遗址调查》是有关苏州历史的最早的一篇考古学文献。其时，苏州城墙尚未拆去。但1957年考古的价值、意义等未被重视和宣传，使日后否定苏州古城历史地位的观点有了合适的土壤。1982年2月国务院下发了国发〔1982〕26号文件，公布了24座城市为第一批国家历史文化名城，苏州古城入列："春秋时为吴国都城，隋、唐为苏州治所，宋代为平江府。历来是商业手工业繁盛的江南水乡城市，与杭州齐名，并称'苏杭'……"上述对苏州"春秋时为吴国都城"的定义体现了国家最高行政机关的认定。从公元前514年吴王阖闾"委计"伍子胥建苏州城至1986年，苏州适逢建城2 500年。是时，江苏省历史学会、江苏省考古学会暨省吴文化研究会、苏州市历史学会和苏州大学历史系等相关学术机构和组织均在苏州举办了纪念建城的学术讨论会。这些活动，均以"苏州古城即今苏州城始建于春秋时期"为学术基础。

②"三都并峙"局面的形成。

以1989年的《春秋时代吴大城位置新考》发表为开端，春秋"吴都"地望的争议拉开了序幕。1990年，有位学者发表的《论苏州城最早建于汉代》的文章，对苏州古城的建城年代又提出了质疑。前后两文构成了"新考"说完整的框架——木渎灵岩山地区即为"吴大城""阖闾城"。此后，2002年《苏州春秋大型城址的调查与发掘》、2006年《春秋时代吴大城位置再考——灵岩古城与苏州城》继续对"新考"说进行"再考"。对"新考"说，仅1991年至1992年就有诸多学者撰文予以质疑或进行批驳。2003年8月28日苏州市政府发文，以"苏州是我国著名的历史文化名城"及"苏州西部山区春秋古城址群是吴文化考古的重要发现，也是历史文化名城的重要内容"等语句，明确界定了二者间的关系，坚持了国发〔1982〕26号文件中对"苏州古城"的定义。2005年6月至11月苏州博物馆对平四路垃圾中转站工地进行考古调查和抢救性发掘取得的成果也否定了"新考"说。在苏州学者对春秋"吴都"地望争论期间，无锡也开始了对"吴都"的争夺。2007年，无锡市抓住全国第三次文物普查的契机，对无锡"阖闾城遗址"进行第四次考古复查，并入选由国家文物局主办的"2008年度全国十大考古新发现"。由此，无锡一方面投入巨资建筑"吴都阖闾城"，另一方面开始构建其"吴都"城墙的学术体系，这样"吴都阖闾城"就有了8个名称与苏州古城（即吴大城、阖闾城）相同的城门。在苏州争议的外溢效应下，无锡把"阖闾城从一个'城'变成'都城'"。

2010—2011年，苏州市考古研究所与中国社会科学院考古研究所组成联合考古队对木渎五峰村北城墙、城壕遗址等进行考古发掘。2010年6月，含"初步认定苏州西南部山区木渎、胥口一带山间盆地内存在一处大型遗址，其性质为一座春秋晚期具有都邑性质的城址"这一学术结论的"江苏苏州木渎古城遗址"入选由国家文物局主办的"2010年度全国十大考古新发现"。此次"木渎古城"考古对"吴大城"的位置再次进行了认定。在2011年4月苏州城墙修复工程正式开工前，为了配合木渎春秋古城遗址的考古工作，苏州市考古研究所对阊门北码头、平门及相门段古城墙进行了考古勘探。2011年6月17日，阊门北码头古城墙下"发现战国时堆积层"的消息见诸媒体。但是，在2012年11月23日《中国文物报》刊登的有关此次考古发现的年代表述被修改为含义十分模糊的"早期"。苏州古城、无锡"阖闾城"、"木渎古城"——春秋"吴都"三都并峙局面由此形成。

③"三都并峙"——苏州古城"春秋时为吴国都城"的历史地位之争。

1989年迄今发生的关于苏州古城建城年代及其城址位置的争议，其成因极其复杂，亦与二十世纪八九十年代以来史学界掀起的"翻案风"有关。无论是"木渎古城"为春秋"吴大城"、苏州古城是建于汉代的城市的观点，还是春秋时期所建的无锡"阖闾城"是"吴都"的观点，二者均意图从苏州古城手中夺得"吴都"的历史文化地位。前者虽系苏州学者的内部争议，但其对苏州古城历史文化地位的伤害显而易见。更值得注意的是其外溢效应——引发了近10年里无锡"阖闾城"对"吴都"的争夺，对真正的学术研究构成了挑战。由苏州内部争论引发的外溢效应的发酵，又引发苏州再作出反应。"木渎古城"考古报告中的某些论断和结论，与前述无锡"阖闾城"遗址考古的结论有着相同特点：

其一，整个过程均由考古学者垄断话语权；

其二，考古结论因无历史文献支持，故均为"初步认定"；

其三，针对的目标均为苏州古城。

对春秋时期的考古，一旦缺少文献支撑，很容易成为有目的的主观活动。

上述两个不同地区由不同考古部门作出的考古结论实为互相抵牾，显现出舍弃相应的史学理论及史学传统，学术研究体系被破坏后江南史研究中出现了混乱。还需要指出的是，"三都并峙"期间，前述1982年国务院批准的国发〔1982〕26号文件并未废止亦未停止执行。文献记载和常识告诉我们，吴国阖闾时期既没有，也不可能，更无必要同时建立三个"吴都"。

有文献记载，而且有学界通行规则"二重证据法"下的"文献"与"考古"的相合，苏州古城"春秋时为吴国都城"的历史地位是谁也争不去的，那么，论争是如何而起的？苏州古城在自身的文化保护中有何经验和教训？今后苏州古城文化保护的方向和目标是什么？……对这些都不能不加以深入探讨。①

对此，愚以为，吴先生说的有道理——要"深入探讨"。学术争鸣，只会越辩越明；再说，在科学的道路上，质疑和被质疑都是科学精神的体现。笔者借此在王国维的"二重证据法"（"吾辈生于今日，幸于纸上之材料外，更得地下之新材料。由此种材料，我辈固得据以补正纸上之材料，亦得证明古书之某部分全为实录，即百家不雅训之言亦不无表示一面之事实。此二重证据法惟在今日始得为之"）的基础上，再加上一证——综合形势背景的比较研究视野，这样就成了"三重证据法"。先看看吴国的时代背景：

(1) 甲骨文中"吴"字的出现与初始本意

千古兴废，往事悠悠。在《史记·世家》系列中，位居第一篇的周朝诸侯国不是鲁国、燕国等，而是一个位于江南的诸侯国——吴国。司马迁为何将一个当时处于"蛮荒之地"的诸侯国列为周朝第一诸侯国？

周朝爵位一共有五等，即公、侯、伯、子、男，其中最高等级的公爵诸侯国屈指可数，最主要的是宋国、虞国与虢国。周初分封时，吴国与楚国一样，都只是子爵诸侯，微不足道。为何一个子爵爵位的诸侯国，却能在《史记·世家》中排第一？吴国到底有何来历？这就要追溯到周文王祖父的时代。

说来话长。古公亶父是季历的父亲、周文王祖父，从豳迁都到岐山下的周原后，就开始了"翦商"计划，即这时就有取代商朝的谋算了。但当时商朝统治稳固，属于顶级大邦，直到季历、文王时周人还是小邦，可以说，此时的古公亶父无法直接对抗商朝，只能行迂回之策，暗中发展自己、削弱商朝实力。

---

① 详见吴培恩：《春秋"吴都"之争与苏州古城的历史地位》，《社会科学文摘》2016年第4期。

与此同时，古公亶父有3个儿子，长子泰伯（又作太伯）、次子仲雍、三子季历。三个儿子，王位只有一个，该传给谁呢？我们熟知的王位之争，往往都是血雨腥风，但泰伯与仲雍却高风亮节，原因是古公亶父认为季历十分贤能，季历的儿子姬昌又才华横溢，所以古公亶父想传位季历。为了避免父亲为难，又为了完成翦商大计，泰伯与仲雍就奔往荆蛮之地（长江以南），像当地蛮人一样身上刺满花纹、剪断头发，以示不再继位，把继承权让给季历，史称"泰伯奔吴"。

泰伯奔吴，既解决了周人传位问题，又成功地在商朝后方埋下了一枚钉子，即周人将触手伸到了江南地区，一旦周人伐商，泰伯这一支就可以从东南起兵策应，这就是历史的迷人之处。问题是这个"吴"字是哪儿来的？究竟是什么意思？陈寅恪先生说"凡解释一字即是作一部文化史"。对此，笔者在《吴文化的根基与文脉》一书中已作了较详细（有图有文）的交代①。实物的证据是，殷墟出土了多个甲骨文"吴"字，具体可见《殷墟书契前编》第4卷所载（见图1-12a）。西周甲骨文在1976年2月及2003年12月两次批量出土，总字数虽不如殷墟甲骨文，但第一批出土于陕西岐山县凤雏村西周宗庙遗址的293片西周文字甲骨，计903字，其中有两处出现了"吴"字（见图1-12b）。可谓灵符刻甲骨，万代文字开。

图1-12　"吴"字甲骨文

这个"吴"字下部像奔跑的人，上部为大言的口，既像一个一面追赶野兽、一面大声吆喝的猎人，更像一个大步去砍伐森林、拓荒农耕的人。其实，这反映的是商、周时期民众要为王朝服劳役：耕种籍田（公田），而管理督促民众为王朝服劳役的人就叫"吴"，"吴，就是一个小藉臣的名字"，而"小藉臣"是"专管众耕作籍田的官吏"。② 可见，"泰伯奔吴"意为泰伯充当"吴"的角色，带领（监管）百姓开辟一个新天地，效忠于周王朝。这便是"吴"字的来历与意思。当然，也说明了中国的汉字是自

---

① 徐国保：《吴文化的根基与文脉》（第2版），东南大学出版社，2018年，第46页。
② 姚政：《先秦文化研究》，巴蜀书社，2004年，第193页。

源性文字，它以字表形，以形表意，而西方的拼音文字是表音的。德国哲学家莱布尼茨说：中国的"汉字经济而且有效"。

公元前约1123年，泰伯携弟仲雍迁居荆蛮后，由江西吴城向东不断迁移至宁镇地区，后又向南扩张，据说定居梅里（今江苏无锡梅村）。当地居民认为泰伯有德义，追随归附泰伯的就有千余家，并拥立泰伯为当地的君主，尊称他为吴太伯，自号"句吴"。梅里在无锡，是南朝无锡县令刘昭在注《后汉书·郡国志》时提出的，以前古籍所说的"梅里"究竟在哪里，一直难以确定。

2018年8月，由无锡市文化遗产保护和考古研究所配合梅里古镇二期基建考古勘探有所发现（梅里遗址主要分布在泰伯庙东、新友路西的伯渎河两岸，面积约6万平方米）。在无锡梅里遗址考古学术研讨会上，来自中国社会科学院考古研究所、江苏省考古研究所、上海博物馆、南京大学等单位的文物专家们一致认为，从底层堆积和遗物看，遗址的时代跨度为商代至春秋时期，文化因素兼具马桥文化和湖熟文化，其中还有部分中原文化因素。这一时期和类型的遗址在梅里古镇区域尚属首次发现，这与历史记载的"泰伯奔吴""泰伯居梅里"等有一定的关联性，为研究"泰伯奔吴"提供了一些实物线索。

时光冉冉，沧海桑田。从吴国第一位君主吴太伯起至末代君王夫差，共25位（太伯、仲雍、季简、叔达、周章、熊遂、柯相、强鸠夷、余桥疑吾、柯卢、周繇、屈羽、夷吾、禽处、转、颇高、句卑、去齐、寿梦、诸樊、徐祭、徐昧、僚、阖闾、夫差），而从太伯到寿梦是19位。遗憾的是，吴国建国时间虽早于周朝，可是从强鸠夷元年（前1008年）起，吴国才有准确的纪年，也就是说前7位连纪年都没有。可见，那时的吴国还默默无闻。即使从第8位强鸠夷始，历经11位至去齐，除周章被周武王正式册封为诸侯外（原因是周武王姬发率领诸侯联军讨伐商纣王，在牧野之战中取得胜利，由此商朝灭亡，周朝建立。周武王为了更好地统治辽阔的疆土，巩固政权，分封土地给宗族和功臣，使周章也成为诸侯），吴国在史籍上没有出现什么明显的政绩被记载。但没有记载，不代表不存在。

第一章
神秘古城世所罕见　满目烟云余韵悠长

古希腊的很多历史都没有考古证据，西方学者却将之奉为圭臬。在这500多年中，吴国人在干什么？历史告诉我们，中原地区天天在打战，处于改朝换代之中（周起商灭，周又内乱东迁），为避敌锋芒，泰伯与仲雍自江西一带由西向东不断地迁移至宁镇地区，又由宁镇地区逐步由北向南挺进，最后在以太湖流域为中心的广阔土地上停下了脚步，垦荒拓土、文攻武备，取得了很大业绩。对于寿梦以前的多代奋斗史，尽管文字记载很少，但从少量的古籍和考古资料中我们仍可窥见一斑。遗憾的是很多学者只字不提，被遗忘了。

（2）寿梦以前吴国的东迁史料证明吴国已有相当实力，不容轻视

历史文物研究者沈从文有言："对于古代文献历史叙述的肯定或否定，都必须把眼光放开，用文物知识和文献相印证，对新史学和文化各部门深入一层认识，才会有新发现。"在新历史主义的视角下，史料是还原历史真相的重要道具，在典籍、文献和图片与考古资料的相互印证中，以大历史、小细节揭秘历史内幕，才能追寻历史的真相。有鉴于此，笔者在《吴文化的根基与文脉》（第2版）第九章中对泰伯奔吴的路线已作了交代：其路线可能有两条，一是东向说——从周原出发，下渭河（乘船），经镐京（西安），入黄河，到山东刘庄一带进入济水河，逆流而上，车（步）行30～50千米后，入泗水、淮河，向东出淮河口右转，沿黄海边南行进入长江（那时扬州可观潮），西行过江至"宜"（今镇江丹徒一带）；二是南向说——从周原出发，向南入汉水到湖北，进入江西吴城（1973年发现的吴城遗址是一座商代古城，城池面积约61.3万平方米，赣江、修河、饶河穿境而过，水陆十分畅通，系全国重点文物保护单位）。而早在1931年，郭沫若在《两周金文辞大系》下编的"者减钟"中就指出："此钟以乾隆二十六年出土于江西临江，大小凡十一枚……据本器出土地，知春秋初年古句

图1-13　江西临江出土的"者减钟"（上海博物馆藏）

吴地域远在江西。又器乃青铜所制，铭乃有韵之文，可知当时文化与中原不相轩轾。"文中郭沫若考证，"者减钟"（见图1-13）之"者减"为吴国第十五位国王柯转之子，其重器说明吴国第十五、十六位国王当时在临江附近。现在看来，南向说更有依据。

"不相轩轾"四字已足以说明当年的古句吴地，不比中原地区差，几乎差不多。著名历史学家顾颉刚认为，泰伯及其后人在吴城有过停留的观点，应该是可信的。在一篇序言中，李伯谦先生曾经指出：吴国有从商代晚期立国至春秋末年被越所灭近700年的历史，领土范围曾涉及江苏、安徽、江西、上海、浙江、山东乃至湖北等长江中下游的广大地区，其政治中心随政治军事形势变化也屡有迁移。如果进一步审视吴国的发展史，王国维先生的嫡传弟子、著名历史学家徐中舒在其著作《殷周之际史迹之检讨》中指出，周人立国之初，力量薄弱，无法与强大的殷商正面冲突，"彼必先择抵抗力最小而又与殷商无甚关系之地经略之，以培养其国力。余疑太伯、仲雍之在吴即周人经营南土之始，《史记》谓太伯、仲雍逃之荆蛮者，或二人所至即江、汉流域，其后或因楚之兴盛，再由江、汉而东徙于吴"，徐中舒是站在部落发展、国家谋略的高度上，对泰伯奔吴的原因和目的，甚至其后的迁移去向作出了推论。

从目前公认的吴国世系图来看，泰伯与其弟仲雍来到荆蛮之地后，经仲雍之子季简，季简之子叔达，叔达之子周章后，故乡的周武王打败了殷商，追封泰伯于吴，此时，这支部落力量才有了吴国之称。也就是说，泰伯奔吴的战略目标达到了。

顾颉刚先生对徐中舒的上述推论非常赞赏，并进而指出，疑吴始立于江、汉，其后迁于鄱阳湖滨，最后乃迁至无锡、苏州也。

笔者要指出的是：泰伯在江西一带是很难站住脚发展起来的，因为那里是殷商控制力较强的地带，只能顺长江而下，向东至苏南的宁镇地区。1954年在镇江丹徒烟墩山出土了一批西周铜器，其中最重要的是"宜侯夨簋"，内壁上的铭文（见图1-14）就是证据。

铭文中"除'厥川三百……'外，还有'厥……百又……，厥宅邑卅

图 1-14　宜侯夨簋及内壁上的铭文（国家博物馆藏）

又五，[厥]……百又卅（四十）'，这些应均指土田居邑。从文字保存完整的'厥宅邑卅又五'看，国中城邑分布于广大的疆域"①。

随着国家的发展，在一个东迁渐进的过程中，真正使吴国强大的是仲雍第十九世孙寿梦，他于公元前585年继位，这时吴国历史开始有了较为明确的纪年。吴国的势力从此渐渐越过宁镇、丹徒地区，在与沿途的小国、部族争斗、兼并中，南北扩张。与此同时，已经强大起来的楚国和逐渐壮大的越国，正与吴国相邻为伴，逼迫吴国要选择一个既可繁衍生息，又可攻防兼备的洞天福地来实现自己独立强盛的愿望。他们的目光，落到了太湖之滨的今苏州西部丘陵山区一带。此次苏州古城考古调查在今穹窿山景区内发现马家浜文化遗址，在今木渎彭家墩内发现大型良渚文化遗址，这说明早就有先民看中了苏州西部丘陵山区这一块风水宝地，东迁到此的寿梦终于停下了脚步。

由此可见，早在西周时期古句吴与中原王朝已有密切的交往——春秋初期的吴国已经不落后，并已逐渐强盛起来。《管子·轻重甲》谓：齐桓公（前716—前643）时，"吴越不朝"，说明吴国已不把齐桓公放在眼里了。"者减钟"铭文云："其登于上下……闻于四方"。可见，到春秋中期，

---

① 李学勤：《走出疑古时代》，长春出版社，2007年，第159页。

即寿梦父、祖辈时,吴国已不容轻视。

综上所述,周章至寿梦这500多年中,历代吴国"王"(从出土的吴国文物"者减钟"铭文可知——从钟上铭文最后八个字"子子孙孙,永保用之"来看,这套重器应为家传,不宜外赠。特别是在寿梦的祖父句卑,即毕轸时吴国已经称王)为吴国打下了较为厚实的基础,吴国已具备了相当的实力,故在距今2560多年的春秋中晚期吴都迁至苏州。从寿梦开始(前585年),七位吴王(寿梦、诸樊、馀祭、馀眛、僚、阖闾、夫差)造就了"强吴时代"。

(3)寿梦称王后吴国快速崛起,雄踞东南

公元前770年,周平王东迁,历史进入了春秋时期(见图1-15)。春秋历时约300年,杂乱纷繁、错综复杂。

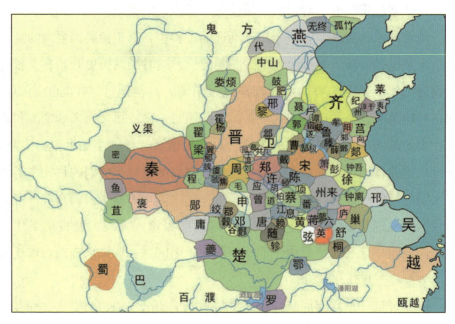

图1-15 春秋初期的诸侯国

东迁后的周王室日益衰微,已无法驾驭全局,此时的诸侯国势力日益强大,他们互相征伐,小诸侯国纷纷被吞并,强大的诸侯国实现了局部地区的统一,大国间的争霸由此展开。

第一章
神秘古城世所罕见　满目烟云余韵悠长

这300年，郑庄公率先开启了地方诸侯对抗"中央"的历史，拉开了诸侯称霸的序幕。接着是齐桓公"九合诸侯，一匡天下"，于公元前679年，成为中原第一位霸主。

公元前635年，晋文公出兵帮助周襄王平定王子带之乱，得到周天子赏赐后在诸侯国中树立了威信。公元前632年晋军大败楚军于城濮，并召集齐、宋等国在践土（今河南省西北部的孟州市槐树乡桑洼村的古城里）会盟，周襄王任命晋文公为诸侯首领，晋国成为继齐桓公之后的第二位霸主。

第三阶段是楚庄王亲政后，任用孙叔敖大胆革新，改革弊政，使楚国的国势日益强盛。公元前606年（楚庄王八年），楚军伐陆浑之戎胜利后，楚庄王观兵周疆，"问鼎中原"。公元前597年（楚庄王十七年），楚军大败晋军，声威大振，中原主要小国纷纷归向楚国，楚庄王于是成为中原的霸主。

第四阶段是楚庄王死后，楚国霸业渐衰，而晋国国力逐渐恢复，为了争夺霸权，两国之间经常爆发战争，由于两国实力大体相当，战争也是互有胜负，于是形成了长期的拉锯战。处在两国之间的小国深受战祸之苦，晋楚两国也因长期征战兵疲民乏，在宋国的牵线下实现了半个多世纪的"和平弭兵"。

此时，地处江浙的吴、越两国崛起，历史进入了春秋时期的第五阶段（见图1-16）。

处于第六阶段的吴王寿梦（前620—前561，出生于吴国姑苏，即今江苏苏州，系吴侯仲雍十九世孙）横空出世（前585—前561年在位）。在位期间，寿梦励精图治，发展生产，会盟诸侯，朝礼天子，扩军备战，奠定了吴国的强盛基础。其举措：

① 联合强军：寿梦二年（鲁成公七年，前584年）春，寿梦派兵攻打郯国（今山东郯城），郯国与吴国讲和。同年秋，楚国的逃亡大夫申公巫臣怨恨楚将子反而投奔晋国，得到晋国国君晋景公的任用。巫臣请求出使吴国，晋景公同意。寿梦喜出望外，于是巫臣就使吴国和晋国通好，带

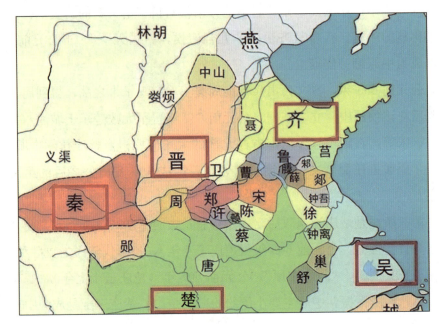

图 1-16　春秋后期的诸侯国

领晋国的三十辆战车到吴国做教练，留下十五辆给吴国，并将射手和御者送给吴国，教吴人使用战车、排练战阵，让他们背叛楚国。巫臣还把自己的儿子狐庸留在吴国，让他在吴国担任外交官，由此吴国有了底气，开始进攻楚国、巢国（今安徽巢县）和徐国，楚将子重奉命奔驰。在马陵会战时，吴军进入州来（今安徽凤台县），子重从郑国奉命赶去救援。子重、子反在这种情况下，一年之中七次奉命奔驰以抵御吴军。但楚军仍难以阻挡，由此吴国开始强大，得以和中原诸国往来。

寿梦三年（鲁成公八年，前 583 年）冬，晋景公为巩固其霸主地位，以郯国向吴国求和为由，率领晋、鲁、齐、邾四国军队讨伐郯国。

② 与楚征战：吴王寿梦五年（鲁成公十年，前 581 年），吴国攻打楚国，打败楚国将领子反。寿梦十年（鲁成公十五年，前 576 年）十一月，吴国与鲁、晋、齐、宋、卫、郑等国在钟离会盟，这是吴国第一次参加与中原诸侯之间的会盟。

吴王寿梦十二年（鲁成公十七年，前 574 年），舒庸人由于楚国军队

第一章
神秘古城世所罕见　满目烟云余韵悠长

战败，便引导吴国军队包围巢国（位于吴国、楚国之间，是吴楚两国争夺的焦点）。吴军继而进攻驾地，包围厘地和虺地，舒庸因此依仗吴国而不设防，楚国将领公子橐于是率军灭亡舒庸。

吴王寿梦十六年（鲁襄公三年，前570年）春，楚国国君楚共王派遣将领子重率军攻打吴国。楚军攻克鸠兹（今属安徽芜湖），抵达衡山（今距安徽当涂东北30千米的横山）。楚军将领邓廖率领穿组甲的车兵三百人、穿被练的步兵三千人侵袭吴国。吴军截击楚军，俘虏邓廖，子重于是返回楚国。三天后，吴军攻打楚国，占领驾地。楚国人因此责备子重，子重心里很不痛快，于是心脏病发作而死。

吴王寿梦十七年（鲁襄公四年，前569年），寿梦任命狐庸担任国相，执掌国政。

③ 会盟诸侯：寿梦十八年（鲁襄公五年，前568年），寿梦派遣寿越前往晋国，解释没有参加鸡泽之会的缘故，同时请求听从命令和诸侯友好。晋国为了使吴国会合诸侯，于是让鲁国、卫国先会见吴国，同时告诉吴国会见的日期。所以孟献子、孙文子在善道会见吴国人。同年九月二十三日，寿梦遣使与鲁、晋、宋、陈、卫、郑、齐等国在戚地结盟。

寿梦二十三年（鲁襄公十年，前563年）春，寿梦和鲁襄公、晋悼公、宋平公、卫献公、曹成公、齐国太子光等在柤地（今江苏邳州市北）会盟。

寿梦二十五年（鲁襄公十二年，前561年）九月，寿梦去世，可能就葬于苏州古城西北的真山。

可见，寿梦在位期间励精图治、积极进取，使吴国实力得到快速发展。史载，寿梦姬姓，吴氏，名寿梦，又名乘。"乘"字在青铜铭文中是一个人张开双臂，叉开双腿站立在大木筏上。因此"乘"字含义非常清楚。寿梦的"梦"古音读máng，"梦"通"网"，寿梦之意是"长久牢固之渔网"。他的名与王号都与吴地的水、鱼密切相连。事实证明，这是寿梦崛起的渊薮。这是其一。

其二，春秋时代，乃至战国时期都是思想解放、发愤图强、争先恐后、力争上游的时代，所以出现了很多了不起的大思想家，如老子、孔子、庄子、孙子、鬼谷子、墨子、韩非子等。直到今天，也没有出现过春秋战国时期那样的盛况。为何？我想，原因至少有两个：一是春秋战国时期，各个诸侯国都在发愤图强、互相学习，通过兼并其他国家，让自己变得强大起来，以达统一中国之目的。比如，看见齐桓公"尊王攘夷"可以强大，大家就跟着学习；看见晋文公"践土会盟"，大家又跟着"践土会盟"；看见秦穆公"开边拓土"，大家就都往外面打；看见楚庄王"问鼎中原"，大家又反过来，争相往中原打……总之，那个时代是积极进取、不断摸索借鉴而标新立异的时代，各国都有自己独特的治国纲领，不讲"王道"讲"霸道"。在这洪流之中，那些有志向的人则思考天地人生，无拘无束，百花齐放、百家争鸣，相互切磋，于是产生了一批大思想家。二是后世进入了王朝社会，从秦始皇的"焚书坑儒"，到汉武帝的"独尊儒术"，统治者为了维护统治、维护国家的统一，都进行了严格的思想禁锢。到了明清时期，更是出现了大量的文字狱，使思想禁锢达到了惨烈的程度。在这样一种政治背景下，谁还敢写出一点标新立异的东西呢？因此，批量的大思想家也就难以出现了。身处春秋中后期的寿梦，在时代的感召下，势必雄心勃勃。

(4) 东夷大反，寿梦筑造文修武备的都城

司马迁在《史记》中记载："寿梦立而吴始益大，称王。"[①]"益大"乃更加强大之意，表明吴国开始崛起，已经具备了筑城的经济实力。另外，楚国是个老牌的诸侯国，春秋时期（前704年）熊通僭越称王，按周礼理应遭灭族绝后之刑，加之强楚扶越使吴后背受到威胁，寿梦不得不筑造都城备战。面对战略态势，经综合分析，木渎春秋古城之地便成为"京畿之地"，其依据有三：

一是形势所迫，势在必行。众所周知，楚国王室，芈姓；"楚天"泛指南方天空。楚国在长达八百多年的历史里，创造了灿烂的楚文化。商末

---

① 司马迁：《史记》，甘肃民族出版社，1997年，第428页。

第一章

神秘古城世所罕见　满目烟云余韵悠长

周初，楚人追随周人，到熊绎时，楚人正式被周王室册封为子爵。到了西周中期，楚国的势力不断发展。进入春秋时期，楚武王四处出击，灭掉了楚国周围最大的随国后不再尊奉周天子，首先自立为王，开启了对南方的战争。楚文王在位期间承袭武王遗志，北进、南拓、东扩，灭掉了周边几十个小国，势力范围大大扩张，有地千里；至春秋中期，楚庄王（前613—前591年）强盛，问鼎中原。就在庄王在位期间，鲁宣公八年（前601年）楚灭舒蓼，"及滑汭，盟吴、越而还"[①]。那时吴楚接壤，"异源同流"，又因是盟国，关系友好，往来频繁。自寿梦称王后，吴拥有步兵及水军3万余人，企图借楚为助力向中原发展，曾一度深入至沂水流域征服郯国（今山东郯城北）。

但巫臣使吴后，吴楚关系发生了重大变化。巫臣本是楚国大臣，后因故子重、子反杀了巫臣在楚的同族，在晋国的巫臣知后叛楚。当晋实行联吴制楚战略后，便派使臣申公巫臣前来通好，送来战车，吴王寿梦认为结晋对其扩张更为有利，遂与晋结盟，还积极向晋臣学习车战战法，组建战车兵种，日夜操练排兵布阵。木渎春秋都邑性特大古城遗址当属此时为防楚、越扩张侵犯而筑造。从鲁成公七年（前584年）到第二次弭兵之盟（前546年），这一时期吴楚间互有战争。三年后，寿梦又出兵，楚将子反救援，被吴军打败。鲁襄公三年（前570年）春，"楚子重伐吴"[②]，吴又胜。至此，楚已把吴当作一个强大的对手，吴楚关系开始恶化，使当时的战略态势发生了明显变化：既打破了楚的战略优势，又危及楚之安全，故楚对吴竭力遏制、反击。此时的寿梦，当属仅在战略上配合晋军不断攻楚；楚亦依其当时十万以上的兵力以对晋作战为主，对吴采取守势，间亦反攻打击，但规模与战绩皆有限，双方关系从小恶到彼此仇视。更可怕的是，楚在吴国的身后培植、壮大越国，对吴形成了战略包抄之势。

在这一时期，一场大剧在吴国拉开序幕，寿梦极有可能组织众人云集苏州西部木渎丘陵山区，肩拉背扛土石，日夜筑城，轰轰烈烈，场面火

[①] 杨伯峻：《春秋左传注》，中华书局，1981年，第696页。
[②] 杨伯峻：《春秋左传注》，中华书局，1981年，第925页。

爆，大有截断穹窿山、五峰山云雨之势。

二是古城遗址已出土的遗迹实物可以证明。《诗经·小雅·出车》记载："天子命我，城彼朔方。赫赫南仲，狁于襄。"明言筑城戍守北方。公元前7世纪，南方的楚国也在封疆上筑城。这个时期的城墙主要是土石墙，墙高只有3～4米，许多则是山水相连，以山护城，还有的是利用原有的河堤改筑的，防御设施还不完善。从苏州木渎春秋古城遗址已发现的实际情况来看，正如前面已经指出的，其时代从西周晚期、春秋战国，一直延伸到秦汉三国，先后出土了印纹硬陶器、原始瓷器、木构件、铜镞、青铜片、玉带钩、玉石器、玉璧、玉钺、玉璜、玉镯、玉锥形器等等，尤其是在木渎五峰村彭家墩发掘点，在2 025平方米的发掘区域里，发现了大片红烧土遗迹和十余座良渚文化、汉及明清墓葬。尤其是2009年秋季以来，由中国社会科学院考古研究所与苏州市考古研究所联合组建的考古队在这一区域进行综合性调查与发掘，已发现多处城墙、城壕、水门等遗址或实物，依稀可见昔日城市的繁华。特别是在合丰遗址：该遗址位于木渎古城遗址西南部穹窿山与香山东麓，北起穹窿山风景区的仰家村，南至胥口，西至穹窿山脚，东至箭泾河；小城址呈圆角长方形，南北长约500米，东西宽约450米，面积约22万平方米……在那段激情燃烧的岁月里，历史和文化在传说中被创造。"城"即是"人"，人即是"都城"的历史文化。

从寿梦都城的设计规划和建筑技术方面，可以看出木渎春秋古城具有较为明显的三个特征：

① 规划的整体性。所谓城邑的规划布局，主要指宫城的布局、墓葬区的分布和手工业作坊与商业列肆的位置。寿梦的宫城似乎在五峰山一带。笔者与几位考古爱好者曾在那里反复踏勘，那儿有手工业作坊区和商业区遗址，城墙时有缺口，那可能是战车进出的通道，因为当时的战争大都是"争城以战"。

② 选址的科学性。至春秋中晚期，古人在总结前人经验的基础上，产生了一种新的城邑选址理论，这就是《管子·乘马》所说的："凡立国

都，非于大山之下，必于广川之上，高毋近旱而水用足，下毋近水而沟防省，因天材，就地利，故城郭不必中规矩，道路不必中准绳。"管子的"国都"说，对于当时雄心勃勃的寿梦来说，可谓雪中送炭。由于国都的选址与军事上的成败密切相关，故寿梦在遵循这一选址准则的前提下，亦注意兼顾军事的需要。

③ 防御体系的坚固性。现已发现的木渎春秋都邑性特大古城遗址现场表明，城外设有护城河；护城河的宽窄因地形不一。护城河与城垣之间设有水门，修筑城垣与挖掘护城河、水门同步进行，用护城河挖出的土来修筑城垣，护城河挖得越深越宽，城垣也就越高越厚。一正一负，相辅相成，从而构成了双重的防御体系。

三是利用太湖与胥口险要形势。太湖东边"胥口，左胥山绵亘，直至皋峰；右香山绵亘，直至穹窿。香、胥之间，相距不过里许，中唯一港，其险足守"[①]。

为何寿梦所筑"都城"史无记载？其主要原因可能有三：

① 如上所述，吴国建国时间虽早于周朝，可是从强鸠夷元年（前1008年）起，吴国才有准确的纪年，也就是说前7位国君连纪年都没有。可见，那时的吴国还默默无闻。即使从第8位强鸠夷始，历经11位至去齐，除周章被周武王正式册封为诸侯外，吴国在史籍上没有出现什么明显的"政绩"。在这500多年中，为避敌锋芒，泰伯与仲雍等自江西一带由西向东不断地迁移至宁镇地区，又由宁镇地区逐步由北向南挺进，最后在以太湖流域为中心的广阔土地上停下了脚步，垦荒拓土、文攻武备，筑造"都城"。

② 公元前1046年牧野之战（武王伐纣）推翻了商纣王的统治，周武王传承了商的文字（甲骨文和殷金文）——汉字，恩泽了中华。遗憾的是商周王朝皆垄断文字（系城市文字），用于祭祀活动，平民百姓难以识读。与此相对，自从文书行政制度开始后，文字成了行政工具，由此便有了史

---

① 《太湖备考》卷四《兵防》。

书的出现。但在偏居南方"夷蛮"之地的吴国,那时还鲜有汉字,故难以留下详细记录传于后世。

③ 如众所知,记载春秋时期城邑的最主要著作是《春秋》及《左传》。但是,这两部最主要的著作对城邑的记载遗漏甚多,其主要原因是中国古代文献,尤其是先秦典籍对国都和别都以外的地方城邑往往忽略不记。为什么会出现这一现象呢?清人顾栋高的见解可以说是切中肯綮。顾氏在其所著《春秋大事表·偶笔》中说:"盖《春秋》一书,圣人特书以垂戒为百王法,未有无故而书者也。鲁方百里五所统,凡数十百城,二百四十二年之中,城坏而修亦极常事,何足重烦圣人之笔乎?"何况是南方偏远的"夷蛮"之地呢?于是《春秋》"凡褒贬无关于天下之大,故不书"。

据潘英先生统计,见之于《春秋》《左传》《国语》的春秋城邑有1 016座,而当时见于文献记载的国家只有190余个①。又据张鸿雁先生统计,在《春秋》《左传》《公羊传》《谷梁传》记载的筑城活动中,鲁国有27次,楚国20次,晋国10次,郑国4次,齐国3次,宋国2次,邾、陈、吴、越各1次②。笔者在研究吴国城邑时,以有无文献记载或考古资料为取舍依据,而考古事实证明的吴国城邑至少已出现三四座。而从概率的角度看,筑城活动之次数与城邑数量大致上是成正比的。随着吴国疆域向南拓展,西周至春秋时期吴国的城邑必然增加。当然,城邑并非皆为都邑,有的可能为封君邑和一般城邑,其规模则较都邑要小。《国语·楚语》载,楚大夫范无宇对楚灵王说:"且夫制城邑若体性焉,有首领肱股,至于手拇毛脉。大能掉小,故变而不勤。"③范无宇以人体各部位的关系比喻城邑的配置关系,被称为城邑建设分级的"体性论",其义不辩自明。

---

① 刘玉堂:《试论楚国地方城邑建设的若干问题》,《荆州师专学报(社会科学版)》1993年第1期。
② 刘玉堂:《试论楚国地方城邑建设的若干问题》,《荆州师专学报(社会科学版)》1993年第1期。
③ 《国语全译》,黄永堂译注,贵州人民出版社,1995年,第620页。

（二）多学科合作，终将破解谜题

春秋中晚期吴国开始崛起。目前，木渎春秋都邑性特大古城遗址仍有不少让人心醉的谜题待解，还需继续深入探究。

由于考古学的局限以及文字材料的缺失，对于吴文化的探索之路依然漫长。很多人觉得木渎春秋都邑性特大古城既没有文献记载，也没有出土自证的文字资料，考古似乎短期内也改变不了什么，但从长远来看，任何可能性都不能随意排除。有时，考古信息第一时间便能传遍世界，很快被各种文章和书籍作为最新资料使用。但更多的时候，一项考古成果，要形成观点甚至变成共识，乃至最后写入历史教科书中，则需要漫长的过程。对考古工作者而言，永远不知道捡拾的下一块陶片将拼接起怎样宏伟的过去，也不知道下一次发现释读的会是哪一段历史。

随着考古资料的不断丰富，在不远的将来，我们终将逐渐贴近历史真实，逐渐还原当时的社会状况。致敬中国考古工作者，他们栉风沐雨、风餐露宿地搜罗吉光片羽般珍稀的文物资料，他们的工作必将为我们进一步解读吴文化历史提供一个契机。

木渎春秋都邑性特大古城可谓是名不虚传的"神都"，它像一头睡狮，现在已经快醒了！随着脱氧核糖核酸（DNA）技术的发展，只要我们通过多学科合作，将多重研究手段结合起来，应用科学测年技术，对遗存器、炭化物、兽骨、人骨、植物籽实等进行分析研究、联合攻关，不仅有望确认木渎春秋都邑性特大古城的相对年代乃至绝对年代，还可确定其性质，破解其文明的基因密码与发展脉络。

（三）清华简《越公其事》史料价值极高，为苏州木渎春秋古城遗址研究提供了新线索

清华简研究团队于2017年4月发布了《清华大学藏战国竹简》的第七辑整理报告，其中《越公其事》一篇共75支简，2 245字，共分十一章。该文献一反我们以往所知。原夏商周断代工程专家组组长李学勤

认为，"（清华简）将极大地改变中国古史研究的面貌，价值难以估计"。其中最重磅的《越公其事》，对研究春秋吴越历史，具有极高的史料价值。

《越公其事》中，关于越国灭吴之战的记载，主要为第10～12章，而这一史料，或有助于对春秋末期吴都的探讨。其中的笠泽之战，也就是《越公其事》第10章记载的战事，可分为如下几个阶段：

> 吴王起师，军于江北；越王起师，军于江南。越王乃中分其师以为左军、右军，以其私卒君子六千以为中军……夜中，乃命左军、右军涉江……越王勾践乃以其私卒六千□（窃）涉，不鼓不噪以侵攻之，大乱吴师。

越军渡江之后的战事则为："左军、右军乃述（遂）涉，攻之，吴师乃大北，旋战旋北，乃至于吴。越师乃因军吴，吴人昆奴乃入越师，越师乃遂袭吴。"

《越公其事》记载的是，越国在渡江之后，势如破竹，一路打到吴都，将吴王围困于王宫，《越公其事》第11章记载："□□□□□（袭）吴邦，回（围）王宫。"

值得注意的是，《越公其事》《国语》等记载越军至吴地后，首先攻入郭城（外城），然后围困王城。而这就与此前吴都城破后，吴王西逃姑苏山的意见存在不同。

从上述记载来看，吴灭国时期的都城，在"吴"。总体来看，《越公其事》关于吴越笠泽之战、越国灭吴之战的记载，较为简略。那么，从《越公其事》的上述记载来看，吴国灭亡之时的都城，是在今天的苏州城区范围内，还是在今天苏州城区以西的木渎春秋古城遗址呢？

根据文献，笠泽之战后，越、吴在一些地区交战，至越国围吴的历程，似乎存在两条线路。其中第一条，是由今天苏州南部的陆路出发，如《国语·越语上》："是故败吴于囿，又败之于没，又郊败之。"① 这里记载越军和吴军交战的地点有：①"囿"，韦昭注"囿，笠泽也"；②"没"，韦昭注："没，地名"，一般认为在苏州南；③"郊"，即吴国都郊外。

又《吴越春秋·勾践伐吴外传》："（勾践）二十一年七月，越王复悉国中士卒伐吴……冬十月，越王乃请八大夫……乃遂伐之，大败之于囿。又败之于郊，又败之于津。如是三战三北，径至吴，围吴于西城……越军遂围吴。"② 这里记载越军和吴军交战的地点，先后有"囿"、"郊"（吴国都郊外）、"津"、"西城"等，其中一些尚不好确定，有学者认为"津"可能是指吴国外城的水关；而"西城"可能是《吴郡志》卷八记载的越军在胥门外筑造的围困吴军之城。

上述《国语》《吴越春秋》记载的都是越军由苏州以南的陆路行进，从围攻吴之路径上看，其战略目标就是春秋末年的吴国都城——今天的苏州古城（阖闾大城、吴大城）。

其他文献中所见越军围攻吴军的另一条路线，则似乎是经由水路。相关文献中有吴王最后被困于姑苏山的记载，《史记·越王勾践世家》记载越围吴之役："其后四年，越复伐吴。吴士民罢弊，轻锐尽死于齐、晋。而越大破吴，因而留围之三年，吴师败，越遂复栖吴王于姑苏之山。"③ 又《吴越春秋·夫差内传》："越王闻吴王伐齐，使范蠡、泄庸率师屯海、通江，以绝吴路。败太子友于始熊夷，通江淮，转袭吴，遂入吴国，烧姑胥台，徙其大舟。"④

这里记载，越国先发动陆地攻势，在"始熊夷"败吴；又发动水军攻吴，并焚毁姑胥（苏）台。同时，《越绝书》卷五记载，吴王曾经逃亡至"余杭山"："居三年，越兴师伐吴，至五湖。……居军三月，吴自罢。太宰嚭遂亡，吴王率其有禄与贤良遁而去。越追之，至余杭山，禽夫差，杀

---

① 《国语全译》，黄永堂译注，贵州人民出版社，1995年，第712页。
② 赵晔：《吴越春秋全译》，张觉译注，贵州人民出版社，1993年，第391-406页。
③ 司马迁：《史记》，梁绍辉标点，甘肃民族出版社，1997年，第491页。
④ 赵晔：《吴越春秋全译》，张觉译注，贵州人民出版社，1993年，第216页。

太宰嚭。……吴王乃旬日而自杀也。越王葬于卑犹之山。杀太宰嚭、逢同与其妻子。"[1] 这里的"五湖"应当指的是太湖东岸边的菱、莫、贡、胥、游五湖;"余杭山"即苏州市西北的"秦余杭山"。联系木渎春秋古城在太湖之滨胥口镇的背景,我们可以推断出一条越国经由苏州西南之太湖,向东北进攻位于胥口镇的吴国都城之进军线路。而吴王由此退居此地的姑苏山,或由此再退至北部的秦余杭山。如今在苏州木渎春秋古城的发现表明,两者间似存在暗合之处,为这一进军线路的推断,提供了逻辑上的证据。

由此可见,历史文献中关于越国灭吴的进军线路,似乎存在着陆路、水路,一东一西两条路径,前者见于《国语》《吴越春秋》,后者见于《越绝书》。前者似表明今苏州城区为春秋末年吴国的都城所在,而后者似表明春秋末年吴国的都城在今苏州城区以西的木渎春秋古城。《史记》《越公其事》关于越国灭吴之战的记载较为简略,其中《越公其事》关于这条进军线路的记载,与《国语》更为接近(注:《国语》的成书年代一般认为是战国早期)。从《越公其事》的记载来看,春秋末期的吴国都城就是今苏州古城(阖闾大城、吴大城),这是一个引人注目的历史大视点!正如中国科学院古脊椎动物与古人类研究所古人类研究室研究员高星所说:"学者要严谨,媒体要谨慎,不要用一些似是而非的概念和结论误导大众。(在新闻报道中)有些提法不专业、不严谨,会给行业内增加很多困扰,给大众带来很多困惑。因此我主张先做好扎扎实实的研究,然后再把科学信息和结论告诉大家。"在专业学者对于考古发现的外延信息不能做出定论的时候,切勿做出主观、武断的推测,以免误导公众。

有鉴于此,笔者提出三点意见:一是春秋末期的吴国都城就是今苏州古城(阖闾大城、吴大城),二是苏州木渎春秋都邑性特大古城遗址或是寿梦一手筑造,三是重大考古发现之后是保护。

历史是最好的老师。历史文化遗产不仅属于我们,也属于子孙后代。

---

[1] 《越绝书》,张仲清译注,中华书局,2020年,第107页。

第一章
神秘古城世所罕见　满目烟云余韵悠长

发现实属不易，保护工作更是任重道远。早在2003年8月，为保护重要的历史遗存，继承和弘扬吴文化，加快文化强市建设，苏州市人民政府办公室转发了市文广局会同市有关部门制定的《苏州西部山区春秋古城址群保护意见》。好在它已经走进了人们的视野，在大江南北传得沸沸扬扬，比任何一家新闻媒体播报的力度都大。

苏州是吴文化的重要发祥地。在历史学家看来，城市是文明的标志；在经济学家看来，城市是经济增长的发动机；在作家看来，城市是故事密集发生的场所；在普通人看来，城市则是放飞梦想、实现抱负的地方。可以说，人类的"文化"和"技术"一样，只有开始，没有终结。木渎春秋都邑性特大古城的两个兼备（"文修武备"与"内城外城"）就像百慕大三角一样，充满了神奇！它的发现不仅扩充了吴文化的宝库，也必将令世人大开眼界。

以史为鉴，可以知兴替；以人为鉴，可以明得失。苏州自春秋以来究竟有多少不为人知的秘密，不得而知。不过，有一点是要肯定的：苏州古城是春秋吴国阖闾所建，亦称"阖闾大城"，又称"姑苏城""吴大城"。对此，笔者在《水做的火焰：江南文化的旷世风华》一书的第三章中已作了较详细的考证①。由此笔者联想到，我们应对古代文献与现代考古证据有足够的敬畏，没有十足的把握，不宜轻易言伪。

党和国家明确指出："要敬畏历史、敬畏文化、敬畏生态，全面保护好历史文化遗产，统筹好旅游发展、特色经营、古城保护，筑牢文物安全底线，守护好前人留给我们的宝贵财富。""希望广大考古工作者，增强历史使命感和责任感，发扬严谨求实、艰苦奋斗、敬业奉献的优良传统，继续探索未知，揭示本源，努力建设中国特色、中国风格、中国气派的考古学。"这些都值得我们铭记。

一切早已开始，一切远未结束。苏州西部木渎春秋都邑性特大古城遗址这本"无字的地书"是我们的无价之宝。古人的血，曾经那么热！从中

---

① 徐国保：《水做的火焰：江南文化的旷世风华》，东南大学出版社，2019年，第72-106页。

我们看到了前人的努力与付出，看到了他们的荣光与痛苦，我们无不为之感动。历史就是我们走向未来的底气，让我们"以古人之规矩，开自己之生面"。反对本本主义与教条主义，诚如马克思所说，"人们自己创造自己的历史，但是他们并不是随心所欲地创造，并不是在他们自己选定的条件下创造，而是在直接碰到的、既定的、从过去承继下来的条件下创造。"[1] 面对百年未有之大变局，我们一定要结合中国在前进道路上遇到的这样或那样的实际问题，汲取中华文明五千多年来的智慧和力量，熔古铸今，开拓创新，续写马克思主义中国化、时代化的新篇章，奋力开创现代化建设的战略新空间，向着中华民族伟大复兴的光辉彼岸奋勇前进！

---

[1] 《马克思恩格斯选集》第一卷，人民出版社，1972年，第603页。

第二章
垂文贤俊书香世界　　群星闪耀光照四海

群草无声胜有声,自古乡野出雅士;吴中自古多俊彦,太湖岸边名人多。翻开苏州西部丘陵山区历史,你会发现,这里不仅出人才,而且"聚天下英才而用之",可谓星光灿烂。

究其原因,有五:一是由于苏州地处北纬30°左右,这一个神奇的地带造就了许多奇异的自然与人文景观。5亿多年前"江南古陆"崛起,"人字洞"遗址证明,早在200多万年前先吴人已经行走在太湖周边。二是进入春秋战国时代后的江南地区,因远离战乱而成为人们避风的港湾;又因民众勤劳图治,丰富而繁荣的经济是培育文化的温床,故自秦汉唐宋以来苏州成为"士夫之薮"。慕其名的皮日休、罗隐等文化名士聚集甫里(甪直)相游唱和,极盛一时。这里人才辈出,名门望族星罗棋布。三是通达的水系。吴国位于中国东南沿海,是长江下游的入海口,这里既是江海汇聚之地,也是北边黄淮河流域、西边长江上中游流域与南边太湖旁长兴百万年前古人类的接触地带,而"接触地带才是生成新的社会体系的源泉所在"①。于是最早形成了南北兼容的吴文化。四是吴国乃商末周初最早的诸侯国,被司马迁列为《史记·世家第一》,其历史悠久。五是吴地乃水乡泽国,水是生命之源,也是人类文明之源,更是城市文明赖以生存发展的基础。作为

---

① 宫本一夫:《从神话到历史:神话时代 夏王朝》,吴菲译,广西师范大学出版社,2014年,第391页。

古老之地的苏州西部丘陵山区，聚集了各地人才，由此而钟灵毓秀，人文历史与各种思想资源格外厚实，其突出代表人物如孙武子、东园公唐秉、夏黄公崔广、绮里季吴实、甪里先生周术、朱买臣、陆机、范仲淹、赵宧光、金圣叹……他们的名字也随着苏州的历史而流传至今。可见，美丽的苏州西部丘陵山区是吴人之根、文化之"魄"，大道如砥，人才济济。

一、孙武隐居苏州西部　兵法成就光照千秋

图 2-1　孙武

孙武（约前545—约前470），字长卿，春秋末期齐国乐安（今山东广饶县草桥）人，春秋时期著名的军事家、政治家，被尊称为"兵圣""兵家至圣"或孙子（孙武子），被誉为"百世兵家之师""东方兵学的鼻祖"（见图2-1），著有《孙子兵法》一书传世。他的谋略思想在中国乃至世界军事史和哲学思想史上都占有非常重要的地位，受到国内外历代兵家、学者的推崇。毛泽东曾评价孙武说："孙子不简单，用兵不教条。大千世界，千变万化，哪有一成不变之理？"并指出："'知彼知己，百战不殆'，乃是科学的真理。"军事家、文学家茅元仪在兵学巨著《武备志·兵诀评》中指出："自古谈兵者，必首孙武子。故曹孟德手注之，又为《兵家接要》二十万言，大约集诸家而阐明孙子者也。世有《武侯新书》者，亦所以明孙子，然赝书也，无所短长。孟德书不传，然孙子在，有心者可以意迎之，他书可弗传也。先秦之言兵者六家，前孙子者，孙子不遗，后孙子者，不能遗孙子。"英国的空军元帅约翰·斯莱瑟曾言："孙武的思想有惊人之处——把一些词句稍加变换，他的箴言就像是昨天刚写出来的。"

（一）孙武因田鲍四族之乱而"奔吴"

由于汉字的传播，春秋时期是个比较"清楚"的时代。大禹治水，

"三江既入，震泽底定"，至公元前586年，吴国的第十九位君主寿梦称王，一个默默无闻的偏僻蛮荒小国，在华夏大地上突然刮起了一股旋风，吴国自良渚早期国家出现后开始在春秋舞台上崭露头角。

一个国家的崛起，人才是第一资源。随着汉字与铜铁器的逐步普及，生产力与生产关系的相互促进，思想解放了，中国出现了老子、孔子、言子、屈原、季子等一批才艺卓绝、博学谦恭的大家，开放而包容，创造了既有中原文化特质，又区别于黄河流域文明，具有蓬勃向上、鲜明自身特点的吴地文化，它如翠绿托着的黄灿灿的向日葵，张着欣喜的笑脸，在微风里跳着迎宾的舞蹈，恭迎着四面八方的宾朋豪杰，这就是吴国的战略定力。

先是伍子胥衔冤亡命奔吴地，一夜白头过昭关。接着就是孙武为"避乱"而奔吴。《新唐书》言明孙武是因"田、鲍四族谋为乱"，才从齐地奔往吴国的。《史记·司马穰苴列传》中对此是这样记述的："司马穰苴者，田完之苗裔也。齐景公时……晏婴乃荐田穰苴曰：'穰苴虽田氏庶孽，然其人文能附众，武能威敌，愿君试之。'景公召穰苴，与语兵事，大说之，以为将军。……既见穰苴，尊为大司马。田氏日以益尊于齐。已而大夫鲍氏、高、国之属害之，谮于景公。景公退穰苴，苴发疾而死。"《左传》和《晏子春秋》二书又云：公元前522年，田穰苴与梁丘据二人同为齐国重臣。此时的田穰苴还是很受齐景公宠爱的。只是在此之后，也就是田穰苴被尊为大司马和"田氏日以益尊于齐"若干年之后，齐景公偏听偏信了鲍、高、国三氏陷害田氏之言，黜退田穰苴的大司马之职，田穰苴发疾而死，田、鲍、栾、高四族谋乱。

同为田完之裔的孙武，自然亲历或亲闻过这次四族之乱。这次田、鲍、栾、高四族之乱，鲍氏与高、国二氏结盟，以共同对付田氏，使其矛盾白热化，田氏之族因之受损甚大，这就是孙武奔吴的直接原因。《史记》之《孙武传》及《伍子胥传》还载明孙武奔吴献兵法和为将军的时间是吴王阖庐三年即公元前512年。孙武奔吴的路线，由清代在今济南市东之济水旁（即今小清河岸边）出土的孙武私人印和孙星衍撰《家吴将印考》所证实，是从齐国乐安乘舟顺济水经济南东而奔吴的。①

笔者恍惚看到，田穰苴的猝死，在齐国朝野上下，特别是在田氏家族中引起了极大震动。因受鲍、国、高三族排挤而解甲归田、赋闲在家的孙书听到这一噩耗，陷于极度悲愤之中。

这件事对孙武的打击很大。按照周礼，男子三十而立，四十而仕。自己眼看就到了入仕的年龄，凭着自己家族的地位，凭着祖父和父亲在朝中的威望，出仕为官根本就不成问题。况且孙武从小就有大志，想干一番轰轰烈烈的大事业。为此，他一直苦心钻研兵法，虚心向长辈请教，游历崇山巨川进行考察，足迹遍布泰山南北，大河两岸。如今自己费尽心思，耗尽心血撰著的兵法十三篇业已完成草本，正准备步入仕途，施展鸿鹄之志，却遭遇晴天霹雳般的打击。

为此，孙武和祖父孙书、父亲孙凭三人一起彻夜长谈。眼下田氏遭到重创，下一步就是不遭灭门之灾，恐怕也难以在短期内恢复元气。巨大的阴影笼罩在孙书头上，他不由得想起了先祖陈完自陈国来齐的情形，在听完孙武对时局的分析后，三人很快统一了意见——孙武离齐"避乱"。然后三人一起分析列国形势，最后同时把目光盯在了远在南方的吴国——如今疆域扩大到千里，成为春秋晚期可以与齐、晋、楚、秦、鲁等国抗衡的一支新兴力量，并开始显露出霸主景象。孙武认为，吴国既是实现自己理想的地方，也是自己大展宏图的地方。于是，几天后，孙武坐上了远去吴国的商船（管仲主张"以商止战"，为刺激经济而搞运输），沿济水逆流而上。与其他商人不同的是，孙武的货柜里除了金银细软及部分生活用品外，全部是简书。这些简书就是孙武耗尽心血撰著的十三篇兵法草本，以及自小陪伴他左右的各类兵书。商船行至济南，孙武弃舟登岸，改走陆路。在搬运行李的过程中，不慎将一枚私人印章丢失。因印章无关紧要，孙武未及仔细搜寻便又随商队登车，复登舟入泗水，进淮河，过长江，经

---

① 赵金炎：《兵圣孙武的籍贯与奔吴内情》，《海内与海外》2006年第2期。

芙蓉湖，一路南下至姑苏。

（二）吴有伍子胥、孙武，擒敌立胜

孙武至吴后，经伍子胥七次推荐，吴王阖闾令孙武用宫女试演兵法，孙武以吴王两宠姬为队长，告以军法，列队操练。宫女视为儿戏，喧闹嬉笑，孙武大怒，喝令将两姬斩首，以正军法。吴王知其能用兵，拜为将。此后，孙武不负众望，于公元前512年12月，亲自指挥了第一次战争并获大胜。阖闾派孙武等征灭钟吾和徐两个小国，又乘胜夺取了楚国的舒地。"孙武为将，拔舒，杀吴亡将二公子盖馀、烛佣。"第二次于公元前511年，"阖闾闻楚得湛卢之剑，因斯发怒，遂使孙武、伍胥、白喜伐楚"，接连攻占了楚国的"六"和"潜"二地，又获大捷。第三次于公元前510年，吴、越之间发生了第一次大规模战争，史称"樵（檇）李之战"，吴大胜。《孙子兵法·虚实》篇真实地记述了孙武在这次作战中的体验："以吾度之，越人之兵虽多，亦奚益于胜败哉。"总结出用兵打仗，贵精不贵多的战争经验。第四次于公元前509年，吴、楚豫章大战。楚国君命公子子常等伐吴，以报前年失陷六、潜二地之仇。吴王阖闾再次派孙武等率兵回击，迂回作战，避开楚军主力，俘楚公子子繁，又占巢地。楚军攻而转败。第五次于公元前506年11月18日，吴、楚两国爆发最大规模的战争，即柏举之战（见图2-2）。战前，吴王接受孙武和伍子胥等人的高见，联合了与楚有世仇的唐和蔡两个小国，共同对敌。作战过程中，孙武等充分利用通过蔡、唐攻楚的有利地理条件，采取正面钳制和北侧迂回的策略，出奇制胜，以三万兵力对二十万兵力，五战五捷，于当年十一月二十七日，攻克郢都，楚昭王出逃。从此，孙武谋高一筹，善战制敌，战功赫赫，名传天下。太史公曰："西破强楚，入郢，北威齐晋，显名诸侯，孙子与有力焉。"[①]

---

① 司马迁：《史记》，甘肃民族出版社，1997年，第584页。

核 心 江 南
——世界罕见的苏州西部丘陵山区历史文化

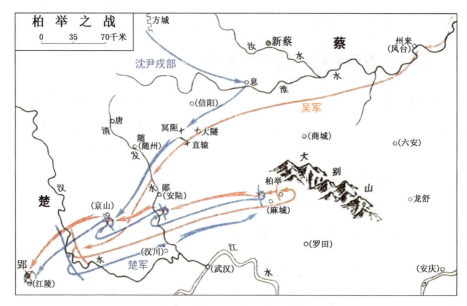

图 2-2　吴越柏举之战地理位置示意图（资料图片）

孙武到吴不久就战，战而必胜，用兵如神，关键在于他驾驭了战争的规律，并结合时势变化实际，运用自己独创的十三篇兵法。这从下面两点可以看出其中玄机：

一是传承发展，"六经注我"（即万物齐备于我，发展出自己的战争观与战略战术）。上面已述，他博览群书，在奔吴时携带的就有各类兵书与自己的十三篇兵法草本，结合南方实际，创新发展，加之他出身将门巨族，平日里耳濡目染，特别是前辈的言传身教使他受益匪浅。应该说，与其家族存在着不解之缘。

孙武是由陈国到齐国的田完家族的七世孙，比弑杀齐简公的田常晚一辈，虽是旁支，却是不折不扣的将门巨族出身。据《左传》记载，鲁昭公十九年（前523年）秋，齐国的高发率师讨伐东夷族的莒国。莒共公逃奔到纪鄣城堡。齐国就派孙书乘胜追击。莒国有个妇人，她的丈夫被莒国的国君杀了，这时已是老寡妇，寄居在纪鄣城堡，她纺出一根麻绳，长度刚好和城墙的高度相等。等孙书的追兵一到，她就把麻绳从城头垂到城外。有人告诉孙书，孙书安排军队夜间顺着麻绳登城。六十人登上城墙，麻绳就断了。城下的士兵和登城的士兵，一齐鼓噪。莒共公害怕，就打开西门逃走。七月十四日，齐国的军队攻入纪鄣城堡。这位孙书原名陈（田）书，是田完的四世孙陈（田）无宇的儿子，由于攻打莒国有功，被齐景公赐姓"孙"。这就是孙武的祖父，纪鄣城堡战役之时，孙武二十岁左右。《孙子兵法》最后写了《用间篇》，谈论间谍情报、里应外合的重要性，认为"三军之事，亲莫亲于间，赏莫厚于间，事莫密于间……"不能不说他依照间谍情报而用兵的思想，与其祖父得到纪鄣城堡内部老寡妇的内应从而一举破城有渊源。

二是吸收了老子关于"道"的思想精华。《孙子兵法》十三篇的行文不过六千余言，略长于《老子》。如果说《老子》言道妙以机趣，那么《孙子兵法》则述"诡道"以精诚。据考证，《老子》成篇于孔子于鲁昭公三十一年（前511年）适周问礼于老子后不久，《孙子兵法》成篇于鲁定公四年（前506年）吴楚柏举之战前不久，略晚于《老子》。这是春秋末年诸子学术的双璧。《论语》则是鲁哀公十六年（前479年）孔子死后，众弟子为他庐墓守心孝时开始编纂的，中间有若干时期的增补、修改、编纂，最终到曾子死（鲁悼公三十一年，前436年）后，第三次编定，这时已经进入战国初期了。

综上所述，时势造英雄。春秋之世，中国社会发生了激烈的震荡和变动，催化了整个民族的思想创造能力，推动了中国文化在突破和超越中出现蓬蓬勃勃的原创思想，裂变为百家之学。率先开宗的堪称"春秋三始"：一是老子言道德五千言，开道家之宗；二是孔子聚徒讲学，开儒家之宗；三是孙武以兵法"十三篇"见吴王阖庐，开兵家之宗。孙子把老子的"道"引进兵法。《老子》提出"人法地，地法天，天法道，道法自然"的纲领。《孙子》开宗明义，"兵者，国之大事，死生之地，存亡之道，不可不察也"，将"经之以五事"的"道、天、地、将、法"作为全书的经纬，把"道"放在五事之首。《老子》突出了以柔弱胜刚强的智谋方针："将欲歙之，必固张之；将欲弱之，必固强之；将欲废之，必固兴之；将欲取之，必固与之。是谓微明。柔弱胜刚强。"《孙子兵法》则曰："善用兵者，避其锐气,击其惰归,此治气者也。以治待乱,以静待哗,此治心者也。以近待远,以佚待劳,以饱待饥,此治力者也""乱生于治,怯生于勇,弱生于强",注重战争行为和政治态势的辩证转化。

可见,《孙子兵法》除了家族基因和混合着老子式的道外,是蘸着血写出来的。唐太宗李世民曾说:"观诸兵书,无出孙武。"西方人崇尚以力取胜,中国人则推崇以谋取胜,其战略文化和西方迥然有别。

(三)隐居苏州西部山区修定"十三篇",超越时空成"兵圣"

《吴县志》载,"孙武,字长卿……因避内乱奔吴国,隐居于今吴县西部山里,著就《兵法》十三篇"①,共6 075字,后人称《孙子兵法》,又称《兵经》《武经》。

孙武虽是齐人,但自从其因避齐国内乱而出奔定居吴国起,他的后半生活动基本上都是在吴地展开的。换言之,史籍所载可供采信的孙子生平大事,如吴宫教战、辅佐阖庐富国强兵、对楚实施战略欺骗、五战入郢等,均以吴国大地为广阔的舞台。从这个意义上说,孙子所著的《孙子兵法》,逻辑上自然是吴文化的有机组成部分。其他先秦两汉时期的重要典籍、重要历史人物,同样视《孙子兵法》修订完善于吴国大地,为吴国波澜壮阔、绚丽多彩的军事实践的卓越理论总结(见图2-3)。例如:

图2-3 孙子兵法

---

① 《吴县志》,上海古籍出版社,1994年,第1117页。

其一,《孙子兵法》所提到的"军、旅、卒、伍"四级基本编制在春秋时期为吴国所特有,而与晋国军队的"六级"编制和齐国军队的"五级"编制有较大的区别。

其二,《孙子兵法》所记述的"地形""相敌之法"等内容,恰好与《尚书·禹贡》《史记·货殖列传》《汉书·地理志》等典籍所描述的南方地区地理环境的基本特征相吻合。

其三,《孙子兵法》所倡导的诡诈作战指导原则,与中原地区所流行的"以礼为固,以仁为胜"之"军礼"传统相对立,与所谓"结日定地,各居一面,鸣鼓而战,不相诈"的"偏战"战法相区别,体现了深厚的南方兵学文化的历史渊源。

其四,《孙子兵法》多次提及"吴、越"之争,"越人之兵"云云,将越国视为吴国主要的假想敌之一,这也表明它是立足于江南战争形势与战备格局基础之上的,是在传承北方众多战争经验的基础上,融合了江南地区军事实践经验的理论总结与思想升华。

其五,苏州既是孙武的第二故乡和功成名就之地,也是孙武的归隐终老之地。据《越绝书》《皇览》《舆地纪胜》《天下名胜志》《吴门表隐》以及《吴县志》等文献资料记载和专家考证,孙武墓位于现今苏州相城区元和街道"孙武纪念园"内(见图2-4)。从这个意义上来看,孙武就是吴

图2-4　位于苏州相城区元和街道的孙武墓

人尚武的化身。2018年5月，83岁高龄的孙武后裔、孙中山先生的孙女孙穗芳博士亲临祭祀活动现场，表达了对"兵圣"孙武的无限敬意。

《孙子兵法》揭示了战争的规律，论述了战争、治军、制胜等方面的法则，具有朴素的唯物论和辩证法思想，其宏富的思想内涵和精辟的辩证哲理，为古今中外军事家、政治家所重视。《孙子兵法》已有美、英、日、德、法、俄、捷、朝等文译本，国际上认为它是"世界古代第一部兵书"，现在不仅于军事领域，在经济、体育等方面，也得到了广泛的关注和应用。

孙武为吴国的发展作出了卓越贡献，为此在苏州西部丘陵山区的穹窿山上建有孙武隐居著书的纪念地。此山系太湖东岸的群山之冠，高峻挺拔，郁郁葱葱，因山形"四周隆起，中间下垂"，形似穹隆，故名。因拥有丰富的自然资源，或苍松翠竹，或泉水潺潺，环境甚为清幽静谧，现为自然保护区、国家森林公园、5A级自然风景区。在景区内，有古老的穹窿寺、韩世忠隐居的宁邦寺、江南道教上真观、中国五大名台之一的朱买臣读书台、于右任题词的蕲王韩世忠玩月台、号称露天书法艺术馆的小王山摩崖石刻、中国国防教育基地等景点。但游客必去的还是那个在遮天密林深处的纪念孙武的"孙武苑"，苑内建有"兵圣"孙武的铜像（见图2-5），潺潺的泉水通过竹筒流入石井，真的好像武侠小说中武林高手的隐居地。

图2-5 苏州西部穹窿山建立的孙武纪念地——孙武苑内的孙武铜像

第二章
垂文贤俊书香世界　群星闪耀光照四海

历史让人回味，未来令人神往，人才是一个国家兴旺发达的第一资源。在吴地这方神奇的土地上，人们书写着为这片土地作出重大贡献的众多英雄豪杰的故事。在现代战争中，我们既要正读《孙子兵法》，又要结合实际，创新发展。

二、酷爱读书的朱买臣　创建生态的赵宧光

许多学者认为，吴人从宋朝开始发生了由尚武到崇文的嬗变。笔者认为，他们只说对了一半。其一，吴人"崇文"古来有之。先吴人"断发文身"以及女性用"草汁染齿"，这是一种"观念"与"艺术"，而"艺术"标志了文化的出现，其历史也可能追溯到数万年前，这是因水而生、水做的火焰，值得吴人骄傲。其二，"文变染乎世情，兴废系乎时序"。众所周知，宋朝重文是前所未有的，江南也不会例外。但史实证明，早在新石器时代先吴人就已经播下了文明的种子，如大江南北众多遗址出土的刻文陶片，那些原始文字已经显示出先吴人的文明因子，特别是良渚国家文明既有超大古城又设有大型祭坛，且用最好的食物作为祭礼，说明那时的先吴人已经由分散到联合，进入了"王国文明"，"人们把特殊的场所奉献给神明，……认为接近神明最喜欢的场所并主持特殊祭典的人必须是人身纯洁的。"[①] 到了春秋战国时期，吴地的文明已经开出了鲜艳夺目的花朵。在吴中大地的舞台上，大大小小、形形色色的文人雅士若璀璨繁星。这些先哲以科学的态度对待科学，以真理的精神追求真理，鲜活而动人，在历史上打上了难以复制的烙印。

（一）酷爱读书"贵显汉朝"的朱买臣

笔者儿时读过《三字经》，其中有个"如负薪"的典故，说的就是西汉大臣朱买臣早年因家贫，卖薪自给，每日砍柴，置书树下而读的故事。

---

① 孟德斯鸠：《论法的精神》，张雁深译，商务印书馆，2007年，第236页。

核心江南
——世界罕见的苏州西部丘陵山区历史文化

图 2-6 西汉朱买臣遗像

朱买臣（约前190—前115），字翁子，西汉大臣、辞赋家，会稽郡吴县（今江苏省苏州市吴中区木渎镇藏书村）人（见图2-6）。他自幼家境贫寒，却非常喜欢读书，在山上放羊的时候经常趴在石头上看书，结果把羊给弄丢了。家人警告他，如果再把羊弄丢了，就要把他的书烧掉。于是，朱买臣把书藏到山上的一块石头下面，趁家人不注意时，再偷偷地把书拿出来读。由于他读书用功，博学多才，后来受到了重用，当上了会稽太守。后人为纪念他读书之艰辛及勉励后人发愤读书，就将他的家乡取名为"藏（cáng）书"，这就是苏州西部丘陵山区藏书村的由来。

朱买臣的一生与人为善，心胸开阔，波澜壮阔，主要成就：平定东越。但社会上，尤其是现在网上对他有不少毫无根据的负面评价，如对前妻的"马前泼水""覆水难收"等情节，为正视听，笔者查阅了《汉书》卷六十四上《严朱吾丘主父徐严终王贾传》及另外版本的《汉书·朱买臣传》。因《汉书·朱买臣传》中的记载更为翔实，现全录如下，以此为证：

> 朱买臣，字翁子，吴人也。家贫，好读书，不治产业，常艾薪樵，卖以给食，担束薪，行且诵书。其妻亦负戴相随，数止买臣毋歌呕道中。买臣愈益疾歌，妻羞之，求去。买臣笑曰："我年五十当富贵，今已四十余矣。女苦日久，待我富贵报女功。"妻恚怒曰："如公等，终饿死沟中耳，何能富贵？"买臣不能留，即听去。其后，买臣独行歌道中，负薪墓间。故妻与夫家俱上冢，见买臣饥寒，呼饭饮之。后数岁，买臣随上计吏为卒，将重车至长安，诣阙上书，书久不报。待诏公车，粮用乏，上计吏卒更乞丐之。会邑子严助贵幸，荐买臣，召见，说《春秋》，言《楚辞》，帝甚说之，拜买臣为中大夫，与严助俱侍中。是时，方

筑朔方，公孙弘谏，以为罢敝中国。上使买臣难诎弘，语在《弘传》。后买臣坐事免，久之，召待诏。是时，东越数反覆，买臣因言："故东越王居保泉山，一人守险，千人不得上。今闻东越王更徙处南行，去泉山五百里，居大泽中。今发兵浮海，直指泉山，陈舟列兵，席卷南行，可破灭也。"上拜买臣会稽太守。上谓买臣曰："富贵不归故乡，如衣绣夜行，今子何如？"买臣顿首辞谢。诏买臣到郡，治楼船，备粮食、水战具，须诏书到，军与俱进。初，买臣免，待诏，常从会稽守邸者寄居饭食。拜为太守，买臣衣故衣，怀其印绶，步归郡邸。直上计时，会稽吏方相与群饮，不视买臣。买臣入室中，守邸与共食，食且饱，少见其绶，守邸怪之，前引其绶，视其印，会稽太守章也。守邸惊，出语上计掾吏。皆醉，大呼曰："妄诞耳！"守邸曰："试来视之。"其故人素轻买臣者入内视之，还走，疾呼曰："实然！"坐中惊骇，白守丞，相推排陈列中庭拜谒。买臣徐出户。有顷，长安厩吏乘驷马车来迎，买臣遂乘传去。会稽闻太守且至，发民除道，县吏并送迎，车百余乘。入吴界，见其故妻、妻夫治道。买臣驻车，呼令后车载其夫妻，到太守舍，置园中，给食之。居一月，妻自经死，买臣乞其夫钱，令葬。悉召见故人与饮食，诸尝有恩者，皆报复焉。居岁余，买臣受诏将兵，与横海将军韩说等俱击破东越，有功。征入为主爵都尉，列于九卿。

意思是：朱买臣，字翁子，是吴县人。他家里穷，却喜欢读书，不懂治理产业，靠砍柴卖柴来供给食用，常常挑着两捆柴草，一边走，一边诵读诗书。他的妻子也背着柴跟在后面，多次制止他在路上诵读。他反而越发大声地读，妻子认为这是一件羞耻的事，请求离他而去。朱买臣笑着说："我五十岁时将富贵，现在已经四十多岁了。你跟着我苦了很长时间，等我富贵了，一定报答你。"他的妻子愤怒地说："像你这种人，最终会饿死在沟中，怎能富贵呢？"朱买臣不能留下她，就听任她离开。此后，朱买臣独自在路上边走边诵读。有次背柴从坟墓间经过，他原来的妻子和她后来的丈夫一起来上坟，看见朱买臣饥寒交迫，就喊他去吃饭喝水。几年后，朱买臣跟随上计吏当差，押送重车去长安，到朝廷上书，奏书很长时间没有得到回复。在公车府等待诏命，粮食吃完了，上计吏手下的役卒轮流施与他吃的东西。正好同乡严助位尊且受宠幸，举荐朱买臣。朱买臣得到召见，在皇上面前论说《春秋》《楚辞》，皇上听了很高兴，任命朱买臣为中大夫，与严助同为侍中。这时，朝廷正在修筑胡方城，公孙弘向皇上进谏，认为筑城的举措会使得汉朝疲劳困敝。皇帝让朱买臣发难说服公孙弘，言辞在《公孙弘传》中。后来朱买臣因事获罪被免职，很久后，又被征召为待诏。此时，东越归顺反叛变化无常，朱买臣于是说："过去东越王盘踞固守泉山，一个人守住了险要之地，一千人也攻不上去。现在听说东越王向南迁徙，距离泉山有五百里①，住在大泽之中。现在派兵乘船渡海，直接奔向泉山，排列好战舰和士兵，向南方席卷而进，就可以消灭他们。"皇上任命朱买臣为会稽太守。皇上对朱买臣说："富贵之人不回到故乡，就如同穿着锦绣衣裳在夜晚行走，没人看得见，现在你感觉怎么样？"朱买臣磕头谢恩。皇上下诏让朱买臣回到会稽郡后，修治楼船，准备粮食、水和作战器具，等进军的诏书到达，军队和他一起进发。起初，朱买臣被免了职，穿着过去的衣服，怀揣官印和系官印的绶带，走回郡邸。时值上交计簿，会稽郡来京上交计簿的官吏正在一起饮酒，对朱买臣看都不看一眼。朱买臣走进屋内，守邸人和他一道吃饭。吃到快饱的时候，买臣稍微露出那系着官印的绶带，守邸人对此感到奇怪，就上前拿那绶带，端详着那方印章，正是会稽太守章。守邸人吃惊，出屋告诉了上计掾吏。掾吏们都喝醉了，大喊道："乱说大话！"守邸人说："你们试着来看看吧。"朱买臣的旧友中有个一向瞧不起朱买臣的走进室内看了官印，吓得转身就跑，高声嚷道："的确如此！"在座的人惊慌害怕，将此事报告守丞，相互推拥着排成队列到中庭拜谒朱买臣。朱买臣慢步走出了门。一会儿，长安厩吏乘着

---

① 这里的"里"作为古代长度计量单位，在换算为法定计量单位时，与现在所说"市里"不一样。1 市里≈0.5 公里。

四匹马驾的车来迎接，朱买臣于是乘坐传车离去。会稽郡听说太守将要到了，发动百姓修整道路，县吏一起去迎接，车有一百多辆。进入吴县境内，朱买臣见到他原来的妻子和她现在的丈夫在修路。朱买臣停下车，叫后面的车载上他们夫妻一起到太守府，把他们安置在园里，供应他们的饮食。住了一个月，朱买臣的前妻上吊自杀，朱买臣给她丈夫钱，让他把她安葬了。朱买臣将朋友和供给他饮食及对自己有恩的人全部招来相见，都一一报答。过了一年多，朱买臣接到诏书领军出征，与横海将军韩说等人一起打败东越，取得战功。被征召入京做主爵都尉，位列九卿。

可见，社会上所谓的"马前泼水""覆水难收"等关于朱买臣的流言，完全是借题发挥、毫无依据的。朱买臣负薪苦读最终功成名就，成为后人学习的楷模。

明末清初的著名诗人吴伟业与钱谦益、龚鼎孳并称"江左三大家"，他有诗一首《过朱买臣墓》：

> 翁子穷经自不贫，会稽连守拜为真。
> 是非难免三长史，富贵徒夸一妇人。
> 小吏张汤看倨傲，故交庄助叹沉沦。
> 行年五十功名晚，何似空山长负薪。

从诗中可见：

其一，"翁子穷经自不贫，会稽连守拜为真"。史书上都说朱买臣很穷，唯独吴伟业老先生说他"自不穷"。他的资本是"穷经"！"穷"者，"极点"也，说明他读书极其认真。妻子看他像"书痴"，在受到别人讥笑后逼朱离婚时，他宁肯放弃妻子也不肯中断读书，矢志不渝，志向警人（见图2-7）。英国著名的哲学家培根曾说过"知识就是力量"。现在这句话已被无数事实证明，只有拥有了知识，才能逐步实现一个又一个梦想。宋朝诗人陆游一生酷爱读书，在他房中，柜里装书，桌上堆书，床上铺书，他睡觉枕的还是书，所以他给后人留下了9 000多首诗，成为我国著名的爱国诗人。伟大领袖毛泽东视时间如生命,视知识如美肴,为了学习、工作彻夜不眠,写出了那么多激情飞扬的论著和诗词;毛泽东家族有六人为革命牺牲了生命,其侄毛楚雄于1946年牺牲时,年仅19岁。毫无疑问,这些伟人的成就与他们的好学与牺牲精神是分不开的。

汉会稽太守朱公读书之处,正德己巳,都穆①题

图 2-7　摩崖石刻朱买臣读书处

"少壮不努力,老大徒伤悲。"朱买臣小时酷爱读书,四十余岁仍不放松,五十岁方才"会稽连守拜为真",说明一个人的能力是有限的,而精力是无限的,当把无限的精力投入到有限的时间中去学习时,就一定会有所成就。

其二,知识不仅是力量,知识也是财富。朱买臣之所以五十岁能"上拜买臣会稽太守",是因为他是一个以知识为"财富"的人。其实,没有知识并不可怕,可怕的是你没有学习的意识,最可悲无望的人就是那些贫困、没有知识还无学习意识的人。

须知,人的一生就是学习的一生。你必须要为目标付出努力,如果你只空怀大志,而不愿为理想的实现付出辛勤的劳动,那"理想"永远是空

---

① 都穆(1458—1525),字玄敬,一作元敬,郡人称南濠先生。原籍吴县相城,后徙居阊门外南濠里。弘治十二年(1499年),中进士,授工部主事,官至礼部郎中。主要著作为《金薤琳琅录》《南濠诗话》。

中楼阁。只有把目标和行动有机结合起来,才有可能成为一个成功人士。一个人不管做什么事,有什么条件,身处什么样的环境,只要专心致志,勤奋刻苦学习,坚持不懈,脚踏实地做下去,自然会有功成名就的一天。爱因斯坦曾经说过:W=X+Y+Z。这句话中 W 代表成功,X 则代表勤奋(学习),Y 则代表正确的方法,Z 则代表不浪费时间,少说空话,就有可能成功。显然,朱买臣就是这样一个人,所以他成功了。爱因斯坦还说过:"知识不能单从经验中得出,而只能从理智的发明同观察到的事实两者的比较中得出。"因为朱买臣受过贫苦生活的历练又有理性的知识,所以他在与西汉名臣、御史大夫公孙弘的较量中,连提了十个问题,而公孙弘一个也答不上来,只好道歉,折服于朱买臣。可见,梦想从读书学习开始,事业靠本领成就(见图 2-8)。"知识创造财富"已不仅仅是个口号,而是一个颠扑不破的真理。

图 2-8　苏州西部穹窿山上的朱买臣读书台

对于朱买臣的功绩,《汉书》有评:"而吴有严助、朱买臣,贵显汉朝,文辞并发,故世传《楚辞》。"[1] 东汉时期的名臣、文学家、书法家蔡邕亦有评价:"朱买臣出于幽贱,并以才宜,还守本邦。"[2]

---

[1]　《汉书》卷二十八下《地理志第八下》。
[2]　《后汉书·蔡邕列传下》。

（二）创建生态文化的先驱赵宧光

图 2-9　赵宧光

赵宧光（1559—1625），字凡夫、水臣，号广平、寒山梁鸿、墓下凡夫、寒山长，江苏太仓人（见图 2-9），系宋代王室后裔，宋太宗赵炅第八子元俨的后代。在苏州西部丘陵山区买寒山葬父，并筑室隐居山中，一生不仕，以高士名冠吴中，偕妻陆卿子读书稽古，精六书，工诗文，擅书法，尤精篆书，兼文学家、文字学家、书论家、造园师于一身。刻印自撰《说文长笺》100 卷附《六书长笺》7 卷，及《寒山帚谈》《朝鲜史略》。所抄之书在格纸版心刻有"寒山堂篆书"字样，有《草篆说文》《石经论语》《赵凡夫杂著五种》《蒙子指南》《护生编》《牒草》《寒山蔓草》等数十种。

明代万历二十二年（1594 年），赵宧光遵照父亲的遗愿将父亲安葬在苏州城西寒山。在守孝之际，他与陆卿子隐居于苏州西部支硎山（观音山）之南，建"小宛堂"藏书其中，为寒山创造了别开生面的景象，又利用岩石山野的天然景观，自辟万壑，凿山劈石，疏泉斩榛，依山而筑"寒山别业"（别墅），宛如仙源异境，有盘陀、空空、化城、法螺等建筑，又有"云中庐""弹冠堂""警虹渡""绿云楼""驰烟驿""澄怀堂""清晖楼"诸胜；他还专门著有《寒山志》，以留后人。赵宧光乃"晚明孤峰"，其思想影响深远，有两点值得学习推介：

1. 崇尚自然生态，建造园林式的寒山别业

生态建设、绿色建筑，是当下城市建设的风向标，其核心内容是尽可能地顺应自然，利用可再生的能源、资源，实现人与环境的友好相处。400 多年前的赵宧光进入寒山后，便携妻儿以这片山水为家，倾其所有治理荒山野岭，营建生活所需的住所，将其打造成一个巨大的园林。

① 理水——打通寒山的"血脉"。那时的寒山是一片原生的荒山野岭。对此，他首先探明山上的所有泉眼、溪流和池塘，绘制出一幅完整的

寒山水系图，然后顺着山势和水流的走向一一加以整理，或开沟挖渠，或铺路修桥，还以诗人的审美标准逐一为其命名、赋诗、勒石，"雕菰沼""幽涧泉""阿对泉""津梁渡""玉凤池""澹荡""云根泉""凌风栈""钓月滩"……如今，在寒山众多的摩崖石刻中，和水有关的占很大比例。虽然寒山的水系很多已经在历史的云烟中湮灭，但这些摩崖石刻为我们提供了无限的遐想空间，那些清澈的溪流仿佛仍在眼前流动，淙淙的泉声似乎仍在耳际回响。其中，笔力雄厚的摩崖石刻"千尺雪"三个字（见图2-10）最具代表性，乾隆皇帝南巡游览寒山时为此专门写下赞词（见图2-11）。

图2-10　赵宧光手书"千尺雪"

图2-11　乾隆皇帝《题寒山千尺雪》

乾隆皇帝赞词释文如下：

> 支硎一带连寒山，山下出泉为寒泉。
> 淙淙幽幽赴溪壑，跳珠溅玉多来源。
> 土人区分称各别，岂能一一徵名诠。
> 兰椒策马寻幽胜，山水与我果有缘。
> 就中宧光好事者，引泉千尺注之渊。
> 泉飞千尺雪千尺，小篆三字铭云峦。
> 名山子孙真不绝，安在舍宅资福田。

> 槃陀坐对清万虑,得未曾有诗亦然。
>
> 雪香在梅色在水,其声乃在虚无间。
>
> 帝年十六 公元 1751 年

② 营造——垒起园林史的丰碑。当今的别业(别墅),通常是建筑面积两三百平方米,再加上一个小花园。然而,如果按"别业"一词的本义来理解,目前在苏州可能还没有一座寒山这种级别的"别业"。在中国古代,别业至少是一座院落、园林,甚至是一片山林!古代最有名的别业是唐朝大诗人王维的"辋川别业",营建在兼具山林湖水之胜的天然山谷中,是一座颇具诗情画意的自然园林。对古代文人来说,别业不仅仅是一个住处,更是一个供灵魂栖息的精神家园,是人们向往的"桃花源"。对赵宧光而言,寒山就是这样的一个精神家园。经过十多年的殚精竭虑、苦心营造,寒山成为一个蔚为大观的超级山水园林。如今,寒山别业虽已湮灭,但从赵宧光留下的《寒山志》和现存的关于寒山的画作以及摩崖石刻中,我们尚可窥见一斑:他的这所别业,包括了奇峰、异石、清泉、流水、阡陌、房舍、摩崖石刻等众多园林要素(见图 2-12)。这与赵宧光同一时代

图 2-12 寒山千尺雪图(引自《清代园林图录》)

的著名园林设计师计成在他的造园专著《园冶》中写的"园地惟为山林最胜，有高有凹，有曲有深……自成天然之趣，不烦人事之工""入奥疏源，就低凿水，搜土开其穴麓，培山接以房廊。杂树参天，楼阁碍云霞而出没，繁花覆地，亭台突池沼而参差……"相契合，充分利用原生的自然资源，顺应山林的自然形态。人工的作用是稍作改造，画龙点睛，而绝非大动干戈，画蛇添足，用今天的话来说，就是尽可能保持原生态。

"石罍夹涧处，磅礴怒吼，色如千尺雪，响作万壑雷，奔腾不可名状"（《寒山志》），及其诗作《千尺雪》："云边千尺雪，山下一泓水。水激万壑雷，风入松涛死"，描述了飞瀑直下、飞泉如雪的优美景观。清乾隆十六年（1751年），乾隆皇帝首次南巡时，曾两度游览苏州寒山的千尺雪，并于其诗作中表明"独爱吴之寒山千尺雪"（《御制寒山千尺雪》）这一偏好，回京后即在北方御苑内进行仿建，可以说，苏州寒山千尺雪就是这一组同名景观的母题。

③ 保护——一木一石皆关情。赵宧光是个终身崇尚自然、与山林为友的人，他对山中的一草一木、一水一石都怀着亲切乃至敬畏的态度，是个不折不扣的"生态保护主义者"。史载，有一次，他去拜访支硎山中峰寺住持一雨和尚，途经一片茂密的黑松林，突然听到斧凿之声，循着声音，他看到三个男子正在砍伐一棵古松。经询问，得知这三名男子是亲兄弟，因为连年天灾，粮食颗粒无收，他们的父亲以观音土充饥，结果腹胀而死，但无钱购买棺木下葬，只能私自上山砍树打算为父亲制作一口棺材。赵宧光甚为感动，当场拿出银两，让弟兄三人为父亲另购棺木，不要再砍伐山上树木。随即，他和一雨和尚对支硎山的松林进行详细考察，选定了18棵最为珍贵的古松作为重点保护对象，一一为其命名赋诗，并挂上古树名木牌予以保护。另一次，赵宧光的好友文震孟发现花木市场上正在出售从苏州西部尧峰山上开采的奇石，他把这个消息告诉了赵宧光，赵宧光痛心疾首，在他看来，这些奇石历经亿万年，是造化赐予人类的珍贵遗产，离开了山体，它们就成为俗物乃至死物。于是，他效仿前番挂牌保护古树的做法，联合文震孟、冯梦龙、熊绍基等苏州社会名流，在尧峰山

上竖立了一座"护石亭",他还特意写了一段碑文:"山以石为骨,去石而骨削,何以山为?此山故多玲珑岩壑之美,而有妖妄之徒,挟秦王驱山之势,持斧而睨视,人天共愤,能不重之护惜耶?"阻止了后人滥伐滥采的陋习。

2. 治学严谨,不仕也发光

① 传承发展,著书颇丰。赵宧光博学多才,卜居寒山后,据《璜泾志略·艺文志》记载,所著有一百余种,涵盖经学、训诂、书法、博古、天官、艺文、稗官等诸多领域,可见其治学之勤奋、学识之渊博。他的同乡挚友、文学家冯时可所著《凡夫传》评价他的著作:"书各为类,类各为品,品各为篇,篇各为目,莫不搜微抉妙,穷作者之心。立未有之义,雕镂造化,争光云汉,而吟风弄月者不与焉。"

赵宧光本名颐光,由于"颐合于声未合于义"[①],便用音同而义优的"宧"字取而代之。"宧者,养也",我们从他的名字中就可看出,他立志凡夫"宧光",不仕也要发光。事实证明,赵宧光隐于寒山后一刻也没有停止工作,孜孜以求铸华章。在赵宧光的诸多著作中,最能集中体现他的书学思想的则是其《寒山帚谈》一书。关于"帚"字,一说认为取"家有敝帚,享之千金"之意;一说认为"帚"取扫除之意,并且是"以赵宧光之才学、性情,著文力图一扫书法理论和书法教育前弊,'帚'字用得恰当之至"[②]。该书采用宋代以后逐渐成为主流的笔记体书论将作者对书法教育、书法鉴评等方面的认识或看法娓娓道来,并分门别类。作者还用佛禅语论书,偶用俚语,使得文风灵活多变,两万余字,却跨越"直而简"与"婉而玄",谈及书法诸多角度。而其书学思想则主要体现在格调论、尊古论、继承论三个方面。其中最能代表赵氏书学思想的,是其格调论。

以格调论书法,在赵宧光之前是没有先例的,因为格调本来是一个文学批评的概念,与书法建立联系则是由赵宧光完成的,正如王镇远先生所说,"以格调论书是赵宧光的创造"[③]。赵宧光认为:"夫物有格调,文章以

---

① 赵均:《先考凡夫府君行实》,载《寒山志传》。
② 王世征:《中国书法理论纲要》,首都师范大学出版社,2003年,第161页。
③ 王镇远:《中国书法理论史》,黄山书社,1996年,第404页。

体制为格，音响为调；文字以体法为格，锋势为调。格不古则时俗，调不韵则狂野，故籀鼓斯碑，鼎彝铭识，若钟之隶，索之章，章之草，王之行，虞、欧之真楷，皆上格也。若藏锋运肘，波折顾盼，画之平，竖之正，点之活，钩之和，撇拂之相生，挑剔之相顾，皆逸调也。"①

上面所说的"创造"，并不完全是作者凭主观建立起的联系，更多的是赵氏以格调为手段对书法进行深入剖析和理解后的深刻认识。李梦阳在《潜虬山人记》中提出了诗的七难，其中就包括"格古""调逸"，同时在另一篇文章中提出了"高古者，格也；宛亮者，调也"。通读赵氏这段书论，我们不难发现两者（赵氏与李氏）之间有着极为密切的联系。

所谓"格"，就是取法，在诗文的评论中如此，在赵氏书论中亦是如此，作为和"调"相对的概念，它更多地指向取法古人，强调学习古人的法度等。"钟之隶，索之章，章之草，王之行，虞、欧之真楷"，之所以能成为上格，正是因为它们首先"古"，远离时俗，在格的层面达到了相当的高度。赵宧光说：取法乎上，不蹈时俗，谓之格；情游物外，不囿法中，谓之调。②

与之相对，"调"则更多地指向书家的个人性情，"不囿法中"。也就是说，"调"即书家在挥洒中所流露出的个人性情，在法度之外达到"情游"。

在《寒山帚谈》中，虽然格与调作为一组对立的概念多次出现，但总体上讲，"格"大多数情况下谈的是法度，再具体则是指结构，因为它最能体现出古人的气格法度，调则倾向于指用笔，因为它最能体现出书写者（书家）的性情；格要古，即首先要尊重字的结构，调要韵，则强调书家在挥运（波折、顾盼等）中要有意识地去照顾自家的性情。也就是说，用笔和结构的关系是相辅相成的，而不应偏废于一。但在《寒山帚谈》中，赵氏似乎把"格"放到了一个更高的层面，如果我们结合明季书坛的状况，会发现赵宧光如此强调"格"，正是因为看到了当时人们对"调"过

---

① 崔尔平：《明清书法论文选》，上海书店出版社，1994 年，第 227 页。
② 崔尔平：《明清书法论文选》，上海书店出版社，1994 年，第 280 页。

于刻意的追求："近代时俗书，独事运笔取妍媚，不知结构何物，总猎时名，识者不取。"①

由于赵宧光有着良好的古文字功底，对汉字构形极为敏感，注重"体法"，要求"古"；同时看到了"近代江左之人"对"格"的忽略，才对"结构"这方面的问题大谈特谈。甚至把结构的问题进一步微观，认为结是结，构是构，两者之间的关系也是辩证的：

"结构名义，不可不分。负抱联络者，结也；疏谧纵横者，构也。学书从用笔来，先得结法；从措意来，先得构法。构为筋骨，结为节奏。有结无构，字则不立，有构无结，字则不圆。"② 也就是说，"结"侧重邻近的笔画间的内在联系，"构"侧重字的整体性，落实在具体的字里即表现为对笔画应处位置精准度的要求，所以，有结无构，字容易缺乏整体的和谐统一；有构无结，则容易造成笔画间关系的孤立。加强对"结构"的理解，可以做到对"格"的更加具体而准确的把握。

从总体上来讲，赵氏还是在强调格和调的辩证关系："字格之取调，犹人体之加饰，无饰不文，无体不立。又如食物之有五味，五味故不可阙，然不得失其调和。岂惟调和难，即迟速之叙……世俗人舍格取调，所谓何暇及此，无学逞妍，皆此类也。"③ 在法度和才情（格与调）之间，两者本应相辅相成，但书家往往或囿于时风，或乏于性情，两者难在"调和"，故易偏重其一，以致大都不能完美地体现书法的妙处。赵氏对格调的理解，尤其是对格调辩证关系的强调，不仅针砭时弊，有益当时，在今天看来，也是很有实践指导意义的。

② 开"草篆"之先河，再现简牍篆书之神态。据《太仓州志》和《太仓地方小掌故》记载，赵宧光之父赵枢生，喜读诗书，六经子史无所不通，但不善理家政，常只身远游，寻幽探古。赵宧光从小随其父学习"四经六艺"及古文奇字，博览群书，进步很快，于篆书尤其精通。他在

---

① 崔尔平：《明清书法论文选》，上海书店出版社，1994年，第278页。
② 崔尔平：《明清书法论文选》，上海书店出版社，1994年，第281页。
③ 《寒山帚谈·格调》，载崔尔平《明清书法论文选》，上海书店出版社，1994年，第359页。

篆书中掺入草书笔意，开"草篆"先河，写出了自己的面目，堪称一精，志趣不凡，被人称为"高士"。他一改前人篆书笔画均匀的常态，结体紧密，但不求规板平整，用笔亦有轻重、快慢、顿挫、转折之变化，并时有出锋牵丝映带上下笔，气韵贯通，灵便而活泼，这种草篆书法艺术曾为人所讥讽，但在某种意义上讲，却是返璞归真再现简牍篆书的神态，对当时及后世篆书艺术的发展起了很大的启迪作用，傅山、八大山人、邓石如，乃至吴昌硕多多少少都受到其影响。晚明著名印学家朱简的篆刻，多采用赵宧光草篆体入印，以在印章中强调草篆意趣而闻名于世。明陶宗仪《书史会要》云：宧光"笃意仓史之学""创作草篆，盖原《天玺碑》而小变焉。由其人品已超，书亦不蹑遗迹"。《吴县志》云："所著书数十种，尤精字学，《说文长笺》其所独解也。"

赵宧光的篆刻直追秦汉。他兼文字学家、文学家、书论家于一身，曾摹秦汉玺印两千余方，以王侯印、官印、私印之序而编之，辑为《赵凡夫先生印谱》，文人雅士曾赞誉说："展阅间秦汉典型灿然在目矣"。可见，赵宧光是在继承中发展、在发展中创新的。同理，我们做任何事情，要想做到有所发明、有所创造、有所前进，也必须"站在巨人的肩膀上"。

"站在巨人的肩膀上"这句话出自著名科学家牛顿之口。其原话是："如果说我比别人看得更远的话，那是因为我站在了巨人的肩膀上。"牛顿的这句话之所以被后人广为传诵，是因为在实践中人们深深地体会到这句名言不仅表现出牛顿的谦逊和博大，还揭示了人类成长进步的真谛，更证明了社会要发展就需要不断创新和超越前人的伟大真理。

巨人的成长与发展都是依靠"站在巨人的肩膀上"前行的。假如后来者不敢"站在巨人的肩膀上"，或那些巨人们不让别人站在自己的肩膀上，就会阻碍社会的发展和进步。著名画家齐白石曾说过："学我者生，似我者死。"这些都说明了模仿永远成不了经典、做不了巨人的道理。因为模仿巨人只能重复巨人的人生轨迹，却永远不可能超越巨人。相反，还可能迷失方向，一事无成。同理，我们当下做任何事情不也是如此吗？

"站在巨人的肩膀上"，绝不是贬低巨人和蔑视巨人，而是对为社会做出贡献的巨人的尊重和信赖。不管是哪方面的科学家、艺术家、政治家、理论家、军事家以及社会学家等,不论是哪个领域或行业里的领头人物,也不论是在哪些方面为人类社会做出了多大的贡献,凡是有责任感和正义感者,都会有这样一种感恩的思想:是社会养育了自己,自己应该为社会付出和报答;是前人为自己的创造创新提供了有利的环境与条件,自己应当继承和尊重前人优良的东西,既不能忘记前人,更不能愧对后人,自己也应当像前人一样,为后人创造和提供比前人更好、更有利的环境与条件。显然,赵宧光的简牍篆书之神态也是这么得来的(见图2-13)。

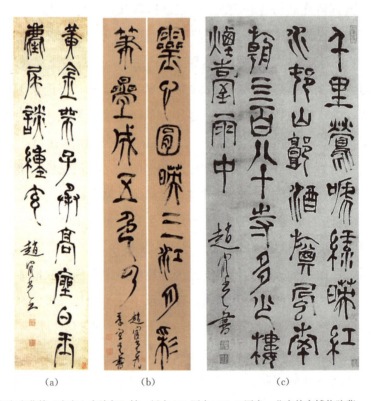

(a) (b) (c)

(a) 赵宧光草篆《李白七言诗句》轴,纸本141厘米×31.6厘米,北京故宫博物院藏。
【释文】黄金师子承高座,白玉麈尾谈缁玄。赵宧光书。本幅款钤"赵宧光印""凡夫"印2方。收藏印钤"秦稺枚家珍藏"印。
(b) 赵宧光草篆《灵心彩笔七言联句》轴,纸本143厘米×28厘米,常州博物馆藏。
【释文】灵心圆映三江月,彩笔叠成五色云。赵宧光为季宜兄书。
(c) 赵宧光草篆《杜牧七绝诗》轴,105.1厘米×46.6厘米,南京博物院藏。
【释文】千里莺啼绿映红,水邨山郭酒旗风。南朝四百八十寺,多少楼台烟雨中。赵宧光书。

图2-13 赵宧光的简牍篆书

第二章
垂文贤俊书香世界　群星闪耀光照四海

第一幅。此轴书法古朴奇异，形体怪诞。按明陶宗仪《书史会要　续书史会要》所言：宦光"笃意仓史之学""创作草篆，盖原《天玺碑》而小变焉"。《天玺碑》即《天发神谶碑》。此碑结体篆法，字形方正，笔画方折，垂笔尖俏修长，多杂隶书体势。赵宦光篆书体势接近此碑，但又揉进了小篆柔韧的线条，并以草书笔法写篆书，形成明代绝无仅有的"草篆"风格。

人品超然的赵宦光在研究文字学的过程中，见到了大量的金文、碑刻。他在理解和掌握篆书结字之时，对其用笔亦颇加注意，并在临写的过程中师其意而纵情书之，最后形成自家面貌，名为"草篆"。草篆是以草书笔法写篆字。《綦母潜诗句》即属草篆，其体貌介于篆隶之间，而笔画使转处带有草书笔意，同秦国简牍有不谋而合之处，给人以古朴、生动、活泼之美感。

第二幅。此作以隶法作方整篆字，雄奇变化，赵宦光以此为根基，发挥其沉着痛快的特点，将草书的笔法融入篆书快写，形成了独特的风格，这是赵宦光的书法创造。

第三幅。赵宦光以草篆饮誉晚明书坛，这是他吸取《天发神谶碑》的笔意而形成的。赵宦光精字学，功底扎实，经过长期努力，创草篆一体，对秦以来大小篆作了大胆的形体革新，并对单一的中锋用笔作了改革。本轴笔意浑厚雄健，枯笔苍劲遒迈，并间以草笔，故沉稳中有活泼、转折处又杂以隶笔，方圆相间，故浑厚中又有险劲，线条形态稚拙有趣，别具一格，明末书家篆书中以他最有个人风格。

在苏州众多历史名人中，赵宦光是值得推介的一位。他"泛览经书，贯串百家，策名上庠，是中华文化的经典人物；他热爱自然，深怀人文，为生态文化建设殚精竭虑，构建了天人合一的和谐社会关系，是中华积极隐逸文化的奠基者。作为生态文化建设的先驱……在苏州西部寒山穷其毕生，以一家三代将近百年的经营，开创了明代苏州西部山地辉煌的文化图像，在历史上影响深远。"

他为苏州西部山水文化写下的诗作有三百多篇，摩崖勒石百余幅，以至明代的寒山成为江南的文艺沙龙,甚至清代乾隆皇帝六下江南,多次前来瞻仰赵宧光遗迹,并赋诗十多首,成为苏州西部丘陵山区的一大文化奇观。明代内阁首辅申时行留下《访赵凡夫寒山别业》,书法家王穉登以及吴荫培、李根源等纷纷勒石(见图2-14),如今寒山摩崖石刻已被列为苏州市文物保护单位。

【释文】奔泉静径千寻壑,飞瀑晴回万仞峰

图2-14 明代书法家王穉登手迹

寒山不寒,山林幽幽。"寒山草堂"位于寒山山阳,周围皆为吴中名山,所谓:"其山去江枫十里而近,在支硎西,花麓东,高景南,天平北,龙池、碧林二泉,左右挟而北流,岈嵝何、黄三山排列奠为东户,秦台、鸡竺峙于坤,茶坞、金牛亘其巽,谢晏诸岭枕其盎,白马众流环其腰""山势西来而东峙,水源左(东)发右(西)流"。之所以命名为寒山(又名皇宫岭),赵宧光自撰的《寒山志》是这样说的:"山本无名,郡志涅槃岭在其左,又见寒山诗,有'时陟涅槃山'句,而寒泉则支郎品题,名亦清远,因命之曰寒山焉。"由此成了有名的吴中胜地。

赵宧光死后就葬于寒山的谽谺谷。目下文人雅士,尤其是广大游客都纷纷前往欣赏自然美景、陶冶情操,常年络绎不绝。

三、先忧后乐的范仲淹 最有创意的金圣叹

先儒论宋朝人物,以范仲淹为第一;而明末清初的金圣叹最有创意。

(一)文武兼备先忧后乐的范仲淹

人们都说:"北宋无将,南宋无相。"这句话是有一定道理的。因北宋

文官实在太耀眼，衬托得武将都没有光芒了。北宋文官有王安石、寇准、范仲淹等，这些官员政绩显著，文学才华名垂青史，个个都是为江山社稷操劳的好官，而范仲淹尤为特出，乃人中之龙。

范仲淹（989—1052），字希文，祖籍邠州，苏州吴县人（见图2-15）。北宋政治家、文学家，文武兼备、智谋过人、先忧后乐、思济斯民，是

图 2-15　范仲淹

有志于天下的木铎金声。他的词脍炙人口。毛泽东就喜欢他的词，曾在读范仲淹的《苏幕遮·碧云天》和《渔家傲·秋思》时表达过自己对婉约、豪放两派的看法。他在批语中写道："词有婉约、豪放两派，各有兴会，应当兼读。读婉约派久了，厌倦了，要改读豪放派。豪放派读久了，又厌倦了，应当改读婉约派。我的兴趣偏于豪放，不废婉约。婉约派中有许多意境苍凉而又优美的词。"①

1. 早年苦读及第，文武成就卓著

范仲淹幼年丧父，母亲因贫困无依，改嫁进士朱文翰，范仲淹也改从其姓，取名朱说（yuè）。继父为人耿直，不趋炎附势，一生不但没做多大的官，还被调来调去，范仲淹母子也就相随游居，颠沛流离。后来，范仲淹就到醴泉寺求学。"断齑画粥"的典故就记录了当时的情形：范仲淹读书心切，他把醴泉寺丰富的藏书借了出来，然后把自己关在山洞里，足不出户，潜心阅读，常常通宵达旦。为了解决吃饭问题，他每天隔夜煮粥，凝固后用刀切为四块，早晚各食两块，再切一些腌菜佐食。范仲淹曾在《齑赋》中如此描述当时的艰苦生活："陶家瓮内，腌成碧绿青黄；措大口中，嚼出宫商角徵。"大中祥符七年（1014年）一月，宋真宗到应天府朝拜圣祖殿，应天府书院的学生都跑去看热闹，希望能一睹龙颜。只有范仲淹不为所动，依旧刻苦读书。同学问范仲淹为什么不去看皇帝，他回

---

① 毛泽东：《对范仲淹两首词的译注》，载中共中央文献研究室编《毛泽东文集》第七卷，1999年，第304页。

答说:"皇帝迟早会见,将来见也不晚。"

范仲淹为何勒紧腰带如此苦读?除了家庭背景外,须知千古名臣范仲淹,当年是个"自费生"。

众所周知,宋朝的教育事业达到了中国教育史上的一个巅峰。不管是在国家层面还是民间层面都达到了前所未有的高度。"与士大夫共治天下"的"重文轻武"行政管理理念更是将文官的权力放大,开创了中国教育史上最为繁盛的一段时间。究其因,这与宋朝特殊的历史背景是分不开的:宋太祖赵匡胤通过兵变上位开创了宋朝,他吸取了唐朝武将权力过大从而形成数个无法控制的军阀集团的教训,大力抑制武将权力,提升文官权力。在这样的历史背景下,文官的权力和地位得到了极大的提高,甚至连各个边防军的统帅都被文官所节制。"以文治国"成为宋朝行政管理的基本国策,也代表了中国政治文明的进步性,具有很大的积极意义。

宋朝教育体系的发展,具体表现在官学体系规模的扩充和扩大上。宋朝的官学弟子人数是同期唐朝的数倍以上,而且学科类别也有了更加细化的划分,比如出现了专门的画学、书学、乐学等艺术类的科目。宋朝的教育有四个明显的特点:一是统治者强化了思想的统治,特别是"存天理灭人欲"的理学教育思想将这种现象推向顶点。二是官学求学的阶级限制逐步消失,入学条件被放得很宽。只要本身的学识、才能达到要求通过考核都能够入学。这一时期那些世袭制贵族的身份、地位等对于教育的影响已经微小,教育本身已成为一种超脱于阶级限制的神圣事业。三是官学的教学组织形式也不断地发展,注重所学内容的实用性。而学校的职能也开始逐渐由原本单纯的培训人才转而为集为国家选拔人才和培训人才于一体,具备更加全面的功能和权力。四是官学与私学并存发展,呈现出平民化的趋势,"添厨留宿",孤寒学子得到救助。

按照行政等级划分,官学还可以细分成直属于朝廷的太学、国子学、四门学,以及各府管辖的府学、各州管辖的州学、各县管辖的县学。跟现在比,宋朝官学的规模很小。宋徽宗在位时,拼命扩大官学的规模,把全国二十四行政辖区(当时叫作"路")的府学、州学、县学统统加起来,再算上等级最高的太学，拥有学籍的学生总共才167 622人，而且这是宋朝官学的巅峰时期，此后全国官学的在籍学生数量始终在10万人以下。因为在籍学生名额少，所以大批学生是没有学籍的。没有学籍的学生就享受不到官府的补贴，他们是真正的自费生。千古名臣范仲淹，年轻时就曾是个自费生。生活上唯有十分节俭、昼夜苦读才有出头之日。后来他凭借着优异的成绩考进了应天府的府学。那一年，他二十三岁。

按照宋朝的教育制度，府学里的在籍学生除了学费全免，还能享受免费伙食，甚至还有灯油钱、薪炭钱之类的生活补贴。如果日子过节俭一些，不但不用花自己的钱，甚至还能把一部分补贴省下来寄给家里人。可是范仲淹这个自费生，每天两顿饭，只能自做自吃，还是过着冷粥就咸菜的艰苦生活。

不过，他后来的读书生活可能有所改善。因为宋朝斥资兴办官学，是为了培养人才，不是为了培养只会花钱的废物，所以太学和府学里都有频繁的考试。每月一小考，每季一大考，每年一终考，以成绩划分等级，成绩好的学生成为"上舍生"，成绩差的学生成为"外舍生"，成绩中等的学生成为"内舍生"。上舍生和内舍生的补贴高，外舍生的补贴低，甚至不给补贴。

二十六岁那年，范仲淹因学习成绩好，得到应天府学的推荐，进京参加礼部考试，顺利通过；第二年又参加殿试，金榜题名；第三年参加"铨试"，相当于现在的国家公务员选拔考试，再次通过；二十九岁那年，他获得了做官的资格，被派到安徽亳州做官，于是他将母亲接了过去。后来范仲淹当上大官，用积攒的俸禄在家乡苏州买下了几千亩地，为苏州范氏家族创办了一所义学——这就是现在的苏州景范中学，他想让所有该入学的范家子弟都能免费入学。

由于范仲淹的功底扎实，他的一生文学成就很高。据《宋史》载：范仲淹有《文集》二十卷，《别集》四卷，《尺牍》二卷，《奏议》十五卷，《丹阳编》八卷；北宋有刻本《范文正公文集》，南宋时有乾道刻递修本、范氏家塾岁寒堂刻本，皆二十卷。苏轼曾评价《上政事书》"天下传诵"；《灵乌赋》一文，"宁鸣而死，不默而生"，是中国古代哲人争自由的重要文献；名篇《岳阳楼记》，借作记之机，规劝友人"不以物喜，不以己悲"，全文融记叙、写景、抒情、议论为一体，动静相生，思想境界崇高，成为杂记中的创新之作，其中"先天下之忧而忧，后天下之乐而乐"成为千古名句。他的诗歌存世305首，内容非常广泛：或言志感怀，抒写伟大的政治抱负；或关注民生，抒发忧国忧民的情怀；或记游山水，歌颂祖国大好河山；或咏物寄兴，展现自己的人格操守。其诗意淳语真，艺术手法多样，以清为美的特点尤为突出，以文为诗、议论化的倾向非常明显，同时注意白描手法和叠字的运用，与当时的白体、晚唐体及西昆体相比，呈现出迥然不同的面貌，成为宋初诗歌由唐音向宋调转变的重要一环。

范仲淹不但能下笔千言，而且知兵善战，尤其在军事思想上大胆创新。康定元年（1040年），范仲淹奉调西北前线，担任边防主帅。针对西北地区地广人稀、山谷交错、地势险要的特点，范仲淹提出"积极防御"的守边方略，即在要害之地修筑城寨，加强防御工事，训练边塞军队，以达到以守为攻的目的。在军队制度上，取缔按官职带兵的旧制，改为根据敌情选择战将的应变战术；建立营田制，解决军需问题，使军队面貌焕然一新，应变能力和作战能力大大提高。在防御工事方面，构筑城寨、修葺城池、建烽火墩，形成以大顺城为中心、堡寨呼应的坚固战略防御体系。对沿边少数民族，诚心团结，慷慨施惠，严立赏罚公约，使其安心归宋。同时，范仲淹精选将帅，大力提拔军队将领，使西北军中涌现出狄青、种世衡等名将，又训练出一批强悍敢战的士兵，直到北宋末年，这支军队仍是宋朝的一支劲旅。他筑城修寨进行积极防御的思想，使西北军事防务形势发生了根本性的变化，边境局势大为改观。庆历四年（1044年），北宋与西夏最终缔署合约，西北边疆得以重现和平。西夏人称范仲淹胸中有数万甲兵。当时有一个民谣："军中有一范，西贼闻之惊破胆。"正如南宋学者吕中所言："先儒论宋朝人物，以范仲淹为第一。"

2. 奋不顾身，以天下为己任

范仲淹于宋真宗大中祥符八年（1015年）进士及第，主要政治活动集中在宋仁宗朝。仁宗之治，向来为后人称道，但对当时的人来说，这是一个内忧外患的时代。宋朝以防弊之政为立国之法,稳定是朝廷长期追求的政治目标。因此,"因循""不生事"便成了朝堂的长期指导思想。至仁宗朝,宋立国已有七八十载,长期因循之下,积弊颇深。宋夏战争的爆发,更是给宋廷带来了沉重的军事和财政压力,其形势正如范仲淹《答手诏条陈十事疏》所言:"我国家革五代之乱,富有四海,垂八十年,纪纲制度,日削月侵,官壅于下,民困于外。夷狄骄盛,寇盗横炽,不可不更张以救之。"正是在这种内忧外患的情况下,宋仁宗起用了范仲淹、富弼、韩琦等主持新政。

仁宗将新政大任托付给范仲淹,与他的政治操守、政治声誉和行政能力密切相关。

范仲淹早年就有澄清天下之志,"每感激论天下事,奋不顾身"(《宋史·范仲淹传》),他在《灵乌赋》中发出了"宁鸣而死,不默而生"的时代强音,影响了整整一代的士大夫。刘太后垂帘听政期间,他敢于进谏,请刘太后还政仁宗;刘太后去世后,又向仁宗进谏保全刘太后身后清名。仁宗郭皇后被废时,他率领台谏官集体进谏;后来又上《百官图》,指责宰相吕夷简把持朝政。他明白犯颜直谏会影响他的政治前途,但他坚信"理或当言,死无所避"(《睦州谢上表》)。由于犯颜直谏,范仲淹屡次被贬,但每次贬谪都增加了他在士林中的声望,在世间留下了三次贬谪的"三光风范"("此行极光""此行愈光""此行尤光")逸事典故。

范仲淹从任职州县时期,就表现出很强的行政能力。天圣二年(1024年),他主持修建通、泰、楚三州的捍海堤,被后人称为"范公堤",全长582里(见图2-16)。

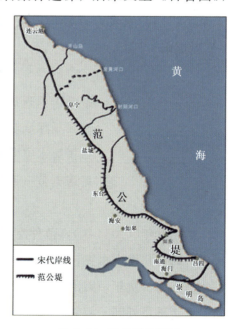

图2-16 范公堤示意图

现今东台、大丰、海安、如东一带，东濒黄海，自成陆地后，海岸逐渐东移，庶民为图生计，纷纷开发农灶，而每当海潮漫涨之时，沿海一带庐舍漂没，田灶毁坏，家破人亡，惨不忍睹。宋代天禧年间（1017—1021年），范仲淹刚过而立之年，调任泰州西溪（今东台）盐仓监。天圣中，范仲淹满怀"有益天下之心"上书泰州知州张纶，建议急速修复捍海堰，以救万民之灾。当时有人责备范仲淹越职言事，范仲淹回道："我乃盐监，百姓都逃荒去了，何以收盐？筑堰挡潮，正是我分内之事！"也有人以筑海堰后难以排水，极易出现积潦而予以反对。谁知张纶熟知水利，言道："涛之患十之九，潦之患十之一，筑堰挡潮，利多弊少。"于是采纳了范仲淹的建议，奏请朝廷批准，并命范仲淹负责修建捍海堰。从1024年冬开始至天圣六年（1028年）春完成，前后历时四载。当时建成的范公堤，沿线海堤堤高约5米，堤底宽约10米，堤面宽约3.3米，在河穿堤入海的地方用砖头、石头围衬，而且在堤上种柳树植草皮，加固堤防，施工技术非常完善，受益显著，"来洪水不得伤害盐业，挡潮水不得伤害庄稼"。外出逃荒的两千余民户回归家乡，百姓得以安其生，农、灶两受其利。清人高岑题《范堤烟雨》诗曰：

拾青闲步兴从容，清景无涯忆范公。
柳眼凝烟眠晓日，桃腮含雨笑春风。
四围碧水空蒙里，十里青芜杳霭中。
踏遍芳龄一回首，朝暾红过大堤东。

景祐元年（1034年），范仲淹调任苏州知州，辟所居南园之地，兴建郡学。时苏州发生水灾，范仲淹令民众疏通五条河渠，兴修水利，导引太湖水流入海。次年，因治水有功，范仲淹被调回京师，判国子监，很快又转升为吏部员外郎、权知开封府。

范仲淹一直以天下为己任，对政治改革早有规划。天圣三年（1025

年），他在给刘太后、仁宗皇帝的《上时务疏》中就提出了具体的改革计划；天圣五年（1027年）在给宰相、执政的《上执政书》中，对改革方案作了进一步扩充和发展，形成以整顿吏治为核心的改革思想，成为庆历新政的蓝图。正因如此，当宋夏和议后，宋仁宗面对内忧外患的局面力图改革时，范仲淹就成为最合适的人选。

庆历三年（1043年），范仲淹被任命为枢密副使，后来改参知政事，与韩琦、富弼、杜衍等主持新政。他在《答手诏条陈十事疏》里提出了庆历新政的十条改革主张：明黜陟、抑侥幸、精贡举、择官长、均公田、厚农桑、修武备、减徭役、覃恩信、重命令。其中，前五条均与吏治相关，第六、七条是为了富国强兵，第八条是为了减轻百姓负担，最后两条是强调法令，不能朝令夕改。可见，整顿吏治是变法核心，这与当时的冗官困境密切相关。但由于改革步骤太快，触犯了官僚集团利益，主持新政的范仲淹、韩琦等人又未讲求改革策略，有结党嫌疑，触犯了皇帝制度下的朋党底线。改革仅仅持续一年多，就随着主政者相继罢政出外而失败，改革措施纷纷被废。此后仁宗朝政治趋于沉寂，但改革要解决的问题仍然存在，思想界也在不断发酵、孕育着更宏大的政治理想，这就是后来宋神宗和王安石主导下的熙丰新政。

以"先天下之忧而忧，后天下之乐而乐"的范仲淹为代表的宋代新型知识分子，与六朝隋唐士人有明显区别。此前的士人，或精于经学，或善于文章，或老于政事，但兼具各种才能的综合型士大夫比较少见。宋代则不同，范仲淹"为学精勤，属文典雅，略分吏局，亦著清声"（《范文正公年谱》），是宋代较早兼具儒学、文章、吏干、德行的综合性人才，他生前身后赢得了士大夫的一致推崇。王安石誉其为"一世之师，由初迄终，名节无疵"（《祭范颍州文》），司马光称其"前不愧于古人，后可师于来哲"（《代韩魏公祭范希文》），朱熹称其为"天地间气，第一流人物"（《范文正公集》卷五）。范仲淹给当时和后世留下了宝贵的精神财富。"先天下之忧而忧，后天下之乐而乐"，体现了他高度的社会责任感和兼济天下的爱国忧民精神。

"救斯文之薄，而厚其风化"，是范仲淹对古文运动的重要贡献；庆历新政中令州县立学校，奠定了我国此后近千年地方教育体系的基础。

当然，在先秦时期，中国就已经出现了学校。传说夏朝就出现了称为"序"的学校，主要教授射箭。商代又设立了"瞽宗"，让贵族子弟学习礼乐。西周时期已形成了较为完备的学校系统，分为国学和乡学两类。唐宋时期，民间教育以书院为代表。唐末五代时期，受战乱影响，官学衰落，原本主要是供人读书的书院，开始有了聚徒讲学的作用。到了宋代，私人讲学的书院大量出现，如白鹿洞书院、岳麓书院、嵩阳书院、石鼓书院等。随着理学的发展，加之宋理宗的支持，宋代的书院达到极盛。书院的教学将教师指导、学生自学与集体研讨结合，注重培养学生的学习能力。大多数书院的教学目标不是应试，而是研究义理之学，《白鹿洞书院学规》载："古昔圣贤所以教人为学之意，莫非使之讲明义理，以修其身，然后推以及人，非徒欲其务记览，为词章，以钓声名，取利禄而已也。"唐代的李绅曾写过："假金方用真金镀，若是真金不镀金。十载长安得一第，何须空腹用高心。"

而范仲淹兴办"府学""义学"是他的夙愿，在苏州格外凸显。宋仁宗景祐二年（1035年），范仲淹捐出苏州的宅地，奏请皇帝后建造府学（苏州中学的前身），并延聘当时颇具声望的教育家胡瑗担任教授，实施"分斋"教学，一时名师汇聚，他们的言传身教奠定了府学优良的校风。于是府学声名鹊起，为众目所瞩，所谓"劝天下之学，育天下之才"，开吴下风气之先。从此，苏州有了学校，苏州中学开始了"千年府学"的历史。自此，苏州中学办学历史从未中断，校址始终未变，格局基本保存，这在中外教育史上都是罕见的！千年漫漫，风起云涌，在姑苏城南这片钟灵毓秀的土地上，苏州中学血脉流贯、弦歌不断，薪火相传、桃李芬芳，笔者的孙女就是苏州中学毕业的，如今已在南京医科大学读书了。范仲淹捐出苏州古城内的灵芝坊祖宅创办"义庄"、设置"义学"，开启了中国历史上的义庄、义学历史，此乃是中国慈善史上的一个创举。

浩浩乾坤，天地之间，激荡着范仲淹的浩然正气。它穿越千年，依然荡人心魄；他坚定忠诚，实现了一个政治家、军事家、思想家、文学家的完美结合。

范仲淹为国为民殚精竭虑，没有等到退休，64岁那年，他调往颍州，坚持扶疾上任，于1052年五月二十日在徐州病逝。根据他的遗愿，遗体没有运回原籍苏州，而是葬在他母亲长眠的那块地旁——洛阳南郊万安山下。

范仲淹作为苏州人，在他两岁时，父亲范墉在徐州任上病逝，遗骨归葬苏州祖茔天平山。他在苏州任上时，上书朝廷，以其祖宗之地皆在天平山，希望仁宗能将天平山白云庵赐改为范氏功德院。宋仁宗体恤朝臣，将山一并赐给了范氏一族。

天平山位于苏州古城西约10千米处，南连灵岩山，北接支硎山，东南为金山。海拔201米，因其山顶平正，可站立数百人，故名天平山。又因其山高入云，常有白云缭绕，唐代始被称作白云山；还因范仲淹先祖——高祖、曾祖、祖、父四祠墓在此，又名赐山。山半有白云泉，泉水清澈甘洌，白居易为之赋《白云泉》诗。山前有大片枫林，为明代范允临（范仲淹后裔）从福建带回380余株枫香幼苗所植，已有400多年历史。每当秋末冬初，层林尽染，有"红霞万丈"之称。就在"红霞万丈"之中有范仲淹祠堂，内塑范文正公坐像、铜像等；在原祠堂西侧，又建有范仲淹纪念馆新馆，采用庭院式厅堂布局，分三厅一廊一房，其中北厅为序馆，主要展示范仲淹的生平简介、范氏家谱等，中厅重点介绍范仲淹一生的功绩，南厅则展示范仲淹在文学上的成就，附房展示漆雕《万笏朝天图》和《高义园世宝》。在门前矗立着一座四柱白石牌坊，高大雄伟，坊额镌刻着范仲淹的名句"先天下之忧而忧，后天下之乐而乐"（见图2-17），而范仲淹的所作所为，尤其是他的心已经超越了文字本身的含义。

图 2-17 苏州天平山范仲淹纪念馆门前矗立的四柱白石牌坊

（二）中国白话文运动的先驱与最有创意的文学批评家金圣叹

金圣叹（1608—1661），名采，字若采，号鲲鹏散士，又号泐庵法师，明亡后改名人瑞，字圣叹，苏州吴县人。他博览群籍，为人孤高，率性而为，是中国著名的文学家、文学批评家，对《水浒传》《西厢记》《左传》等书及诸家唐诗都有评点，提出"六才子书"之说，乃奇人也。他乩降才女叶小鸾，写下动人篇章，成为江南士人佳话，成为曹雪芹构思和创作《红楼梦》的素材之一；他使小说戏曲与传统经传诗歌并驾齐驱，为中国白话文运动的先驱、中国史上最有创意的文学批评家之一。主要作品有《沉吟楼诗选》《唱经堂才子书汇稿》等。

顺治十八年（1661年），吴县新任县令任维初为追收欠税，鞭打百姓，激起苏州士人愤怒。三月初，金圣叹与一百多位士人到孔庙聚集，悼念顺治帝驾崩，借机发泄积愤，到衙门给江苏巡抚朱国治上呈状纸，控诉任维初，要求罢免其职。朱国治下令逮捕其中十一人，并为任维初遮瞒回护，上报京城诸生倡乱抗税，并惊动先帝之灵。清朝有意威慑江南士族，在江宁会审金圣叹等七名士人，严刑拷问，后以叛逆罪判处他们斩首，于七月十三日行刑，是为哭庙案。

传说金圣叹死后托梦给朱眉方,说他已成为邓尉山神。邓尉山在苏州西部光福镇,又名万峰山,前瞰太湖,风景极佳。邓尉山多梅树,花开时一望如雪,如颂金圣叹人品之高洁。金圣叹墓在苏州西部藏书镇五峰山下博士坞,为江苏省文物保护单位。

1. 率先把晦涩的八股文变成白话文,通俗易懂老妪能解

明万历三十六年(1608年)二月初三,金圣叹生于苏州吴县〔明末清初,苏州府辖吴县、长洲两县,而吴县、长洲之界,"以卧龙街(注:今为人民路)东属长洲,西属吴县"[①]〕。童年贫困孤苦,九岁入读私塾,刻苦勤奋,思想独立,喜爱阅读,尤其沉迷于《水浒传》,成年后考取秀才,耗费无度,以致常处贫困。后笃信神佛,喜读佛经和结交僧人,擅长扶乩降灵,托名"泐庵"法师,士大夫尊称为"泐公"或"泐师"。崇祯中期最为活跃,曾到叶绍袁、钱谦益、姚希孟、戴汝义等士大夫家中扶乩,写出优美感人的篇章。后绝意仕宦,埋首书本,博览群籍,常以佛诠释儒、道,论文喜附会禅理,评点古书甚多。称《庄子》《离骚》《史记》《杜诗》《水浒传》《西厢记》为"六才子书",拟逐一批注,生前仅完成后两种,《杜诗解》未完而罹难。其著作据族人金昌叙录,有"唱经堂外书",包括《第五才子书》《第六才子书》《唐才子书》《必读才子书》《杜诗解》《左传释》《古传解(二十首)》《释小雅(七首)》《孟子解》《欧阳永叔词(十二首)》;"唱经堂内书",包括《法华百问》《西城风俗记》《法华三昧》《宝镜三昧》《圣自觉三昧》《周易义例全钞》《三十四卦全钞》《南华经钞》《通宗易论》《语录类纂》《圣人千案》;"唱经堂杂篇",包括《包随手通》《唱经堂诗文全集》。多属未竣稿,或只存片段,或全佚,部分作品收入今传之《唱经堂才子书汇稿》中。

他所撰诗歌300多首,身后收入《沉吟楼诗选》,并撰成《杜诗解》4卷,评解180首杜甫诗歌,未完成全部杜诗评点。此外,他还评解了《古诗十九首》及595首唐代七律。他主张诗歌必须注重自发的真感情,好诗

---

① 徐崧、张大纯:《百城烟水》卷1《苏州府》,江苏古籍出版社,1999年,第1页。

能传达诗人所思所感，甚至婴儿哭声都可以看成诗，其真挚感情，足以使任何人成为诗人，见解与李贽相似。他还善于抓住突发的灵感，同时不忽视表现技巧，长年构思和认真写作，挥洒自如，浑然天成。

　　他的文学作品与诗歌、点评等都是通俗易懂的白话文。之所以用白话文，一方面是因为他身处基层，懂得乡俚俗语；另一方面也与他所处的时代背景有关。明末清初，政治上朝代更替、社会动荡，社会矛盾尖锐，专制统治危机加深；经济上商品经济加速发展，市民工商阶层兴起；文化上自然科学有了一定的发展。在这一背景下，一些士大夫批判程朱理学，倡导经世致用，提倡平等民主，形成一股进步的思潮，如李贽、黄宗羲、顾炎武、王夫之等就具有朴素的唯物主义思想，认为"理在气中"，规律体现在物质世界中，由此颠覆程朱理学"道在气先"唯心主义先验论的理论根基；批判孔孟学说，否认其是万世之论；认为人皆有私，提倡个性自由发展，主张男女平等、"人民为主"，肯定本能要求的合理性，适应了商品经济的发展，体现了市民工商阶层的要求，为儒学的变革注入了新的活力，冲击了君主专制制度，带有社会启蒙和解放思想的性质。在这一社会大背景下，金圣叹率先把晦涩的八股文变成了白话文。

　　金圣叹说话、写诗、点评生动而有趣，一看就懂，老妪能解。他的撰题、名言等白话文颇多，如：

　　　　大小子，上下街，走南到北买东西；少老头，坐躺椅，由冬至夏读春秋。

　　　　天上月圆，人间月半，月月月圆逢月半；今夜年尾，明朝年头，年年年尾接年头。

　　　　天悲悼我地亦忧，万里河山带白头。明日太阳来吊唁，家家户户泪长流。

　　　　这老翁舍得几文钱，斋僧布道，加几年阳寿足矣。胡为乎，使金童玉女引上天堂；呀呀呀，玉帝也嫌贫爱富；那婆子偷尝两片肉，破戒载荤，打两个嘴巴够了。又何必，差马面牛头拿归地狱，哈哈哈，阎王乃重畜轻人。

真读书人天下少，不如意事古今多。

自古至今，止我一人是大材！

莲子心中苦，梨儿腹内酸。

千古绝吟太白诗，大江东去学士词。

雨入花心，自成甘苦；水归器内，各现方圆。

雪夜闭门读禁书，不亦快哉；于书斋前多种芭蕉一二十本，不亦快哉；子弟背诵书烂熟，如瓶中泻水，不亦快哉；夏日于朱红盘中，自拔快刀，切绿沉西瓜，不亦快哉；看人风筝断，不亦快哉；推纸窗放蜂出去，不亦快哉；作县官每日打退堂鼓时，不亦快哉；存得三四癞疮于私处，时呼热汤关门澡之，不亦快哉；还债毕，不亦快哉！

流水今日，明月前身。

老拳搏古道，儿口嚼新书。

断头，至痛也；籍没，至惨也；而圣叹以无意得之，不亦异乎！

台榭如富贵，时至则有；草木知名节，久而后成。

……

他在临刑时饮酒自若，一边喝一边说："割头，痛事也；饮酒，快事也；割头而先饮酒，痛快！"砍完头，狱卒把金圣叹生前写的信拿给监斩的官员看，官员以为这上面一定写着毁谤朝廷的话，打开一看，上面写道："字付大儿看，盐菜与黄豆同吃，大有胡桃滋味，此法一传，我无遗憾矣。"官员简直摸不着头脑！可见，金圣叹确是一个"怪才"、幽默大师。

又如他的诗：

卜肆垂帘新雨霁，酒垆眠客乱花飞。

余生得至成都去，肯为妻儿一洒衣。

此诗最后两句体现了男女平等、互敬互爱的思想。意思是,如果我能到成都去,那我甘愿为妻儿洗一辈子的衣服。那时候可是父权社会,文人是不干这些家务事的,他的魅力可见一斑。

再举一例:

金圣叹爱憎分明,在其逸事典故中载有:他的舅父钱谦益,原是明崇祯皇帝手下礼部尚书,后李自成进京,他投靠了南明奸相马士英。清兵南下,眼看南明快要覆灭,他又摇身一变,屈膝投降,当上清朝的礼部侍郎。这天,钱侍郎生日做寿,金圣叹母命难违,前往祝寿。酒席宴上,一个个摇头晃脑,弹冠相庆。唯有金圣叹板着脸,不卑不亢,沉默不语。酒过三巡,一个打秋风的宾客过来拍马屁了。他说:"钱大人,令甥金相公乃江南才子,今日盛会,正好置酒论文,让我等开开眼界。"一时间赞声四起,金圣叹倒也不推辞,站起来淡淡一笑,提笔写了一副对联:

一个文官小花脸;三朝元老大奸臣。

众人惊呆!钱谦益两眼翻白,手脚冰凉,连一句话也说不出来。

金圣叹视死如归:你砍我的头,我逗你玩!在其绝命诗中表现得淋漓尽致:那年雪早,行刑前下起雪来,金圣叹高声吟了一首诗:

天悲悼我地亦忧,万里河山带白头。
明日太阳来吊唁,家家户户泪长流。

吟罢刀光一闪,一颗才华横溢、不畏权贵的文坛之星陨落了。只留下那字字珠玑、情真意切的对联和诗文,让人读罢悠然神飞,涌起深深的怀念之情。

2. 博学多才,中国史上最有创意的文学批评家

文学批评是文学活动的一个重要组成部分。自有文学作品及其传播、消费和接受以来,文学批评就随之产生和发展,并且构成文学理论不可或

缺的重要内容和文学活动整体中的一种动力性、引导性和建设性因素，既推动文学创作，影响文学思想和文学理论的发展，又推动文学的传播与接受。

明清时期为我国古代文论的成熟期。这一时期，诗文领域众多流派之间的复杂斗争，戏曲领域以沈璟为代表的吴江派和以汤显祖为代表的临川派之间的激烈论争，以及围绕明清两代小说名著展开的文学评论，把我国古代诗文、戏曲、小说理论等推向了新的阶段。这一时期的小说批评，尤其是金圣叹的小说批评达到了一个空前的高度。

金圣叹的最大贡献，在于最早提出要提高小说与戏曲的地位，他是最早和最有影响力的通俗文学提倡者，并开创了细读文本的文学批评方法，成为中国史上最有创意的文学批评家，在小说批评领域更是首屈一指。

他受到徐增、廖燕等同时代士人的赞美：徐增称赞他博学多才，见识超卓。顺治皇帝亦称赞他是古文高手，叫大臣不要用八股文的眼光衡量他。在二十世纪新文学运动中，文学史家都赞扬金圣叹：胡适认为他是"大怪杰"，有眼光有胆色；林语堂称他是"十七世纪伟大的印象主义批评家"。

他逐一点评《庄子》《离骚》《史记》《杜诗》以及《水浒传》和《西厢记》，称之为"六才子书"，让小说、戏曲有了和传统经传诗歌并驾齐驱的机会。

金圣叹的主要成就在于文学批评，他的评点很注重思想内容的阐发，往往借题发挥，议论政事，其社会观和人生观灼然可见。他在《水浒传》的点评中，同情民生疾苦，痛恨鱼肉良民的官吏和形同盗贼的官军，并意识到"一高俅"之下还有"百高廉""千殷直阁"及其狐群狗党，结成祸国殃民的社会势力，一百零八人"不得已而尽入于水泊"是"乱自上作"，因而肯定了梁山好汉的反抗。

金圣叹文学批评的精彩之处在于对作品的艺术分析。他评《水浒传》《西厢记》二书时的艺术见解则独出手眼，继李贽、叶昼之后将小说戏曲评点推进到新的高度。他自谓评书"直取其文心"，"略其形迹，伸其神理"，实即旨在探索创作规律，确实颇有创见。他把人物性格的塑造放到首位，指出《水浒传》令人看不厌，"无非为他把一百八个人性格都写出来"。而塑造性格成功的关键是捕捉住人物的个性，"人有其性情，人有其气质，人有其形状，人有其声口"，即使是同一类型的性格，也要显示出同中之异。

他的评点中还涉及描写一个人物的性格既应表现出多面性、复杂性，又应表现出统一性、连贯性的问题。如他认为《水浒传》中先写鲁达以酒为命，后写鲁达涓滴不饮，"然而声情神理，无有非鲁达者"；写李逵朴至中又有奸猾，而"写得李逵愈奸猾，便愈朴至"。他的评点也涉及人物语言个性化的问题，"一样人，便还他一样说话"。在众多的人物中应突出主要人物，如说"《西厢记》止写得三个人：一个是双文，一个是张生，一个是红娘"，"若更仔细算时，《西厢记》亦止为写得一个人。一个人者，双文是也"。

金圣叹在评点的同时，也对原作加以修改，除词句外，还作了全局性的删削。他判定《水浒传》后50回系罗贯中"横添狗尾"，故尽行砍去，自称得"贯华堂古本"无续作，遂成今传70回本；又断言《西厢记》第五本非出王实甫之手，也是"恶札"，故截去而以《惊梦》收尾。

他所说的"澄怀格物"，实际上又关乎人物性格的塑造，指出既要靠冷静细致的观察，又要靠设身处地的体验，即所谓"动心""现身"。他也很重视情节和结构，认为情节要出人意料，用"奇恣笔法"，"龙跳虎卧"，但又要合乎情理，"写极骇人之事，却尽用极近人之笔"；又强调结构的完整性，"一部书只是一篇文章"，作者必须"全局在胸"，因此讲究"过接""关锁""脱卸"，要求行文如"月度回廊"，有必然的次第。他所谓的"灵眼觑见，灵手捉住"，是对创作灵感的强调；但他又重"法"，说"临文无法便成狗嗥"，并总结出种种表现手法，如"那辗"等。总之，金圣叹已提出了较有系统的小说戏曲创作理论。

金圣叹还节评《国语》《战国策》《左传》等书，其评点注重思想内容的阐发，往往借题发挥，议论政事，其社会观、人生观灼然可见，其文学理论及批评业绩为我国文学理论批评发展史作出了特殊贡献：

其一，他阐发了小说、戏剧等叙事文学的创作不同于诗歌、散文写作的若干规律。他强调小说要"因文生事"，而又非任意杜撰，要遵循生活的逻辑；同时又提出了以塑造人物性格为中心的文学理论批评的观点和方法。

其二，他提供了一种以评价作品人物性格分析和性格塑造为核心的文学批评。

第三，他还总结出了诸如倒插法、夹叙法、草蛇灰线法、绵针泥刺法、弄引法、獭尾法等全新的创作方法与批评方法。此外，他还期待读者透过其评点，学会怎样阅读其他文学作品等。

因此，金圣叹的评本大受欢迎，流传日广，身后书商以他的名义出版别的著作，都题为"才子书"。金本《水浒传》和《西厢记》长期以来都是最流行的版本，金本《水浒传》甚至取代绝大部分旧本，被视为最有文学价值的版本，亦对后人产生了巨大影响，成为仿效模范。

18 世纪，金本《水浒传》与《西厢记》传入朝鲜，流传甚广，俞晚柱、李德懋等许多士人都甚为喜爱金本《水浒传》。朝鲜原本没有小说评论传统，19 世纪时，石泉主人、朴泰锡、水山先生等作家受金圣叹启发，借鉴金圣叹评点的体例、手法与观点，分别创作了《折花奇谈》《汉唐遗事》《春香传》等汉文评点小说，标志着朝鲜古典小说批评的真正形成。金本《水浒传》和《西厢记》输往日本后，梁田蜕岩、皆川淇园、清田儋叟等儒者都喜爱其《水浒传》，梁田蜕岩想效法金圣叹评点《阿国传》，其弟子清田儋叟著有《水浒传批评解》，既模仿金圣叹，又想超越，在批语中多次反驳金圣叹。金圣叹亦影响了江户作家，泷泽马琴对金圣叹的评论有所反驳，同时又受金圣叹影响，创作《南总里见八犬传》，模仿金本《水浒传》以楔子起首的手法，自作评点语句亦模仿金批……

凡是过去，皆为序章。恰如莎士比亚所说，只有坦然了解过往，才能为未来开创新的篇章。思想是文化的灵魂，文化是思想的意义和价值所在。数千年来，苏州西部丘陵山区民众以其勤劳的品格和智慧的心灵，以其坚韧不拔、生生不息的顽强精神,开榛辟莽,艰苦奋斗,持续地创造和发展着自己的文化,以丰富的内涵、卓越的风姿,成为中国乃至世界文化体系中重要的组成部分,展示出一幅恢宏绚丽的历史画卷。她不仅仅在于本土文化原本就有深厚的文化根基,更在于把从域外涌进的源源不断的文化细流融入文化的脉络之中,以至从"断发文身""民不畏死"到智勇双全,正如史树青、罗哲文、吕济民、刘建业四位文史大家于2002年12月的共议所言:"这片土地上荟萃了无数中华英杰,留下了数不尽的名人遗址",其人其伟绩万紫千红,幽兰芬芳,清气长留。

第三章
吴国王陵见证历史　考古发现文化富矿

　　山，象征着志气、理想，象征着坚定意志、不屈不挠、敢于追求的精神。它既是一种高度，也是一种宽度。其实，山的象征意义还很多，如无畏、勇气、不倒的精神、民族的气节……而苏州西部丘陵山区的山因笔者在部队多年搞作战训练要经常爬山，给笔者的感觉更奇妙：一伸手，就能指到；一睁眼，就能看到；一不小心就会踩在很多耳熟能详的人物的身上（地下埋葬的古代名人）。难怪有人说："江南地区水汪汪，吴国王陵在西部。"事实上，苏州西部丘陵山区的黄土不仅埋有历代吴王，更有千千万万民众的遗骨。这些故人绝大多数是本地人，也有外地人，尤其是上海人。每逢清明节前后，上海的百万扫墓大军就会蜂拥而来。他们缅怀先祖英烈，感恩先烈的付出。这些先人有着无数的历史故事和诗词歌赋等等。但更令人追思的是春秋时，吴国在苏州、无锡一带建都历任的25位国主，他们去世后葬在哪里了呢？位于苏州西部东渚阳山二图村的村民怎么也不会想到，家门口的小山丘（宝山，又名阳抱山、铜顶山，位于阳山西侧，海拔20多米）里面竟有一座巨大的春秋墓葬。

　　2001年上半年，为配合苏州绕城高速公路建设，苏州市张照根等考古工作者对西南段沿线30多千米范围进行调查，发现了这座大墓。经过3个多月发掘，谜底于2002年1月9日被揭开，遗憾的是古墓已被盗窃，但从墓冢规模、型制及墓中残存的文物分析，该墓为春秋末期吴国王室之墓。在占地面积2 000多平方米的墓葬中，其文化层厚1米左右，出土了磨光石锛、刀口磨光的斜柄石钺等石器和夹砂陶罐、印纹硬陶罐、原始瓷等陶瓷碎片，陶瓷纹饰体现出西周至春秋时期的地方文化特征。在封土中还发现了铜渣、青铜剑、青铜凿、碎玉片等20余件。考古人员介绍，墓的封土、规模以及出土文物的质量表明，这是继真山大墓之后又一处吴国王室大墓，这也进一步表明，在苏州古城西部丘陵山区可能存在一个吴国王陵区。这个王陵区的范围，大致在位于今苏州古城西部以大阳山为中心至虎丘山的诸座石质山顶部，因这一区域的地势高，风水亦好，很可能几位吴王，如寿梦、阖闾和夫差等都葬在这一带。他们有的叱咤风云，使吴国站起来、强起来；有的驰骋千里，后又因失败而拔剑自刎……这些隐藏在时光深处的历史遗迹记载着江南由"荒蛮之地"变为"富庶之乡"的历程与光辉灿烂的文明篇章。吴王室成员死后也要葬在山顶的这种独特气质，令人生畏，也令人肃然起敬！这既是一本罕见而珍贵的"地书"（地下发掘出的文物），也是苏州古文化的历史窗口，值得我们细细品读。一言以蔽之：认识历史离不开考古学。历史文化遗产不仅生动述说着过去，也深刻地影响着当下和未来；不仅属于我们，也属于子孙后代。

一、真山古墓震惊世人　琳琅满目艺术宝库

史载，乾隆皇帝下江南时曾登临苏州西部大阳山（海拔338.2米）边上浒墅关的文昌阁眺望运河风光，见河中樯帆排列，劈波斩浪，发出"昌阁风桅"的赞叹；后来的光绪帝亲题"天开文运"匾额。

这真山就在浒墅关的西北侧约1.5千米处，它是阳山之余脉，古称甑山，旧志称山巅有七穴，如瓦甑，故名甑山。明《长洲县志》载："竹青塘北曰鸡笼山，又北曰甑山，其南有小山曰枣山，遥望翠巘在云中。"

真山主峰海拔76.9米，围绕主峰分东、南、西、北四脉。南脉较短，北脉逶迤稍长，东、西两脉翼展两侧。山东侧有312国道和京杭大运河，北有华山，西近太湖，南有连绵叠嶂的群山。从东往西分别有观山、凤凰

山、鸡笼山和阳山（见图 3-1）。

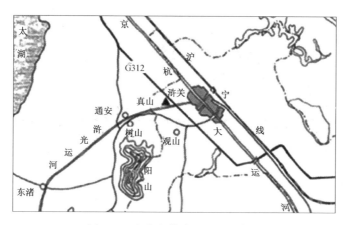

图 3-1　真山大墓地理位置示意图

1992 年 11 月 25 日，苏州西部浒墅关采矿二厂在真山开山炸石，突然从飞溅的石头中发现了大量的墓砖，随后出现了一个大黑洞。因为工人们从未遇到过这种情况，纷纷前来围观，胆大的人进入洞中想一探究竟。他们借助手电光在洞中发现了器物，此时外面的工人也纷纷进入洞中探宝，有些文物遭脚踩受到了破坏。工地负责人得知情况后立即上报了有关部门。

苏州博物馆考古部的工作人员立即赶赴现场，对真山东脉上的 D1、D2、D3、D4 以及真山主峰北邻的 D16 进行了抢救性发掘。该墓系春秋至汉代的墓葬，出土了一批陶器、原始青瓷、玉器、印章、青铜器等文物。考古专家随即对整个真山进行了勘查，共发现 57 座土墩，这些土墩分布在各山脉的山脊上，其中真山大墓为 57 座土墩之冠，位于大真山主峰，故称"真山大墓"（见图 3-2）。

经国家文物局和有关部门批准，1994 年 11 月 14 日至 1995 年 4 月，苏州博物馆会同吴县文管会进驻真山，对真山主峰上的九号墩大墓（D9M1）进行了全面发掘，历时 5 个月。大墓凿山为穴，墓穴东西长 13.8 米，南北宽 7 米，墓室封土达 5 000 余立方米，在封土的南北边线各砌有 30 米长的石墙。尽管如此，却已遭到严重盗窃。在大墓接连外部的

图 3-2　苏州浒墅关西北侧真山

地方,有一条长 18 米、宽 3 米的盗沟,穿越内外封土直达墓室。从盗墓的手法和准确程度来看,很可能是知情人。

(一)出土文物数以万计,多姿多彩艺术宝库

考古工作者打开墓室后,发现墓主人身穿一件精美的玉甲,显得十分高贵。在苏州春秋时期发掘的墓葬中,这个墓葬的级别显然是首屈一指的。苏州博物馆原副馆长钱公麟先生说:今天大家看到的这件东西——就是玉面饰珠襦玉甲加玉阳具饰所组成的这一件,大家知道金缕玉衣是怎么来的吗?就是从这一件开始逐渐发展起来的(见图 3-3)。它不是一般人拥有的,披珠襦就是保护下腹部的,这是男性的特征,特别精美,我们认为出土的这个器物的产生时代,应当是春秋中晚期,墓主身份我们认为可能是吴王寿梦。

图 3-3　真山大墓出土的玉面饰珠襦玉甲、玉阳具饰

这一整套"金缕玉衣",形象而逼真。古人认为玉是"山岳精英",将金玉封堵人的九窍(耳朵、鼻子、眼睛、肛门、口腔及生殖器官),就能防止灵魂逸散,人的精气不会外泄、尸骨不腐,可求来世再生;不得不佩服古人的智慧。

根据《庄子·天下篇》记载:古人棺椁有着严格的等级制度,"古之丧礼,贵贱有仪,上下有等,天子棺椁七重,诸侯五重,大夫三重,士再重"。非天子不会有"棺椁七重"。可见,吴国国力已经不容小觑,它的强盛,直接奠定了吴国在阖闾时期走向鼎盛的基础。

墓室中的棺椁已经腐朽不见,但木胎上表面漆皮全部落在地上重叠在一起,保存完好,有玄黑、朱红及白色等,经分析有描绘的兽面纹,但图案各有不同(见图3-4),由此可以看出墓主身份显赫。

图3-4 腐朽的棺椁表面漆皮

墓中先后出土了长方形玉饰片187片,其中有的双面有纹饰,有的单面有纹饰,有的为素面,出土各类精致孔玉珠一万多粒,原始青瓷盖碗一组共7件,青瓷印纹罐1件,玉弓形器3件,玉戈残片1件,天然贝1000余枚,类似蚁鼻钱样的绿松石饰件122枚,由8件虎形玉饰组成的玉覆面一副。其他还有玉拱形饰、玉扣、玉瑗、玉珩、玉冲牙、玛瑙、绿松石镶嵌件以及一对长16.5厘米、宽8.1厘米的玉虎形佩等等(见图3-5至3-7)。共计出土12 573件文物,其年代应属春秋中晚期,显现出成熟的玉雕工艺，配上色彩斑斓的珠襦串饰彰显出华美之气。

图 3-5　出土文物

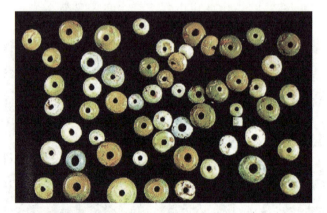

图 3-6　各类穿孔玉珠一万多粒

图 3-7　各类陶罐瓷器

（二）寿梦立而吴始益大，琢玉工艺神奇且种类繁多

文物是灿烂文明的缩影，记录着古代一个国家的政治、经济、文化、社会等重要信息。

寿梦称王后吴国蒸蒸日上，凭着寿梦戈（见图3-8）开疆拓土。

图 3-8　吴王寿梦戈（北京故宫博物院藏）

此戈精美异常，品相一流，锋利如初。睹物追思，吴王寿梦金戈铁马开创吴国霸业基础的情景如现眼前——逐渐统一了扬子江下游流域诸小国，于是"蛮夷之属楚者，吴尽收之"。其疆域已相当于今江苏大部和安徽、浙江一部，北至淮、泗，南临太湖流域今嘉兴、湖州等地。

寿梦戈，通高6.9厘米，宽14.9厘米，重0.24千克。戈内部呈镂空的动物造型，刻画一宽体飞龙。舌形短援，援面中间凹陷形成宽血槽，援末下垂成胡，胡后有扁圆形銎，上有一穿。援两面有8字铭文："邗王是野，作为元用"（注：是野，人名）。郭沫若在《吴王寿梦之戈》一文中提出是野即寿梦。

吴国精良的兵器，誉满春秋各国。文献载，吴王是埜曾经将包括此戈在内的青铜器作为交往他国的国礼，这一点，也为当今国内多地出土吴王兵器所证实。《说文》中说："邗，本属吴。""邗王"即吴王。

兵器精湛，证明了吴国冶金业发达。冶金业发达，工具就先进，琢玉

工艺就格外神奇。

众所周知,我国是最早发现玉和使用玉的国家,在我国发现得最早的玉距今已有一万多年的历史。太湖地区的早期玉器,质地细密,色泽鲜丽,品种繁多,工艺细致令世人敬佩。

春秋战国时期的吴国玉器格外耀眼,如1986年吴县严山吴国王室窖藏出土204件玉器和经苏州博物馆整理展出的1995年苏州真山大墓出土的玉饰器11 280件(粒),这些造型规整、纹饰繁缛、布局严谨、工艺精湛极富个性化的玉器,与南京北阴阳营、句容城头山、常州武进寺墩等遗址出土的玉器构成了长江下游吴文化玉器鲜明的地区特点。

1. 就苏州浒墅关真山大墓出土的玉器种类来看

① 玉面饰一套,共8件。由虎形佩一对(双眉)、拱形饰1对(双眼)、拱形饰1件(鼻)、玉瑷1对(面颊)、长方形束形饰1件(口)组合而成。

虎形佩:玉质呈牙白色,有浅褐色沁斑,两件形体完全相同,背面平素无纹,虎作伏卧状,闭口,尾粗长并下垂,尖部卷。边饰以均等的阴线勾勒后,以斜切法减地;主饰以卷云纹、绳索纹、鱼鳞纹等多种纹饰,点缀出虎的目、鼻、口、耳及各部位的肌肉,琢工精细,纹饰华美,层次分明,立体感强。口与尾处各有一圆穿,可供穿系。此对虎形佩是目前发现的虎形佩中最大、最精致的一对,具有春秋时期的时代特征。

玉瑷:玉料经侵蚀后呈灰白带浅褐色,中间有1厘米孔径,一面打磨得十分光滑,另一面满饰卷云纹、蟠虺纹组成九组同样的图案,以双阴线勾勒,减地浅浮雕,隐起纹饰图案,以细如毫发的绳索纹作边饰,纹饰细密,繁而不俗。

口琀:玉料呈牙白色,有褐斑,体扁,边沿有脊牙,两面纹饰相同,均以减地法雕琢繁密的兽面纹,纤细线布阴,制作精细,小巧玲珑。

眼、鼻罩:青玉有牙白沁色,素面,抛光。眼、鼻罩的出现,突破了玉面饰单一传统的平面模式,创造了更趋真实的立体效果,不愧为面罩之瑰宝。

② 玉甲（玉饰片）共187片。呈长方形，玉料呈黄绿色，局部有白色侵蚀。其中两面纹饰的有27片，纹饰以浅浮雕的变体夔纹、蟠虺纹为主；单面纹饰有22片，以双刻阴线琢出卷云纹、蟠虺纹图案；素面有138片，均磨平抛光，不少玉饰片均是旧玉改制成。这些玉饰片两边均有6～8个穿，大部分7个穿，密集成条线状，其中3片四边有凹口，当系缝在衣上作玉甲用。

③ 串饰：共657件。其中绿松石、孔雀石质地的圆珠313件，棕红色玛瑙质地的竹节状管164件，白色的水晶、玛瑙质地的扁鼓形珠180件。这些管、珠琢磨光滑，色泽艳丽。串饰的组合次序是棕红色、绿色、白色、棕红色……也就是竹节管、圆珠、扁鼓形珠、竹节管……这种穿饰方法说明当时人们已经懂得和善于运用材料的质地美、色彩美来创造性地装饰自己。

④ 另有玉管3件、玛瑙弯形挂坠4件、拱形饰6件，还有绿松石质地剑珌、剑戈、长方形束腰玉饰、钩形器（大、中、小有序，疑为编钟、编磬架子上的钩子），还有一些镶嵌的玉饰片等。

2. 一件玉器琢磨成品，要经过选料、设计、琢磨、抛光过蜡、成品五大工序

这五大工序也是一件玉器制作最基本的工艺流程。在春秋中晚期，这些玉器的琢磨是很费功夫的。

从选料方面来看，上述这批玉器从材料质地分析，大致有以下三种不同类型：一是选择质坚性良的玉料，有白玉、青玉等，摩氏硬度为6.5～7。这类性质的玉料，不仅坚硬，而且带些韧性，琢制起来相当困难，费工费时，故主要作为精细器物。二是质坚性脆的玉料，有玛瑙、水晶等，硬度略次于白玉、青玉，为摩氏硬度6～6.5，但性质较脆，裂纹多，不宜琢制得过于纤巧。同时因料值不高，也不宜费工太大，故主要用作串饰类饰品。三是质松性软的玉料，有孔雀石、绿松石等，摩氏硬度分别为3.5～4及2～4，不宜琢制过于纤细。因细部抛光难度较大，所以对这类玉料多采用粗糙些的琢制，故多被琢制成剑珌、剑戈、珠等类作品。

第一，从上述这些原料的选择分析，当时吴国的琢玉工匠对于鉴别各种玉料的性能已积有丰富的经验，并可以根据质地的粗细以及软、硬、韧、脆的特性加以合理运用，采取不同的表现手法，按料设计，因材施艺。

第二，从设计工艺方面来看，这批玉器完全是按照那时的传统习俗和墓主的身份来精心设计的。在选材和确定用途之后，又要根据玉料的实际情况来精心设计，可谓用心良苦。

第三，玉不琢不成器。从琢制工艺来看，这些玉器也是出类拔萃的。真山大墓出土的这批玉器，其琢玉技艺，不论造型、纹饰、琢工都反映了当时的吴国匠师娴熟而高超的碾琢技艺，展示了当时的最高水平。如切割、坯工、琢磨和抛光过蜡等等，这些高难度的技术，如掌握不适度，就会出现炸裂，这在当今也是不易掌握的，何况彼时，真是令人不可思议。

第四，这些出土玉的原料来自何方？是来自新疆和田玉为代表的昆仑玉，长江中下游地区，还是就近取材？根据江苏省地质调查研究院高级工程师钟华邦先生的研究报告和吴国区域发掘出土玉器的有关研究材料，答案是肯定的——就地取材。

1989年，钟华邦先生对溧阳小梅岭地区的透闪石岩矿体，进行踏勘取样，果然发现有质地细腻具有一定透明度的软玉。经薄片鉴定、化学分析、X光衍射分析、电子探针测试后，发现有钠高的透闪石。此种软玉中除了钙镁透闪石外，还有钠透闪石。这一特征与新疆的和田玉不同，故钟华邦先生依据其产地将其命名为"梅岭玉"。梅岭玉呈白、灰白、青、浅绿白色，致密块状，质地细腻，具有一定透明度，摩氏硬度为5.5~6。据钟华邦先生介绍，梅岭白玉多数薄片中的矿物单一，均由针状、纤维状的透闪石矿物组成，他在《梅岭玉地质特征及成因探讨》一文中所作的科学分析与真山大墓玉相近。但也不确定。仅《山海经》记载的古玉产地就达百余处，如太湖南边的天目山就被称为"浮玉之山"。应该说，玉在古代太湖周边的山中还是比较多的。严山与真山大墓中早期玉器的玉材很有可能就来源于太湖周边的玉矿。

二、阖闾筑城雄居东南，千古之谜神秘虎丘

吴王阖闾（？—前496），一作阖庐，姬姓，名光，又称公子光，吴王诸樊之子，春秋末期吴国君主，军事统帅，在位9年（前514—前496年）。阖闾执政时期，敞开国门，吸纳四方英才，以楚国旧臣伍子胥为相，以齐人孙武为将军，确定先破强楚、再服越国的争霸方略，采取分兵轮番击楚之策，频频攻楚于江淮之间大别山以东地区，使楚疲于奔命。公元前506年，吴军在孙武、伍子胥率领下，从淮水流域西攻到汉水，五战五胜，攻克楚国郢都，迫使楚昭王出逃。后楚臣申包胥入秦乞师，在秦廷哭了七天七夜，才使秦出兵助楚复国。公元前496年，阖闾在与越国的槜李之战中，被越大夫灵姑浮斩落脚趾，重伤而死，葬于苏州城西虎丘山。

楚国大夫子西曾说："昔阖闾食不二味，居不重席，室不崇坛，器不彤镂，宫室不观，舟车不饰，衣服财用，择不取费。在国，天有灾疠，亲巡孤寡而共其乏困。在军，熟食者分而后敢食，其所尝者，卒乘与焉。勤恤其民，而与之劳逸，是以民不罢劳，死知不旷。"《吴越春秋全译》的作者赵晔指出：（阖闾）"立城郭，设守备，实仓廪，治兵库"[1]，"任贤使能，施恩行惠，以仁义闻于诸侯"[2]。太史公曰："阖闾弑僚，宾服荆楚。"[3] 东汉思想家王充称赞："孙武、阖闾，世之善用兵者也，知或学其法者，战必胜。"[4] 阖闾的一生，励精图治，筑城置业，战功显赫，功不可没；同时，他也是苏州古城之父，这也是我们研究阖闾、纪念阖闾的深义所在。

（一）阖闾筑城，称霸南方

吴人尚武，尽人皆知。原因有二：一是在恶劣的自然环境中求生存的

---

[1] 赵晔：《吴越春秋全译》，张觉译注，贵州人民出版社，1993年，第96页。
[2] 赵晔：《吴越春秋全译》，张觉译注，贵州人民出版社，1993年，第96页。
[3] 司马迁：《史记》，梁绍辉标点，甘肃民族出版社，1997年，第857页。
[4] 王充：《论衡》卷十二《量知篇》。

本能。距今 9 000~8 000 年时，以苏州为中心的古吴地区东边是海，西部是"太湖海湾"，海侵到达长江三角洲顶部的扬州、镇江一带，山洪漫流，海潮翻滚。吴地先民生存条件十分艰险，他们居住在湖海之中的高台地区，疫疾多作，浮大泽，劈草莱，战猛兽，斗蝮蛇，血战前行，独具一种强悍、刚健、习水的风骨。二是时势所迫，自立自强。《诗经》云："江汉浮浮，武夫滔滔。匪安匪游，淮夷来求。既出我车，既设我旟。匪安匪舒，淮夷来铺。"① 意思是，江汉水滔滔，武士威风凛凛；不敢求安乐，奉命伐淮夷。推出我兵车，旗帜插营前。不敢求安乐，只为讨淮夷。"生于斯，长于斯"，过着平静生活的吴人怎能束手待毙呢？特别是寿梦、阖闾、夫差造就的当年"强吴时代"的庞大属地，三万六千顷的偌大太湖当年竟是吴国的练兵场。越国大夫文种说："夫申胥、华登，简服吴国之士于甲兵，而未尝有所挫也。夫一人善射，百夫决拾，胜未可成也。"② 意思是，那申胥、华登二人选拔吴国的人教习作战，还从来没打过败仗。吴国人人习武，只要一人擅长射箭，就会有一百个人仿效学习，越国要想战胜未必会成功。时至吴王阖闾执政后，外面有攻伐交恶的强楚，内部面对的则是僚党旧臣，可谓故都难容新主，四面暗藏杀机。面对腥风血雨，志存高远的阖闾向伍子胥请教"强国霸王"之道时，伍子胥建议要从安君、筑城做起。

1. 象天法地，阖闾筑城

有关此事已在第一章中大体说明。

伍子胥提出："凡欲安君治民、兴霸成王、从近制远者，必先立城郭，设守备，实仓廪，治兵库。斯则其术也。"③ 从这一记载中，可以窥见古人对于城市作用的看法。从广义上来看，这一原则至今仍具有战略指导意义。

"寿梦卒，诸樊南徙吴"（张守节在《史记正义》中注），兴筑了一座

---

① 《诗经》，梁海明译注，山西古籍出版社，1999 年，第 172 页。
② 《国语全译》，黄永堂译注，贵州人民出版社，1995 年，第 668-669 页。
③ 赵晔：《吴越春秋全译》，张觉译注，贵州人民出版社，1993 年，第 95-96 页。

名叫"吴子城"的宫城（无外郭城），其地址就在现今苏州古城中心的大公园（皇废基）——东至公园路，西抵锦帆路，南临十梓街，北傍干将路，位于苏州古城的中轴线上，体现了诸樊时代"大都无城"以软实力见长的文化自信（见图3-9）。

图3-9 宫城（皇废基）（摄于20世纪20年代，资料图片）

对伍子胥的提议，阖闾曰："善！夫筑城郭，立仓库，因地制宜，岂有天气之数以威邻国者乎？"子胥曰："有。"阖闾曰："寡人委计于子。"①

吴王阖闾全权委托伍子胥筑城后，"子胥乃使相土尝水，象天法地"②，发现城址定位于苏州现古城位置的"阖闾大城"阴阳调和，占据八卦方位，会固若金汤，元亨利贞、贞下起元，至少有三大优势：一是进可攻防可守，地理位置是战略要点；二是水能载舟，能最大限度发挥吴人乘船弄潮专长；三是既有诸樊的"吴子城"又有农贸"集市"，既能造福一方又能生生不息。

2. 在天成象，在地成形

苏州古城的空间布局安排是对天象的模仿，取法天然，在地营造，其规模与布局形制已在《越绝书》和《吴越春秋》中说得一清二楚。

《越绝书》记载："吴大城，周四十七里二百一十步二尺。陆门八，其

---

① 赵晔：《吴越春秋全译》，张觉译注，贵州人民出版社，1993年，第96页。
② 赵晔：《吴越春秋全译》，张觉译注，贵州人民出版社，1993年，第96页。

二有楼。水门八。南面十里四十二步五尺，西面七里百一十二步三尺，北面八里二百二十六步三尺，东面十一里七十九步一尺。阖庐所造也。吴郭周六十八里六十步。吴小城，周十二里。其下广二丈七尺，高四丈七尺。门三，皆有楼，其二增水门二，其一有楼，一增柴路。"① 这里告示天下：

① 阖闾大城由外郭、大城和小城（即子城，亦称宫城）三座城垣组成，这与良渚古国的都城营建规制基本一致（见图3-10）。

② 大城周长："周四十七里二百一十步二尺"，即19 834.122米③，如将四边的长度相加——"南面十里四十二步五尺，西面七里百一十二步三尺，北面八里二百二十六步三尺，东面十一里七十九步一尺"，其周长为15 607.746米。两者比较，其误差为十里四十九步二尺，即4 226.376米。原因：其

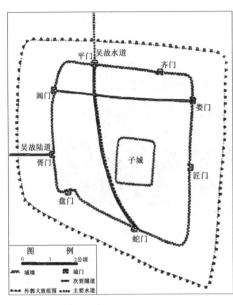

图3-10　阖闾城址平面示意图②

一，可能是采集"综合"数据测距时采用的是曲线，而采集"四边"数据测距时采用的是直线，由此产生了两组不同的数据。但即使二者都是采用直线的方法，笔者倾向于后者，其主要理由是信息原始数据（每边的原始凭证）比综合数据更可靠、更宝贵。如以四边相加的数据为准，这就基本遵循了《周礼·考工记》的设计思想——"匠人营国，方九里"④，即周长14 968.8米，这与四边相加数据相比仅相差638.946米；如对照2010

---

① 袁康、吴平：《越绝书全译》，俞纪东译注，贵州人民出版社，1996年，第28-29页。
② 王卫平、王建华：《苏州史记（古代）》，苏州大学出版社，1999年，第32页。
③ "尺""步""里"是中国古代丈量土地时的长度单位。参见吴承洛《中国度量衡史》第四章第四节："后汉以前六尺为步，三百步为里"；参见张传玺主编的《中国古代史教学参考手册》附录2。1尺相当于现在的0.693市尺，即0.231米。一里大概415米。一步约1.386米。而现在的1市尺≈0.33米。
④ 《周礼·考工记》。

年4月结题的"苏州城墙调查课题"结果,苏州城墙的周长共15 204.31米。[①] 基本与阖闾大城相等,仅相差约403.4米。其二,所记"四十七里"当为三十七里之误。这一点已为研究者所指出[②]。

③ 大城面积:"南面十里四十二步五尺,西面七里百一十二步三尺,北面八里二百二十六步三尺,东面十一里七十九步一尺",即15.23平方千米,城之形状为曲线组成的不规则四边形,与当下的苏州古城面积14.2平方千米,只多了1.03平方千米,大体相等。

④ 郭(外)城周长:"吴郭周六十八里六十步",即28 330.56米。"大于城将近一倍,其比例约为1∶1.85。《孟子·公孙丑》言'三里之城,七里之郭',《战国策·齐策》言'三里之城,五里之郭',说明郭大于城一倍左右为春秋战国时期的通例。郭,是依据地势在城外堆土筑成的土围子,完全是军事设施,为当时城池普遍的附属工程,后世亦多有所见。"[③]

⑤ "吴小城,周十二里",即周长4 989.6米。比临淄齐国故城小城(周长7 275米)小,比魏安邑故城(禹王城)内城(周长3 000米)大。

3. 史籍记载,规模雄风

阖闾元年(前514年),吴王举伍子胥为"行人"(春秋战国时管朝觐聘问的官名),接受伍"立城郭,设守备,实仓廪,治兵库"的建议,委派伍子胥建城。"子胥乃使相土尝水,象天法地,造筑大城。周回四十七里。陆门八,以象天八风;水门八,以法地八聪。筑小城,周十里。"[④]

其大城与小城的周长与《越绝书》所载基本一致。"小城"周长4 158米,即"今公园路的北段,体育场之北,苏州专员公署对面一带"[⑤]。其

---

① 晓亮:《"苏州城墙调查课题"结果显示 完整古城墙残剩不足1/10》,《苏州日报》2011年4月12日。
② 刘和惠:《楚文化的东渐》,湖北教育出版社,1995年,第82页。
③ 刘和惠:《楚文化的东渐》,湖北教育出版社,1995年,第82页。
④ 赵晔:《吴越春秋全译》,张觉译注,贵州人民出版社,1993年,第96页。
⑤ 高泳源:《古代苏州城市布局的历史发展》,载李东润、李俊民、罗竹风《中华文史论丛:一九八四年第三辑》,上海古籍出版社,1985年,第81—98页。

位置就在今之苏州古城，2 500多年来位置始终未变。"阖闾城，即今郡城也。"①

唐末陆广微所著的《吴地记》是目前所见最早的一部苏州地方志，书中也明确记载了阖闾城造筑的规模："阖闾城，周敬王六年伍子胥筑。大城周迴四十二里三十步。小城八里二百六十步。陆门八，以象天之八风，水门八，以象地之八卦。"② 与前记载亦无明显差距。

4. 布局形制，栖盘逸境

（1）《越绝书·吴地传》载

① 设立八座水陆城门，为阊、胥、巫（平）、齐、娄、匠（相）、盘、蛇（居南）门。其东西之间，"从阊门到娄门，九里七十二步"（3 841.992米）；南北之间，"平门到蛇门，十里七十五步"（4 261.95米）。据此推算，大城总周长约三十八里左右。前述四十七里，应为三十七里之误。

② 大城内有"吴小城，周十二里，其下广二丈七尺，高四丈七尺。门三，皆有楼，其二增水门二，其一有楼，一增柴路"。即吴小城（子城，亦称宫城）周长4 989.6米，城墙下宽二丈七尺，高四丈七尺。有城门三座，都建有门楼；其中的两座城门，还增设水门两座，其中一座也有门楼，而另一座则用木材铺成通道。

③ 根据水乡泽国特点，设立水门。有陆门八，水门八。城中道路：从阊门到娄门，陆路宽二十三步（31.878米）；平门到蛇门，陆路宽三十三步（45.738米）。水道宽二十八步（38.808米）。街道、河道宽达31~46米，超过了北方所有都城，且条条街河都由陆水八门连通城外。据《史记·春申君列传》、张守节《史记正义》注，当时城内已有"四纵五横"的河道网沟通：阖闾"于城内小城西北别筑城居之，今圮毁也。又大内北渎，四从五横，至今犹存"③。今日苏州古城内确仍存四纵五横水系。

---

① 朱长文：《吴郡图经续记》，金菊林校点，江苏古籍出版社，1999年，第56页。
② 陆广微：《吴地记》，曹林娣校注，江苏古籍出版社，1999年，第15页。
③ 司马迁：《史记·春申君列传》。

(2)《吴地记》载

"罗城（注：俗称吴王城），作亚字形，周敬王六年丁亥造，……其城南北长十二里，东西九里，城中有大河，三横四直。苏州名标十望，地号六雄，七县八门，皆通水陆。"① 与以上史籍所记相符，特别是"三横四直"，与现今苏州古城骨干河道分为东西向 3 支、南北向 4 支相吻合。顾颉刚在 1951 年 1 月指出："苏州城之古为全国第一，尚是春秋时物，其次为成都，则战国时物，其所以历久而不变者，即以为河道所环故也。"② 此即为阖闾大城的最大特色。

① 建成了水陆两套相互结合的交通系统。街道与河流相平行，且其间的配置有严格规定：在南北行的直街，河道位于西，街道位于东；在东西行的横巷，住宅选择的方位是坐北朝南，河道在街道的南边。这种水陆两套相互结合的交通系统，晋代左思《三都赋》之一的《吴都赋》作了这样的描述："郛郭周匝，重城结隅，通门二八，水道陆衢。"鲜明地刻画出苏州古城城市布局的轮廓。

② 一经一纬，东西南北贯通。白居易的《九日宴集，醉题郡楼，兼呈周、殷二判官》诗云："半酣凭槛起四顾，七堰八门六十坊。远近高低寺间出，东西南北桥相望。水道脉分棹鳞次，里闾棋布城册方。人烟树色无罅隙，十里一片青茫茫。自问有何才与政，高厅大馆居中央。"可见，当时城市已定型。其基础始自春秋晚期所建阖闾大城，其后经三国、晋代的增丽，至六朝时已灿然大备，降及唐代经锦上添花，城市景观面貌已与后世无异，下及宋代，虽遭建炎兵燹，城市荡然无存，然经宋人重建，于城市布局上有所斟酌损益，终于出现了南宋绍定二年（1229 年）所刻"平江图"上所显示的那种城市形态。此后，历元、明、清三代，虽个别河道有所堙塞，特别是子城及其以南部分，变化更大，然全城的城市布局已无多大的更改了。

——"四直为经，三横为纬"，对称性的河街相邻结构，肃穆、方正且井井有条。

---

① 陆广微：《吴地记》，曹林娣校注，江苏古籍出版社，1999 年，第 110-111 页。
② 顾颉刚：《苏州史志笔记》，江苏古籍出版社，1987 年，第 37 页。

——直街与横巷,"水陆相邻,河街平行"双棋盘格局。纵贯的直街有七条,西城占四条,东城有三条。在宽度仅3100多米的空间中,布置七条纵贯长街,疏密适度,恰到好处。

——在城市的中心有一条中轴线,它北起元(玄)妙观的三清殿,通过正山门,南对宫巷,过真庆坊的坊表,就到了子城;子城内部,北起巍峨壮丽的齐云楼,南至大门,凡郡守办公和居住的宅堂、小室,宴犒将吏的设厅、平江军、平江府等主要建筑物都位于这条中轴线上;南过吴会坊,出平桥,则大街(即今平桥直街)两旁,衙署林立,东侧是惠民局和盐酒厅,西侧是司法厅、提刑司,止于乌鹊桥;乌鹊桥之南尚有一段南北行的直街(即今乌鹊桥路),几乎直达内城濠而后止。

"惟有苏州古城,至今在原来的版图上巍然屹立。"苏州古城之盛在于:"若夫山川之秀丽,人物之色泽,歌喉之宛转,海错之珍异,百巧之川凑,高士之云集,虽京都亦难之。今吴已饶之矣,洋洋乎固大国之风哉!"[①]

荀子说:"天地者,生之本也;先祖者,类之本也;君师者,治之本也……尊先祖而隆君师,是礼之三本也。"(《荀子·礼论》)行为规范的"礼"被称为"天之经也,地之义也,民之行也"。(《左传·昭公二十五年》)"合于天时,设于地财,顺于鬼神,合于人心,理万物者。"(《礼记·礼器》)正如生态哲学家余谋昌先生所指出,自然界也参与人类历史的创造。毋庸置疑,是江南吴国境域的纬度、经度及人类文化与自然的相互作用造就了阖闾大城的逸境。

今日之苏州古城亦大体如此!(见图3-11)可见,"楚风"流行,正如刘和惠在《楚文化的东渐》中所言:"伍子胥是楚人,所熟悉的是楚国都城建筑的模式,不言而喻,楚都建筑的设计就成了他心目中的蓝图。因此,吴大城的规模、布局、设置都和纪南城十分接近。"二城的"周长"与"面积简直如出一辙","宫城背北面南,市肆设在城北。这与《考工

---

① 袁宏道:《袁宏道集笺校》(上),钱伯城笺校,上海古籍出版社,1981年,第239页。

记》'面朝后市'的规定若合符契。纪南城的宫殿区也在城中偏东南部位。这种布局大概是春秋战国间都城建筑普遍采用的图式"①。可见，苏州古城是中国有史以来古都的集大成者。它既是中国的，也是世界的。

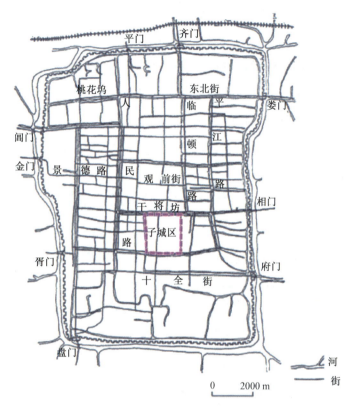

图 3-11　苏州古城图

（参见董鉴泓：《中国城市建设史》，中国建筑工业出版社，2004 年）

时代自有丰碑在，历史不容臆推断。研究历史，其方法与发现同样重要。正如张光直先生所言："历史文献并不是考古学家的额外负担，而是他们的福分，如此一来，他们用来复原历史原貌的那些材料就有了强力胶黏剂……"笔者认为，我们应当对古代文献有足够的敬畏，没有十足把握，（再次强调）不要轻易言伪。鉴于春秋时期是个比较"清楚"的时期，关于阖闾大城的位置与布局形制，今后需要我们进一步在基础研究上下功

---

① 刘和惠：《楚文化的东渐》，湖北教育出版社，1995 年，第 81-82 页。

夫，把"零星散漫的史料小心地收集和整理起来，洗刷掉它那神话的外壳，找出来可信的历史核心"[1]。有鉴于此，顺便提两个建议：一是"欲动土，先考古"。二是考古人员应学习良渚古城考古人员"打破砂锅问到底"的求知精神。前几年，笔者有幸与苏州前任考古主要负责人聚会，问他苏州古城那些考古点挖到什么程度。他说，"挖到生土为止"。有否再挖下去？他说，"再挖下去就是黄土啦！"良渚考古人员不正是在黄土上"再挖下去"出现了惊世大发现——铺垫古城墙的一层大石块吗？苏州古城与良渚古城地基很相似——松软，可否"再挖下去"试试？"细考虫鱼笺尔雅，广收草木续离骚。"

5. 处处珠玑，本真之美

回眸历史人物与文化遗迹，苏州古都风韵令人心醉。坐一叶轻舟，遍览苏州古城长河，顿感古城文化底蕴世界罕见。如果物象之美是静态的话，那么充满生命力和文化深度的非物质文化遗产就是动态之美。这种"超越物理力量"的精神之美、之力，是吴人之为、文明之国的精髓所在。

笔者在苏州前后已逾五十年了，越发喜爱白发的苏州古城，虽然她老了，但她的血没有变凉，脉搏强劲，梦依旧滚烫。她以自然的体态把自己装点得分外妖娆，还以平淡质朴、温文尔雅的身姿，显示着神奇的壮美。她是用中国延续2 500多年之久的规制筑造的，像鸿篇巨制的画卷彰显着"天人合一"的理念，不仅是中华民族杰出的规划筑造作品，而且已经超越时代、民族、地域和阶级的局限成为世界文化遗产。法国作家雨果说过："人类没有任何一种重要的思想不被建筑艺术写在石头上……人类的全部思想，在这本大书和它的纪念碑上都有其光辉的一页。"她以婀娜多姿的身姿告诉我们：文化只要有价值观，其本身就是一种无可估量的力量。

西安建筑科技大学祁嘉华教授指出，建筑是城市的细胞，一座城市的文化品格正是通过建筑来加以实现的。美国建筑理论家伊利尔·沙里宁说："让我看看你的城市，我就能说出这个城市的居民在文化上追求的是

---

[1] 徐旭生：《中国古史的传说时代》，文物出版社，1985年，第31-32页。

什么。"由于历史环境不同，中西建筑也形成了不同的文化倾向：西方比较注重功能和外观，把"实用、坚固、美观"作为建造活动的基本，也留下了以帕特农神庙为代表、历经千年而不倒的众多建筑典范；中国历史上比较注重规范，把"阴阳之枢纽，人伦之轨模"视为建造的遵循，城市的规划建设无不中规中矩。

苏州古城无论从历史、地理、军事、贸易、宗教、民族和风俗，还是从"强吴时代"的缘起与精神气象上讲，她都有一种奠基或启示的意义。她不是因为秦始皇与司马迁亲临后的赞叹才广为人知，而是始终占据着吴文化深处文明的制高点。从这个意义上来讲，她是吴国的地标，亦是"文开吴会"的领头羊。她用曾遭遇先后六次战争的残酷无情破坏的诉说，闪现出昔日的燔火、杀伐与呼啸，给后人以无法忘记的美丽。也许废墟上开出的花总是令人难忘，如同黑夜中的亮光。更为可贵的，是她用脉脉深情，结交四邻。她沉浸，她不语，她内敛，为每年有数千万游客来看她而心满意足，并以自身的存在保存下来而心安理得。她的遗址充满大街小巷，几乎遍地皆有，吉光片羽俯拾皆是，只因她的身躯本身就是一座活着的超级"露天博物馆"。有不畏死的勇士留下的传奇故事，有天纵英才的智者留下的众多历史文化遗存，有呼风唤雨的一方豪杰开创的经济发达、文化繁荣的盛况……精神之美、生命之思，楚楚动人。它是迷人的人间乐园、求知的殿堂，"直待自家都了得，等闲拈出便超然"，激发出庶人更加璀璨的文化自醒、自信的光芒。世界上的古城成百千，请问现在有几座还在原地？唯有苏州古城独一无二。

6. 五战五捷，称霸南方

中国近代思想家梁启超曾说："中国民族之武，其最初之天性也。"为此，他于1903年3月至4月在《新民丛报》上发表了《论尚武》一系列鼓舞国民精神的激扬文字，"然柔弱之文明，卒不能抵野蛮之武力。然则尚武者国民之元气，国家所恃以成立，而文明所赖以维持者也"，指出一个国家和民族"尚武"精神必不可少。历史证明，尚武精神曾是中华传统文化中最闪光的部分，尤其是在春秋战国时期，诸子百家群星璀璨，成为国学之源。先贤相望，士风因袭，秦皇汉武，唐宗宋祖，一代天骄成吉思汗，至今令国人景仰。

吴中大地每一个历史时期的风云际会皆波澜壮阔，无不蒸腾着吴文化精神的涅槃与重生。在这涅槃与重生的过程中，吴地人跨越千年的风雨兼程，用波涛洗礼信念，用热血磨砺意志，文以化人，日新其德，在吴中大地上展现出极为生动而鲜活的"文武"画境。

有人认为战国时期战争是最多的，其实，这是一种误解。在这之前的2 000多年里战争也是很多的。如商初人口估计在400万到450万人之间①，商代不断对其他小国和部族征战杀伐，每次都调动数千甚至数万人的军队。公元前1046年初，武王亲率佩甲之士近5万士兵，其中还有敢死队3 000人出征。这就是著名的武王伐纣的牧野之战，此战一举击败了商朝。在春秋时期的242年里，载入史册的战争就超过480次②。

战争是实力的较量，其"本身还是一种经常的交往形式"③。到了春秋晚期，随着文字的逐步普及，各（方）国称王称霸，很多地区出现了"部族—城市—邦国"。这时，氏族进一步瓦解，以往靠首领的威望解决问题的方式已经不适用了。为了解决现实遇到的问题，人们去思索解决方案，思想异常活跃，出现了百家争鸣的壮观局面。先人开始对人生、人性、宇宙观产生了广阔深刻的思考，中国出现了老子、孔子、庄子等诸子百家。与此同时，在北纬30°线左右，古希腊出现了苏格拉底、柏拉图、亚里士多德等思想大家，印度出现了释迦牟尼在菩提树下悟道。一时间，世界各地先哲如云，虽然天各一方，然而他们却不约而同地思考人生、人性、灵魂、世界观、宇宙观等根本问题，他们的思想犹如黑夜中的火花，燃起一方之烈焰。对此，[德]雅斯贝尔斯在1949年出版的《历史的起源与目标》一书中，首次将这一时期（前800年—前200年）综合称为世界文明史上的"轴心时代"。

---

① 宋镇豪：《夏商社会生活史》，中国社会科学出版社，1994年，第107页。
② 许进雄：《中国古代社会：文字与人类学的透视》，台湾商务印书馆，1988年，第408-411页。
③ 《马克思恩格斯选集》第一卷，人民出版社，1972年，第27页。

第三章

吴国王陵见证历史　考古发现文化富矿

这个"轴心时代",即是一个思维转型的时代,神的退隐伴随的是人的尊严的出落。在这一时代中,吴国获得了前所未有的大发展,形成了当时较为先进的特色文化,"威动天下,强殆中国"(《荀子·王霸第十一》),进入了"强吴时代"。它犹如一颗天狼星闪耀在太平洋的西岸,轰鸣着一个民族高情烈志的心韵、鲜活高扬的灵魂,像蝴蝶的翅膀扇起了一场风暴,处处充满着雄性的阳刚之气,其势如金鼓雷震,其志如长虹凌霄。

叱咤风云的人物纷纷消失之后,历史便成为一笔巨大的遗产,完整无损地留给了我们。欲问吴国"心源"何在,动力哪来?一言以蔽之:东海之滨,大江大湖水的滋润。正是在这里,高天厚土,吴文化得以孕生、发育。吴人在这里休养生息,积蓄力量,成为吴文化崛起的文化台基。

无数事实证明,大自然的力量是伟大的,它是最神奇的造物主,正如袁隆平所说,"不能没有书本,也不能没有计算机,但书本和计算机上种不出稻子来",唯有母材(岩石)、气候、生物、地形等大自然能生产土地。

至春秋晚期,周王朝势薄力单,陷入混乱,周王朝的文字工匠也离散到各地,他们将青铜器上的铸造铭刻技术也传到了各地。吴国的"吴"字也随泰伯从商周甲骨文中传了过来。吴国立国后,从寿梦开始振兴,经过几代人的奋斗,至阖闾于公元前514年建都称王,开始实施强国富民振兴计划。吴国随着汉字的逐步普及而横空出世,五战五捷的经典传奇,造就了世界"轴心时代"中的"强吴时代",上演了一幕幕十分精彩的"活剧",成为"春秋五霸"之一。其主要战绩:

(1)一国战胜七国的"鸡父之战"

公元前546年(周灵王二十六年),在宋国大夫向戌倡导下,晋、楚、齐、秦、鲁、卫、陈、蔡、郑、许、宋、邾、滕、曹等14国在宋国的西门外举行春秋第二次弭兵会盟,会盟后中原诸侯列国之间出现了相对和平的局面。晋、楚、齐、秦四个强国,因国内矛盾激化,国势趋于衰弱,放慢了对外扩张、争夺中原霸主的步伐。偏处于长江下游的吴国和越国则先后兴盛起来，加入了中原争霸的行列。

地处淮河地域中心的州来，与东面的钟离（今安徽省凤阳县东）、南面的居巢（今安徽省合肥市西北）互为犄角，成为吴国难以逾越的障碍。州来虽曾先后两次落入吴国之手，但却复为楚国所据。公元前519年（周敬王元年），吴国因淮河流域之地尚为楚国所盘踞，吴王僚率公子光等，再次进攻州来，于是吴楚之战再起，这就是著名的"鸡父之战"。

吴公子光得知楚军统帅阳匄病亡，楚联军不战而退，认为这是吴军退敌的良机，便向吴王僚建议率军尾随楚联军，等待战机。吴王僚采纳公子光的建议，并制订出具体的作战计划：迅速向楚联军逼近，定于到达鸡父战场后的次日即发起攻击，利用当天"晦日"之机（古代晦日不打仗），乘敌不备，以奇袭取胜。在兵力部署上，先以一部分兵力首先进攻胡国、沈国和陈国的军队，打乱其他诸侯国军，再集中兵力攻击楚军主力。同时决定在作战中采取让先头部队放松戒备减少军威，后续部队巩固军阵整顿师旅的灵活战法。

是年农历七月二十九日，吴军准备就绪后，于用兵所忌的"晦日"突然出现在鸡父战场。楚司马薳越仓促之中，让胡、沈、陈、顿、蔡、许六国军队列为前阵，以掩护楚军。吴王僚以自己所率的中军，公子光所率的右军，公子掩余所率的左军等主力预作埋伏，以不习战阵的3 000囚徒为诱兵，攻打胡、沈、陈诸军。双方交战不久，未受过军事训练的吴刑徒即散乱退却。胡、沈、陈三国军队贸然追击，捕捉战俘，纷纷进入了吴军主力的预定伏击圈中。这时吴三军从三面突然出击，战胜了胡、沈、陈军队，并俘杀胡、沈国君和陈国大夫夏啮。许、蔡、顿三国军队见此状况，军心动摇，阵势不稳。吴军紧随乱兵之后，乘胜擂鼓呐喊进攻许、蔡、顿三国之军，该军因惊恐、惶惧败退狂奔，不战而溃。楚军初见胡、沈、陈军战胜吴军，向前奔逐，正感吴军脆弱无能，忽见许、蔡、顿乱军漫山遍野狂奔而来，而后面吴军又冲击过来，楚军突受此种奇袭，仓促之间向后败退。吴军大获全胜，并乘胜攻占了州来。

② 以四两拨千斤"养城之战"

公元前511年（吴王阖闾三年）夏，吴国派出使臣，责令徐国（今安徽泗县）和钟吾国（今江苏宿迁东北）交出领兵在外的公子掩余和烛庸。两国依仗有强楚撑腰，拒不从命，并私自放走二公子，让他们去投奔楚国。

楚昭王十分得意，立即派出大员隆重迎接二公子，并让二公子在养城（今河南沈丘县）暂住。接着，又命令莠尹然、左司马沈尹戌重修养城，把养城东北边的城父、东南边的胡田两块地封给二公子，企图利用二公子为害吴国。

吴王阖闾十分清楚楚国此举的用意，所以阖闾以孙武为将，下定决心要攻克养城。这一仗是孙武初试兵锋的一场战斗，因此，孙武在战前认真分析了敌我双方的态势。孙武认为：养城一战，阖闾的目的一方面是要擒杀掩余和烛庸二公子，剪除自己政治权力的隐患；另一方面还在于消灭淮水北岸的楚军势力，为日后破楚扫清障碍。因此，孙武向阖闾提出了"肆楚疲楚、攻克养城"的战略方针。在战术实施时，孙武将吴军分编成三支劲旅，先以第一军兵力佯攻伐夷，在佯攻不克后，吴军便兵锋一转，南下渡过淮水，直驱500余里，攻打潜、六二地；当楚军的增兵即将到达时，吴军便撤退待命，不与楚军正面冲突。

楚军见吴军撤走，便将部队驻扎在南冈（今安徽潜山县）。孙武这时调动他的第二军人马沿淮水而上，急行军数百里直扑楚之战略要地弦邑。当楚军即将赶到弦邑时，孙武便命部队撤退待命。吴军的两支部队成功地调动了敌军，使楚军疲惫不堪，士气低落。这时，孙武才命令吴军的第三军实施了攻克养城的战斗。吴军一举攻下养城，擒杀了二公子，胜利地结束了这场战斗，并为吴以后大举攻楚打下了良好的基础。

③ 势不可当的"吴越槜李之战"

公元前510年，越王允常雄心勃勃，想显露头角，因而在国内整军经武，积蓄国力，引起了吴王阖闾的密切关注。此时吴国已作好了全面攻楚的准备，远征大军蓄势待发，如上弦之箭，一声令下，就将射向楚国心脏。然而近在咫尺的越国却动向不明，这不能不使吴王阖闾忧心忡忡。前事不忘，后事之师，27年前的越国尚弱小，就敢派出部队，助楚伐吴，现在若吴军远出千里之外，后方空虚，越国只要派一支精悍之旅，从背后偷袭，吴国就首尾难顾，连回师救援都难。于是经精心策划后，一条妙计脱颖而出：以兄弟邻邦的名义，相约共同出兵伐楚。这道无可回避的政治难题，越王允常必须回答。

越王允常反复斟酌，考虑再三，决定不能造次，以免重蹈覆辙，万全之计，还是暂守中立，以观大局。有鉴于此，阖闾以伍子胥、孙武为将，移师南下，征讨越国。

江南盛夏，一片葱郁，蛙声蝉鸣，掩不住金戈铁马之声。当时越国的疆域，已经越过了钱塘江，到达了今日嘉兴、平湖一线。允常毫不示弱，率师北上。两军在槜李（今浙江嘉兴市西南）对阵，展开了吴越史上从未有过的大规模厮杀。虽然《春秋》上以精练得不能再精练的文字作了记载："（鲁昭公）三十有二⋯⋯夏，吴伐越。"但《左传》作了进一步阐述："吴伐越，始用师于越也。"著名史学家杜预为此加注："自此之前，虽疆事小争，未尝用大兵。"据史料分析，吴军并没有越钱塘江南下，战争的范围仅局限于今日嘉兴地区，也即两国相交的边陲地带。

吴军在孙武的指挥下势不可当，越军当然不是对手。吴军本为削弱越国国势而来，所以除了在战场上大败越军以外，又在越国"大掠而回"。槜李一战，揭开了吴越之间长达37年生死之搏的大幕。

④ 大获全胜的"吴楚豫章之战"

吴王阖闾七年（前508年）夏，桐国（今安徽省桐城市北）背叛了楚国。桐国的北面，原来有个小国舒鸠（今安徽舒城县），很早以前就被楚吞并了，因此舒鸠人十分怀恨楚国。孙武、伍子胥利用桐国意欲背叛楚国之机，派出间谍前往舒鸠，唆使他们说："如果你们想办法诳骗楚军来攻打我国，我军便佯装惧怕楚军，假意代楚伐桐，使楚国对我不存戒心，这样就可以寻机消灭它。"舒鸠人为了报复楚国，便听从了吴国的误楚之计。他们编造了一套假情报，去欺蒙楚国。楚国君臣利令智昏，果然听信了舒鸠人的谎言，在这年秋天派令尹子常率大军伐吴。孙武、伍子胥领兵迎敌。二人谋划一番后，采用明攻和暗袭相结合的战术：一方面，大张旗鼓地调集水兵战船前往豫章，以迎击楚师；另一方面又暗集军队于巢地（今安徽巢县东北）。楚将子常得报吴军战船摆满桐国以南的江面，便误以为吴军胆怯，想用伐桐来讨好自己，于是把大军驻扎在豫章地区，静观事态的变化。这样，楚军从秋天一直驻扎到冬天，时间一长，士气便日益低落，防备自然也开始松懈。孙武抓准时机，率吴军突然包围了楚军，打得楚军猝不及防，落荒而逃。随后，又出其不意地攻克了巢邑，还俘虏了在巢邑驻守的楚公子繁。

这次对楚作战的胜利，又燃起了吴王阖闾进攻郢都的欲望，并故意激怒孙武和伍子胥说："我想乘胜攻入郢都，灭掉楚国。如若不能，你们二位还有什么功劳可言？"但孙武、伍子胥二人仍然认为现在攻郢灭楚的时机还不成熟，举行如此重大的军事行动，绝不可轻忽，以免劳而无功，反为人所制。二人劝吴王隐忍待机，吴王只好作罢，班师回国。这一仗，孙武以其诱敌、骄敌的谋略大获全胜，帮助吴王打通了入楚的通道，为吴国日后破楚战略计划的顺利实施创造了条件。

⑤ 春秋时期最著名的以少胜多的"柏举之战"

《史记·孙子吴起列传》中有："（吴国）西破强楚，入郢；北威齐晋，显名诸侯，孙子与有力焉。"这里所说的"西破强楚，入郢"一事，就是春秋末期周敬王十四年（前506年）爆发的著名的"吴楚柏举之战"。

吴国是春秋晚期勃兴于江南地区的一个国家，它在发展过程中，与南方的强敌楚国产生了尖锐矛盾，以至长期动用武力，兵戎相见。从公元前584年第一次"州来之战"起，两国之间在短短的60余年时间里，曾先后发生过十次大规模战争，其中吴军全胜六次，楚军全胜一次，互有胜负三次。总的趋势是，吴国逐渐由弱变强，开始占据战略上的主动地位，它终于导致吴楚两国决战——柏举之战（参见本书第二章图2-2）。

周敬王十四年（前506年）冬，吴王阖闾亲率其弟夫概并伍子胥、伯嚭、孙武等，出动全国之兵，乘船溯淮水西进。至战略要地州来（今安徽凤台），舍舟于淮汭（淮水弯曲处），登陆前进。以蔡、唐军为先导，以

3 500名精锐步卒为前锋，穿过楚北部的大隧、直辕、冥厄三关险隘（均在今河南信阳南，河南、湖北两省交界处），直趋汉水，深入楚腹地，达成对楚的战略奇袭。楚不料吴军作此迂回奔袭，急派令尹子常、左司马沈尹戌、武城大夫黑及大夫史皇等仓促率军赶至汉水西岸布防，阻止吴军渡汉水攻楚都城。

当吴、楚两军夹汉水对峙时，沈尹戌鉴于分散楚地的兵力尚未集结，易被吴军各个击破，终难阻遏吴军突破汉水防御；又针对吴军孤军深入，不占地利的弱点，主张充分发挥楚国兵员众多的优势，变被动为主动；又使令尹子常凭借汉水之障与吴军周旋，正面牵制吴军，自己去方城（起自今河南叶县西南，沿东南走向至泌阳东北的一条长城）调集楚用以对付中原的兵力，迂回至吴军侧后，毁坏吴军舟船，阻塞三关，断其归路，尔后与子常军实施前后夹击，歼灭吴军。值沈尹戌赶赴方城调兵之际，武城大夫黑认为楚军不宜持久，主张速战。大夫史皇亦迎合子常贪功之心，怂恿其速战。子常听信二大夫之言，又错误估计战场形势，以为凭实力可击败吴军，乃改变与沈尹戌商定的夹击吴军计划，不待沈尹戌军到达，擅自率军渡过汉水攻吴军。这一轻率行动，使楚军既失去暂可依恃的水障，又陷入背水作战的不利境地。

吴君臣得知楚军夹击之谋，及见子常军渡河来攻，为避免腹背受敌，且图扬长避短，抑制楚军战车多、利于平原作战的特点，发挥吴军步兵强，灵活机动，长于丘陵、山地作战的优势，乃因势利导，改变原定在江、汉腹地与楚军决战的计划，由汉水东岸后退，调动楚军于不利地形，寻机决战制胜。子常错误认为吴军畏楚而退，紧追不舍，企图速胜。在小别（山名，今湖北黄冈地区大崎山）至大别（今湖北境大别山脉）间，连续三战，楚军受挫，锐气大减。子常方知非但不能速胜吴军，且有被吴军击败的危险，意欲弃军逃命，受到史皇指责，只得勉强继续作战。

吴军调动楚军，使其疲惫、挫其锐气之目的已达，乃停止后退，于十一月十八日在柏举与楚军对阵。阖闾弟夫概深知令尹子常不得人心，部众士气低落，认为先发制人，击溃子常军，尔后以大军继之，必败楚军。阖闾虑及胜败在此一举，务求万全无虞之策，不同意夫概意见。夫概见机而行，率自己所属5 000人猛攻子常部。子常军一触即溃，楚军大乱。阖闾见夫概突击成功，当机立断，发起全面攻击。子常惊惶失措，弃军逃奔郑国，史皇及其部属战死，楚军大败。

丧失主帅的楚军残部纷纷向西溃逃，吴军乘胜追击，不给楚军以重整旗鼓之机。至清发（今湖北安陆境内）追上楚军，阖闾欲立即展开攻击，迫楚军于背水作战的死地。夫概认为：困兽犹斗，楚军自知不能幸免而拼死一战，就可能击败吴军；若让楚军有幸免之望而渡河，就会失去斗志，乘其半渡而击，必获大胜。果然，楚军见吴军追至而未进攻，急于求生，争相渡河。待其半渡之时，阖闾挥军攻击，又歼楚军一部。吴军加快追击，竟使楚军在溃逃中虽炊熟而不得食。追至雍澨（今湖北省京山县西南），与由息（今河南息县西南）回援的沈尹戌军相遇。沈尹戌率军奋力拼杀，使吴军一度受挫，但沈尹戌伤重身亡，楚军失去指挥，惨败溃逃。此后，吴军又连续五战击败楚军，于十一月二十八日攻入楚都郢城。楚昭王出动象队——"王使执燧象以奔吴师"（《左传·定公四年》），即在大象尾巴上系着熊熊燃烧的火龙突然冲出来，惊退了吴军后，楚昭王乘隙脱逃，奔往随国（今湖北随州）。

吴军既占楚都，未能安抚楚国民众，反因军纪松懈，引起楚人仇恨，难于在楚坚持。当楚王出逃之时，楚大夫申包胥赶赴秦国求救。次年，秦大夫子蒲、子虎率兵车500乘配合楚军作战，屡败吴军。此时，越国乘吴国内空虚发兵进袭吴都，夫概又企图夺取王位，吴王阖闾被迫于当年九月撤离楚地，引兵东归。楚虽复国，但元气大伤，一蹶不振。吴国霸业则因破楚入郢而趋向鼎盛。

新兴的吴国得以击破兵众地广的楚国，在战略谋划上，吴以疲楚、误楚之策，求得攻楚无备的战略主动；楚则始终未能摆脱受制于吴的困境。在作战指导上，吴军高度灵活机动，出敌不意、远程奔袭、先发制人、穷追猛打，是战胜楚军的主要原因。楚军虽有一时良策，终因主帅盲目进攻而惨败。更可笑的是,楚国不仅吃了败仗,还"创造"了世界首例、被后人嗤之以鼻的用动物(大象)参战的笑柄。

此战是春秋末期一次规模宏大、影响深远的大战,史学家称它为"东周时期第一个大战争"[①]。伍子胥与孙武以3万兵力,击败楚军20万兵力,创造了中国战争史上以少胜多的著名战例。究其因,吴国将士士气高昂,乃吴王阖闾"厚爱其民者也"[②]。

(二)千古之谜,阖闾大墓

人们常说,十墓九盗。可世上就有一座藏有珍宝无数、价值连城的苏州虎丘阖闾大墓,仍是千古之谜,故传闻美谈多多。其悠久的历史文化景观,享有"吴中第一名胜"之美誉,正如宋代大文豪苏东坡所说:"到苏州不游虎丘,乃憾事也。"笔者认为,阖闾大墓肯定在虎丘,这是毫无疑义的,问题是阖闾大墓里面的珍宝现在还在不在。说来话长,与其要探个究竟,还不如像唐代的茶仙、文物鉴赏家陆羽那样,长期住在虎丘山,边喝茶边写书。

上古帝王的坟墓,地面上一般没有标识物,不封不树,所以叫墓。春秋以后,开始出现封土墓,这就是坟。坟者,聚土使高也。帝王的坟墓,因封土高大,遂改称为"丘",如吴王阖闾墓称"虎丘",楚昭王墓称"昭丘",赵武灵王的墓称"灵丘",等等。

据东汉《越绝书》记载,"阖庐冢,在阊门外,名虎丘。下池广六十步,水深丈五尺。铜椁三重,澒池六尺"[③],并称其中有扁诸、鱼肠等著名宝剑三千把,"倾水银为池六尺,黄金珍玉为凫雁"。唐代的《吴地记》载:"秦始皇东巡,至虎丘,求吴王宝剑,其虎当坟而踞。始皇以剑击之,不及,误中于石。其虎西走二十五里,忽失。……剑无复获,乃陷成池,

---

① 范文澜:《中国通史简编》,修订本第一编,人民出版社,1965年,第170页。
② 银雀山汉墓竹简《孙子兵法·吴问》(壹),文物出版社,1985年,第95页。
③ 袁康、吴平:《越绝书》,上海古籍出版社,1985年,第11页。

故号剑池。"① 宋代的《太平寰宇记》又说,剑池是"孙权发掘求阖闾宝器"所掘,而南宋范成大在《吴郡志》中则一言指明吴王阖闾墓在虎丘剑池下②。

虎丘,原名海涌山,海拔 34.3 米,山体由侏罗系火山岩浆构成。《吴地记》引用《史记》云:"阖闾冢在吴县阊门外。以十万人治冢,取土临湖。葬经三日,白虎踞其上,故名虎丘山。"③(见图 3-12、图 3-13)

图 3-12 苏州城西虎丘山

图 3-13 苏州虎丘剑池

---

① 陆广微:《吴地记》,曹林娣校注,江苏古籍出版社,1999 年,第 62 页。
② 范成大:《吴郡志》,陈振岳校点,江苏古籍出版社,1986 年,第 12 页。
③ 陆广微:《吴地记》,曹林娣校注,江苏古籍出版社,1999 年,第 62 页。

核 心 江 南
——世界罕见的苏州西部丘陵山区历史文化

《吴地记》中又云:"阖闾葬此山中,发五郡之人作冢,铜椁三重,水银灌体,金银为坑。"① 可谓极其华贵。在剑池的右前方石壁上还有"虎丘剑池"四个大字,每个字长宽都有1米多,银钩铁画,浑厚遒劲,描以红色,分外醒目,乃是唐代大书法家颜真卿所书(见图3-14)。圆洞内石壁上另刻有"风壑云泉",笔法潇洒,传为宋代四大书法家之一米芾所书。崖左壁有篆文"剑池"二字,传为大书法家王羲之所书。

图3-14 颜真卿手书"虎丘剑池"

"至唐宝历元年(825年)白居易来任苏州刺史,筑堤凿渠,引溪环山,广植桃柳,红栏碧树与绿波画舫相映,水陆往来频繁,虎丘山塘声名益著。僧皎然、白居易游武丘(唐代为避唐太祖李虎讳,一度称武丘)诗分别有'入门见藏山''山在寺中心'句,为已具寺中藏山胜景之证。"② 唐朝后又经人改回"虎丘剑池"。如今虎丘云岩寺塔作为中国大运河遗产点已被列入《世界遗产名录》。

苏州虎丘剑池,谁都知道是个美妙的地方,它像谜一样神秘莫测!传

---

① 陆广微:《吴地记》,曹林娣校注,江苏古籍出版社,1999年,第62页。
② 苏州市地方志编纂委员会:《苏州市志》,江苏人民出版社,1995年,第719页。

说"剑池"不是天然造化之物，而是靠人工斧凿而成。剑池下面埋葬着吴王阖闾的尸体和珍宝。当时，秦始皇称帝后为了找到吴王阖闾的墓穴，挖出他陪葬的许多珍宝和宝剑，于是调兵遣将，从咸阳不远千里到达虎丘山下安营扎寨。他们四处打听，八方开掘，可是折腾了好久却一无所得。楚汉相争时，楚霸王不知在哪里听到了关于剑池的传说，也对它产生了强烈的兴趣。他带人来到剑池，兴师动众，大肆开掘，结果，和秦始皇的遭遇一样，连吴王阖闾的刀剑踪影也没看到，更不要说吴王阖闾的墓穴了。三国时期，东吴孙权也梦想找到吴王阖闾的墓穴，他亲自带领兵马来到虎丘剑池开挖，仍是毫无所获。晋代大司徒王珣和他的弟弟司空王珉为了寻找到传说中埋在剑池下面的宝藏，竟把自己的馆舍建到了虎丘，但是等待他们的还是失望。

剑池到底是天然而成还是由人工斧凿而成？这里是不是真的埋有吴王阖闾的尸身？在一系列寻宝失败之后，人们不禁对剑池产生了种种疑问。为了搞清剑池的真实情况，宋代大名士朱长文曾经到虎丘进行实地考察。他在经过一番实地考察后断言，古代关于剑池的传说纯属无稽之谈，剑池根本没什么神秘可言。秦皇楚霸等之所以屡次寻宝失败，那是因为他们误听传说受骗上当，剑池不过是古代人在这里铸造宝剑时淬火的地方。宋代大诗人王禹偁在虎丘剑池转了几次后，也得出相同结论，声称剑池完全是天造地设的，它是大自然的产物，根本不是人力造就的。秦始皇等在那里寻宝，纯粹是受了虚妄荒诞的传说愚弄。

在宋代和明、清等各代，许多人对此都持怀疑态度。宋代以来，许多不同意朱长文、王禹偁看法的人，给后人留下了大量的宝贵资料。其中，有一位不太有名的古人，在一本叫作《山志》的书中，记下了这样一件事：公元1512年，苏州剑池忽然水干见底，当时，人们惊异地看见一面池壁上有扇紧闭着的石扉。有游人在好奇心的驱使下，竟然大着胆子下到池里去探访。在剑池的石壁上，人们看见了明代宰相王鏊等人留下的题记……这段记载尽管很简单，但它无疑向人们表明，以前关于剑池埋葬着吴王阖闾和大量珍宝的传说，并非完全无中生有，而很可能就是事实。

中华人民共和国成立后，许多专家学者受苏州市政府的邀请，先后到虎丘进行了考察和研究。在长期深入细致地考察研究的基础上，许多专家学者推翻了宋代朱长文、王禹偁等人的结论。他们充满自信地认为，虎丘剑池绝不是天然造物，肯定是人工所凿，只是它造得精妙，达到了巧夺天工的地步罢了。他们推断剑池建造的经过可能是这样的：虎丘原是吴王阖闾和他儿子夫差的王（离）宫。阖闾生前认真地研究了古代皇家建造陵墓的规律，细致地勘测了剑池一带的地理条件。他了解到古代皇家建造陵墓，第一是要规模宏大，第二要精巧和隐蔽，而剑池地势险要，依山近水，终年流水不断，很合乎古代营造王陵的条件。因此他就决定在此建造自己的陵墓。

阖闾是春秋末年的五大霸主之一，他为了防止在自己死后有人来盗尸和挖宝，在生前就用心选择营造陵墓的场所，这是很自然的事。后来，阖闾驾崩了，他的儿子夫差就遵从他的遗嘱，按照古代营造王陵的规矩办理，经过精心施工，把阖闾的遗体葬在了剑池下面，并将他生前喜爱的宝剑和珍宝用来陪葬。这些专家学者的推断，看起来有根有据，合情合理，但要想真正弄清虎丘剑池的真面貌，并非易事。

1954年苏州园林管理处接管虎丘名胜。1955年，在许多专家的倡导下，苏州市政府下决心组织力量对剑池进行疏浚，希望用开掘疏浚结果来进一步验证专家们的判断。

疏浚开掘剑池，第一步是运用现代的手段，把剑池里的水抽干。几天后，剑池的水终于被排完了。人们在清除污泥后，清楚地看到了剑池水塘全貌。池的面积不大，池深约5米，池的底部很平坦，它的东西两面石壁自下至上都很平直，剑池东面石壁上砌着两块经过雕刻的石板，石板上赫然写着王鏊、唐伯虎等明代名人的手迹。内容与古人在《山志》一书中的记载相符。专家们初战告捷。他们的这些发现，以十分确凿的证据证明剑池是由人工开山劈石千方百计凿成的，古代朱长文、王禹偁等人断言剑池是由天然而成，那是缺乏事实根据的。这样就使新中国的专家们对自己原

第三章
吴国王陵见证历史　考古发现文化富矿

先有关剑池的推断，更加深信不疑。当时曾刷洗苔藓，核实剑池东侧岩壁上确有明代长洲、吴县、昆山三县令吾翕等人以及唐寅、王鏊等人的石刻记事两方，载有明正德七年（1512年）剑池水干，于池底发现吴王墓门的简单情况。池南有土坝一个，与石壁三面相连，面积约四张八仙桌大小，低于平时水面三尺，这是人工筑成用作蓄水的。

于池北最狭处，发现一个洞穴和向北延伸约一丈多长的隧道，可容身材魁梧的人单独出入，举手可摸到顶，从上到下方正笔直。不难推断，这也是由人工开凿而成。尽头处为一喇叭口，前有一米多隙地，可容四人并立，而无回旋余地。前面有用麻砾石人工琢成的长方石板四块，一块平铺土中作底座，三块横砌叠放着，好似一大碑石。每块石板的面积约二尺半高，三尺多宽。第一块已脱位，斜倚在第二块上。第二块石板门的石质不同于虎丘本山的岩浆岩，表面平整。由于长期受池水侵蚀，显露出横斜稀疏的石筋。根据形制分析，这是一种洞室墓的墓门。剑池是竖穴，南北向，池底的石穴是通路，这和春秋战国时期的墓制形式是完全相符的。

据记载，"阖闾之葬，穿土为山，积壤为丘，发五郡之士十万人，共治千里，使象运土凿池，四周广六十里，水深一丈……倾水银为池六尺，黄金珍玉为凫雁"。这样夸大的描写，虽然不一定可信，但作为春秋末年五霸之一的吴王之墓，建筑规模肯定很大，墓室设计也必然会相当精密和隐蔽。从虎丘后山由泥土堆成和上述种种迹象分析，剑池很可能是为了掩护吴王墓而设计开凿的。墓门后面也很可能存在某种秘密。但是吴王墓是否即在其中，在未经考古发掘证实之前，尚是千古之谜。

疏浚开掘的第二步，是查清剑池的地下奥秘，寻找吴王阖闾墓穴。在抽干剑池积水后的一天中午，几位专家正在剑池内加班加点地清除着池底的污泥。突然，有一个人在池底岩石中间意外地发现了一个三角形洞穴。当时，其他的人都纷纷放下手中的工作奔过来看。有人取来根长竹竿插入洞中试探，以此为突破口来查清池底下的真实情况。于是，几天后，几个人小心翼翼地把洞穴扩展开，用木板铺设在地上，持着手电筒，踩着木板

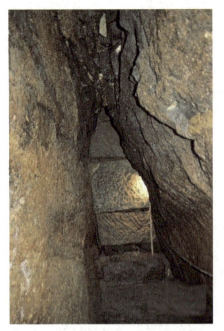

图 3-15　苏州虎丘剑池底部

铺成的路,一个接一个地钻进了洞内。地下洞穴的通道阴森潮湿,长约 10 多米。人在里面穿行,举手便可以摸到洞顶。人们靠着手电筒的光亮,走过了那狭长的通道后,来到了洞的尽头。洞尽头比刚进洞的通道要宽敞些。人们一进到比较宽敞的洞尽头时,迎面碰到了三块矗立着的长方形石板,每块石板都是近 1 米高、约 1 米宽(见图 3-15)。大家猜测,这三块石板可能就是吴王阖闾陵墓的门,在石板后面可能就安放着吴王阖闾的遗体和珍宝。对于这一发现,大家都异常高兴。

可是,几天后,正当部分专家准备着手搬开三块长方形石板时,突然接到了停止开掘墓穴的通知。通知中说明,如果当真要打开深藏在剑池底下的那个墓穴,那建筑在剑池边上的虎丘宝塔就可能毁于一旦,整个虎丘风景区也将随之化为乌有。这样损失就太大了。专家们不得不承认通知说得有道理,最后只得就此罢休。

2008 年 5 月,又一次启动清淤。6 月 9 日,该景区工作人员在现场勘查时发现,位于虎丘剑池景点西侧一圆形"别有洞天"石洞门墙体上方有一处墙砖"鼓突"。后经专家考证确认,是雨水常年冲刷"积劳成疾"而导致"别有洞天"石拱门变形移位的。为防止墙体坍塌,苏州园林部门确定将"别有洞天"景点拆除维修,于是将其北侧的剑池水先抽干以便整体修复还原。在抽干水后,曾经"池暗生寒气""空山剑气深"的剑池,又一次见底(新中国成立后只出现过三次),而该池北面一个狭长呈尖三角形的洞口,空间狭小,其形状似一把利剑。最多只能站两三人,迎面处是五块石板,叠砌至顶,顶面另盖有一块石板(见图 3-16)。石板后便是传说中的吴王阖闾的墓穴入口了。

图 3-16　"阖闾墓"入口处石板（董晨摄）

虎丘剑池直到现在依然是个谜。对待历史遗迹，与其让它重见天日，不如让它沉睡在历史中，或许这才是它最好的归宿。

当然，一定要搞清楚也是有希望的，只不过限于目前的技术水平，所需的成本代价太大而已。虎丘，本是阖闾的墓地。盛行汉代的金缕玉衣文化就源于吴国。当我们再次面对虎丘山中"阖闾墓地"，在"铜椁三重"的里面，阖闾尸骨上面，可能也会有一件"玉衣"及诸多宝贝在等待着重见天日。

三、夫差创造世界之最，宁死不屈拔剑自刎

夫差（？—前473），姬姓，吴氏，姑苏（今江苏省苏州市）人，吴王阖闾之子，吴国第 25 任君主（前 495—前 473 年在位）。即位后先在夫椒（今江苏吴县西南太湖中）打败越兵，乘胜攻破越都，迫使越王勾践屈服。又开凿邗沟，以图北进，在艾陵（今山东莱芜东北）大败齐兵。公元前 482 年，在黄池（今河南封丘西南）会盟诸侯，与晋争霸，师出国空，越军乘虚攻入吴都，夫差兵败自刎，吴亡，时年约 55 岁。

核心江南
——世界罕见的苏州西部丘陵山区历史文化

历史有时是挺沉重的。每当我们读到类似的段落时，总会扼腕叹息，有时还不免流下同情的眼泪，在书的角落里留下慷慨激昂之词。对于夫差一生所作所为的看法，褒贬不一，而清华简（战国竹简）中的《越公其事》则对夫差没杀勾践的原因作出了比较客观的说明，颠覆了许多人的观点。总体来看，笔者赞同有关史者的意见，子贡曰："吴王为人猛暴，群臣不堪；国家敝以数战，士卒弗忍。"唐朝史学家司马贞说："夫差轻越，取败姑苏。甬东之耻，空惭伍胥。"这是比较中肯的。

（一）倾其家底进军中原，登顶盟主称霸而亡

经寿梦、阖闾二王励精图治、奋发图强后的吴国家底比较厚实，建立了庞大的"舟师"，公元前549年就出现了中国最早的水战，日渐强盛后，创造了许多中国乃至世界的奇迹，留下了不可磨灭的光辉业绩。

1. 系列编制，造船技术世界领先

中国与地中海周边国家都是古代战船的发源地。中国"盖古之兵书，言水战者，自子胥始，故其书有'戈船''下濑船'。《太白阴经·水战具篇》云：'水战之具，始于伍员，以舟为车，以楫为马'"[①]。当时，吴国的主要战船长达十多丈，"《伍子胥水战法》：大翼一艘，广丈六尺，长十二丈，容战士二十六人，棹五十人，舳舻三人，操长钩戈矛四吏仆射长各一人，九十一人当用长钩矛长斧各四，弩各三十二，矢三千三百，甲兜鍪各三十二"[②]。且战船多种多样，有大翼、小翼、突冒、楼船、桥船等。当时一丈合今2.3米，可知其中的大翼长度已达27.6米。大翼是吴国内河水战中的利器之首，船型瘦长，桨手多，速度快；突冒是一种船首装有冲角的攻击战船；楼船体型高大，是水战中的主力船（舰）；桥船是水战中的小型战船，灵活轻快，水战中常用来打头阵。此外，还有君王乘坐的装饰华丽的楼船，是水战中的旗船（舰）。在出战时，吴国水师还配有迷惑敌人的"疑船"。据《国语·吴语》载，至春秋晚期，吴国出现了中、

---

① 袁康、吴平：《越绝书全译》，俞纪东译注，贵州人民出版社，1996年，第297页。
② 袁康、吴平：《越绝书全译》，俞纪东译注，贵州人民出版社，1996年，第299页。

上、下、左、右"五军",总兵力约达10万人。有的学者经深入研究后甚至说,吴国储备的总兵力达20万人。

其造船与驾船技术世界领先:一是船的形状。欧洲最早的船是模仿鱼的,船头比较大、船尾比较小,而吴人棋高一着,设计的船是模仿鸭和鹅的,船头昂起比较小、船尾比较胖,这样的船行驶时因船头受水阻力小而比较快。二是驾船技术亦遥遥领先于世界,如三角帆、"纵帆"(利用分力、合力原理,可以"船驶八面风"),特别是舵、橹(用鱼摆动尾巴前进的原理)及后来的水密隔舱等都源于吴人之手,这些皆为中国人最早发明的。世人说,除了摇船的"橹"外,其他"长技"都被后来的地中海一带的欧洲人学去了。

2. 兵种齐全,水陆合成

据《左传》载,吴国在鲁成公七年(前584年)前尚无较强的陆军,水军是其传统的兵种,其"舟师"由作战部队和运输部队两部分组成。到春秋中叶,晋国采用巫臣通吴的建议,使其子狐庸在吴任行人之官,"教吴乘车,教之战陈,教之叛楚"。"吴于是始通于中国",由此建立了一支较强大的陆军,但吴国的陆军往往主要依靠"舟师"运送保障后勤供给。从这一意义上说,吴国的"舟师"实际上是吴国军队组织的命脉。清代学者顾栋高说,吴地利于水行,不利于陆行。诸侯平丘大会,晋征召吴参加,吴人以水道不通而谢绝。正因为水军是吴国军队的命脉,所以伍子胥著有《水战兵法》。《孙子兵法》中也提出水战五原则,即"绝水必远水,客绝水而来,勿迎于水内,令半济而击之,利;欲战者,无附于水而迎客;视生处高,无迎水流,此处水上之军也"。《春秋大事表》卷八中对吴水军的评价是"率用舟师蹈不测之险,攻人不备,入人要害,前此三代未尝有也"。

3. 武器精良,训练有素

古吴地区资源丰富。在现代地理概念中,按照秦岭与淮河为界划分,南边以丘陵和红土为主,地下储存成百上千种有色金属,盛产铜、锡。而北方战争频繁,又用大量铜、锡铸造铭鼎,很快资源匮乏,于是出现了

"南金北运"的"金道锡行"(郭沫若)。吴军利用地产资源与特有的冶金铸造技术,拥有戈、矛、戟、剑、钩及弓、弩、箭镞等各式武器。《吴越春秋》载,吴王令"能为善钩者,赏之百金"。尤其是剑,名闻天下,留下了干将、莫邪铸剑的传奇故事。

吴国以水军为主,兵器多为步战用的短兵械,佩剑持矛是吴国兵器的基本配置。剑者,"直兵推之""剑承其心"。《战国策·赵策》云,"夫吴干之剑,肉试则断牛马,金试则截盘匜",确非虚言。由苏州市政府出巨资征集来的我国台湾"古越阁"旧藏青铜兵器——吴王夫差剑,于2015年初,在苏州博物馆一经公开展示,见者无不称奇。这柄被称为"吴老大"的吴王夫差剑,是目前已知存世的9柄吴王夫差剑中保存最完好的国宝。苏州博物馆馆长助理、文物征集委员会主任程义介绍,这柄吴王夫差剑通长58.3厘米,身宽5厘米,格宽5.5厘米,茎长9.4厘米。"每一次触碰,我们都小心翼翼,它真的太过锋利,一不小心手指就会被划破""此前的藏家曾经做过实验,他们把一张A4纸放在桌上,没有任何人去按住白纸的情况下,剑刃只在纸上轻轻划过,纸便立刻被割成了两半。"(见图3-17)剑格作倒凹字形,装饰有兽面纹,镶嵌绿松石,一面已佚。剑身近格处铸有铭文两行十字:"攻敔(吴)王夫差自乍(作)其元用。"

图3-17 吴王夫差剑历2 500多年寒光不朽

在剑之家族中年纪最长的"祖辈"则是青铜剑。从商朝时短如匕首的剑开始成长,到东周时期,吴越之地的铸剑大师造就的青铜剑已达刚柔相济的完美境界,其冶炼技术领先西欧近千年,精湛技艺至今仍令世人叹为观止。

吴军训练严格。"选练士,习战斗。"(《吕氏春秋·首时》)《论衡·率性篇》载,阖闾为了训练三军之士视死如归,"尝试其士于五湖之侧,皆刃加于肩，血流至地"。孙武训练宫女时，对三令五申不听号令的吴王妃同样斩首（《史记·孙子吴起列传》）。

4. 凿水上"高速公路"，开创世界史上首次大海战

在上述基础上，周敬王二十六年（前494年），夫差攻越大胜，俘虏了越王勾践。越王勾践成了吴王夫差的奴隶，夫差许越为吴的属国。夫差胜越后，认为已无后顾之忧，一心要北上伐齐，进军中原，与晋国争霸。当时长江、淮河之间没有相通的水道，要北进伐齐，舟师只有由长江绕海进入淮河，这样不仅航程长，而且海上风大浪涌，给进军带来困难。为了缩短进军路线，解决运输屯兵进军困难，开凿一条沟通江、淮的河道迫在眉睫。

（1）一"沟"贯通"五湖"，开凿水上"高速公路"

在华夏大地上，有一项可以同万里长城相媲美的古代伟大工程，那就是京杭大运河。它贯穿了包括黄河、长江、淮河在内的五大水系，其价值无可替代，至今仍发挥着巨大作用。然而历史上是谁在哪里挖下大运河的第一锹土呢？

《左传·哀公九年》载："秋，吴城邗，沟通江淮。"《左传》中的"哀公九年"也就是公元前486年，这一年，吴王夫差命人打通从长江到淮河的人工水路，全长150多千米。位于今扬州的一块"古邗沟"碑还在不时地提醒后人这条人工水路的悠久历史。当年吴国的舟师战船沿着这条人工开凿的河道，从长江到淮河，从淮河再到黄河，向北、向西、向东皆可，造就了中国历史上南北水系的第一次大贯通，其水如白银，大运河成了"大运"河。

夫差根据以往吴国开凿沟通太湖和长江的堰渎（从太湖西接长江）、太湖通向东海的胥浦的经验，决定利用江淮之间的湖泊，因地制宜，局部开挖，把几个湖泊连接起来，形成一条贯通江淮的水道。

据《汉书·艺文志》以及郦道元的《水经注》记载，当时的邗沟路线大致是：南引长江水，再从如今观音山旁的邗城西南角，绕至铁佛寺稍南的城东南角，经螺丝湾、黄金坝北上，穿过今高邮南30里的武广湖与渌洋湖之间，进入距今高邮西北50里的樊良湖；再向东北入今宝

核 心 江 南
——世界罕见的苏州西部丘陵山区历史文化

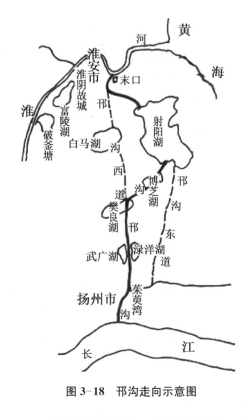

图 3-18 邗沟走向示意图

应东南 60 里的博芝湖、宝应东北 60 里的射阳湖；出湖西北至山阳（今淮安市淮安区）以北的末口，汇入淮水（见图 3-18）。

夫差以一"沟"贯通五湖，既省工省力又省时，这是吴国利用自然资源的高超智慧。在北宋诗人秦少游的《邗沟》诗中有生动的描述："霜落邗沟积水清，寒星无数傍船明。菰蒲深处疑无地，忽有人家笑语声。"很难想象这样一条不深不浅的邗沟，竟是中国南北大运河的主要源头！它低吟浅唱着，转身为 1 794 千米，定格出千秋万代的雄姿。

江淮全线贯通，犹如架设了一条水上高速公路，吴军舟师运粮运兵即可快速通过。吴王夫差很快起兵伐齐，操吴戈兮被犀甲，逐鹿中原，问鼎天下。

（2）海陆协同跨江过海联合作战，开创世界史上首次大海战

夫差在西破楚国、南降越国后，经过数年精心准备，于公元前 485 年春，联合鲁、邾、郯等国，正式出兵北伐齐国。夫差将吴军兵分两路，海陆协同联合作战，自己亲率主力搭乘内河战船由邗沟入淮河进泗水北上，直逼齐国南部边境。同时，为确保侧翼安全并夹击齐国，分散齐国兵力，夫差派大夫"徐承帅舟师，将自海入齐"[①]，从海上包抄齐国后方，实行远航奔袭进攻山东半岛——齐国。

吴国水师数百艘战船旌旗招展，迎风破浪，浩浩荡荡地沿海边向陌生

---

① 杜预：《春秋左传集解》，上海人民出版社，1977 年，第 1766 页。

第三章
吴国王陵见证历史　考古发现文化富矿

的北方齐国大纵深黄海海域驶去。

吴军舟师出海以及陆军主力北上的消息传开后，齐国朝野震惊。原本内斗不已的各方暂时放下争端，共同对敌。齐国本来就是临海大国，已有一定的航海经验，拥有一支当时诸侯国中较强大的海上舟师。于是，将舟师倾巢集结于黄海琅琊台附近，迎战吴军水师。由此中国历史上第一次真正大海战——吴齐黄海海战打响。

当时双方使用的武器装备，首先是战船。到春秋晚期，随着冶炼技术的进步，军用船舶的质量和性能有了很大提升。那时滨海的齐国已组建了舟师，而长江流域的楚国、吴国和越国则组建了内江（河）水师。齐国乃武王灭商后，封师尚父（即姜太公吕望）于此，又由于是滨海国家，积累了一定的航海和造船经验，且以较大海船为主。而吴国尽管其水师数量众多，气势逼人，却主要是以内江（河）船只为主。

齐国根据吴国水师远道而来、长途奔袭的弱点，充分发挥自己对当地海况和岛屿熟悉的优势，决定以逸待劳，集中兵力在家门口琅琊台附近海域伏击吴军水师。而吴军水师对黄海海况、气候和岛礁分布知之甚少。问题是在此之前的历次水战中，吴军水师所向披靡，几乎没有遭到过重创，这造成吴国水师轻敌。吴国主将徐承自信满满地端坐在他那高大的楼船"艅艎"号上，看着周围他那强大的水师，仿佛胜利已经到手。

此时琅琊台海域风高浪涌，早已在琅琊台守候多时的齐国舟师抓住时机，从上风方向向吴军水师发起猛烈攻击！众多战船以纵队阵列劈波斩浪，全速冲向吴军水师。一时间，黄海海面鼓声如雷，震天动地，极其壮观。

当齐军舟师冲击到距吴军约200米内时，齐军水兵开始用强弩附以弓箭以齐射的方式向吴军战船发射火箭。密集的火箭似雨，遮天蔽日地飞向吴军战船，整个水师被笼罩在一片炼狱般恐怖的"火雨"之中。众多吴军战船燃起熊熊烈焰，成为一座座漂浮在海上的"火山"，浓烟滚滚，形成一片火海！许多吴军水兵惨叫着跳入海中，面对齐军的密集火箭，一向训练有素、骁勇善战的吴军在经历了初期的短暂混乱后，也开始猛烈还击。

吴军长途奔袭，将士身心疲惫，这与养精蓄锐、以逸待劳的齐军形成了巨大反差。同时，齐军多为海船，按事先布防，包围了吴军水师中最醒目高大的"艅艎"号，担任护卫的舟船虽拼死抵抗，但终因寡不敌众被击溃。"齐人败之，吴师乃还。"①（见图 3-19）

图 3-19　中国历史上首次大海战——春秋晚期吴齐海战示意图

吴水师在黄海败退的消息传到吴军陆上战场前线后，吴王夫差震惊。本来，在吴国与其他诸侯国联军的猛攻下，齐国陆地南部边境已经岌岌可危。为退吴军，当时掌握齐国实权的贵族首领大夫田乞甚至以杀掉国君齐悼公向夫差谢罪的方式乞和。但被骄横的夫差拒绝，因为他本以为可以陆海两路夹击拿下齐国。但水师的失利打破了他的梦想。齐国在海战胜利后态度趋向强硬，坚决抵抗。而吴军侧翼和后方随时可能遭到对方来自海上援军的打击。在这种窘境下，已成强弩之末的吴军被迫全线撤退，吴国对齐国的第一次远征无果而终。

但这次黄海海战是中国历史上有确切文献记载的第一次大规模海战，也是东亚和西太平洋地区第一次大规模海战。在中国乃至世界海战史上都具有重要的历史意义。这次海战比《西洋世界军事史》上所正式

---

①　杜预：《春秋左传集解》，上海人民出版社，1977 年，第 1766 页。

记载的"萨拉米斯海战"(公元前480年,欧洲的波斯帝国与古希腊城邦之海战)还早5年。那时的海军,欧洲称之为"舰队",中国称之为"舟师"。中国的船舶用于作战的最早记录见于《左传》,公元前549年"楚子为舟师以伐吴",但那次水战发生在长江上。吴、齐黄海海战标志着中国水上作战已从早期的内江(河)水军发展为古代初具规模的"海军"。

5. 黄池会盟成盟主,登顶称霸而亡

吴国征服越国后,成为东南无与匹敌的强国。《史记》载,公元前482年夏,鲁国国主鲁哀公、晋国国主晋定公在黄池(今河南封丘县西南)约会夫差,举行会盟大典。夫差异常兴奋,因鲁国与晋国都是老牌的诸侯国,在诸侯国中颇有影响,如今对方邀请自己会盟,可见吴国在诸侯心目中的地位是不言而喻的。须知他的父辈阖闾在位时,并未参加过什么大规模的会盟,而是重用孙武、伍子胥等人,通过多次出征打出了声威,并将楚国逼到山穷水尽的地步,让其他诸侯国望而生畏。故在《荀子·王霸》中,齐桓公、晋文公、楚庄王、吴王阖闾和越王勾践被称为五"霸"。也许夫差称"霸"心切吧?于是他调集全国可用之精兵,甲胄鲜明地率军沿水路北上,留太子友、王子地守国,浩浩荡荡到达了黄池。

夫差在那里主持了由吴国、晋国、鲁国和周王室的成员以及周边诸侯国参加的"黄池会盟"。《史记·吴太伯世家》载:"吴王北会诸侯于黄池,欲霸中国以全周室。"[①] 此时,夫差与鲁哀公、晋定公,并排站在封禅台上,检阅三军,吴军精锐尽出,声势壮大,夫差所到之处,三军将士必齐声鼓噪。鲁、晋二公深畏服之。

夫差志得意满,又与二公围猎,颇多斩获。二公赞曰:"真上马可治军,下马可治国之君也。"夫差听到了这一生中对自己最高的评价,回望从登上王位(前495年)至今日黄池会盟,历时14年,挖邗沟,

---

① 司马迁:《史记·吴太伯世家第一》,梁绍辉标点,甘肃民族出版社,1997年,第431页。

进军中原超过7次，不由自主地长叹一声：终于梦想成真！黄池会盟展示了吴国由无名之辈变为盟主的实力与"强吴时代"的辉煌历史。

地处江南的吴国，用自己的血性豪迈、刚烈勇武、孜孜以求，完成了一个国家从弱小卑微到强盛称霸的过程。然而，夫差的极武穷兵导致后方空虚，而使吴国遭遇了倾覆亡国的惨痛下场。

历史事实告诉我们：称霸者必亡！夫差如此，后来的勾践、"西楚霸王"项羽等亦如此。穷兵黩武是霸道做法，只能搬起石头砸自己的脚。《司马法》言："国虽大，好战必亡；天下虽安，忘战必危。"

在研究这一段历史时，我们仿佛在跟这些历史人物进行心灵的对话、碰撞与交流。在历史变迁面前，我们一方面对他们那种对民族的感情、激情，那种豪气万丈、热血担当的精神感到敬佩；另一方面，对夫差因落后时代的单向思维而招致惨败的结局我们又感觉痛心。

夫差犹如一棵大树，挺立了二十多年，轰然倒下，落地有声，掀起三尺土，带起一股风。这棵树，也许会被用来做矛柄，也许会被用来做舟船上的桅杆，也许会被用来做兵营里的旗杆……不论是哪一种用途，就算被做成火把，焰火也会向上窜。苏州常熟虞山顶上，一幢庄严高大的阁楼坐落在悬崖边。蓝天白云下，这幢楼阁显得格外醒目。此乃剑阁，传说是夫差持剑分崖之处。有诗为证："夫差极英勇，试剑虞山巅。挥刃苍崖兮，石髓流如水。"夫差的形象带给人"硬"的品质、"刚"的品相、"烈"的品格，激荡着吴人的阳刚之气。

"国可亡，而史不可灭。"（陈寅恪）它给我们的启示多多：春秋时期的战争是道义之战、霸权之争。夫差把自然野性的个人英雄主义发挥到极点，他集中全国之力在一片充满动荡危险的环境中"秀肌肉"，有得陇望蜀之奢望；他有一种魅力——与奇迹做伴，就是死也要干净利索。勾践本想着将夫差流放到舟山，让他在那里终老。可是夫差没有像勾践那样摇尾乞怜，他悔不当初，自知做不到勾践那般隐忍，便拔剑自刎。

对于吴的亡国，西汉思想家、政治家陆贾认为："昔者吴王夫差、智伯极武而亡。"而曹操也对吴王夫差的连年兴师动众、不知道休养生息提出了批评，在曹操看来："恃武者灭，恃文者亡，夫差、偃王是也。圣贤之于兵也，戢而时动，不得已而用之。"尽管吴王夫差拥有南压越国、北击齐国的战绩，却无法避开亡国这一苦果——自取灭亡。

究其因有二：一是时代发生了变化。众所周知，吴王夫差的史迹发生于春秋末期，已经谈不上真正的春秋争霸战了，更像是战国到来之前的揭幕战。公元前475年已经进入了战国时期，按郭沫若的观点，春秋向战国的发展正是奴隶制变成封建制的过程，旧有的生产关系已经开始向新的生产关系转变。由于铁器农具的使用和农业生产技术的进步，井田制被废除，公田已经不复存在，新的生产关系已拥有了旧生产关系数倍的生产力。在时代已经发生转变之际，夫差还固守老一套，为霸主而霸主，想通过强大的威慑影响力让各地的诸侯们屈服于自己，显然是打错了算盘——落伍了。二是历史证明，凡是想称霸的人都没有好下场。如历史上的俄国沙皇、墨索里尼、希特勒等等，直至当今，美国称霸世界已经成为当代战争的根源，也绝不会有好下场。公元前473年，吴王夫差一心想称霸，精锐尽出死于齐、晋，连年的战争耗尽了国内财物，"士兵罢弊"，而勾践养精蓄锐，经多年备战后乘机大破吴军。夫差临死前蒙面自杀，自称无颜面对伍子胥，后悔莫及也。

用史学的眼光看，一个国家的兴亡，自有它历史的必然性，有它深刻的政治、经济、军事、外交原因，但根本是民心的向背，这不是一两个人能左右得了的。千古多少兴亡事，逝者如斯夫。

（二）勾践将夫差葬于阳山，一隰土以葬之

两千多年来，关于吴王夫差的墓，一直像个谜。一方面，作为吴国的一国之君，他死后既没有立碑也没有传闻，似乎显得不太合理；而另一方面，作为一个自食其果的亡国之君，这些倒也并不奇怪。根据《吴越春秋》载："越王乃葬吴王以礼于秦余杭山卑犹。越王使军士集于我戎之功

人一隔土以葬之。宰嚭亦葬卑犹之旁。"① 《越绝书》也提道："秦余杭山者，越王栖吴夫差山也，去县五十里。山有湖水，近太湖。夫差冢，在犹亭西卑犹位。越王候干戈人一累土以葬之。近太湖，去县十七里。"宋代范成大所著《吴郡志》上记载："吴王夫差墓，在阳山。"有关方志上亦说得比较清楚。唐陆广微的《吴地记》中提到秦余杭山东还有夫差的十八个义子之坟。明岳岱所著《阳山志》中载："越兵至，擒夫差于干隧，干隧者出万安山西南一里也。于是，越王数夫差大过者六，谓范蠡杀之者三，越王与之剑，夫差旬日自杀。越人累土葬之卑犹，曰蒸丘，曰秦余杭，皆阳山别名。或曰亦名'卑犹万安'。"清《浒墅关志》也有记载："吴王夫差墓在徐侯山。""卑犹即徐侯山。"

我们从上述众多的史籍记载中可以看出，勾践将夫差"一隔土以葬之"，可见夫差的墓地是既低湿又极简陋的。可以说，夫差墓在阳山附近几乎已是定论。但其具体方位仍有待考证。民国李根源在1926年5月曾造访阳山，专门寻访夫差墓，怎么也没有找到。他在书中有记述："登徐侯山顶，寻夫差墓，无所得。向西之小阜，其夫差墓与？时历二千余载，既无前人碑识，又无乡里传闻，仅据方志纪（记）载，未易遽下断词，仍存疑。"事实也的确如此，既无前人立碑，也无百姓传闻，历经两千余年，想要精确断定墓的具体位置确实有点儿困难。况且夫差还是亡国之君，又岂能按国君之尊厚葬呢？如果我们就古人的记载来进行综合分析的话，首先要注意的是史料和方志中都提到关于墓在阳山的说法。诸如"秦余杭山卑犹""犹亭西卑犹位""干隧""蒸丘""万安""徐侯山"等等。其次，就是距离太湖很近。

秦余杭山就是阳山，这一点无须考证。"干隧"在"万安山"的西南一里处，而万安山又是阳山的别称。也就是说，夫差自杀的位置在阳山西南一里的干隧；"隧"犹"沟"也。"蒸丘"也是阳山的别称。唯"犹亭"指何处？已无法考证，有一种说法认为指的是卑犹亭。"卑犹"一名有两

---

① 赵晔：《吴越春秋全译》，张觉译注，贵州人民出版社，1993年，第232页。

第三章
吴国王陵见证历史　考古发现文化富矿

种解释：一是依照岳岱的说法，指阳山；二是按照清代《浒墅关志》的记载，"卑犹"与"徐侯山"是同一座山。这样，墓在阳山的位置就有了两种说法。

一在卑犹，也就是说在阳山。如果卑犹就是阳山，那么墓在阳山何处呢？综合史料来看，最合理的位置应该就在干隧附近。因为夫差自杀于此，越军士兵每人挖一块湿土就把他埋了。

二在徐侯山。那么徐侯山又在阳山的哪里呢？按照《读史方舆》上说：阳山西北十里曰徐侯山。一名卑犹，一名徐枕山。从阳山的地理位置来看，在其西北十里位置的方向有严山、平王山，这两座小山也都临近太湖，应该和志书上所说的"近太湖七里"相吻合。那么，夫差墓会不会就在这里呢？

严山在1986年曾出土过大量的玉器，当时文物工作者经过分析认为，这批玉器和吴国覆灭有关，出土的玉器被认为是吴王逃遁时匆忙埋下的玉器，所以严山不太可能是夫差的埋葬之处。再说勾践，他也不会用这么多玉器来给夫差一个亡国之君做随葬。倒是"平王山"这个名称，给人带来很多想象。"平王"会不会就是平定吴王的意思，这一说法也缺乏有力证据。同样，也无法证明平王山就是埋葬吴王夫差的卑犹、徐侯山。

根据夫差埋葬所在地的苏州吴中区浒墅关镇志记载，公元前473年秋，吴王夫差兵败自刎于阳山山南一里，越王勾践葬夫差于此。半山寺是吴王夫差忠臣公孙圣"天葬"之地。当地有民谚曰："夫差的梦，半山寺的钟（忠）；夫差的恨（狠），公孙圣的命。"由此看来，夫差墓就在这一带。

遥远的勾吴王国从商代晚期立国至春秋末年为越所灭有近700年的历史，它与我们血脉相连，形影相随，"任由百花争艳，依然宠辱不惊"。进攻和防御是战争活动的两种基本形式，是敌我双方达到保存自己、消灭敌人的基本手段，贯穿战争的始终。须知：进攻是为了摧毁对方的进攻力量，防御是为了抵御和抗击对方的进攻，二者相互依存，不可分割，攻中有防，防中有攻，攻防必须并举；世界上既没有单纯的进攻，也没有单纯的防御。如果把它放到一个更宽的维度去看当今，能战方能止战，敢战才能言和，一个没有英雄的民族是个悲哀的民族。唯有自身强大，并针对现代战争的特点，团结一切可以团结的力量，结成最广泛的统一战线，才能以戈止武，取得永久的和平，这就是我们新时代的和平与战争观。

第四章
集聚内外人财资源　首创山顶皇家园林

苏州是"百园之城"、园林之都，其造园历史之悠久、艺术之精湛、数量之众多、影响之深远，在全国首屈一指，在世界上也十分罕见。它起始于春秋时期的夏驾湖、姑苏台、馆娃宫等吴王宫苑，形成于魏晋时期的私家园林，成熟于宋代，兴旺于明代，鼎盛于清代。到新中国成立时，在长达2580多年的历史中，苏州先后创建了各具特色的500余座园林，如两晋南北朝时期的辟疆园、戴颙园，唐末的南园，宋元时期的沧浪亭、狮子林、网师园、隐圃、乐圃、石湖别墅、静春别墅等，明朝时期的拙政园、留园、真适园、安隐园、谐赏园、弇山园等，至清朝苏州已经有"城中半园亭"之誉了。苏州现有大大小小园林120多座。这些"无声的诗，立体的画"，既是"天人合一"又是文脉传承。在园林中游赏，犹如在品诗，又如在赏画。徜徉其中，可得到心灵的陶冶和美的享受。在这众多园林之中，又以首创的山顶皇家园林——姑苏（胥）台、馆娃宫最为壮观。

一、建高大通天姑苏台　志在四方顶天立地

姑苏台在苏州古城西约15千米的木渎镇灵岩山。该镇位于太湖之滨，是江南著名古镇。境内风光秀丽，物产丰饶，又恰在天平山、灵岩山、狮山、七子山等吴中名山环抱之中，故有"宝盆"之称。清代乾隆皇帝南巡

六下江南，六次来到木渎。这里有乾隆亲题的御码头。在这里，乾隆与他的老师沈德潜吟诗唱和，与他的好友徐士元茶棋相娱，留下了一个个脍炙人口的传说。

春秋晚期，吴王阖闾与夫差相继在灵岩山顶筑姑苏台建馆娃宫。"三年聚材，五年乃成"，木材源源而至，竟堵塞了山下的河流港渎——"积木塞渎"，木渎由此得名。作为沟通苏州古城和浩渺太湖的交通枢纽，木渎是名副其实的太湖门户、最繁华的商埠之一。

（一）高大的姑苏台、华丽的馆娃宫，冠绝江南闻名天下

唐代大诗人李白的《乌栖曲》曰："姑苏台上乌栖时，吴王宫里醉西施。吴歌楚舞欢未毕，青山欲衔半边日。银箭金壶漏水多，起看秋月坠江波。东方渐高奈乐何！"杜甫也有"东下姑苏台，已具浮海航"的诗句。明代才子唐寅咏："高台筑近姑苏城，千年不改姑苏名。画栋雕楹结罗绮，面面青山如翠屏。吴姬窈窕称绝色，谁知一笑倾人国。可怜遗址俱荒凉，空林落日寒烟织。"清初文学家宋荦还写了一篇《游姑苏台记》的散文。不过，星移斗转，时过境迁，"山中无人能言之者"。这"姑苏台"究竟在哪里？

（1）姑苏台建造的时间地点

典籍中记载了寿梦的嫡孙、第二十四任吴王阖闾上台后，于公元前514年令伍子胥造筑阖闾大城（即今苏州古城）。其后，吴国起兵伐楚。凯旋归后，《吴越春秋》中有一段关于吴王阖闾休闲生活的描述："阖闾出入游卧，秋冬治于城中，春夏治于城外姑苏之台。旦食鲲山，昼游苏台，射于鸥陂，驰于游台，兴乐石城，走犬长洲，斯止阖闾之霸时。"[①] 一段不长的文字，为我们留下了"姑苏台""石城""长洲"这几处吴国皇家苑囿的文字记载，其中"石城当在今苏州市西南15公里处之灵岩山"[②]。《吴郡志》卷八："《吴地记》云：'石城，吴王离宫，越王献西施于此

---

① 赵晔：《吴越春秋全译》，张觉译注，贵州人民出版社，1993年，第158页。
② 赵晔：《吴越春秋全译》，张觉译注，贵州人民出版社，1993年，第159页注。

城。'"又卷十五:"灵岩山,即古石鼓山,又名砚石山。董监《吴地记》:'案《郡国志》曰:吴王离宫在石鼓山,越王献西施于此山……'《越绝书》云:'吴人于砚石山作馆娃宫。'刘逵注《吴都赋》引扬雄《方言》云:'吴有馆娃宫,吴人呼美女为娃。……'"① 可见,姑苏台由阖闾始创。

据《史记·吴太伯世家》集解引《越绝书》云:"阖庐起姑苏台……"陆广微《吴地记》更明确地指出吴王阖闾创建姑苏台的确切年代:"阖闾十一年(前504年),起台于姑苏山……"② 该书又云,"阖闾十年(前505年)筑"③。故不论是"十年",还是"十一年",有一点是可以肯定的,即阖闾是在伐楚归来、霸业取得巨大成就之后创建姑苏台的。据《吴越春秋·阖闾内传》载:阖闾自立夫差为太子后,使太子屯兵守楚,而自己一反往常"食不二味,居不重席。室不崇坛,器不彤镂,宫室不观,舟车不饰"的俭朴生活,开始醉心于宫观台榭的兴建,沉湎于吴地的青山绿水之中。他"自治宫室。立射台于安里,华池在平昌,南城宫在长乐",姑苏台就是在这样的历史背景下创建的。

唐张守节《史记正义》云:姑苏台"在吴县西南三十里,横山西北麓姑苏山上"。陆广微在《吴地记》中明确指出:阖闾"起台于姑苏山,因山为名,西南去国三十五里"。北宋朱长文《吴郡图经续记》说:"姑苏山在吴县西三十五里,连横山之北,或曰姑胥,或曰姑余,其实一也。传言阖闾作姑苏台……"南宋范成大《吴郡志》也说:"姑苏台,在姑苏山。旧图经云:'在吴县西三十里。'续图经云:'三十五里,一名姑苏,一名姑余。'"上述众多记载,虽然对姑苏山和吴郡之间的距离,说法略有不同,但对姑苏台台址及其名称由来的记载是比较一致的:台筑在横山西北麓姑苏山上,因山为名。

横山位于吴都西南约十五里。横山一山多名。《隋书·十道志》云:

---

① 赵晔:《吴越春秋全译》,张觉译注,贵州人民出版社,1993年,第91—92页。
② 陆广微:《吴地记》,曹林娣校注,江苏古籍出版社,1999年,第168页。
③ 陆广微:《吴地记》,曹林娣校注,江苏古籍出版社,1999年,第38页。

山四面皆横，故名横山。清同治《苏州府志》说：山背临太湖，若箕踞之势，故又名踞湖山。山中有芳桂、飞泉、修竹、丹霞和白云五大坞，故又称五坞山。因山顶上有七墩，故俗称七子山。横山是吴中群山中山体最大的一座山，它由数支山脉组成，绵延于木渎、横泾、越溪和横塘4个乡镇。据现代实测，长约6 500米，最宽处约4 500米，面积约25平方千米。主峰海拔294.8米。横山西南山麓有尧峰山，海拔224米；西北山麓有凤凰山，海拔256米；东北麓有楞伽山，又名上方山，海拔92.6米，东临石湖；东南麓有吴山头。姑苏山是横山西北麓近木渎处的一座小山——灵岩山（海拔182米），又名紫石山（山石呈深紫色，似灵芝）、姑胥山、姑余山，今人也称之为胥台山。《吴郡志》云："古台在其上。"

(2) 建造的规模与设施

《史记·吴太伯世家》集解引《越绝书》说："阖闾起姑苏台，三年聚材，五年乃成。"其"台"宏伟而壮观，"高见三百里"。《吴郡志》引《吴地记》佚文说："高三百丈，望见三百里。"唐代陆广微在《吴地记》作了较详细的记载："姑苏台在吴县西南三十五里，阖闾造，经营九年始成。其台高三百丈，望见三百里外，作九曲路以登之。"[1] 元代徐天祐注《吴越春秋》引《吴地记》"丈"下有"广八十四丈"五字[2]。

姑苏台高为"三百丈"，先秦时期的丈尺度略小于现代，一丈折合约2.27米，三百丈当为681米，要超过横山主峰；"望见三百里"，那时吴都东距东海只不过100余里，西距太湖也仅20余里（注：那时太湖没有现在这样大），这样，整个东海和太湖便尽收眼底了。上述数据显然有夸张之意（注："三"有为高、为众之寓意）。但台的广度为八十四丈，即约为190.68米；台上建有宫室，以便于阖闾春夏治于姑苏台。因此，这样的宽度可能是事实。故不论其高度和能见度有多少，总之，姑苏台是当时江南最高大、最宏伟的台榭建筑，这是可以肯定的。

---

[1] 陆广微：《吴地记》，曹林娣校注，江苏古籍出版社，1999年，第99页。
[2] 陆广微：《吴地记》，曹林娣校注，江苏古籍出版社，1999年，第99页。

第四章

集聚内外人财资源　首创山顶皇家园林

吴王夫差继位后，"台始基于阖闾而新作于夫差"[①]。为雪槜李之耻，"习战射"，训练士卒，一举打败了越国后，夫差更是雄心勃勃。一方面，继续北上争霸，一心想当天下盟主；另一方面，大兴土木，《左传·哀公元年》记录楚国令尹子西的话："今闻夫差次有台榭陂池焉，宿有妃嫱嫔御焉。一日之行，所欲必成，玩好必从。珍异是聚，观乐是务，视民如雠，而用之日新。"夫差自越国进献美女西施、郑旦后，在砚石山（今灵岩山）上建有馆娃宫的基础上，又扩建姑苏台。据《吴越春秋》载：越王勾践接受大夫文种提出的谋略，向吴国进献"神木"一双，"使之起宫室，以尽其财"。据传，越王勾践命木工三千入山伐木，一年不归，伐得大批上等木材。其中有一对巨木粗二十围，高四十丈，一棵是有斑纹的梓树，另一棵是梗楠树，木质硬朗而挺拔。勾践令匠人将巨木精工雕刻成盘龙花纹大柱，抹上丹青，又镶嵌白玉，错彩镂金，金光闪闪。勾践还将所有采伐的良材进行加工，然后派文种大夫献于吴王夫差。吴王夫差不顾伍子胥的谏阻，照收不误。这件事发生在勾践十年（前487年），也就是夫差即位后的第9个年头。重建、扩建姑苏台，其工程十分浩大，他在阖闾故台的基础上，向山顶延伸，新建了一批宫室和馆阁，并且作了豪华的装饰。

重建后的姑苏台，高度与阖闾故台一样。据《吴郡志》引《山水记》云："造九曲路，高见三百里。"同书引《洞冥记》说：夫差所筑之姑苏台，"周旋诘屈，横亘五里。崇饰土木，殚耗人力。宫妓千人，台上别立春宵宫，为长夜之饮。造千石酒钟，又作天池。池中造青龙舟，舟中盛致妓乐，日与西施为嬉。又于宫中作海灵馆，馆娃阁，铜沟玉槛。宫之楹榱，皆珠玉饰之"。夫差依据山顶走向，在山顶上盘旋曲折地建造宫室和馆阁，绵亘达五里之长。宫殿的排水管道都用铜浇铸而成，栏杆和门槛皆为玉石雕琢，连柱子和屋椽屋桷上都镶嵌了珠玉（见图4-1）。正如20世纪30年代我国学者卫聚贤所说："对于吴王夫差的穷极奢侈，固有言之过

[①] 陆广微：《吴地记》，曹林娣校注，江苏古籍出版社，1999年，第39页。

图 4-1 姑苏台消夏宫示意图画

实的,但姑苏台为吴国精华所在,可以断言。"①

现今灵岩寺大雄宝殿右边的花园是春秋时期馆娃宫的花园,留有不少古迹:圆形的吴王井(如图 4-2),又称日井,相传是西施照影整理仪容的地方;有八角形的智积井,又称月井,原为吴王宫井,经南朝智积和尚修浚,题为"智积井";圆形的日井和八角形的月井,"圆以象天,八角象地"(《百城烟水》)。井边有"玩花池"和"玩月池"(见图 4-3)。据称西施喜临水照影,吴王为其凿池欣赏月色,游兴高时,还常手遮月影,戏言"水中捞月"。在吴王井后,有梳妆台,传为西施梳妆之所,现台上建长寿亭。在池西,有琴台,传为西施操琴鼓瑟处。这里是灵岩山绝顶,景致佳绝,"下瞰太湖及洞庭西山,滴翠丛碧,如在白银世界中",石上刻有"琴台"二字,并有明代大学士王鏊手书"吴中胜迹"。

图 4-2 馆娃宫中"吴王井"

图 4-3 馆娃宫中"玩月池"

---

① 吴奈夫:《吴国姑苏台考》,《苏州大学学报(哲学社会科学版)》2010 年第 5 期。

砚池，传说是古人采石制砚所留，吴王稍加修饰而成。

方志载：明代淘井时，曾发现玉钗，上刻"敕"字，证明此井确为当年馆娃宫的宫井之一。明代高启有诗云："曾开鉴影照宫娃，工手牵丝带露华。今日空山僧自汲，一瓶寒供佛前花。"（《吴王井》）至今"三池""两井"还在，又有谁能道清楚？西施已去游五湖，只剩郑旦在留守（传说葬在太湖边光福镇黄茅山）。信徒三步一磕头，万千游客常年不止步。潺潺流水伴青山，滔滔江水岁月稠。

梁简文帝《登琴台》诗称："芜阶践昔径，复想鸣琴游。音容万春罢，高名千载留。弱枝生古树，旧石染新流。由来递相叹，逝川终不收。"宋以前，琴台下有大偃松，身卧于地，两头崛起，交荫如盖，不见根之所自出，当地人以为奇。琴台下有响屐廊曲折而东，令西施及宫人步屐绕之，则鏦然有声。

据载，山之上下还有诸多营建，至今人们还能从那些遗迹中，遥想当年吴宫的盛况。如吴王与西施游憩小坐的"西施洞"，吴宫莳花之处的"大园""小园"等，四周还栽上了四季之花、八节之果，横亘五里。山下的"香水溪"，相传是宫女在此梳妆沐浴处，溢脂流香，故又称"脂粉塘"。"采香泾"是为西施泛舟前往香山采集香草而开凿的河渠。据说夫差为取悦西施，用强弓硬射一箭，令从人循箭行方向开掘而成，故又名"箭泾"。"画船坞"有东西两处，也为当年戏水、划龙舟游乐的地方，俗称"划船坞"。历代诗词文人，如李白、刘禹锡、白居易、韦应物、李商隐、苏舜钦、高启、文徵明、沈德潜、尤侗等都曾登临灵岩山，并留下了许多动人的诗篇。

(3) 为何要造那么高的姑苏台

一是军事上的需要。越国虽是后起之秀，但它根植于宁绍平原的越文化源远流长，早在七千年前的河姆渡文化时期，百越先民就创造了灿烂的母系氏族公社的农耕文化。虽然发展缓慢，可至春秋中后期允常和勾践统治越国的时候，越国的发展进入了高峰，尤其是勾践时重用文种、范蠡、计然等，使越地大家辈出，其疆域纵横数百里，在南方地区仅次于楚、吴。

随着越国国力的增强,允常和勾践也产生了逐鹿中原的心思。但越国要北上,就要迈过吴国。当时的吴国要比越国强大得多,越国要争霸中原,势必要和吴国产生冲突。而越国的水军基地就设在钱塘江边,时常利用太湖南边通往钱塘江的深切谷沟长驱直入太湖,妄图打通北上通道;又时常利用"三江"从东南水道,直入吴国东南边境。于是阖闾与夫差高度警惕,一方面是防越国来犯,另一方面还要提防劲敌楚国从西边入侵,所以建造"通天台",时常观察,以防不测。

二是对内确保阖闾大城内的宫城安全。馆娃宫毕竟是离宫,为防内院"起火",吴王阖闾与夫差时时警惕、处处注意,经常派兵观察大本营的安全,察看动向,看有没有闹事"造反"的。后人将瞭望地改造为灵岩寺塔(见图4-4)。

图4-4 现今灵岩山山顶的灵岩寺塔

三是展示吴国顶天立地的博大胸怀。吴王阖闾敢于直捣楚国心脏郢都,打得楚国倾家荡产,最后楚昭王使出了史无前例的绝招——出动象队——"王使执燧象以奔吴师"(《左传·定公四年》),即在大象尾巴上系着熊熊燃烧的火龙突然冲出来,惊退了吴军后,楚昭王乘隙脱逃,奔往随国(今湖北随州)。而吴王夫差,举全国之力,像一把利剑一样迅猛直插中原,用一己之力独立对抗列强,"刺破青天锷未残",神奇地把吴国推到了巅峰——争得盟主。

夫差有一种魅力,与奇迹做伴,就是死也要干净利索——自刎魂飞,超越了传统,超越了身处的那个时代。爱默生在《谈自助》一文中强调个人意愿的神圣。他宣称:"人一定要顶天立地,使周围的一切环境显得无关紧要。每一个真正的人就是一个起因,一个国家,一个时代……"这位美国的"孔夫子"强调独立自主,主张积极进取、自我实现、承担责任的人生态度,恰如一个正在成长中的年轻人,因其缺少重重压制而无所顾忌。吴国国力上升时期正是这一心态。这使我想起几乎同时期欧洲版图上古希腊的两个最大的"城市国家"——崛起的雅典与霸主斯巴达,双方爆发了长达30年的伯罗奔尼撒战争,战争结束后两败俱伤。但古希腊在城邦制度下得到了迅速的恢复与发展,希腊文明的影响也一直延续至今。

吴国当时这种拼命精神,预示着潮起东南,势不可挡。正如中华的"华(華)"是草字头,可以看出华和草木之间的关系,因为有大江大河水的滋润,所以《说文解字》解释"华"的本义是"荣也"。江南不仅是中华的精华,还是草丰水美"花"的代名词。"华"与"花"本一字,它们是一对古今字。"花"字虽是今天的常用字,其实它是个六朝后才有的字,尽管如此,可它却是个"后起之秀"。吴国亦然——江水浩浩,湖水汤汤,"大鹏一日同风起,扶摇直上九万里"。

(二)是夫差的贪财好色还是勾践的阴谋诡计?《越公其事》颠覆了吴王夫差形象

这事还得从吴王夫差为何不杀勾践说起。现有史书上描述了三种人:敢于进谏的忠臣伍子胥,进献谗言的佞臣吴太宰伯嚭,昏庸无能的君主吴王夫差。最终,夫差在奸臣谗言之下,拒绝了伍子胥的忠言,从而放过了勾践。可以说,史书记载勾勒出一个骄横跋扈、刚愎自用、贪财好色的吴王夫差形象。

然而,能够成为春秋晚期霸主的吴王夫差"欲霸中国以全周室"[①],可谓一代"人杰"。面对勾践卑躬屈膝的求和、奸臣三言两语的谗言,就能让他忘了国家大事放过勾践,可能吗?一批战国竹简——清华简《越公其事》解开了真相,以至吴王夫差形象被颠覆。

《越公其事》一反我们以往所知:夫差骄狂自大、心慈手软、贪财好

---

① 司马迁:《史记》,梁绍辉标点,甘肃民族出版社,1997年,第431页。

色……为什么当初不杀死越王勾践，反而放了他一条生路，为自己日后被勾践击败埋下了祸根？《越公其事》的出现，为我们研究吴越历史提供了新的资料。内容是以越王勾践灭吴为主，并且对越王勾践回国之后所进行的一系列反吴的准备做了详细的记载。尽管只有前三章（第1~25简）涉及吴王，却记载了重要内容，有吴王夫差与越国使者、与大臣申胥（伍子胥）之间的对话，还原了一段历史真相。通过这些对话，我们可以看到一个"崭新"的吴王夫差：谦卑恭谨，有君子之风，令人震撼。

一是《越公其事》中没有勾践所谓的"卧薪尝胆"记载。事实证明，勾践使用的是《吴越春秋》中详细记载的阴谋"九术"——"一曰尊天事鬼以求其福；二曰重财币以遗其君，多货赂以喜其臣；三曰贵籴粟槁以虚其国，利所欲以疲其民；四曰遗美女以惑其心而乱其谋；五曰遗之巧工良材，使之起宫室以尽其财；六曰遗之谀臣，使之易伐；七曰强其谏臣，使之自杀；八曰君王国富而备利器；九曰利甲兵以承其弊。凡此九术，君王闭口无传，守之以神，取天下不难，而况于吴乎？"① 难怪赵晔在《吴越春秋》中用了两章才扒光勾践阴谋诡计的画皮。

二是《越公其事》中展现出谦卑恭谨的吴王夫差高大形象。

公元前494年，勾践听说夫差正在练兵，准备攻打越国，于是不听文种劝告，执意先下手为强。夫差闻报，悉发精兵击越，双方爆发了夫椒之战。结果，越军战败，损失惨重，仅剩5 000余人，退守会稽山（今浙江绍兴南）。吴军乘胜追击，占领会稽城（今浙江绍兴），包围会稽山。在这种情况下，勾践采纳了大夫范蠡、文种建议，派文种以美女、财宝贿赂吴太宰伯嚭，请其劝吴王夫差允许越国臣服吴国，所谓"臣事吴、男女服"。伍子胥闻之，极力反对，认为此时不灭越国，将来肯定后悔莫及。然而夫差一意孤行，只听从太宰伯嚭之言，答应越国的投降，把军队撤回了吴国。《史记》记载，"吴王不听（伍子胥建议），听太宰嚭，卒许越平，与盟而罢兵去"。以上就是传统史书讲述的吴越战争，字里行间的吴王形象非常昏

---

① 赵晔：《吴越春秋全译》，张觉译注，贵州人民出版社，1993年，第346页。

聪,又听信谗言,放过了越王勾践。

然而,清华简的《越公其事》记载,却明显不同,因为夫差不杀勾践,有着不得已之处。夫差兵围会稽山,勾践遣使文种求和,"吴王闻越使之柔以刚也,思道路之修险,乃惧"。随后夫差又与伍子胥商量,认为当年先王"天赐衷于吴",最终守不住而被驱逐回来,如今我军伤亡过半,加之远离吴土,道路修险,后备不济。勾践说,"寡人有带甲伞,有旬之粮";文种提出,如果此时吴国与越国谈和——"孤亓(其)衔(率)雩(越)庶眚(姓),齐剢同心,以臣事吴,男女备(服)。三(四)方者(诸)侯丌(其)或敢不宾于吴邦?"则越王将带领人员,至吴国亲身服侍。如果吴国不同意议和,则越国将抵抗到底——"君乃陴(陈)吴甲□,□□□胥(旆)(旌),王亲鼓之,以观句戋(践)之以此伞=(八千)人者死也。"① 因此,夫差权衡之下,决定答应越国的臣服。

> 吴王曰:"今我道路修险,天命反侧,岂用可知?自得吾始践越地,以至于今,凡吴之善士将中半死矣。今彼新去其邦而笃,毋乃豕斗,吾于胡取八千人以会彼死?"申胥乃惧,许诺。

显然,夫差之所以没有乘胜追击,剿灭勾践,是由于自我评估实力不足,尤其"凡吴之善士将中半死矣",更没有了必胜的把握,而不是传统史书中的贪财好色、刚愎自用、拒绝忠良、任用佞臣等原因。

尤其重要的是,从《越公其事》中伍子胥与夫差的对话来看,两人是君臣协商,没有爆发激烈冲突,反而一团和气,最后"申胥乃惧,许诺"。客观地说,这一段记载的历史所描述的实力估量之后的无奈选择,比起历史上充满小说气息的美人计、离间计等应该更符合历史事实,也更符合雄才大略的吴王夫差形象。

夫差答应勾践臣服之请后,如何面对越国使者文种的呢?《越公其事》

---

① 《越公其事》第4、5简记载。参见熊贤品:《论清华简七〈越公其事〉吴越争霸故事》,《东吴学术》2018年第1期。

中的记载，让人根本就不敢相信！

> 吴王乃出，亲见使者，曰："……孤所得罪，无良边人，称尤怨恶，交斗吴越……孤用愿见越公，余弃恶周好，以徼求上下吉祥……孤用委命竦震，蒙冒兵刃，匍匐就君……孤敢不许诺恣志于越公？"使者返命越王，乃盟，男女服，师乃还。

这一段记载可谓颠覆了吴王夫差嚣张跋扈的传统形象，因为这一段话中，让人简直分不清谁才是战胜者。

面对负隅顽抗的越军，夫差言词极为谦卑，没有一点儿嚣张跋扈，不仅不像战胜者的言辞，反而更像失败者的求和。最终，吴越双方达成盟约，夫差引兵而回。

显而易见，战国竹简《越公其事》，不仅解释了夫差为何不灭越国，也揭开了夫差的真实形象。从正常逻辑来看，《越公其事》更符合历史事实，《国语》等传统史书记载，更像讲述一个神奇的故事，用贬低吴王夫差的方式来突出勾践，这是不公平的，由此也产生了长期以来很多不正确的传说、观念。

夫差为何失败？勾践又为何成功复仇？如上所述，除了勾践励精图治之外，其实还和夫差争夺春秋霸主有关。长期的战争消耗了吴国大量的物力财力，士民疲惫不堪，国内空虚遭到越军精锐的突袭，最终被越国击败。夫差自杀国亡，留下了一个沉痛的历史教训。

不过，夫差之前的"善举"也在某种程度上得到了回报：勾践曾试图阻止夫差自杀，并许诺将赐给他封地和仆从让他终享天年。不过，自觉羞愧难当的吴王夫差还是选择了自刎。

（三）江南盛产美人，西施与郑旦似"美女"的一个符号

江南的水大有来头。巍巍钟山，滔滔大江，"茫茫九派流中国"；浩浩太湖，烟雾缥缈，朦朦胧胧胜天国。带着浪漫风情的江南烟雨，与大地如

此亲密——天地间，根本看不清、分不出哪个是天哪个是地，哪个是雨哪个是雾。天地相连，水天一色，湖山相融，神秘古朴。

1. 湖水汩动，美女如云

江南植被繁茂，积水潜流千里，继而交汇，藏于吴中之腹。这水已不再是原来的水，有着复杂的营养成分。故三江水"清而重，性趋下"，正与血脉相宜，纵横交错，勾刻出江南大地的掌纹，映现了时间，也映照着生命。

人们常说，一方水土养一方人。秀水青山育佳丽，江南自古美女多。柔美温婉的江南女子，落在文人骚客笔下，是"眉梢眼角藏秀气，声音笑貌露温柔"；是"秀色掩今古，荷花羞玉颜"；是雨巷中油纸伞下，似丁香般的姑娘。用今天的网络流行语来说，就是集美貌、气质、性情、品位、才华于一身的"小仙女"。

纵观我国历史上著名美女的出生地，大多分布在秦岭—淮河一线以南的山清水秀之地，而且尤以江浙一带最为集中，"吴娃与越艳，窈窕夸铅红"，如西施、虞姬、苏小小、严蕊、陈圆圆、董小宛、秦弱兰、徐佛、柳如是、李香君、赵彩云、潘霞等著名美女大都是江浙人。江浙优美的环境赋予她们天生丽质，使她们有着杭州西湖那样妩媚的容貌和苏州园林那样玲珑的身材。

江南女性一般身高中等略偏下，小巧清秀，鼻梁的高低、口唇的厚度也比较适中，符合中国传统的审美观。江浙地区因属亚热带季风性湿润气候，水网密布，气候温润，加之濒临海洋，多低山丘陵，气候上阴雨天、雾日较多，日照时数较少，太阳辐射不太强烈，故这里的女子皮肤一般比较白净细嫩。可见，湿度影响皮肤质地，光照和饮食影响身高、骨骼和面容。而北方女性因为光照充足，加上吃粗粮，所以身材匀称、五官长得比较开；江浙一带居民的食物以大米、蔬菜、鱼虾类为主，脂肪含量较少，加之气候、水土等地理原因，这里女子一般身材苗条，面目清秀，眼似秋水，光彩照人。如倾国倾城的苏小小、诗才杰出的李清照、击鼓退金的梁红玉，还有鉴湖女侠秋瑾，更有无数的歌女、绣女、采桑女、采茶女、采莲女……为这湖光山色、吴中大地平添了艳丽的姿彩。但江南的美女是有骨气的，就连柳如是那样的柔弱女子，亦不乏侠肝义胆。

究其原因，实乃元元的勤劳勇敢及丰富的自然资源。

(1) 艰苦奋斗，自强不息。

司马迁在《史记·货殖列传》中指出：江南"地广人稀，饭稻羹鱼，或火耕而水耨"，令中原人望而生畏。对于北方人来说，南方是一个令人恐惧的地方。自古以来，人们就认为"江南卑湿，丈夫早夭"。《淮南子·墬形训》云："南方阳气之所积，暑湿居之，其人修形兑上，大口决眦，窍通于耳，血脉属焉，赤色主心，早壮而夭。"认为南方"天气卑湿，地气蒸溽；人非金石，其何能久"。于是官府常把南方作为高官贬谪之地。西汉时期贾谊被贬谪到长沙当了长沙王太傅，他始终怀着必死的忧虑："贾生既以谪居长沙，长沙卑湿，自以为寿不得长。"（《史记·屈原贾生列传》）为此还作了一首《鵩鸟赋》以示"伤悼"。

可江南人不一样！他们犹如梅花，默默无闻、自强不息，坚强、刚毅，不向困难低头，敢于与凛冽的寒风、冰冷的雨雪抗争。面颊染寒霜，挺立树枝头；待到天地幽香时，她倚后墙东。

世人赏花不过求的是一分自在和风雅，而赏梅花求的是一种精神——铁骨冰心，不怕困难，自力更生，独自开放。古人有句话说得好："宝剑锋从磨砺出，梅花香自苦寒来""不经一番寒彻骨，怎得梅花扑鼻香"，这既是一句句诗词，也是一句句箴言。

面对汤汤洪水，生于斯、长于斯的苏州先人不会轻易离开自己的故土。他们战天斗地，以河流精神制洪水。河流无畏，它不怕山，再高的山也可一点一点凿成河谷；河流不怕石头，因它是个磨沙工，长江里的沙、大海里的沙都是河流用千万年的功夫打磨出来的；河流不信神也不怕神，河流认为自己只是一股勇往直前奔跑的水。

《庄子·天道》有言："素朴而天下莫能与之争美。"的确，沁人心脾的美往往是朴素的。怀有淳厚素朴的赤子之心，方能体悟朴素的可爱、恒久与有力。

(2) 自然资源丰富，出门不用带干粮。

吴中大地以太湖平原为中心，前瞻东海，背负太湖，北坐长江，南临

第四章

集聚内外人财资源　首创山顶皇家园林

钱塘，揽江海湖泊交汇之胜，得内陆广袤之利，自古以来不事修饰。

吴人活得像蚂蚁，朴实而安静，温和而纯真。你看或者不看，她都在那里兀自坚强。它绿肥红瘦，像一泓清澈的水，美得一点儿也不嚣张。吴中人世俗，却不庸俗，即使是复杂的况味，亦鲜有激烈的冲突，往往内蕴着深深的情意。她犹如谷雨前后苏州古城区里中街路上香樟树盛开的樟花，含蓄而内敛，蕴藉而沉静，具有馥郁而奇妙的清甜；她外儒内道，和合平和，不论经济还是文化，千百年来还没有大起大落折腾的现象。

江南莺飞草长，杂花生树。湖水悠悠，上下天光，一碧万顷。临水而居，是人类的福利。远古时，吴地因水多、河多、地广人稀，每一个人可能平均拥有一条河流，或是一条溪水，至少一二十眼泉，若是在山地里，每人还可能拥有一两挂山涧。居住在这山光水色互相辉映的大自然里，他们的心，也就成了被山光水色氤氲的山水之心、天地之心。这样的心，就是诗心，从诗心里流溢出来的，不会是别的什么，只能是美的发现、诗的灵感。一幅幅"清水漾漾、人影绰绰""人水和谐"的画面展现出江南的美丽。在这里，空气是新鲜的，水是甜润的，蔬菜是鲜美的……自古以来就有"水乡泽国""天下粮仓"和"鱼米之乡"的美誉。2017年，良渚古城莫角山遗址南端就发现了约5 000年前足有10万千克的碳化稻谷堆积，这说明当时的良渚古城中已经有大规模的粮食仓储。

江南人是很难被饿死的，因"江南……地广野丰，民勤本业，一岁或稔，则数郡忘饥"（《宋书》）。历史上江南生态环境优越，物产丰富，可谓"月月有花，季季有果，一年十八熟，天天有鱼虾"，出门不用带干粮。

陆地上生物多，水中生物亦多，除螺、蚌、大闸蟹外，太湖里有记载的鱼就达106种：一种是在太湖定居的鱼类，主要品种有刀鲚、鲤、鲫、团头鲂、草鱼、青鱼、鲢和鳙等，还有著名的"太湖三白"（银鱼、白虾、白鱼），人见人爱。一种是江海洄游性鱼类，如鳗鱼、鲥鱼和东方鲀等。它们在繁殖季节到长江流水环境产卵，繁殖后再回到湖海中育肥。还有河湖中的草、青、鲢和鳙鱼等。

此外，水中不仅有"荤八仙"（鱼、虾、蚌、蚬、蟹、螺、蛙、蛇等），更有多种水灵灵、鲜滋滋的"水八鲜"，苏州人又称"水八仙"（莼菜、茭白、芋艿、荸荠、芡实、慈姑、塘藕、红菱），也有加入水芹菜而称之为"九鲜"的。"春季荸荠夏时藕，秋末慈姑冬芹菜，三到十月茭白鲜，水生四季有蔬菜。"

（3）阳光充足，土地肥沃。

江南地区日照时间及无霜期较长，植被好，水草丰美，茂密葳蕤，生气勃勃，不论水源、水质、地下水皆比北方好。至于土质，江南系肥沃的"涂泥"，更适合农作物生长。而北方则多为黄土沙泥。南京地质古生物研究所许汉奎指出，2003年有位市民在南京雨花台地铁工地上发现了一块古象牙化石，该所对化石进行鉴定，该化石是生活在距今10万至30万年的一头纳玛象的第三颗臼齿。这块化石是在黄土层中被发现的，而这些黄土，可能就是我们现在常说的北方沙尘暴的"骚扰"。

多种因素致使江南地区与同时期的中原地区相比，农业物产更加丰富，种类更多，食品更多样化营养化，又因江南通达的水系，烟水的滋养，女性娇美，美女自然多多。但主要还是因为江南社会安定，经济的发展促进了"才女文化"的繁荣，所以江南杰出女性像草原上的蘑菇圈一样成片地出现。

2. 历史上似无西施与郑旦其人，或是民间"美女"的化身

说到吴越争霸，不能不提西施；说到勾践从奴仆到霸主的曲折而又辉煌的奋斗史，也不能不提西施。这倒不是西施为勾践灭吴献上了什么锦囊妙计，或立下了赫赫战功，而是因她是勾践实施文种亡吴九术中的一件重要工具，并且是个名满天下、流芳百世的绝色美女。

众所周知，西施与王昭君、貂蝉、杨玉环，传为中国古代四大美女，人们常用沉鱼、落雁、闭月、羞花来形容她们，而西施又名列四美之首。其实，这四个姑娘，既未留下照片，也未留下画家写真，别说她们美到什么程度，连鼻子、眼睛、嘴巴是啥样儿，现在都无人知晓。我们对这几位美女的认识，全靠后世文人墨客的文字描写，或一些画家凭借自己的想象所作的四美肖像。西施等人之美，其实已经成为一个符号，成为一个中国人公认的美的名牌。

西施是春秋末年越国人，本是乡间女子，家乡在苎萝山下（今浙江诸暨）。越王勾践为报仇雪恨，万般无奈之时，想到了美人计，于是选中西施，将她献给吴王夫差，使其成为夫差最宠爱的妃子，最终导致夫差终日不理朝政。

西施天生丽质，婀娜多姿，十分迷人。她在水边洗衣服时，清澈的河水映照出她俊俏的身影，使她显得更加美丽。这时，鱼儿看见她的倒影，忘记了游泳，渐渐地沉到河底。从此，西施这个"沉鱼"的别号，便流传开来。

相传当时越国人倾慕美人之名，都想一睹芳容，争先恐后到郊外迎候，就连道路也被堵塞了。范蠡出了个主意：想见美人者，先付金钱一文。当设柜收钱时，顷刻柜满，可见慕名而来的人非常之多。西施登上朱楼，凭栏而立，楼下的人们抬头仰望，如痴如醉，就连走路都要飘起来了。

为了能使夫差中计，勾践亲自送西施到土城居住，请老师教她歌舞，学习步容。学了三年，她的舞技和仪态都达到完美，再佩戴上玉石珠宝，加以打扮，坐在华丽的车辇上，在形象、气质等诸方面都无与伦比。在确保能迷倒夫差的情况下，勾践派相国范蠡将其献给吴王夫差。

传说那时夫差正在大兴土木，刚建好姑苏台，正缺绝色美人。当他见到西施时，"以为神仙之下降也，魂魄俱醉"。虽然伍子胥苦苦劝谏，美女是祸水，是亡国之物，并列举事实解释给吴王听，无奈夫差是好色之徒，早已不能自控，从此走向衰败之路。

西施来到吴国后，夫差被她迷得神魂颠倒，让她春秋住在姑苏台，冬夏住在馆娃宫，整天与她玩花赏月，抚琴赋诗。灵岩山上有一眼清泉，夫差常让西施对着泉水梳妆，他亲自为美人梳理秀发。他又与西施泛舟采莲，或乘画船出游，或骑马打猎，总之沉醉于美色，以姑苏台、馆娃宫为家，把国家大事丢到脑后。

伍子胥求见，往往被拒之门外，只有喜欢阿谀奉承的太宰伯嚭常侍奉在左右。因此他所能听到的，都是些溜须拍马的话。无数史例证明，君王一旦到此地步，也就离垮台不远了。

据说吴国灭亡后，西施与范蠡乘扁舟驶入太湖，隐居起来。也有传说，勾践得胜，带西施回到越国，途中越王夫人以亡国之人为名，将西施负石沉入江中。

西施既然与夫差形影不离，对于吴国的政治斗争、军事机密，也就无所不知，且有机会向越国传递她所得到的情报，以致被今天一些精于考证的史学家称为中国历史上的"头号色情间谍"。

她挑拨吴国的君臣关系，特别是夫差与伍子胥的关系，只要稍微吹一吹枕头风，杀伤力比伯嚭说上一大堆谗言不知大上多少倍。夫差赐剑令伍子胥自杀，恐怕也少不了她一份"功劳"。勾践的大军能长驱直入，直抵吴国都城，让夫差无还手之力，与西施小姐把夫差迷得晕头转向荒废军政密切相关。

以上这些"灰色文献"的记载，如果你信以为真，那么西施就是勾践灭吴雪耻的第一功臣。明代西施祠的楹联说："越锦何须衣义士，黄金祗合铸娇姿"，这便是对西施在越国灭吴中的功劳的肯定。

西施因是被越国派往吴国的，且吴国终被越国所灭，所以后人认为她肩负着让吴王夫差荒淫腐败、沉湎色欲与刺探吴国政治军事机密的光荣使命，故赞之为巾帼英雄、爱国女杰……然而，如果勾践复仇并未成功，吴国是被晋、齐、鲁、楚等国消灭的话，西施恐怕就不会有上述美名，而很可能被正统史学家、文学家打入"祸水"的行列。

白居易的《忆江南》写得好：

江南好，风景旧曾谙。日出江花红胜火，春来江水绿如蓝。
能不忆江南？

江南忆，最忆是杭州。山寺月中寻桂子，郡亭枕上看潮头。
何日更重游？

第四章
集聚内外人财资源　首创山顶皇家园林

　　江南忆，其次忆吴宫。吴酒一杯春竹叶，吴娃双舞醉芙蓉。早晚复相逢？

　　这里的"娃"指"美女"，而不是西施！不论司马迁的《史记》中，还是最近出现的史料价值极高的战国清华简《越公其事》中，皆没有西施与郑旦的影子。司马迁是个十分严谨的人，难道他遗忘了吗？难道他不喜欢西施、郑旦吗？答案是否定的。司马迁不仅尊重女性，还为女杰树碑立传。如："清，寡妇也，能守其业，用财自卫，不见侵犯。秦皇帝以为贞妇而客之，为筑女怀清台。夫倮鄙人牧长，清穷乡寡妇，礼抗万乘，名显天下，岂非以富邪？"[①] 司马迁高度称扬了"清"。可见，西施与郑旦这两个稀世美女可能根本就不存在。

　　近年来，不少史学工作者撰文认为，历史上实无西施其人，他们的依据是在先秦诸子著作中就已屡见"西施"之说。如《管子·小称》篇中就载有"毛嫱、西施，天下之美人也"。该书作者管仲系春秋初期人，可见，"西施"至少比勾践早出生200多年，管仲怎么能够说到200多年后的西施呢？据此，"西施"一词很可能是古代对美女的艳称，并非专指某一个人，漂亮女子都可称为"西施，一作先施"，如乐府中多处出现的"罗敷"一样。先秦诸子之后，贾谊《新书·劝学篇》、刘向《说苑·尊贤篇》、陆贾《新语》以及《淮南子》中虽然也都提及西施，但仅仅是把她们作为一个美女的形象。总之，历史上有无西施、郑旦其人，以及她们的结局如何，尚待史学界进一步去探讨。笔者认为，这个所谓的"西施"，很可能就是一个民间农家美女的代名词。

二、物阜民丰基础厚实　文化底蕴源远流长

　　春秋晚期，吴王阖闾、夫差为什么能建造那么高大壮丽的姑苏台？除

[①] 司马迁：《史记》，梁绍辉标点，甘肃民族出版社，1997年，第849页。

了前面所述外，还有厚实的工艺文化与经济底蕴作为基础。

常识告诉我们，历史的镜子绝不是平的，只有足够的深邃，才能照清历史的真貌。中国现代历史学家钱穆将人类文化分为三种：农耕文化、游牧文化和海洋文化。远古以来，吴中大地的地理位置决定了它以农耕文化为主兼有海洋文化，得到了大自然的格外恩泽。1844年，马克思就曾深刻地指出，"没有自然界，没有感性的外部世界，工人就什么也不能创造""人靠自然界生活""人是自然界的一部分"[①]。在"人与自然"这个有机整体中，人是自然这个大系统中所生成的一个子系统，自然界是人类不能须臾离开的生存环境，加之上古与中古时期苏州地区偏安一隅，与北方中原地区相比，战争稀少，生态环境好，占得天时地利人和。

（一）物阜民丰的自然环境造就了创建园林的物质基础

苏州地区历史悠久，早在一万多年前的旧石器时代晚期，太湖中的三山岛上就有了人类活动。到7000年前，已经进入了新石器时代。因地处北纬30°，气候暖和、海平面相对稳定，这里的马家浜文化得到了迅速的发展。水稻的种植、家畜的驯养，也自此开始。定居生活促进了建筑的发展，出现了以矩形平面为主、间有圆形平面的住宅，墙中用木柱，外包泥墙，并经烧烤硬化，以提高其防雨的性能。许多木构件已普遍采用榫卯技术，屋顶由芦苇、竹席和草束构成。此外，还有不少防潮、排水措施。大约从距今6000年起，太湖流域继马家浜文化之后出现了崧泽文化、良渚文化，成为新石器文化的鼎盛时期。尤其是位于苏州阳澄湖南岸的草鞋山遗址，距今7000～6000年，总面积达4万多平方米，比古希腊罗马古城以弗所还大。发现十个堆积层，清理出新石器时代的居住遗迹11个灰坑（窖穴）和206座墓葬，出土了陶、石、骨、玉等质料的生产与生活用具、装饰品等共1100多件。其中包括玉琮、玉璧、镂孔壶、四足兽形器、陶器等珍贵文物及6000年前的水田、炭化稻谷、炭化纺织品残片等，它与澄湖（又

[①] 《马克思恩格斯全集》第42卷，人民出版社，1979年，第92-95页。

名陈湖、沉湖、陈州）遗址（距今约 5 500~800 年）相连，很可能就是一个酋邦古国。具有充足的水源、肥沃的土地，种植水稻、烧火做饭，纺纱织布（麻），形成了一幅完整的历史长卷，这在全国是鲜见的，证明那时的苏州就有了一定的生产力和较高的手工艺水平。

公元前 11 世纪，周部落首领古公亶父长子泰伯奔先吴地区，建立勾吴。吴国君"经国济民"，沟通了南北经济与文化交流渠道。至此，吴地日渐兴旺，成为世外桃源。

（1）历史文化悠久，农工业兴旺

自寿梦称王后，至阖闾、夫差，吴国已进入了世界轴心时期的"强吴时代"。不论是秦始皇还是司马迁，来到苏州见到宏伟的苏州阖闾大城，无不赞叹。先秦时期，苏州的农耕文明已极为先进，稻作、冶金、蚕桑、织布、食盐等已经流通四方。

位于苏州东边的草鞋山遗址南边约 12 千米的水下都城——澄湖遗址就是一个例证。澄湖略呈三角形，南北长 10.4 千米，最大宽度 6.8 千米，平均水深 1.83 米，现有总面积 40 多平方千米。湖西与西北部稍高，南部与东南部稍低。这里曾是个繁华的邑聚都市，据宋《太平广记》和清代《吴郡甫里志》《贞丰拟乘》《周庄镇志》等地方志记载，每当湖水清浅时，渔民常能看到湖底的街道、古井、上马石等；湖水干涸时，居住在湖旁边的人常常能拾得古镜、古钱币、盂之类的器物，"其中街衢井灶历历可辨，余如上马石、墓道、田亩界石等不胜枚举，且有拾得铜锣、铁链及器皿什物"。现代考古发掘证实，澄湖湖底曾是人居集聚处，一个曾经十分繁华的邑都。元末诗人虞堪感慨大自然沧海桑田的变化，曾作有《陈湖》诗："渺渺洪流接具区，由来耕凿总膏腴。沉沦为有鱼龙混，开辟岂无鸿雁俱？好觅根源随博望，莫将清浅问麻姑。桑田变海原如此，自泛扁舟入五湖。"从诗中看来，当时的澄湖是与太湖（又名具区、五湖）相通的。《周庄镇志》云：澄湖"湖滨寝浦禅林内明弘光元年（1645 年）所铸钟有'天宝六年（747 年）春地陷成湖'等字"。唐玄宗天宝六年（747 年）下沉为湖。"主要因太湖腹里地区的不断下沉和沿海边缘地区因泥沙堆积而抬高，使碟形洼地发展愈甚,向东排泄困难,引起泄水道逐渐堙废,这时的变迁以自然因素起主导作用。"[1]

从1974年至2003年,苏州博物馆等考古人员先后两次在湖底抢救性挖掘,共清理出古井550多口,最大直径达1.6～1.7米,最小不到0.5米。古井年代从崧泽文化晚期到良渚、商周,呈不均匀状密布湖底。共清理出灰坑443处、水田遗迹20块、房址3座、水沟3条、池塘1处。发现从新石器时代至宋代之间各个时期的文物达1700多件,文物年代从5500年前至800年前之间,时间跨度长达4000多年。文物有漆绘陶罐、刻花陶罐、鳖形壶、彩绘罐、匜形罐、黑皮贯耳罐、猪形壶、鸟形壶、带木柄的石斧等原始文化遗存器物。其中,尚属首次发现的动物形刻花罐、鳖形壶等模拟动物形态的器物,造型生动,形象逼真;漆绘、彩绘陶器,图纹十分精致,真实地反映出五六千年前的新石器时代先民的渔猎生活状况。从其早期几何印纹陶器、带有二里头文化因素的仿铜陶器可以看出,夏商时期先吴古国与中原地区可能已发生了较频繁的交往。这里还有弦纹罐、坛、盘口壶、褐斑短流壶、敞口青瓷碗、菱花口碗、黑釉执壶、韩瓶、木吊桶、铁钩等汉至宋的文化遗存器物。在原始文化遗存器物中,有件刻有陶文符号的黑皮贯耳陶罐尤为引人注目。这是一件良渚文化的典型器物,器壁很薄,造型规整,质地坚硬,厚薄均匀,足以与山东龙山文化中的黑陶相媲美。在其腹中部表面有4个刻画符号,呈左高右低形式横向排行,引起专家的极大关注与兴趣。著名考古学家李学勤先生研究后,认为"符号是在陶器烧成后,用锋刃器刻出的……其结构非常接近殷墟甲骨文,似乎可以释为'巫钺五偶'这四个字"

图4-5 吴县澄湖新石器时代遗址出土的黑皮贯耳陶罐

(《苏州市志》,江苏人民出版社,1995年,第9页。)

---

[1] 张芳:《太湖地区古代圩田的发展及对生态环境的影响》,《中国生物学史暨农学史学术讨论会论文集》,2003年12月。

(见图4-5),意思是神巫所用的五对钺。

可以看出,早在5 000年前,草鞋山陈州地区可能是一个古国,亦很可能已经出现了原始的汉字,它可能是甲骨文的"父亲"、汉字的"字源",亦可能是陶符向甲骨文的过渡形式。

在陈州,有完整的居住区和作业区。作业区内有一个面积达425平方米的池塘,周边有20多块高低错落的水稻田。水田之间另有水口、水路相串联,水田之间水可流通。第11号水田中还出土了碳化米粒,经北京大学考古文博学院碳-14测年法测试,其年代属崧泽文化晚期。

聚落居住区内,有平面为圆形的房址,建筑形式为半地穴式,亦属于崧泽文化时期。房址西侧有一个圆角长方形、用于储藏货物的窖穴;南侧有一条弯弯曲曲的用于排水的水沟,长达60多米;房址周围还分布着水井和灰坑。考古人员认为,如此规模的完整的排水沟和进水沟,加上密布的古井、珍贵器物以及水稻田,表明早在4 000多年前这里已是先吴古国最大的聚落中心,并用玉开启了礼制文明的曙光。其墙壁为砖之"雏形"——红烧土,以竹竿和芦苇做骨架,经堆积大量干柴用大火焚烧而成①。草鞋山陈州古国的势力范围约在太湖流域的腹部,东到上海的青浦,西达茅山山脉,南到平望、松江一线,北至长江边。亦有可能就是干族建立的干国,先民们在此已创造出可歌可泣的英雄业绩。

"饱暖思淫欲",有了吃与穿就想"乐活"了,于是苏州古典园林由此而生,因时而成。

(2) 盛产良材

一是有繁茂的植物。苏州系亚热带季风气候,四季分明,雨水充沛,温和湿润,具备良好的植物生存环境。古城西南,丘陵连绵,属天目山余脉,吴山点点,山清水秀,生长着各类植物,既有遮阳造景的高大乔木,又有适于铺地的藤本花草。文震亨《长物志》列举了园林常用植物四十七种,有牡丹、芍药、海棠、玉兰、蔷薇、木香、玫瑰、紫堇、石榴、芙

---

① 存于昆山锦溪中国古砖瓦博物馆。

蓉、茉莉、杜鹃、夜合、玉簪、金钱、萱花等，可谓奇花异草样样有，四季花开飘香，岁岁姹紫嫣红。

二是有"百石之祖"的山石。苏州盛产名扬天下的"三石"（金山石、太湖石与澄泥石）。苏州西部丘陵山区是4亿多年前（泥盆纪）地壳上升、扬子古海退去转为陆地的，岩石致密坚硬，厚度大于1 600米，这也许是苏州地区历史上没有大地震的重要原因之一。苏州的"三石"垒起了石文化。

金山石——据《吴县志》载："金山在天平山东南，初为茶坞山……山高五十余丈，多美石……"很早以前金山就已有人采石了。它密实度高，颗粒细，因此抗压性特别强。

太湖石——在玩石头的人看来，太湖石乃是观赏石的"祖宗"，尤以出自苏州太湖的水生太湖石为正宗。宋代《云林石谱》记载："平江府太湖石产洞庭水中。"南宋诗人范成大在《太湖石志》中说：太湖石"石出西洞庭，多因波涛、激啮而为嵌空……"苏州地质学专家蒯元林指出，石灰岩易为水溶，而位于临岸近水面处的石灰岩，最易受到波浪冲击，形成孔洞，这就是珍品太湖石"漏、透、瘦、皱"等经典特征的来历。这些特征奠定了其"百石之祖"不可撼动的地位。西方人的雕塑，多是与宗教有关的人的形象，而中国石文化——追求内在真实体验的文雅哲思。

澄泥石——清初徐崧、张大纯在《百城烟水》一书中记载："（吴县）灵岩山，去城西三十里，馆娃宫遗址在焉。……西产砚石（即蠖村石），一名砚石山"。在苏州匠人看来，它是一种太湖地区特有的泥岩，是由泥巴及黏土固化而成的沉积岩，可用于雕刻。

(3) 劳动人民的集体智慧

吴中人善思，擅手艺活。高手在民间，人民是英雄。苏州美轮美奂、光彩照人的园林凝聚了广大劳动人民的集体智慧和血汗。不论是吴王的皇室山顶园林还是士大夫的私家园林，都汇聚了民间的绝技，并消耗了民间大量的物力、财力和民力。《吴越春秋》云："行路之人，道死巷哭，不绝嗟嘻之声，民疲士苦，人不聊生。"

(二) 姑苏台发轫于春秋时期吴国的苑囿

苏州与游牧文化不同,在长期的农耕文明中,人们养成了一种"自给自在"的生活方式。钱穆先生指出:"农耕可以自给,无事外求,并必继续一地,反复不舍。"人们希望过恬淡、安闲、自在的生活,"日出而作,日落而息",春种夏长秋收冬藏,徜徉在自建成趣的园林中,采菊东篱下,悠然见南山,涵泳、品味人生。1773年,德国人温泽尔称中国园林是"一切造园艺术的模范"。玛丽安娜·鲍榭蒂宣称,世界上所有风景园林的精神之源在中国。我国近代造园理论研究的开拓者童寯先生在抗日战争前遍访江南名园,进行实地考察和测绘摄影,他说:"吾国凡有富宦大贾文人之地,殆皆私家园林之所荟萃,而其多半精华,实聚于江南一隅。"又总结道,"江南园林,论质论量,今日无出苏州之右者"。苏州园林重在养心,正如联合国教科文组织的专家哈利姆所说:"美好的、诗一般的境界。""好像在梦中一样!"

壮观的姑苏台与馆娃宫的出现并不是偶然的,应该说它们发轫于春秋时期吴国的苑囿。《诗·大雅·灵台》曰:"王在灵囿,麀鹿攸伏。"毛传:"囿,所以域养禽兽也,天子百里,诸侯四十里。灵囿,言灵道行于囿也。""囿"是园林的雏形,主要以养殖、观赏、狩猎、通神为主。苑囿的修建近乎天然,囿内最主要的人工建筑是"台",大苑囿和高台榭相互点缀,配以龟鱼游弋的池沼,即形成亭台楼榭小池流水。

"吴门山水天下无,淡荡更在城西隅。谁言此桥近阛阓,已是一幅桃源图"(明末诗人王彦泓)。苏州城西阊门一带自古就是繁华之地,历史记载有一个帝王"西湖"——夏驾湖,已有2580多年的历史,它比杭州西湖要早1000多年。

说起中国的园林,其风格大致分为两类:一类为皇家园林,其风格以气势宏大见长,如北京的圆明园。另一类为私家园林(又称为第宅园林),风格以精致小巧取胜。而苏州的园林二者兼有,在不同的历史时期经历了不同的发展阶段,我们从中可以看到其背后清晰的文化传承。

在唐陆广微的《吴地记》中，记载了仲雍十九世孙寿梦（？—前561），在苏州构建了吴国最早的帝王苑囿——夏驾湖。"夏驾湖，寿梦盛夏乘驾纳凉之处。凿湖为池，置苑为囿，故今有苑桥之名。"①《姑苏志》载：夏驾湖在吴县西城下，吴王避暑驾游于此，故名。今城下犹存外濠，有湾亦名夏驾，连运河而水浸广。《吴地记》在注释中指出，《吴郡志》载："种菱甚美，谓之夏驾湖菱。今多湮为民居，其半在城内者为民田，惟二水汇处犹称旧名。"② 此乃苏州园林的鼻祖。

此湖有多大？根据史籍记载——"长洲县前，旧为阖闾故迹，县前东南"（范成大《吴郡志》）。依据《平江图》上标出的区域概算，东西平均长约1.6千米，南北也平均长约1.6千米，加之不规则水面，总面积约2.6~2.8平方千米，差不多有半个杭州西湖那么大，这就是苏州城西曾经的"西湖"。它是在一片盛产菱藕芡茨的湖荡上开凿而成的，北宋时杨备《夏驾湖》诗曰："湖面波光鉴影开，绿荷红芰绕楼台。可怜风物还依旧，曾见吴王六马来。"大约到清代初年，夏驾湖完全湮为平地。人多了，逐渐形成了居民村落。因这里靠近河塘，故人们称这里为"菱塘"，即今日之菱塘浜。除了夏驾湖，见诸文献记载的吴国春秋时期苑囿别馆多达30多处。

三、虽由人作宛自天开　东方智慧奇观意境

哲学家伯特兰·罗素1920年来到了中国，回国之后，1922年写了《中国问题》一书，他在书中说："中国人摸索出的生活方式已沿袭数千年，若能被全世界采纳，地球上肯定会比现在有更多的欢乐祥和。然而欧洲人的人生观却推崇竞争、开发、永无平静、永不知足以及破坏，导向破坏的效率最终只能带来毁灭，而我们文明正在走向这一结局。若不借鉴一

---

① 陆广微：《吴地记》，曹林娣校注，江苏古籍出版社，1999年，第42页。
② 范成大：《吴郡志》，江苏古籍出版社，1986年，第257页。

第四章

集聚内外人财资源　首创山顶皇家园林

向被我们轻视的东方智慧，我们的文明就没有指望了！"① 罗素所说的"东方智慧"就是中国"天人合一"的哲学思想。他在该书中还说道："典型的中国人则享受自然环境之美。这个差别就是中国人和英语国家的人大相径庭的深层原因。"② 以苏州园林为代表的中国园林，是承载展示这一"东方智慧"的最直观的载体：人们追求"外适内和"精神和物质的双重享受，即"取天地之美以养其身"，或将"江山昔游，敛之丘园之内"，"虽由人作，宛自天开"——清泉汩汩，渊渟澄澈，复树亭于潭上，自适其适，陶然忘机，养其天倪——这就是苏州园林的奇观。诚如美国景观建筑学家西蒙德所指出："在西方，人与环境间的感应是抽象的，在东方，人与环境间的关系是具体的、直接的，是以彼此之间的关系作基础的。西方人对自然作战，东方人以自身适应自然，并以自然适应自身。"③ 故而大江南北、大洋彼岸、世界各地，每年数千万游客来到百园之城苏州欣赏被誉为"世界上独一无二"——中国古代重要发明创造88项之一的苏州园林。

在所有关心中国历史文化的人看来，苏州园林既是苏州的，也是中国的，还是世界的。苏州园林既是过去的，也是今天的，还是未来的。散文家曹聚仁先生在《吴侬软语说苏州》中写道："有人说苏州才是古老东方的典型，东方文化，当于园林求之！"

（一）江南园林甲天下，木渎园林最出色

苏州西部丘陵山区的美是不言而喻的，尤其是木渎这个已有2 500多年历史的古镇，现有面积62.28平方千米。它位于太湖东侧，苏州西郊之丘陵盆地之中，盆地略呈东低西高。其东北部宽广，西部较窄，四周环山，西北有驰名中外的灵岩山、穹窿山、天池山、玉峰山、天平山等，东南有横山、清明山、七子山、尧峰山、凤凰山、花园山、和合山、旺山

---

① 罗素：《中国问题》，秦悦译，学林出版社，1996年，第7-8页、第159-160页。
② 罗素：《中国问题》，秦悦译，学林出版社，1996年，第7-8页、第159-160页。
③ 西蒙德：《景园建筑学》，王济昌译，台隆书店，1982年，第13页。

等，其海拔大都为 150～341.7 米。区内除山上出露基岩外，广泛分布为第四系洪积、波积、冲积相地层，系丘陵冲积平原，盆地内海拔约 2～5 米，有源于太湖的胥江河东西横贯境内，由西向东流入苏州古城，镇中还有发源于光福铜坑的香溪河，汇流至胥江河。全镇平原地河道纵横交叉，沿江（河）是芦苇、叶草丛生的滩地，属草甸型以水稻土、黄棕土、沼泽土和石灰岩为主的土壤。这里有山有水，生态环境与空气质量上佳，恬静又安神，难怪清代乾隆南巡六下江南，六次来到木渎。

1. 真山真水好风光

除了灵岩山景区已述外，在苏州西部丘陵山区，尤其是木渎镇内及其周边还有穹窿山、天池山、天平山、上方山、旺山、白象湾、石湖、木渎古镇等景区，以及玉屏山、白马涧生态园（见图 4-6）、上方山国家森林公园、太湖湖滨国家湿地公园、采香泾水上乐园等等，多为真山真水、自然风光，没有六七天时间你是转不过来的。

图 4-6 苏州高新区真山真水的白马涧生态园（占地约 7 平方千米）

如天平山景区：该景区的天平山有"吴中第一山""江南胜境"之美誉。它的东南为金山，南连灵岩山，西北通华山、天池山，北接寒山岭和观音山；海拔 201 米，因山顶平正，可聚数百人，故名天平山，唐代又名白云山，是一个人文及自然景观"双佳"的景区。

天平山形成于 1.36 亿年前的造山运动，山体由钾长花岗岩组成。当地壳隆起为山时，地层的一部或数部上下错位或扭曲，山的断层倾斜幅度很大，近于垂直。经亿万年风雨冻曝，风化部分剥落，残存坚硬部分森然耸立；又因山势峭峻奇险，古称白云山，又名赐山，占地近百公顷，系北宋名臣范仲淹先祖归葬之地。

唐宝历二年（826年），僧永安在山南麓建白云庵，亦名天平寺。山半有白云泉，泉水清澈甘洌，陆羽品为"吴中第一水"。公元825年，53岁的白居易出任苏州刺史，他到白云泉题诗一首："天平山上白云泉，云自无心水自闲。何必奔冲山下去，更添波浪向人间。"他还利用为官的闲暇，住在天平山静心读书，所住的楼屋被后人命名为"乐天楼"，此楼又提升了天平山的声名。据宋苏州《平江图》所示，山顶有宝塔，现已无考。山上摩崖石刻原有40余处。山上林木有87种，约有10万多株。南麓天平山庄，依山临水，凭借周围广阔自然景貌，富于天趣。自东向西由咒钵庵、来燕榭、范参议祠、高义园诸区组合而成，各部分以曲廊贯通，建筑面积5 300平方米。咒钵庵东为桃花涧，即范允临时"桃园"，旧时涧边桃树成林，桃花片片，随水漂流。由此向上是只容一人通过的"一线天""飞来石"等各种奇特异景，而最有趣的要数乱石组成的登山路。不用担心，这些乱石达不到户外徒步的难度，强度适中，只是让游客体验一下攀爬的乐趣，只要不是行动不便的老年人和特别体弱的人，都可以爬到山顶。一路上移步换景，可谓看不够数不清，人们把它概括为"三绝十八景"。其"三绝"如下：

一是奇石（见图4-7至图4-9）。天平山的奇峰怪石比比皆是，著名的有一线天、飞来石、卓笔峰、照湖镜、鹦鹉石、馒头石、印石等，层层叠叠，林立其上，其状"若卧若立，若搏若噬、蟠拿撑拄，不可名状"，故人们俗称为"万笏朝天"，成了天平山的一大奇观。

二是清泉（见图4-10）。山中有白云泉、一线泉、一砚泉、卓锡泉等，其中尤以白云泉著称。该泉为山石裂隙中之水汇聚成泉，泉水常年不涸，水味甘洌，为饮用佳品，是天平山镇山之宝。白居易题诗《白云泉》，全诗既让人感受到景色的美，还能给人一种言浅旨深的理趣感。

图 4-7　天平山奇石"一线天"　　图 4-8　天平山"护山奇石"

图 4-9　天平山"白云泉"（白居易手书）

此外，由山泉汇聚而成的十景塘、桃花涧，亦成为天平的胜景，耐人玩味。

第四章
集聚内外人财资源　首创山顶皇家园林

图 4-10　天平山"白云泉"水

三是红枫。该山麓古枫成林，古枫由明代万历年间宋代名臣范仲淹十七世孙范允临从福建带回，植于祖茔之地。现存古树 158 棵。时至深秋，满山红叶若红霞缭绕，层林尽染，蔚为壮观，有"天平红枫甲天下"之誉。四方游人成千上万慕名前来争睹"万丈红霞"的旖旎景观，有诗为证："丹枫烂漫景装成，要与春花斗眼明。虎阜横塘景萧瑟，游人多半在天平。"

据传，明代古枫香林叶呈三角状，树干高大，与江南红枫不同，特别是在一棵树的大小枝叶上呈现出嫩黄、橙红、赭红、血牙红、０深红等多种颜色，人称"五彩枫"。范公祠内有一株树干高约 27 米，3 人方可合抱。在三大师坟前有大枫九株，名九枝红，入秋枫叶由青次第变为黄、橙、红、紫，亦有呈浅绛、金黄、橘黄、橙红等色。深秋登上白云望枫台，纵目眺望，似珊瑚灼海。天平山红枫的美，美在诗情画意和人文历史。亭台楼阁、曲桥、古刹等古建筑，错落有致地掩映于山林之间，增添了枫林的雅致，其中蕴含着的历史悠久的人文故事，为枫林增添了人气。唐代诗人杜牧写的《山行》："远上寒山石径斜，白云生处有人家。停车坐爱枫林晚，霜叶红于二月花"，像是对苏州天平山红枫的真实写照。深秋时，"枫染山醉"，地上一片金黄（见图 4-11）。

核心江南
——世界罕见的苏州西部丘陵山区历史文化

图 4-11　天平山深秋层林尽染、人潮如织

再看十八景（按一般游览线路排列）：

一是高义叠翠。走进景区大门，就是高义园牌坊，天平山的标志性景点。乾隆皇帝六下江南，曾四次来到天平山。辛未年（1751年）春，他临幸天平时，因感佩范仲淹捐宅创义庄以养族人的嘉行，钦赐了这座"高义园"牌坊给范仲淹，以示范仲淹品行高尚，供人们入景区瞻仰。

二是竹石平远。与"高义园"牌坊隔一条灵天路，有一条自天平山山脚处延伸出来之余脉，蜿蜒上百米，风化成馒头形状，当地村民称之为"馒头石"，即"天平山十八景"之一的竹石平远。

三是曲桥荷风。入园后有一什景塘，分成两个池，西边是玩花池，东边是荷花池。中以大堤相隔，池上架桥，红栏曲折。站在荷花池边看天平山，山顶平正。夏日凭台赏荷，香远益清；边上有一芝房，为文人雅集的书斋，又名对桥山房。相传明唐寅、祝枝山等文人曾到此吟诗作画。内有文徵明手迹"芝房"匾额、范参议公祠与范仲淹纪念馆，现为苏州市爱国主义教育基地。

四是御碑楠亭。御碑亭独立于枫林之中，重檐八角，亭中置四方砚石御碑，有乾隆皇帝游天平山诗4首。高大的枫树包围了御碑亭。亭前的"枫染山醉"石碑，乃书法家范曾书写（见图 4-12），据说他是范仲淹的后代。

第四章

集聚内外人财资源　首创山顶皇家园林

图 4-12　天平山"枫染山醉"石碑（范曾题字）

五是万丈红霞。御碑亭四周的红枫，高高钻入云天；枫叶有红有黄，煞是好看。

六是天平古刹。

七是山祠映辉。在山道上看范参议公祠，屋顶上积满了枫叶。

八是山留鹦鹉。

九是云泉晶舍。走过鹦鹉嘴，爬上台阶，就在眼前。原名白云亭，乾隆三年（1738 年）筑，后改题"云泉晶舍"，为啜茗品泉处。

十是燕来鱼乐。涓涓泉水之下，金鱼在水池中欢快地追逐。

十一是云天一线。"一线天"是天平山的主景（见图 4-7）。两块巨石中有一条缝，这是古时上山必经之路。山缝中有清人筑的二十九级台阶，最窄处不到一尺，游人都要侧身挤过去。在石缝中抬头，只能看到一线蓝天，"龙门在望"四字在一线天巨石之下。巨石上有四层观音塔一座，很精致。过了一线天，回看观音塔，可以看到"龙门"二字。游人到此，必须低头撑腰缓行，令人望而生畏。

十二是奇石飞来。飞来石，高 9 米，重 50 吨。

十三是龙首望枫。这是望枫台，在此眺望山下，只见一大片红枫，非常壮观。

十四是万笏朝天。天平山的巨石，块块竖立，素面朝天。

十五是极目澄怀。云上巨石（见图4-13）。从这里再往上爬，就快到山顶了，在这里向西远望，可以看到太湖。

图4-13　天平山顶峰"云上"峰（长白达桂题）

十六是桃林春涧，十七是幽谷松啸，十八是岁寒罗汉。

笔者几乎每年重阳节前后都要登上天平山顶，并爬上那块顶尖的无名巨石上，环顾四周，近看远眺。只见那延绵群山，烟雨蒙蒙，袅袅氤氲，静美旖旎，如同脉脉含情的西施，绘制成一幅充满时代气息的江南山水画卷，瑰丽而壮观——碧绿的山野、洁白的太湖水涌、蔚蓝的天际线，是阳光与山风的织锦；成群的鸟，忽而蹁跹在树林的顶梢，忽而在空中恣意翻飞，忽而箭一样划过，没有恐惧、没有拘束、没有犹疑、没有瞻前顾后，王者般炫耀飞翔的自由：一切皆是自然的呈现。草与树，花与石，高天的流云与太湖的波涛，皆用自己的语言说话。这里没有文字、没有广告、没有噪音、没有煞费苦心的表白与宣扬。千百年来，苏州西部的一切不知打动了多少敏感的心灵，留下了多少天才的篇章："姑苏城外寒山寺，夜半钟声到客船"（张继《枫桥夜泊》），"烟柳画桥，风帘翠幕，参差十万人家"（柳永《望海潮·东南形胜》）。

2. 小桥流水意无穷

苏州西部的木渎古镇是太湖之滨的江南水乡、幽雅清秀的园林之镇。

从古至今，街道上的每一块砖石和每一座古民居建筑都饱含了岁月的沧桑和历史的韵味。古往今来诸多事，还有什么比在小河里泛舟更富有诗意呢？小小的木船，在窄窄的河道里缓缓划行，拱形的桥孔一个接一个从头顶掠过。站在桥上的人们，相看两不厌，眼帘中都是神往的景象——小桥流水人家。桥静水流，构成了一幅和谐的流动有声的油画，栩栩如生——"接天莲叶无穷碧，映日荷花别样红"，"小荷才露尖尖角，早有蜻蜓立上头"，如梦如幻，虚虚实实；踩着桥面石阶，任思绪随流水漂走，早已洗净了迷茫的心灵。若河流接近古树老鸦，你可听到清呢婉转的鸟声、水声，重重叠叠，犹如江南丝竹，裹着万般柔情袅袅回旋。这样的声音，用人类的乐器也无法模仿。河水缓缓流淌，倒映在水中的石桥、树影、楼屋、小草……像漾动的一匹长长的彩绸，没有人能描绘它朦胧炫目的花纹，使你突然产生了前往的冲动：

（1）乾隆皇帝六下江南次次打卡地——虹饮山房

如前所述，该镇四周群山拱峙，又毗邻太湖，既得真山真水之趣，又具小桥流水之幽，更有私家园林、名人故居等众多的人文古迹。作为中国唯一的园林古镇，木渎在明清时拥有的私家园林达30多处，迄今仍保留了10余处，而虹饮山房就是其中之一。该山房面积约1.5万平方米，分东园、西园和古戏台两部分，是木渎文人徐士元故宅，由秀野园和小隐园两处园林联袂而成。

在两园的中央是待客迎宾之中厅，布局端庄、严谨，自南而北分别是门厅、花园、舞彩堂、戏台等，建筑体量宏大，既有江南文人园林的秀气，又兼具北方皇家园林之大气，于大开大合之间，尽显宦家之气度，幽人之韵致，别出于苏州园林一贯之精致传统，为南北园林不同文化风格巧妙融合于一体之典范。其"溪山风月之

图4-14 木渎虹饮山房一角

美，池亭花木之胜"，远胜其他园林，乾隆皇帝每到木渎必游此园，先在虹饮山房门口下舟登岸，入园游历一番，并与当地士绅一起看戏为娱，因而当地都习惯称虹饮山房为乾隆皇帝的民间行宫。随乾隆皇帝游木渎的刘墉、和珅、纪晓岚等大臣及其官眷，也都曾数次下榻于虹饮山房之内（见图4-14）。

虹饮山房俊秀疏朗，精致有序，移步换景，令人击节称妙。只需站于花园之中，环顾四周便可将全园景色一览无遗（见图4-15）。

图4-15　木渎虹饮山房内的满堂荷风

花厅北为一座豪华的御戏台，气势宏伟，两边的厢房及走廊建筑也是精雕细作，难怪乾隆皇帝每次游园，必先看戏、品茗，戏台后面为"春晖楼"。可见，江南的美是多元的，苏州是你来了就不想走的"天堂"之地。

（2）妙构极自然的严家花园

严家花园位于木渎镇山塘街王家桥畔，乃乾隆皇帝的老师、中国最长寿的诗人、"江南老名士"、《古诗源》编者——沈德潜的寓所，占地约16亩。门对香溪，背倚灵岩，"虽处山林，而斯园结构之精，不让城市"（童寯《江南园林志》），为江南名园之一。道光八年（1828年），沈氏后人将此院落让给木渎诗人钱端溪，并改名为"端园"。钱氏叠石疏池，筑亭建楼，邀友游于书屋、眺农楼、延青阁等诸胜，一时题咏颇盛。园中布局疏密曲折，高下得宜，局部处理精巧雅致，幽深婉约，显示了营造者独具匠心的造园艺术。现代建筑学家刘敦桢、梁思成、童寯等人数次考察此园,倍加推崇(见图4-16)。龚自珍对此园有"妙构极自然,意非人意造""倚石如美人"等溢美之句。

图4-16 木渎严家花园

光绪二十八年(1902年),木渎首富严国馨(台湾政要严家淦先生祖父)买下端园,重葺一新,更名"羡园"。因园主姓严,当地人称"严家花园"。严家花园经过三代主人努力,前后经历170多年岁月沧桑,渐富于一种文化气息、名园风范。1935年,现代建筑学家刘敦桢教授两赴此园,流连忘返,对严家花园的布局与细部极为推崇,认为这是苏州当地园林之翘楚。

花园中路为五进主体建筑,依次为门厅、怡宾厅、尚贤堂、明是楼和眺农楼,其中位居第三进的尚贤堂为苏州罕见的明式楠木厅,迄今已有400多年历史。木础石质,典雅古朴;楠木直柱,圆润柔和;雕刻简洁疏朗,色调淡雅素净,具有实用和审美功能。尚贤堂和明是楼前各有清代砖雕门楼一座,所雕人马戏文玲珑剔透,意趣隽永,虽依附于厅堂,却未尝不是一件独立的艺术品,极富艺术价值和审美情趣。

(3)古老而又热闹非凡的山塘街

木渎山塘街历史悠久,是春秋晚期"强吴时代"的宠儿。在2 500多年的历史中,有古吴的辉煌、汉晋的平静、明清的繁盛、现代的盛景,一直是吴文化的重要标志之一。

核心江南
——世界罕见的苏州西部丘陵山区历史文化

建于公元 1052 年的千年斜桥承载着风雨，它是山塘街悲与喜的缩影。桥从西北迤逦走来，有青石板铺设的路面、沿街古色古香的店面，还有吴侬细语的吆喝。斜桥下是香溪和胥江的交汇处，呈 Y 形分布。香溪也称山塘河。据传，当年西施每天在宫中用香料沐浴洗漱，用过的水从山顶流入山下的河中，时间久了脂留不退，满河生香，香溪也由此得名。原来河道干净时香溪水清、胥江水浑，两条水汇成一处，形成一条清晰的分界线，叫作"斜桥分水"，但如今已很难看到那泾渭分明的一条线了。

自勾践灭吴后，让世人流连忘返的木渎也曾被遗忘，但也成就了木渎的恬淡与纯粹。当时很多民房都化为焦土，虽有秦始皇来访姑苏台遗迹，汉吴王刘濞在古长洲建茂苑，但都未能带动木渎的恢复。后有东晋吴郡人陆玩来筑舍宅，继有西域和尚智积来建寺庙，木渎才有了起色，逐步形成了上塘、下塘两街。明清时更为兴旺，上下塘街巷相连成网，中市一带商铺、牙行、饭店、酒楼林立，围绕溪水、古桥，构成了吴西繁华商埠。清沈钦韩说："木渎自唐以来，人物浩穰，农贾凑集，虽名曰镇，其实县也。"斜桥则成就了木渎商贾繁华之景，现已改造拓宽，其余韵尚存，而永安桥（又名王家桥，建于 1497 年）及御码头则成为木渎古老的象征（见图 4-17、4-18）。

图 4-17 木渎镇上的永安桥（苏州市文物保护单位）

图 4-18　当年乾隆皇帝御用的码头

沿河乃是木渎山塘街,但这里的山塘街的形成要比苏州城西的山塘街要早。整条街都是街河并行、小桥流水、绿荫绵延、深宅大院、街巷幽深、古迹处处。街的一头枕着幽奇古朴的山壑,另一头连着繁华热闹的商市。游客伴随着香溪河水,流向了远方。

时任清宫画师的徐扬,曾绘制了《盛世滋生图》又名《姑苏繁华图》,其中有对木渎部分的形象描绘。木渎虽经历了 2 500 多年的兴衰复苏,可老街的格局未变,其古代建筑和深厚的文化底蕴仍历历在目。

(二)弓矢为夷,东方智慧的奇观意境

吴国兴衰风起木渎,苏州西部丘陵山区乃是"强吴时代"重要的政治、经济、军事中心。灿烂的古吴文化源头是从这里向外传播的,因而这里对于吴地先民而言有着非同寻常的意义。姑苏台建成通天台,这是吴人自立、崛起的代名词,也是"强吴时代"的显著标志。

(1) 弓矢为夷

北方商周王朝惯称吴越人为"蛮夷",这个"夷"字大有学问。因每一个汉字的背后,都有一段沉甸甸的历史,它一笔一画的背后都体现了先民特有的社会生活风貌。甲骨文中的"夷"字(见图 4-19),它是由弓和

矢组成的，或者说是弓与箭的组合，即"弓矢为夷"。东汉许慎《说文解字》曰："夷，从大，从弓。东方之人也。"王献唐《炎黄氏族文化考》认为："夷人善治弓矢戈矛，或以技能取义作弟为夷。"①

| 甲骨文 | 金文 | 战国文字 | 篆文 | 隶书 | 楷书 |

图4-19 甲骨文中的"夷"字演变过程

由于"矢"字与"人"字有些类似，周朝之后经逐渐演化，最后"矢"字变成了"大"字，于是成了"大弓为夷"。这是甲骨文中对吴人强悍的描述，也是"弓矢为夷"的本义，也就是说，"夷"的本义是善于制作弓箭，或以弓箭为武器的东方强悍部落，它既符合了造字的逻辑，也代表了吴人强大的战斗力。

另外，吴人又是极为聪明的。他们把房子建高一点儿，堆土墩子，不会被水淹。更重要的是，堆墩所需的土方，挖出来形成了河道、池塘，河网密集，水稻就能种在村子周围。这个模式，就是考古学家所说的散点状密集分布的小聚落，初级的人水共生的生态系统。

木渎地区是苏州西部丘陵山区的一个小盆地，西边的穹窿山挡住了太湖而来的洪水，吴人通过水利系统将水乖乖地引向东南与西北边。从历史上看，江南人长于治水。南方的哲人老子说上善若水，又说"心善渊"，跟水有很深的因缘。而水又是生命的必需条件，从今天的长三角看江南古老的水乡，人与自然的和谐共生，可以获得许多启示：江南之胜，独在于水；水让世界生生不息，水让大地多姿丰饶。

远古时代，天倾西北，地陷东南。中华上古奇书《山海经·南山经》载："又东三百里，曰堂庭之山，多棪木，多白猿，多水玉，多黄金。"文字洗练而充满了神秘的想象。"堂庭之山"即苏州西南太湖之中的东、西

---

① 王献唐：《炎黄氏族文化考》，齐鲁书社，1985年，第36页。

洞庭山，俗称东山、西山。这方沧海奇域，在早期是什么样子，已不得而知，但可以肯定的是，这是一个水势很大的汪洋之地。

拨开历史迷雾，探访古老痕迹，或许在 6 000 年前，或许更加久远的时期，先吴之地的古吴人乘着独木舟于湖海之上，向着太阳升起的地方前行，借助季风，不断向湖海深处漂流……他们并不因自然条件的恶劣而却步，更不因自身条件的简陋而望洋兴叹。湖连着海，烟淡水云阔；波浪滚滚，无际且无垠。先吴人虽对自己的处境不满，但他们总觉得生命中有一种躁动的力量，"可上九天揽月，可下五洋捉鳖"。

巍巍穹隆，滔滔大江，"茫茫九派流中国"；浩浩太湖，烟雾缥缈，朦朦胧胧胜天国。是水铸就了吴人的魂，是水练就了吴人的胆，是水照就了江南的韵。青山无墨千年画，流水无弦万古琴。

(2) 山光水色氤氲，东方智慧的奇观意境

人们踏着河流的节拍，抑扬顿挫地吟唱；河流则模仿诗人的韵律，平平仄仄地朗诵。人们模仿大自然、模仿河流的纯真之美，大自然和河流也在共鸣人类的诗心和诗歌。他们对水有着特殊的情感，在长期治水的过程中也积累了一定的经验，他们的心，也就成了被山光水色氤氲的山水之心，多想象、多智慧，实现了"咫尺之内，再造乾坤"的意境。

徜徉于曲径通幽的艺术境界，人们会感到无拘无束，逍遥自在，清静闲适，悠然自得，也就是说，能在布局的自由中获得身心的自由，在生态的自然中归复人性的自然。自然美和人性美通过园林艺术美而交融契合。正因为如此，苏州的古典园林相继被列为世界文化遗产。它不仅是自然的赐予，而且是文化的积淀；不仅是中华民族的艺术瑰宝，而且是全人类共同的珍贵文化财富。正如苏格兰建筑师威廉·钱伯斯爵士所赞美的：中国园林是源于自然、高于自然，成为高雅的、供人娱乐休息的地方，体现了渊博的文化素养和艺术情操。

在苏州古典园林里天人和谐、物我同一的生活境界，见于古代诸多诗文之中，说明人和自然是双向交往、和谐相处的。马克思指出，"植物、动物、石头、空气、光等等……都是人的意识的一部分，都是人的精神的

无机界""人的无机的身体"①。总之，自然似乎就是人，人也似乎就是自然。这种天人双向交融的园林生活，既是"自然的人化"，也是"人的自然化"，是人向自然的真正回归。这就是以木渎园林为重要标志的最重要的具有未来学意义的自然生态学价值。

　　理念产生了西方艺术，梦幻产生了东方艺术。苏州园林是东方"梦幻"艺术的极致，它的美，使联合国教科文组织的专家哈利姆感到，"美好的、诗一般的境界"，"好像在梦中一样"！就像水、泥土、大地、空气、庄稼一样，它以原生的姿态冲击、摇撼、感染着我们的心。1973年发现的面积达4.4万平方米的、距今6 000多年的苏州吴县草鞋山遗址中，出土了三块炭化葛布罗纹织物，这是迄今为止我国考古发现的最早的纺织实物。又在太湖南岸边钱山漾遗址发现了4 400年前新石器时代的人工饲养的家蚕丝织物，这是世界上迄今为止最早的丝织品。它是一首昂扬向上的史诗，也是一曲雄浑的江南交响曲；红橙黄绿青蓝紫，文韵恰如水韵长。

---

　　① 《马克思恩格斯全集》，第42卷，人民出版社，1979年，第95页。

第五章
人类最早备战运河　世界最长运河渊源

清人沈寓称："东南财富，姑苏最重；东南水利，姑苏最要。"① 遥想春秋战国之际，思接既往世界。夫政之通行，多借水之通航为要事，故有亚述人开河取淡水，波斯人凿通尼罗河至红海为交流。吴王阖闾在世界上首开胥江（溪）搞备战，夫差开河（苏州望亭沙墩口）遂成世界最长京杭大运河之渊源。法国学者亨利·列斐伏尔提出"空间生产"理论，而苏州古人早已在苏州西部进行"空间革命"，利用空间、创造空间，通江达海连四方，成就了苏州核心江南的地位。"烟柳霓灯月半弯，小桥如画展斑斓。吴侬软语人陶醉，船过阊门不愿还。"

一、世界最早备战运河　平战结合恩泽江南

世界上著名的人工运河有巴拿马运河、苏伊士运河、基尔运河及科林斯运河等，而起源于苏州、主要建于隋朝时期的中国京杭大运河（简称"大运河"）则是世界上最长、最宏伟的运河。

何谓"运河"？按人们约定俗成的提法：运河是人工开凿的通航河道。广义上讲，运河是用以沟通国家、地区或水域间水运的人工水道，它通常

---

① 沈寓：《治苏》，《清经世文编》卷二十三。

与自然水道或其他运河相连接。除航运外，运河还可用于灌溉、分洪、排涝抗旱、给水等。

早在公元前7世纪，亚述人开了一条运河，长80千米，宽20米，用于取淡水；公元前5世纪波斯人凿通尼罗河至红海的运河，用于多国的沟通与交流。吴国开凿于公元前506年的胥江（溪）是中国现有记载的最早运河，开始用于引太湖水进城，西凿后成为备战运河，并广泛用于灌溉、分洪、排涝抗旱等，造就出江南旱涝保收的富庶之地。

（一）胥江是苏州母亲河，哺育了千万民众

胥江（河、溪）位于苏州西部。东起自苏州阊闾大城胥门（"胥门，本伍子胥宅，因名。石碑见存。出太湖等道水陆二路，今陆废"[①]），西经横塘、木渎、胥口至太湖。接着又在太湖西开挖，经宜兴、溧阳、高淳，穿过固城湖，在芜湖当涂直通长江，全长约225千米。清光绪《高淳县志》记载："胥河，吴王阖闾伐楚，伍员开之，以通粮道。"

2007年11月出版的《苏州河道志》中详细记载了大运河苏州段的起源，并指出苏州运河的起源一直要追溯到春秋时期。在此之前，苏州周边的自然水系，主要源于苏州东南方的"三江"（松江、娄江和东江）。公元前514年，伍子胥受命筑造阖闾大城时，设水、陆城门各八座，在城墙外围开挖护城河，内有水道相连，用水门沟通内外河流。为使城内水流动，伍子胥便凿江引太湖水。筑城8年后，也就是周敬王十四年（前506年）初，吴王阖闾命伍子胥督役开凿胥江（溪）。通航后，吴国运兵运粮，在阖闾亲自指挥下多次西进，突然出现在楚军面前，直至攻破楚都郢。有关专家考证认为，这条胥江当是目前已知的中国最古老的人工运河，而苏州胥门至胥口之间约40千米的胥江，则是古胥溪的起始段（见图5-1）。

这段胥江，即使到20世纪初，来自太湖的胥江水势仍比较大，其船队要想从泰让桥下逆水进入胥江口亦显得有点儿吃力（见图5-2）。

[①] 陆广微：《吴地记》，曹林娣校注，江苏古籍出版社，1999年，第19页。

第五章

人类最早备战运河　世界最长运河渊源

图 5-1　苏州阖闾大城西胥门至胥口的胥江（溪）

图 5-2　新中国成立初期民众观看进入胥江的行船（资料图片）

明清时期，大运河苏州段改道胥江，过往船只多经胥江入胥门，造就了胥门一片繁华胜景。旧时，此地不仅商贾云集，更是官吏来往的接引之所，至今仍有"接官厅""皇亭街"等地名。尤其是城河外的皇亭街小区内有个万寿亭，亭内矗立着三块御碑，成"一"字排开。中间一块特高大，上有盘龙纹额顶，中书两个大字"圣旨"，这是康熙皇帝的圣旨碑。

185

两旁是乾隆皇帝的诗碑。据说是皇帝视察苏州时的文字。

在二十世纪四五十年代,因胥江水质好,城里一些烧开水的老虎灶、喝茶考究的茶馆,还有专门挑水的挑夫从胥江里挑水,以供饮用。建于1951年的苏州最早的自来水厂,就在胥门城墙下。

船队进入胥江后,一会儿就到了横塘,横塘为阖闾大城西水源要冲之地。"十里横塘"境内胥江河、越来溪及后来的大运河三水从不同方向在此交汇,一直向东奔入大海。横塘沿水建街,著名的普福桥(亭子桥)、彩云桥、晋源桥通接街道。胥江作为苏州阖闾大城通往太湖的唯一水道,沿江两岸至今仍保留着韩世忠祠、嘉应会馆、横塘驿站(见图5-3)等历史文化遗存,并成为苏州近代工业的发祥地之一,至今还保留了苏州二叶制药厂、化工仪表厂等工业遗址。

图5-3 苏州西部胥江边的横塘驿站历史文化遗存

北宋的贺铸,以"横塘路"为名,还写过一首情诗:"凌波不过横塘路,但目送,芳尘去。锦瑟华年谁与度?月桥花院,琐窗朱户,只有春知处。飞云冉冉蘅皋暮,彩笔新题断肠句。试问闲情都几许?一川烟草,满城风絮,梅子黄时雨。"范成大也以"横塘"为名,写过一首清新隽永的诗:"南浦春来绿一川,石桥朱塔两依然;年年送客横塘路,细雨垂杨系画船。"诗的前两句写送客之地的景物,揭示出离别之意,如石桥、朱塔成了离别的见证者，使人油然而生别离之情；第三句直接写年年送客至横塘，以"年年"一词表明送客频繁，横塘路春意勃发而人却分离，寓有伤感之意；第四句诗人不直抒离情别绪，而是写横塘景中的与离情别绪直接相连的细雨、垂杨、画船，细雨如丝，垂杨似线，画船待发，以景物作结，烘托出离别之情。不论是史迹还是诗人都告诉我们：横塘在苏州西部胥江上是一个重要节点。过了横塘，经木渎就到了胥口（见图5-4）。

图5-4 苏州西部太湖水入胥江的胥江口

胥口是太湖水流向胥江的入口，乃吴国的战略要地，现有伍子胥墓、胥王庙及蒋墩教练场（相传为当年孙武操练斩妃嫔和吴王拜将之地，使我们依稀见到了当年孙武驰骋疆场的雄风。如今，胥口境内的二妃庙、二妃墓、拜将台、烽火墩、藏军洞等历史遗迹还在），无不向世人娓娓地诉说着春秋晚期的历史故事，其间有多少历史的刀光剑影！它为民而开，哺育了千千万万的民众，与苏州古城相伴而生生不息。

（二）为伐楚胥江西拓通长江，几经废弃历史长悠悠

春秋时期的吴楚争霸曾演绎出许多扣人心弦的典故，或许很多人不知道，鸠兹之战是吴楚争强的第一战，而这一战就发生在今日的芜湖境内。公元前570年，楚国派了300个车士和3 000个步兵攻克了鸠兹邑，进军到当涂横山，未料中途遭到吴军伏兵拦腰一击，活捉了将军邓廖，楚军损

失惨重。这一战后来被鲁国史官左丘明记载在《左传》里:"(襄公)三年春,楚子重伐吴,为简之师,克鸠兹。至于衡山。"这是鸠兹邑首次出现在先秦史籍上。

鸠兹就是今天的芜湖,鸠兹城址位于今芜湖市水阳江南岸一带。春秋时,这一带因"湖沼一片,鸠鸟繁多"而名"鸠兹",属吴国。中华最早、时至今日依然可说是最著名的"爱情诗"——《诗经》的开篇诗作《关雎》有云:"关关雎鸠,在河之洲。窈窕淑女,君子好逑。"诗中的"雎鸠"就是"鸠兹"。

汉武帝元封二年(前109年),鸠兹设县,因为鸠兹附近有一长形湖泊,"蓄水不深而生芜藻",始名芜湖。古代芜湖得两江交汇、舟楫之利,南唐时即"楼台森列""烟火万家"。唐代大诗人李白,可说是第一个关注芜湖的古代文人了。他在芜湖留下了一些颇具浪漫诗人气质的佳句,像《南陵别儿童入京》中"仰天大笑出门去,我辈岂是蓬蒿人";《望天门山》中"天门中断楚江开,碧水东流至此回。两岸青山相对出,孤帆一片日边来"。李白三至南陵,《南陵县志》说,"唐,李白游江东,寓南陵,题咏最多"。

古丹阳湖简称丹湖,因秦置丹阳县而得名。先秦时为薮泽,古中江由泽所经,即沟通吴楚的"中江出(芜湖县)西南,东至阳羡(今江苏宜兴南)入海"(《汉书·地理志》)。两汉时中江淤塞,湖泊才逐渐定型,最大时湖面积达3 000平方千米,形成皖南山洪的汇集之区,乃长江西水东流入震泽(太湖)的通道。今丹阳、石臼、固城、南漪四湖以及当涂、宣城、芜湖、溧水、高淳等县沿湖圩区,原均属古丹阳湖地。

当涂至固城的胥溪南侧为古丹阳湖,其地质构造本为燕山运动后期因断裂而形成的洼地,属于第四纪淤积层。因长江和区间洪水挟带泥沙的淤积,湖泊日益萎缩,出现较多的洼地薮泽。当中江因淤塞排泄不畅,丹阳湖夏秋一片汪洋,冬春则露滩。随着生齿日繁,尤其军屯兴起,沿湖滩地由零星围垦发展为连片圩区。

在位于今南京西南边的高淳、溧水西部直至安徽省当涂、芜湖、宣州等地的古丹阳湖亦称丹阳大泽。该区域断裂构造的遗迹，在地貌上清晰可辨，如固城湖的东南部，原始湖岸线（不包括人工围堤）几乎呈一条直线，在湖岸线之外，平行分布着马鞍山、十里长山等，且山体在面向湖泊的一面多呈 30 度以上的坡度，为一明显的断崖。在石臼湖，也可见到类似现象。构造洼地形成之后，仍一直处于缓慢下沉的过程，这就为以后来自周围大量泥沙的堆积创造了条件。但是，这一洼地并非是个严格封闭的盆地，而是存留着缺口，以连通长江。发源于皖南山地的水阳江、青弋江的洪水，直接注入这个大洼地，然后再通过洼地的缺口归泄于长江。再者，当长江在洪水时期，江水位仍可高于洼地的基面，引起江水倒灌。这样，由于江河泥沙的堆积，久而久之，便在洼地的西部形成三角洲。三角洲逐渐发展，终于将缺口淤塞，仅留一些小的汊道。洼地因为缺口受到堵塞，泄流不畅，遂潴积成湖，开始了湖泊的生命活动，此即古丹阳湖（见图 5-5）。

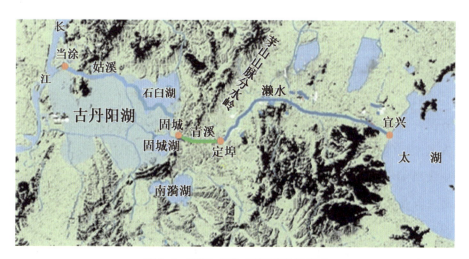

图 5-5　胥江（溪）运河路线示意图

史载，在春秋早期，楚国扩张很快，至中期已雄踞一方。公元前 519 年，"楚边邑卑梁氏之处女与吴边邑之女争桑。二女家怒相灭，两国边邑长闻之，怒而相攻，灭吴之边邑。吴王怒，故遂伐楚，取两都而去"①。自"争桑之

---

① 司马迁：《史记·吴太伯世家第一》，梁绍辉标点，甘肃民族出版社，1997 年，第 430 页。

战"后，吴楚两国争雄之战日益频繁。有鉴于此，为了西破强楚，走近道、出其不意地通过水路打击楚国，吴王阖闾采用伍子胥计谋，由伍子胥带领民众打通震泽（太湖）经宜兴、固城、石臼湖、古丹阳湖大泽进入长江的水路。后称胥溪河，为太湖平原的主要水源地之一。公元前506年，伍子胥带兵经此攻入楚都，掘楚平王墓，鞭尸三百，报了父兄之仇。

目前关于胥溪的最早记录来自北宋《图经》："昔吴王阖闾伐楚，以伍相带兵，因开此溪（胥溪河），以通漕运。"宋代水利学家单锷在其所著《吴中水利书》中说："自春秋时，吴王阖闾用伍子胥之谋伐楚，始创此河，以为漕运，春冬载二百石舟，而东则通太湖，西则入长江，自后相传，未始有废。"清光绪《高淳县志》记载："胥河，吴王阖闾伐楚，伍员开之，以通粮道。"另据安徽《郎溪县志》记载：胥溪河，古名胥河。此河一段是江苏高淳与安徽郎溪两县的界河，上自高淳固城湖口，下至溧阳朱家桥，全长30千米。经溧阳、宜兴过太湖至苏州。

民国时期地质学家丁文江、水利专家武同举等人，通过实地考察及对地质、地貌、钻孔和水文资料分析，皆认为"中河（胥溪河）乃人工开凿之河道""此河亦必属世界最古运河之一"。因为目前世界公认为最古运河为邗沟，开通于公元前486年，比胥河晚20年。彼时，吴王夫差为了北伐齐国，争夺中原霸主地位，调集民夫开挖自今扬州向东北，经射阳湖到淮安入淮河的运河，因途经邗城，故得名"邗沟"。张习孔等主编的《中国历史大事编年》曾将胥河和邗沟并列为世界上最早的人工运河，实际上胥河要"年长"20岁。因邗沟后来成为京杭大运河的一部分，京杭大运河声名显赫，而胥河几经废弃，反倒渐渐被人遗忘了它的年龄甚至名字。

随着岁月的流逝，胥溪几经废弃。唐大顺二年（891年），又在胥溪上筑五堰，以抬高水位运送军粮。中国现代著名历史学家、古史辨派创始人顾颉刚先生在《苏州史志笔记补遗》中《"溧阳为吴备楚处（一九五三年九月）"》一文中指出：

惟溧阳一地，在吴国实为重镇，其西之芜湖，即楚之豫章也；其西北之昭关，即吴、楚分界处也。其后子胥伐楚，凿运河（当时名胥泾，后讹为中江，今称广通坝）以输粮，即由宜兴、溧阳而至高淳，经固城、石臼、丹阳诸湖而至芜湖，可见溧阳是一运输中心。①

顾颉刚又在《北江、中江（一九五三年八月）》中指出：

至于中江，则由误认人工所凿之运河为自然之水道而来。《汉书·地理志》云："丹阳郡，芜湖：中江出西南，东至阳羡入海，扬州川。"明韩邦宪《广通坝考》云："广通镇在高淳县东五十里，世所谓'五堰'者也。西有固城、石臼、丹阳南湖。受宣、歙、金陵、姑孰、广德及大江水；东连三塔湖、长荡湖、荆溪、震泽；中有三五里颇高阜。春秋时吴王阖庐伐楚，用伍员计，开渠以运粮。"②

他还在《南济与中江、沱江（一九五三年三月）》中指出：

菏水，夫差所凿也，而《水经注》称之为南济。胥溪（高淳河），伍员所凿也，而《汉书·地理志》称之为中江。则人工运河与自然水道相乱。③

由于长江在安徽境内拐向东北，所以长江中下游的皖东南、江浙一带，历史上又称江东。此地是中国地图上水网最密集的一个地方。因而北方铁骑要想从此地跨江南渡，几乎不可能，必须取道荆楚。因而江东政权只要在西线防住荆楚，便足可割据一方。若能拿下荆楚，便有望争雄天

---

① 顾颉刚：《苏州史志笔记补遗》，载《苏州史志资料选辑》1991年第二辑，第13页。
② 顾颉刚：《苏州史志笔记补遗》，载《苏州史志资料选辑》1991年第二辑，第17-19页
③ 顾颉刚：《苏州史志笔记补遗》，载《苏州史志资料选辑》1991年第二辑，第19页。

下。阖闾与伍子胥可以置其余大国于不顾,盯着楚国打,就是这个道理。这就是军事地理学。

每年端午节的时候,高淳人会祭拜伍子胥,还会举行划龙舟比赛并把粽子撒入河中以表怀念。

今天的胥江(溪、河),经高淳东坝、下坝、定埠,至溧阳朱家桥桠溪河口东接荆溪南河段,连通在宜兴流入太湖的荆溪,是高淳、溧阳间引水灌溉和通航河道,故又称淳溧运河。如今,连接芜湖长江水运和上海黄浦江水运的芜申运河已开通,可通行1 000吨位的船只(见图5-6)。

图5-6 芜申运河示意图

(三)造福江南沧桑巨变,人丁兴旺经济发达

水能载舟亦能覆舟。城乡的发展缺不了水,可水太多又会引发灾害。春秋时期伍子胥开挖胥溪后,疏导了水阳江上游的来水,使得高淳、溧阳一带变成一片沃野。宋代水利家单锷于元祐四年(1089年)所著的《吴中水利书》引用了钱公辅之说:"自春秋时,吴王阖闾四年(前511年)用伍子胥之谋伐楚,始创此河,以为漕运,春冬载二百石舟,而东则通太湖,西则入长江,自后相传,未始有废。"它对农田灌溉、水运交通和防洪排涝等都发挥了巨大作用,日益成为江南的重要交通运输水道,终日商

贾云集，白帆穿梭。逝者如斯夫，绿水在长流。

（1）岁月悠悠，沧桑巨变

太湖西边的高淳历史悠久，地处"吴头楚尾"，历来为兵家必争之地。旧志称高淳具有"环百里而崎而流者，莫非磅礴之气"，素称"苏皖走廊""南京屏障"，在军事上具有重要的战略地位，留下了许多载入史册的吴楚战争遗迹。如今，在高淳桠溪镇的胥河之畔，有一个千年古村落——胥河村，这里至今仍保留着许多习俗，如宗祠、小马灯、吃步步糕……当地的历史人文都与伍子胥开凿胥河紧密关联。

高淳因"地高民朴"而获名，古中江流经丹阳大泽，形成了固城湖、石臼湖、丹阳湖，造就了高淳的鱼米之乡。每当苏南旱情严重时，在高淳东抽水站，6台机组24小时不停地抽水，每天可往旱区提水26万立方米。尤其是在七八月份的用水高峰，机器轰鸣，日夜不停。高淳东部是山区，如果没有胥河供水，颗粒无收。抽水站扬程29米，在高淳境内灌溉面积达30万亩。

胥河不语，默默奉献，为高淳地区带来了繁荣。东坝街道新建的广通桥沐浴在落日余晖下，几艘满载货物的大铁船，顺胥河东下，前方是苏州、无锡、常州……水清河宽，天高云淡（见图5-7）。

图5-7　高淳区固城街道胥河航道（朱旭东摄）

核心江南
——世界罕见的苏州西部丘陵山区历史文化

五代南唐末年（975年）五堰废，太湖水患加重。1125年，朝廷又命恢复五堰之一的银林堰并筑成土坝，名叫银林东坝。明太祖定都金陵后，为使苏浙漕运由胥河入秦淮，避开长江风险，征调民夫35.9万人、石匠4900多人，疏浚河道13.3千米，并在原银林堰处建造石闸，既利通航，又可节制水流。石闸命名为广通镇坝，后称东坝，亦称上坝，成为太湖和水阳江两个水系的分水坝。朝廷在此专设巡检司、税课司等机构，负责石闸管理和对来往船只收税。

胥河建造石闸后，航船上溯直入长江，可达皖赣湖广等地，下行驶入太湖、钱塘江，可抵苏锡常及浙闽等地，既可避免江涛风险，又可缩短百公里航程。因此，广通镇便成为交通枢纽，有"七省通衢"之称。

明成祖迁都北京后，江浙漕运改由镇江渡江北上，胥河航道不再重要，并于永乐元年（1403年）改石闸为土坝。但正统六年（1441年），洪水泛滥，土坝决口，导致苏锡常再受水害。巡抚周忱、杨贺一于次年征调大量民夫、石匠重新筑坝，并由皇帝钦降板榜："如有走泄水利，淹没苏、淞田禾者，坝官吏处斩，夫邻充军。"正德七年（1512年），又在东坝坝基上加高三丈。自此，"三湖"（固城、丹阳、石臼）之水不复东流。但由于水位增高，造成西部高淳、宣城、当涂诸县大批圩田沉没，仅高淳一县即被毁良田10万余田，民众苦不堪言。清道光二十九年（1849年），固城湖水位高达13.26米，东坝被当地民众掘溃，导致苏州、无锡、常州、镇江一带发生重大水灾。次年，经下游各地民众上诉四府奏请，改东坝土坝为石坝。在东坝东侧立有石碑，永禁侵占坝基，由高淳、溧阳两县共同派人看守，一直维持到中华民国。

胥河几经改造，区位优势凸显，带来商贸兴盛，时至明末，广通镇（今东坝街道）已成为芜湖、无锡两大米市之间粮食的集散地。1958年"大跃进"后，发电供电、机器榨油和碾米等现代工业开始起步。其时，胥河中船楫如梭，坝上行旅摩肩接踵，镇上相继出现粮食、茶叶、桐油、黄烟、竹木等商市。

粮行生意的兴隆，带来了茶馆、酒店等服务业和南北杂货诸多行业的兴起。民国时期，东坝集镇商号近350家，过往客商有"日过三千，夜宿八百"之说。夜晚，坝头上下，帆樯林立，灯火一片。对此，清末解元王嘉宾曾留下"六朝金粉无愁曲，十里银林不夜天"的佳句。

(2) 固我"三江"水，确保苏锡常

因胥河上下游水位高低悬殊，汛期固城湖水位常高于太湖水位7～9米，河窄流急，如果没有东坝的阻挡，下游苏锡常等地难免水患。东坝几乎从水利上掌控着太湖流域的生死，故当地有句民谚："固城湖边东坝倒，北寺塔上漂稻草。"意思就是东坝一倒，固城湖及上游洪水倾泻而下，会淹没苏州城内的北寺塔，而此塔为苏州古城内最高点。

未筑东坝之前，如清代河道总督靳辅所言："江南之苏、松、常、镇，浙江之杭、嘉、湖等府，在唐汉之前，不过一泽国耳。"筑东坝之后，素来被称为"江南胜地"的高淳地区，变成了"蓄洪之地""洪水走廊"。为此，高淳人民作出了巨大牺牲，故有"我挡三江水，确保苏锡常"之说。所以该地每年都要组织劳力加固堤坝，直至现今，其下游的苏锡常亦安然无恙。

现在胥河古道已旧貌换新颜，其上游的"山水资源"正在逐步转化成"美丽经济"，人们将它装点得更加丰姿多彩，形成了一条旅游风光带。既美丽了自己，又确保了苏锡常的平安。一条胥溪河，功德照四方。顾颉刚在《吴国工业之发达（一九五一年一月）》一文中指出：

吴王一夕之间，所欲台榭陂池必成，可见吴国水利工程及建筑工程之发达。[①]

他在《苏州经济繁荣之由》一文中列举了三条：

其一为苏州市之历代户口。说明其在全国各都市中人口居最

[①] 顾颉刚：《苏州史志笔记补遗》，载《苏州史志资料选辑》1991年第二辑，第34页。

多数，而每值易代之际所遭残破亦最甚。然以居全国经济中心，故不及百年而熙攘如故。其二欲说明全国手工业之盛以苏州居首位，凡各地所需要者咸有所供应。其三欲说明苏州之所以长期为全国经济中心者，实以居江、海、运河之门户，为全国交通之枢纽，大而舳舻，小而扁舟，各方货物无不凑集于斯，以物力之雄厚，推动文化之发达。①

并指出：

白居易为苏州刺史，初到郡，作诗云："甲郡标天下，环封极海滨；版图十万户，兵籍五千人。"此可见公元九世纪初苏州之盛，十万户当有人口五十万矣。②

二、大运河发轫于望亭　浒墅关船埠是渊薮

京杭大运河是世界上最长的人工运河，它的长度是苏伊士运河的10倍。在中国的历史上，其地位与作用不逊于长城。它南起余杭（今杭州），北到涿郡（今北京），流经天津、河北、河南、山东、江苏和浙江，沟通海河、黄河、淮河、长江和钱塘江五大水系，全长约1 794千米，现为全国重点文物保护单位。它犹如东方的彩虹，照得西太平洋五彩缤纷。

（一）京杭大运河起头第一铲土在苏州望亭开挖

京杭运河（也称大运河）最早是在苏州望亭沙墩口与望虞河交界处开挖的。周敬王二十五年（前495年），夫差登上王位，在夫椒之战大胜后听取越君臣入吴为奴的范蠡之谏，为了与齐国和晋国争霸中原，他号令数

---

① 顾颉刚：《苏州史志笔记补遗》，载《苏州史志资料选辑》1991年第二辑，第31页。
② 顾颉刚：《苏州史志笔记补遗》，载《苏州史志资料选辑》1991年第二辑，第34页。

万民众浩浩荡荡开凿江南运河。由苏州的望亭经无锡一直开到现今常州的奔牛镇一带，由于奔牛向丹阳方向的地势高仰，挖掘难度比较大，所以运河从奔牛拐了一个弯，向孟渎（老孟河）接通长江，全长 170 里。之后又于公元前 486 年，在苏北扬州又开凿了邗沟（扬州至淮安），长 175 里，加上江南运河，夫差时期共开凿运河 345 里（见图 5-8）。

图 5-8　京杭大运河的第一铲土在苏州望亭（沙墩口）开挖示意图

望亭古称问渡，别称鹤溪、御亭，位于苏州与无锡的交界处。它西倚北太湖，京杭大运河穿镇而过，其境内运河达 6.5 千米。在这段不长的河道中，孕育着望亭镇数千年的文化血脉。其境内的小华山与鲇鱼口遗址曾出土釜、鼎、豆等生活陶器，镰、刀、砺、锛等石制生产工具，为马家浜、崧泽、良渚时期遗物。遗址在夏禹时代属防风氏所在地，距今已有 6 000～7 000 年的悠久历史。秦汉时属吴县，东汉末年吴主孙坚在乌角溪（沙墩口）和鹤溪（古运河）交汇处建御亭（见图 5-9），形成集镇。

始建于隋大业十年（604）的望亭堰（洪水闸，实为石塘坝），为太湖、鹤溪（古运河）、蠡河（今望虞河，开凿于公元前 475 年，由越大夫范蠡所建，南起太湖沙墩口，北至长江边的耿泾口）之汇合处。《吴郡志》云："设堰者，恐暴雨流入于域也。"《太平寰宇记》云："御亭驿在州（常

核心江南
——世界罕见的苏州西部丘陵山区历史文化

图 5-9　京杭大运河苏州段望亭的御亭

州）东南一百三十八里,与地御亭在吴县西六十里,隋开皇九年置为驿,十八年改为御亭驿,唐李袭誉改为望亭驿。"望亭驿地处古鹤溪旁的古驿道上,明《洪武苏州府志》载:"元平江路境图二十,有望亭驿于运河西岸南面。"唐代改御亭为望亭,镇以亭名。从 2017 年 6 月开始,望亭镇对御亭、皇亭碑、驿站、石码头牌楼进行恢复,新建望运阁和文化展示馆,并将望亭老街风貌融入中华文化之中,助力运河文化的传承发展。

历史上大运河苏州段曾三度改道。这三次改道,每次都将苏州经济文化的发展推上一个新台阶,绘就了一幅姑苏繁华的历史长卷。

据《苏州河道志》记载,春秋之前,苏州周边的自然水系,主要由吴淞江、娄江和东江构成。公元前 514 年,伍子胥受命建阖闾大城开挖环城河,以城外自然河流水系为依托,挖胥江引太湖水进城,沟通内外城河,形成四通八达的水上交通系统。

八年后,也就是周敬王十四年（前 506 年）初,吴王阖闾命伍子胥督役开凿胥溪。又过了十一年,即公元前 495 年,吴王夫差继位,决定北上争霸,遂下令自阊门外环城河处开河通运。这条水道向西至枫桥后,再向西北一直到太湖东缘,即今天望亭的沙墩港（一说五七桥）,经无锡至武进奔牛镇的孟河汇入长江,全长 170 余里。而一直被认为是大运河发源地的邗沟，则是吴王夫差于公元前486年才开始修建的。

汉武帝年间，为了输送贡赋，苏州地方疏浚沿太湖东缘的水道，并以东环城河向南延伸至吴江，接通了今天的运河苏嘉段。至此，大运河苏州段的前身正式成形。

到隋炀帝时，拓浚了自沙墩港至油车墩的水道，成为大运河苏州段。从此，苏州也随着大运河上来往船只的日益密集，而越发繁荣起来。

有关专家指出，隋唐时大运河从枫桥急转向东，与环城河交汇于阊门。这段水道也就是现在的上塘河。在唐朝，这里市面繁荣，南北舟车在此云集，成为米、豆、丝绸、布匹等物产的集散港。南来北往的客商，过浒墅关后，都是从这里进入苏州城的。

经济的发展，催生了文化的繁荣，枫桥至上塘河一段水域也让文人墨客流连忘返，写下了许多动人诗篇。其中最负盛名的，当然是张继的《枫桥夜泊》。其实枫桥的原名叫"封桥"。因为它横跨古运河，古时每当漕粮北运经过时，就在桥下设护粮卡，封锁河道，禁止别的船只通行。结果张继诗中"江枫渔火对愁眠"一句，让世人都记住了"枫桥"，此后这座桥也因此而改名为"枫桥"。

到了唐朝后期，当地利用周边的自然水系，在枫桥码头往南又新开一条水道，经横塘进入胥江。这段水道由横塘过石湖，两岸景色秀美，也引得过往的文人兴致盎然。这条水道新开后，直接带动了苏州城西乡镇的人气。因此唐诗多咏枫桥，而宋词多赞横塘，就是这个缘故。

渐渐地，繁华的阊门因云集舟楫而使大运河堵塞。于是，人们想到了改道——利用天然河荡彩云塘沟通胥江，借用胥江沿着枣市街南侧，穿过泰让桥再进入护城河。这造就了胥门的繁荣，枣市街更是身价倍增。尤其枣市街，在大运河改道后，形成了一处新兴的水果市场。至清末民初，官炉、冶坊、火电厂、轧米厂、火柴厂……相继在水陆交通要道的枣市街上落户。这是大运河苏州市区河段历史上的第一次改道，据航道专家考证，大约发生在明末清初。

大运河的第二次改道，发生在新中国成立后的1958年。经历了起自

核心江南
——世界罕见的苏州西部丘陵山区历史文化

清末的连年战火,阊门一带早已不复昔日繁华,上塘河也变得拥挤狭窄。与之相对应的是船只越来越多、船型越来越大,枫桥段河道显得十分拥挤、嘈杂甚至堵塞,直接影响到枫桥、江村桥的安危和寒山寺的正常佛事活动。因此,1958年苏州市和吴县实施枫桥—彩云桥航道急弯改善工程,在老河道以西新开拓浚了800多米新河道,自此运河过铁岭关后直线南下至横塘,再由胥江过泰让桥进入环城河。这样不仅保护了寒山寺、枫桥和江村桥,还在新、老运河的河道之间形成了今天的江枫洲风景区。镇因水兴,市随河成,明代唐伯虎有诗:"金阊门外枫桥路,万家灯火迷烟雾。"(见图5-10)。

图5-10 运河、枫桥、寒山寺三位一体

从古至今,运河、枫桥、寒山寺三位一体,密不可分。可谓一损俱损,一荣俱荣。一条河、一座桥、一个庙、一首诗,构成了一片如诗如画、亦梦亦幻的意境,演化为苏州的一张千年文化名片。

1985年,苏州市再次规划整治运河,令大运河苏州段第三次改道。运河在横塘折向东,经新郭镇北侧、五龙桥南侧进入澹台湖,至宝带桥北塊100余米处,与南去的老运河汇合。这样彻底避开了古城区,保护了苏州古城和沿途的宝带桥、觅渡桥、吴门桥和水陆古盘门,大大降低了古城区的噪声并减少了水的污染。

第三次改道的时候,公路、铁路已经越来越成为交通运输的主力,甚至空运都出现了。大运河的价值也从运输大动脉,渐渐转为历史遗迹。前两次改道都是为了增加大运河的运力、促进经济的发展,而第三次改道则是经济发展后反过来保护历史,反哺环境。

宝带桥在苏州古城西南边的澹台湖和古运河交叉的丁字形湖口之上,是一座长达316.8米、宽4.1米,有着53个桥孔的石拱桥。它始建于唐元和十一至十四年(816—819年),是与赵州桥、卢沟桥齐名的中国古代十大名桥之一,亦是我国现存的建筑年代最早、连拱最多、最长的石桥,系全国重点文物保护单位。

当年,为了扩大泄水面积并减轻河水对石桥的冲击力,建造者采用了薄墩联拱的特色工艺,使泄水面积达到85%,居同类古桥之首。53孔的宝带桥中间3孔较高,旁侧50孔较低,桥面狭长而平坦,这种技术不仅减轻了桥体重量,保证了船舶通航和湖水宣泄,也通过扩大泄水面减轻了河水的冲击力。传说当年王仲舒为了筹措建桥经费,不惜变卖了束身的宝带。此举感动了当地士绅,纷纷解囊捐赠,兴工建桥。为纪念王仲舒捐带建桥义举,人们将此桥命名为宝带桥。

进入新世纪后,苏南运河繁忙的水运对宝带桥的安危屡屡形成威胁。2001—2004年,宝带桥遭受船舶撞击18次。经过有关部门特批,航道部门在宝带桥东侧建造了两个航标灯。2009年3月,又在宝带桥身正前方的基埂上,安装了19根TPU(热塑性聚氨酯弹性体橡胶)材质的弹性防撞警示柱,为宝带桥建立了一道安全防护壁垒。

以前太湖东南的平望、八坼之间地势低凹,成为太湖向运河的泄水通道。由于河湖不分,水面宽阔,风大浪高,江南运河的漕船常在此沉没。为使漕船免遭波涛风险,方便纤夫挽纤,苏州刺史王仲舒在运河西岸修筑了数十里长的吴江塘路,并在太湖的泄水口建造了一座石拱桥,既提高了江南运河的运力,又保护了纤夫的安全。

(二)世界最长京杭大运河,造就了苏州城西的黄金经济带

千百年来,流淌着四方活水的大运河给苏州带来了富裕与繁荣。明代唐伯虎诗中的"世间乐土是吴中,中有阊门更擅雄……五更市卖何曾绝,

四远方言总不同",以及清代曹雪芹笔下的"东南一隅有处曰姑苏,有城曰阊门者,最是红尘中一二等富贵风流之地"便是明证。那时苏州的粮食、棉布、丝绸、食盐等流向四方。城西阊门外的生意十分红火,面向全国,还出了一个与皇帝比宝的大财主沈万三。通过海上丝绸之路面向世界,这是姑苏繁华最生动的写照,深深刻印在了人们的文化记忆里(见图5-11)。

图 5-11　20 世纪 30 年代苏州阊门城外运河万人码头(资料图片)

倚靠大运河,苏州在历史上长期是南来北往人员、货物的重要集散地和中枢地。同样借助大运河,漕运和海运在苏州形成了彼此呼应的联动效应,为南北物资平衡与往来、形成全国统一性的市场奠定了坚实的经济基础。

大运河经济造就了苏州明清鼎盛时期名副其实的"百业之城"和"百作之城"。历史上,苏州商业门类齐全,至康熙年间,城内有布店近 80 家,金铺珠宝铺近 80 家,木商 130 余家。而作为丝绸手工业的重镇,至雍正年间,苏州有踹坊 450 余家、踹匠 2 万余人,城东到处是机杼声,仅清代中叶《姑苏繁华图》上标有具体市招的店铺就多达 230 余家。

技艺精湛的苏作,几乎覆盖了传统手工业的所有领域,并且像木作、玉作、珠宝业、刺绣业、刻书业、年画业、花木业、制扇业、制伞业,甚

第五章

人类最早备战运河　世界最长运河渊源

至小到颜料业、儿童耍货业等都在传统手工业生产领域居于引领时尚的地位。由此可见，大运河是一条通向财富的黄金水道，大运河苏州段也成为广大人民群众有获得感的黄金文化带。

苏州大运河下段向南主要与黄浦江水系的吴淞江、苏申外港线、太浦河、荻塘等相交，其中吴淞江起自东太湖瓜泾口，过大运河后向东经昆山石浦进入上海，连接苏州河、蕴藻浜，为苏申内港线；苏申外港线起自宝带桥，向东南串联同里湖、白蚬湖经昆山周庄进入淀山湖；而太浦河作为太湖最大的排洪河道，同时也是向上海供水的主要河道，在平望与运河相交后向东汇入黄浦江；荻塘西通浙江湖州，往东在平望与大运河相交后入太浦河，称长湖申线。

四通八达的吴地运河是春秋末期吴国强盛崛起、积极开拓与中原文化联结交往的起始途径，直接促成了河道的进一步向北——由邗沟连接长江与淮河，极大地促进了早期吴越文化与中原文化的相互融合。

2500多年来，苏州大运河这条悠远的岁月之河，围绕着河与城、河与人，留给了后人无尽的历史人文遗产，无数的胜迹、往昔、故事与体验仍然存活在今人的生活空间和精神记忆里，这是历史的慷慨馈赠，是古韵苏州的滋味源头。大运河苏州段文化带，是追踪、复现、回味这一历史人文的沧桑之美并从中收获有益人生启迪的重要地域。刘易斯·芒福德曾说："城市是文化容器。城市的功能就是贮存文化、流转文化、创造文化。"这既是城市的核心资源，也是一座城市的灵魂。几千年来，在苏州悠久灿烂的文明中，非物质文化遗产在日常生活中世代相传，处处藏有珠玑，深沉而浓郁。她拥有1100余处文化景点，6项被列入联合国教科文组织"人类非物质文化遗产代表作"，32项被列入国家级非物质文化遗产名录，79项被列入省级非物质文化遗产名录，还有159项被列入市级名录。拥有国家级非物质文化遗产传承人39人，省级95人，市级334人，我们非常欣喜地看到这里把2500多年的地方特色保存并发展着。

"东涧水流西涧水，南山云起北山云"，这是水城苏州的地理基础，使

核心江南
——世界罕见的苏州西部丘陵山区历史文化

人在"流连万象之际"而"联类不穷"。当下,苏州拥有以古城为核心的16处世界文化遗产点,位居全国各城市之首(见图5-12)。会"说话"的老房老屋遍布街头巷尾,这在全国地级以上城市中极为罕见,其文化底蕴不仅在中国,在世界亦极少见。

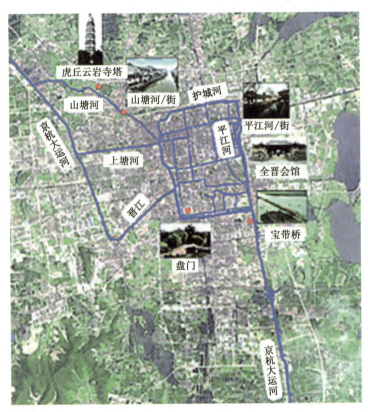

图5-12 大运河苏州段世界文化遗产点(局部)示意图

从图5-12可见,这环城运河就像人的大动脉,其血管遍布古城的大街小巷。小桥流水、桨声舟影,这是苏州特有的印记。如今人们来到这里,入住"中国最后的枕水人家",除了体验枕河而眠的感觉,还可以踏着石板路漫步,乘着摇橹船游览,坐在水阁喝咖啡,进入园林享受水疗SPA,使人的身、心、灵愉悦;或上古戏台观看一场昆曲与评弹……江南文化可观可感可休闲,既古典又时尚,游客可感受那古老与儒雅、智慧与澎湃、疯狂与宁静。

第五章
人类最早备战运河　世界最长运河渊源

苏州古城因水而生，因水而兴，因水而美，因水而名，水是苏州的灵魂。2 500多年来，从唐人诗境到意大利游子笔记，苏州的灵性，化作无数美丽吟咏，远播四海；独特的东方水城魅力，名扬八方。"君到姑苏见，人家尽枕河""绿浪东西南北水，红栏二百九十桥"成了这座历史文化名城不可替代的特征。这种独特的文化个性符号，用"人水和谐"四个字来表达是恰到好处的。

当华灯初上，水逐船行，听着温软的苏州评弹，品着上好的碧螺春，欣赏着岸边优美的景色，这样的意境，这样的惬意，不在梦里，不在戏里，就在水城苏州内。水，是苏州城市的载体，也是苏州最引人瞩目的城市"名片"。感谢吴王阖闾、夫差，感谢伍子胥临水造筑的苏州古城与大运河，他们用行动佐证了"亲水是人的自然本性"。

夫差于公元前486年开邗沟，由此开始，京杭大运河完成于隋朝，繁荣于唐宋，取直于元代，疏通于明清，南起余杭（今杭州），北到涿郡（今北京），途经今浙江、江苏、山东、河北四省及天津、北京两市，贯通海河、黄河、淮河、长江、钱塘江五大水系，全长约1 794千米。运河对中国南北地区之间的经济、文化发展与交流，特别是对沿线地区工农业经济的发展起了巨大作用。如果把全程加起来，大运河由京杭大运河、隋唐大运河、浙东运河三部分构成，全长近3 200千米，核心区包括150个县（市、区），是世界上距离最长、规模最大的运河，展现出我国劳动人民的伟大智慧和勇气，传承着中华民族的悠久

图5-13　京杭大运河示意图

历史和文明，是一部书写在华夏大地上的宏伟诗篇（见图5-13）。

京杭大运河是中国仅次于长江的第二条"黄金水道"，价值堪比长城。特别是在明清时期，漕运本身越来越商业化。先是漕运过程中私带货物，朝廷屡禁不止，转而主动明确允许漕船北上时可以附带一定的货物，漕船南返时允许载客运输。南方的丝绸、茶叶、糖、竹、木、漆、陶瓷等源源不断运往北方，北方的松木、皮货、煤炭、杂品等也不断由运河南下。漕运等船舶在运河上连绵不断，清朝时的漕运总督那都是富得"流油"的官职。沿河各地港口蓬勃发展，沿河港口商人们修建了很多会馆，如运河山东段聊城港、山西和陕西商人修建的山陕会馆等。乾隆皇帝六下江南，就是走的京杭大运河，他不仅欣赏了沿河的景致，对于沿河密密麻麻大小港口的繁荣，想必也留下了深刻的印象。

（三）十四省通衢之地，浒墅关船埠商旅是渊薮

古代北方的黄河流域气温较高，自然条件亦较好。但因连年不断的战争，北方的民众苦不堪言。从西晋末年始，中国的经济重心逐步开始南移，从唐之后的五代十国起，南方经济开始逐渐超过北方，形成了南方经济领先于北方的经济格局，而南方最发达的江浙地区已成为全国的经济重心。历经宋、元、明、清四代，经济上南方领先于北方的形势始终没有改变。为南北互济，京杭大运河就成了夜以继日的运输大动脉。

在这"大动脉"上有一个重要节点——浒墅关（镇）。它位于素有"人间天堂"之称的苏州古城西北，素有"江南要冲地，吴中活码头"之称。全镇河道纵横，现今铁路、公路（附近还有江南国际机场）四通八达，其独特的区位优势、便捷的水陆空交通条件，形成了发达的人流、物流、财流和信息流，是"上接瓜埠，中通大江，下汇吴会巨浸，以入于海"的"十四省通衢之地"。北方的棉花、小麦、杂粮，南方闽广的海货，苏杭嘉湖的粮食、丝绸、棉织品和其他手工业品都船运通过这里，故镇内商贾骈集，贸易繁盛，"每日千百成群，凡四方商贾皆贩于此，而宾旅过关者，亦必买焉"。

第五章
人类最早备战运河　世界最长运河渊源

早在5 000年前的新石器时代，这里就有人类从事渔猎、稻耕等活动。秦代开始设乡，元代至正年间设税关，明代宣德四年（1429年）设钞关（官员级别均在六品以上），每年商税收入十分可观。民国二十年（1931年），这里为吴县第一区区署所在地。民国二十三年（1934年）与第四区（望亭）合并，为第四区区署所在地，面积达165平方千米。地域东至黄埭，南至木渎，西至光福，北至无锡县界。1949年4月为吴县县政府所在地，被称为"商旅之渊薮，泽梁之雄钜"。（见图5-14）

图5-14　苏州浒墅关

又因浒墅关地处江南水网地区，西部为大阳山区，有山有水，气候宜人，自然资源雄厚，物产丰腴，故明代前浒墅关已是"吴中一大镇"，当时设置巡检司和税务机关，"一地两关"。这里经济十分繁荣，成为康熙皇帝"海禁开放"后江南对外开放的商品集散要地。故历史名人，如王鏊、范成大、沈周、文徵明、袁枢（袁可立之子）、王铎、王穉登、李根源等吟诵浒墅关繁盛的诗文和摩崖石刻颇多。

明宣德四年（1429年）户部在苏州设钞关。景泰元年（1450年）建关署，遂名浒墅关。相传清乾隆皇帝下江南时，误将"浒"字念成"许"，故至今一直称"浒（xǔ）墅关"（此种说法，在当地流传甚广）。

1644—1911年的中国仍然是一个农业社会，从财政方面来看，这也是中国"从国家财政转变为财政国家"的重要转型时期。1850年之前，清朝的财政系统由两个基本部分组成，即常规的和临时的两类财政收入和支出。常规的财政收入主要来自五个方面，即田赋、漕粮、盐税、关税和杂税（杂税包括渔税、茶税、矿税等），而其中的田赋是财政收入中最主要的部分。在清前中期（1840年以前），清政府每年的财政收入约白银4 500万两，其中田赋收入约为2 500万两，占每年财政总收入的50%以上。田赋在很大程度上由外部因素决定，如气候和自然灾害，当然也与耕地的数量和产量有关，总体来说它的收入弹性很小，具有一定的稳定性。财政收入中的第二项是漕粮，漕粮仅从八个省份（即江苏、浙江、江西、安徽、湖北、湖南、山东和河南）征收。这些省份都靠近水道，特别是靠近运河和长江。每年漕粮的征收数额为300万～400万石。传统中国运输谷物的方式相对单一，水运是便捷的运输方式。1850年以前，漕粮作为"天庚正供"，几乎从不会蠲免。而财政收入中的第四项"关税"却是非常特殊的一个税种，不但征收数量较多，而且征收方式也非常灵活。例如，一艘载满商品的船只通过某个税关，通常是按固定的税率收税（一般为货物价值的2%～5%）。一般而言，如果政府需要更多的资金，就会提高关税征收税率。所以从理论上讲，如果想要找到一个可以反映清代社会和经济发展状况的财政收入指标，那么"关税"就是首选。关税、厘金和盐税的征收总量差不多为田赋的三倍。尤其是关税，在晚清发生了很大的变化，成为晚清强有力的财政工具，即从一个稳固型的财政演变为扩张型的财政，从一个保守的财政发展为一个更先进、更有适应能力的财政。

1842年《南京条约》签署后，服务于对外贸易的口岸相继开放，这时候的关税就变为两类：一是"常关"（国内商品的税关），二是"洋关"（对外贸易的税关）。1861年，海关总税务司建立。1895年，中日《马关条约》签订后，苏州正式成为对外开港的商埠城市。1896年7月，苏州关监督公署建立，至民国三十四年（1945年）闭关为止，历时半个世纪。1896年8月，苏州关税务司署建立（见图5-15），所设立的"洋关"占地面积2 436平方米，建筑面积1 774平方米，东楼有二层，西楼有三层，

第五章
人类最早备战运河 世界最长运河渊源

图 5-15 苏州"洋关"——苏州关税务司署（资料图片）

中间是平房。据载："自 1896 年至 1936 年，按海关普通行轮章程出入苏州港之中外商船合计 191 503 艘、6 580 871 吨位，年均 4 671 艘、205 652 吨位；自 1899 年至 1931 年，按内港行轮章程出入苏州港之中外商船合计 178 763 艘、4 867 882 吨位（注：1899 年至 1904 年缺吨位数），年均 5 417 艘、180 291 吨位。"[①]（见图 5-16）

对出入苏州港之轮运货物、船只皆收关税。进口正税、出口正税、复进口税及内地子口税皆有定例。苏州设关以来关税收入："清末，年均在 10 万关平两以下，1911 年达

图 5-16 繁忙的苏州浒墅关商船
（资料图片）

---

① 陆允昌：《苏州洋关史料（1896-1945）》，南京大学出版社，1991 年，第 31-32 页。

209

138 364关平两。民国时期，关税收入明显增长，1919年达313 737关平两……1936年关税收入达国币5 750 365元（折合3 691 183关平两）……自1896年至1937年，苏州关实征关税总额18 259 204关平两。"① 关平两，"习称海关两或关平银。1843年中英通商章程及1858年中英天津条约规定，如用纹银或其他洋钱交纳关税，折成海关两时，每一海关两含纯银37.799 4克，成色不足的应加以贴水"②。按照海关统计，苏州"1922年贸易总额为26 364 207关平银"③。

苏州浒墅关，自明景泰元年（1450年）始设"钞关"，古镇浒墅的后面便拖了一个"关"字。浒墅关的关官因此应运而生。从建关第一任榷关主事到明末崇祯十七年（1644年）止，在194年间，共任命关官146任，148人次。明亡后，清顺治二年（1645年），由弘光小朝廷派出的关官程良孺降清开始，至道光六年（1826年）共有关榷116任，211人次。

浒墅钞关的设立，其实早在洪武初就已启动。宣德四年（1429年），朝廷已先后在商运中心地段对商货税款用钞交纳，在长江、大运河上设置了十几处钞关收取钞银，到景泰元年只是正式出台罢了。明代商贾活跃，在全国范围内设关收税，算是与经济的增长同步，既可叹也无可厚非。可叹的是虽有明确的税则、具体的规定，到了关官手中往往会演绎出因人而异的结局，廉明清正和贪赃枉法又孵化出一幕幕截然不同的钞关画卷。所谓"钞"，是指明钞、大清宝钞和户部官票，民间合称"钞票"，实是纸币。钞关就根据来往船只的载重量、所载货物和路程远近，折银收钞。据明嘉靖九年（1530年）榷关主事方鹏时的收钞规定："每钞一贯折银三厘，每钱七文折银一分"（浒墅当地顺口溜："七个铜钿折一分"），对过路船中的钞船、河船、堂船、航船，从五尺（木尺）起至一丈四尺止都有规定。如：五尺收钞十贯，六尺收钞二十贯，一丈收八十贯，一丈四尺收二百贯。对长船、川船、乌船、赣船，亦另有规定。但具体执行

---

① 陆允昌：《苏州洋关史料（1896-1945）》，南京大学出版社，1991年，第33-34页。
② 陆允昌：《苏州洋关史料（1896-1945）》，南京大学出版社，1991年，第39页。
③ 陆允昌：《苏州洋关史料（1896-1945）》，南京大学出版社，1991年，第122页。

就不那么简单——"清官面前照章办,瘟官嘴里漫天喊",百姓就是这样在哀叹。

至于浒墅关官管辖区域之大,在江南各镇,可算是绝无仅有。下辖的望亭、吴塔和木渎三个巡检司,就在东、南、北三个方向上守住了东太湖水域。浒墅关本身则扼控新塘桥港、黄埭港、射渎港、枫桥港等处南来北往西行东去的各类商船,还设立了板桥港、凤凰港等20多处内河江湖的港埠卡子,扼控苏锡常和太湖、长江的水路要道。同时,更控制"沿海四港"即吴淞港、浏河港、白茆港和福山港的船舶进出口钞收。这四港自万历初年设置后,即设堡一座,驻扎游击官兵,"委官一员,书办一名",并有守员差役"在彼处发单,赴关上料"。其中第一港门吴淞口,在上海小东门地段还设有守员及官帮办发单,对海船收钞料。

地盘多、权力大,派出的官员自然亦非同一般了。明代146任榷关官员中有119任是进士出身的官员,仅10多位是举人出身。清朝时也一样,只是多半以府院(中央机构)员外郎兼任移任到关上。顺治、康熙年间,还以满汉族的高级官员和笔帖式成员到钞关治理。朝廷"慎重"挑选了这些文化品位较高的关官来,却又很不放心,因为浒墅钞关"油水大,河水肥",诱惑力特别大。所以关官的任期一般都很短暂,一年居多,二年很少,三年四年依稀见得,仅有乾隆时的任官满人图拉一任做了12年,是任官时间最长的一位。地域分配也很小心,比照选派地方官条例,绝不用本地人,官员来自全国各地;在明朝,福建、山东两省的关官最多,有59位;到清朝则满人不少。

浒墅关从建关的1450年到有记载的1826年,短短的376年中,共有关官359名,平均任期只有一年多一点儿,更换之频繁,实所罕见。但从中亦不难看到封建统治阶级对财赋的重视。平心而论,盘剥是问题的一面;另一方面,浒墅钞关的建立,无疑对当时水路交通的发展治理、疏浚航道、修筑堤驳码头、促进商品流通、整治一方平安,也有其有利的一面。只是随着统治阶级的日益腐败,瘟官贪官越来越多,积弊越来越深,浒墅关变成了"鬼门关"。

此外，在1902—1911年的苏州，"在这个繁忙的城市，有350种行业。它们之中主要的当然是丝织工业。杜博士在《美丽的苏州》一书中写道：大约有100种花缎和200种丝绸和薄纱、7 000部织机，有20 000名妇女从事于刺绣。这些织机都向政府注册登记过，并交付机捐"①。而丝织工人只能挣"0.30元一天"②。

在过去的岁月里，因西方势力的介入，洋关迅速崛起，并整体带动关税飞速增长。利用人口和物价指数对关税量进行修正，并未完全改变这一增长趋势。清代关税的变化，成为引领中国传统财政体制由农业型向工商业型财政转变的关键因素。而这一潮流，与17—19世纪世界范围内的财政转型大体一致，只是在具体施行中有点儿混乱，许多贪官乘机多捞了一把。

"五口通商"之后，随着通商口岸的增加和征税方式的改变，与传统的"常关"衰落形成鲜明的对照，"洋关"（海关）成为带动清代关税增长的动力，于是浒墅关就显得更加繁忙。

由于上述原因，在内外文化与来自四面八方的各种思想的碰撞与融合发展中，历史上人文底蕴本就厚实的浒墅关及周边显得更加厚重。据统计，自宋朝至清代，浒墅关镇出了17名进士、29名举人（其中武举人4名）、19名贡生。晋代的支遁，宋代的郑起潜、谢涛，明代编撰《永乐大典》的王汝玉、王进兄弟，留下传世名著"三言"的文学家、戏曲家冯梦龙和画家冯梦桂、诗人冯梦熊兄弟（并称"吴下三冯"），当今金石名家矫毅的世祖矫顺，藏书家顾元庆，《阳山志》的作者岳岱等，或是当地人，或是侨居者，在浒墅关这块热土上，为华夏文化的发展作出了不可磨灭的贡献。如今的浒墅关运河水清岸绿，运河的两边不仅设有沿河绿道、夜跑长廊，还有健身设施及江南韵味十足的滨水公共空间，成为苏州"运河十景"之一。

---

① 陆允昌：《苏州洋关史料（1896-1945）》，南京大学出版社，1991年，第102页。
② 陆允昌：《苏州洋关史料（1896-1945）》，南京大学出版社，1991年，第107页。

三、不断提高水生产力　大兴水利发展经济

苏州西部丘陵山区被东太湖包孕着，云气浓郁。太湖，古时称震泽、具区，曾是个吞吐潮汐的大海湾，后来由于陆地生长，由海变湖。海陆演变，沧海桑田，不可计数的大小水面，在这块土地上形成，大者名湖、小者成沼、浅者为荡，它们之间形成纵横密布的河道沟渠。其中一个面积达2 427.8平方千米的大湖，被称为太湖，它是"海的儿子"，岸线蜿蜒曲折，富有诗意。千万年来，在这片土地上发生的变化，从未停止，唯一不变的就是变化。

扬子江与钱塘江向东延伸与反曲，致使部分海面被环抱于内遂成内海，西南两侧诸山水流不断注入，冲淡了其内海的水变为淡水湖，太湖由此而诞生。随着地理新构造运动的作用，太湖周围地区不断下沉，而沿海地区泥沙的不断堆积，导致太湖平原逐渐向碟形低洼地发展。

现在的太湖，位于江苏、浙江两省交界处。它是我国东部近海区域最大的湖泊，也是现今中国的第二大淡水湖（洞庭湖多年来随着湖面缩减已退为第三大湖），是中国著名的名胜风景区。湖面形态如向西突出的一轮新月。南岸为典型的圆弧形岸线，东北岸曲折多湾，湖岬、湖荡相间分布其间。现有51个岛屿，总面积达89.7平方千米，故太湖实际水面面积为2 338.1平方千米，湖岸线总长405千米，平均水深1.89米，从湖底地形可见湖盆的地势是由东向西倾斜呈浅碟形。

大禹治水后，"三江既入，震泽厎定"（厎定，即平定、安定之意），太湖地区"鹤鸣于九皋，声闻于野。鱼潜在渊，或在于渚""鹤鸣于九皋，声闻于天。鱼在于渚，或潜在渊"（出自《诗经·鹤鸣》，意思是：鹤儿长鸣在那沼泽中，声音响彻四野；鱼儿游在深水里，或者游在浅水里。鹤儿长鸣在那沼泽中，声音飘荡云霄间；鱼儿游在浅水里，或者游在深水里）。水中鱼虾蚌螺、蛇鳝龟鳖，应有尽有，正如生态哲学家余谋昌先生所指出：自然界也参与人类历史的创造。水是生态环境中的基本因子，而江南又是水

的世界,它势必对苏州地区社会经济的发展产生深刻的影响。长期以来,"太湖美,美就美在太湖水……"的歌声传唱不息,不到江南,不知景色如许(见图 5-17)。

图 5-17 "太湖美,美就美在太湖水"

(一)大兴水利,提高水生产力

人和自然是双向交往、和谐相处的。马克思指出,"植物、动物、石头、空气、光等等,都是人的意识的一部分,都是人的精神的无机自然界""人的无机的身体"。[①] 总之,自然似乎就是人,人也似乎就是自然。

吴地人身处水乡泽国,为利用和改造自然,很擅长用水、治水,不断提高水的生产力。

1. 用水作为军事工程

历史学家顾颉刚在《苏州史志笔记补遗》中列举了三例:

①《左》昭三十年《传》:"吴子执钟吾子,遂伐徐,防山以水之,……灭徐。"杜《注》:"防壅山水以灌徐。"此为中国历史上第一次用水淹以灭人国之事。由是想见春秋之世,吴国水利学

[①]《马克思恩格斯全集》,第 42 卷,人民出版社,1979 年 9 月,第 95 页。

已甚发达，故能用之于军事工程。其后知伯瑶引汾水灌晋阳，王贲引河沟灌大梁，遂成军事上之长技。①

②《禹贡》："三江既入，震泽底定"，此语由吴王阖庐伐楚，伍员凿运河，由芜湖江边连接太湖来，此即后世所谓中江者也。吴国凡凿运河三：一为中江，自太湖至长江；二为邗沟，自长江至泗水；三为菏水，自泗水至黄河；皆古代水利之大工程也。②

③ 哀十年《左传》：公会吴子、邾子、郯子伐齐南鄙，师于郎。……徐承帅舟师，得自海入齐。齐人败之，吴师乃还。此为吴之海军北侵史。③

上述这些千年流传的史实，使人不得不佩服吴人的智慧。

2. 优化水生产力布局，治水发展经济

据《苏州市志》有关古气候的记载，从新石器时期至春秋时期太湖流域一带为温暖期，春夏之际气温约为18～40 ℃。那时候，这里是片溪水潺潺的沃土，泉水从各地与山坡上涌出，到处是茂密的森林、碧绿的草地，宜人的环境，非常适合水稻的生长。低湿地加上雨热同季，促成了水稻的稳产、高产。到了唐代，江南的粮食源源不断地输往北方，大运河来不及输送时还动用海运，杜甫诗云："云帆转辽海，粳稻来东吴。"但自宋初始，"三江"（即松江、娄江、东江）日渐淤塞，每当洪水季节，太湖常因排泄不畅而酿成洪涝灾害。

其对策是：以疏导为主，造堰闸蓄泄水。据统计，从北宋咸平三年（1000年）开始，有关"太湖溢"的记载即达31次，其间11、14、15、17世纪都在5次以上。1931年7月的一次大水，受淹农田达592万亩，损失极为严重。

宋以来太湖流域水环境发生重大变化的直接原因是全球气候变暖。从

---

① 顾颉刚：《苏州史志笔记补遗》，载《苏州史志资料选辑》1991年第二辑，第11页。
② 顾颉刚：《苏州史志笔记补遗》，载《苏州史志资料选辑》1991年第二辑，第16-17页。
③ 顾颉刚：《苏州史志笔记补遗》，载《苏州史志资料选辑》1991年第二辑，第11-12页。

我国气温变化来看，11世纪10年代起气温开始上升，1050—1109年的60年间平均气温比1880—1979年的平均值偏高0.67 ℃，其中最暖的是11世纪60年代和80年代，这两个十年的平均温度比1880—1979年的平均值偏高分别达1.3 ℃、1.1 ℃。气候变暖造成了海平面的上升，东流水势受阻，为维持太湖流域上游来水和下游输送的平衡关系，太湖自然地向比降增加的方向发展，水位相应抬高。

由于太湖是浅碟形的盆湖，水位增高在平面上的表现主要为湖区面积快速增长，濒湖地区低田相继沦为水泽，成为"积水不退之田"。"低下之田昔人争售之，今人争弃之，盖积年之水十无一熟"，则是这种水文环境变化在农业经济方面所表现的严重后果。海平面的上升，河流侵蚀基准面抬高，吴淞江水流纵比降减小，河曲迅速发育，流速相应减缓。原来与流速相适应的输沙平衡被打破，河流向堆积方向发展，造成沿海地区的高潮位相应抬高，通海的港浦河汊本来水势不壮，此时反倒成为海水内伸的通道。

景祐元年（1034年），范仲淹任苏州知州，开始了对太湖的治理。太湖平原中部地势低洼，河港错落，潮汐涨落还带来大量泥沙，治水压力可见一斑。范仲淹赴任的时候，正值太湖汛期，"沦稼穑，坏室庐""观民患，不忍自安"，范仲淹实地考察之后，提出了以疏导为主的治水主张："水之为物，蓄而停之，何为而不害？决而流之，何为而不利？"

在具体的太湖治理工程中，范仲淹以工代赈，每日给粮五升，招募饥民兴修水利，"部役开决积水"。他主持疏浚了五大浦：茜泾、白茆、七浦、下张、许浦，还在这些支流的入海、入江处设置水闸，遇到大旱，可以引水灌溉，遇到洪涝则可以宣泄洪水。同时，还能有效规避海潮侵袭时的泥沙淤塞问题，可谓一举三得。

庆历三年（1043年），范仲淹官拜参知政事，在《答手诏条陈十事》的《厚农桑》中，他建议朝廷要求各级官府重视农田水利。他还认真研究了江南的圩田古制，结合自己的经验，提出了"修围、浚河、置闸，三者如鼎足，缺一不可"的思路，深刻地影响着后世。范仲淹也因此得到后人赞誉："实心为民，行而宜之，必至尽善然后已，此先忧后乐之实功。"

第五章

人类最早备战运河　世界最长运河渊源

新中国建立后，苏州地区于1958年开挖太浦河、拓宽望虞河，"成为太湖分别通向黄浦江和长江的两大泄水干道，又陆续重点整治了浏河、白茆塘、杨林塘、七浦塘、常浒河、张家港、十一圩塘等通江骨干河道，形成了一个以江南运河、太浦河、望虞河3条流域性河道为主干，区域性河道为纲，县级河道为网，连通323个大小湖荡的河网水系"。"由于苏州境内江河相通、河湖一体，江水上涨时入湖，湖水上涨时入江。"[1] 正是这种科学的治理精神，创造了许多"一流"业绩，谱写了江南的美好乐章。

一是具有一流的水利工程——打开太湖流域地形图，我们可以清晰地看到一条"西北—东南"走向的高、低地貌界线，此线在今吴淞江以北，大体上沿着盐铁塘西侧，从北向南依次经过常熟、太仓、嘉定、青浦、松江一带。按1956年黄海高程系：此线以东，陆高在2~3米；此线以西、太湖以东的大部分地区陆高1~2米。由于太湖以西是有较多高阜的山地，而太湖以东的平原由低而高，因此，古人形象地将太湖平原比喻为"仰盂"，形容其四周高、中间低的地势特点，又分别用"高乡"和"低乡"来指称太湖以东的高地和低地。这种地势有利于太湖从西部的山地获得来水，却不利于太湖向东入江海的排水。

为保持太湖入海河道的畅通，吴越时以吴淞江为主要泄水道，又以东北及东南两路河港为泄水之翼。当时吴淞江宽广，又有志丹苑元代水闸（中国已考古发掘出的规模最大、做工最好、保存最完整的元代水闸），泄水较通畅。东北方向有娄江等排太湖洪水入江，唐时娄江已经淤湮，天祐元年（904年），浚治新洋江（今青阳港），兼浚横塘通小虞浦。新洋江开浚后，吴淞江以北的积潦，可北出长江，或向南排入吴淞江，又可引江流溉冈身，代替了娄江上段；经常疏浚常熟二十四浦，以起娄江下段的作用。太湖东南的东江，吴越时也已湮塞，由小官浦等分泄吴淞江部分洪水入海。公元915年，开浚淀泖上游的急水港；吴越国宝正二年（927年），又浚柘湖及新泾塘，由小官浦入海。除进行大的开浚工程外，平时常撩浅

---

[1] 《苏州市志》，江苏人民出版社，1995年，第214页。

养护，故入海河港基本通畅。

11世纪下半叶，郏亶（1038—1103，苏州太仓市人）撰写了《吴门水利书》，他经实地考察后认真地讨论了太湖流域的地形地貌特点以及古人治低田（水田）和高田的办法，倡导以治田为先，决水为后，并从整体上统筹水网体系，塑造高低兼治的水利格局，对后来的江南水利学说和治水事业产生了深远的影响。他还绘制出许多水利图，为后人治理吴中水利提供了重要依据。

圩，也叫围、垸，是在近水地带修建环状堤防所构成的封闭的生产活动区域，防洪排涝与引水灌溉是这类工程的主要作用。圩堤上还建有闸涵，圩区都有排灌渠系。圩垸小者几十亩，大者数万亩，且往往是几个甚至数十个小圩垸相连成片。由于有圩垸水利作基础，苏州地区成了我国农业经济最发达的地区之一。

二是具有一流的技术保障——如坝工。苏州人挡水有坝、堰、埝、埭、碶、堤、塘、陂等，广泛分布于主要水系的干支流上。按作用分拦河坝、溢流坝；按材料分土坝、木坝、砖坝、灰土坝、堆石坝、砌石坝、木笼填石坝、竹笼填石坝、桩基砌石衬砖夯土混合坝等等；设计、施工都比较科学。又如堰埭和复闸：我国船闸的发明，经历了堰埭、斗门、单闸、复闸等几个阶段。苏州在缺水地段，为了节水，最初的办法是隔一段修一道拦河低坝，称为堰或埭。吴地的"姜堰""黄埭"等地名即由此而来。"扬子津斗门二所"就是最早出现的复闸。郏亶在《吴门水利书》中说，吴越国时北从常州、江阴界，南至秀州（今嘉兴）、海盐，一河一浦皆设堰闸；今"海盐一县，有堰近百余所"，是古人传下的遗法，又说古人为了防止高地降水流失，在高田区与低田区交界地带，置斗门，使高田旱时有水灌溉，又减轻低地排涝负担。采取"浚三江，治低田""蓄雨泽，治高田"的治理方法，使高低分治，旱涝兼顾。

三是具有一流的水利管理养护制度。北宋结束五代十国的分裂割据以后，社会生产发展较快。《吴门水利书》载，在吴越国时，太湖平原已形成了"五里或七里一纵浦，七里或十里一横塘"的局面，出现了圩田和浦塘相应布列的棋盘式圩田系统。在这本书中,郑瑄详举了吴越国在腹地水田和沿海旱田地区的横塘纵浦264条,塘浦一般阔20~30余丈,深2~3丈,浅者也不下1丈,可容纳充分的水量;圩岸高厚,高的达2丈,低亦不下1丈,可防御大水的危害。从而使太湖地区成为水网密布,土地肥沃,阡陌相连,桑禾相蔽的殷阜之地。

在上述基础上,明朝时期的周忱、姚文灏、史鉴、金藻、吕光洵、何宜、吴诏、朱衮、耿橘、陈瑚、徐光启等,又对圩田水利作了较深的研究,如万历时耿橘所著的《常熟县水利全书》,其"开河法""筑岸法"专论,就对浚河筑圩技术进行了系统总结,即使是现在,仍有一定的借鉴之处。

苏州古城为何近700年(1223—1911年)无洪灾?上述举措乃主要原因。当然,就苏州古城而言还有它的特殊缘由:一是伍子胥选址科学,将城市和湖河水系结合得恰到好处;二是有七座挡水的拦河堰挡水护城;三是有与众不同的护城河,御敌泄洪两不误;四是有特色的古城墙,成坚实防洪大堤。此外,在这里不得不指出的是,苏南地区与黄河流域的中原地区相比,其安宁是花了血本治水换来的。

四是具有一流的水质保护法规——苏州府永禁虎丘开设染坊碑。明清时期的苏州,是我国东南地区工商业的一大都会,也是资本主义萌芽的主要发祥地。随着染布业的兴起,染坊又有蓝坊、红坊、黑坊及漂坊等染色坊的分工。据碑文记载:苏州虎丘一带染坊排出的大量废渣、废水,使山塘"满河青红黑紫,□□溢洋",用来煮水泡茶,"不堪饮啜","毒□肠胃",伤鱼、伤苗、害稼,于是发生了120户居民联名上告官府、要求迁移染坊的纠纷。经苏州府知府会同元和、长洲和吴县三县知县实地勘察,于乾隆二年(1737年)二月颁布禁令:"永禁虎丘开设染坊","并饬将置备染作器物,迁移他处开张","如敢故违,定行提究"。从此染坊被迁至苏城东娄门外,踹布坊仍留原地。上述禁令全文被镌刻成碑,镶嵌在虎丘山门口右侧墙壁上而保存至今。这是我国迄今为止发现的最早的地方水质保护法规,它比英国1833年颁布的《水质污染控制法》早96年,比美国

1899年颁布的《河川港湾法》早162年。

3. 投入巨资，建设治太大型骨干工程

1991年太湖发大水后，国务院召开第一次治淮治太工作会议，决定全面实施太湖流域综合治理骨干工程建设，掀起了流域大规模水利建设的高潮，太浦河、望虞河、杭嘉湖南排、环湖大堤、湖西引排、武澄锡引排、东西苕溪、杭嘉湖北排、红旗塘、拦路港和黄浦江上游干流防洪等十一项工程相继开工建设。在流域省市党委、政府大力推进下，经过流域水利部门和建设单位15年的不懈努力，至2005年底，太湖流域综合治理十一项骨干工程全面建成，并陆续投入使用（见图5-18）。

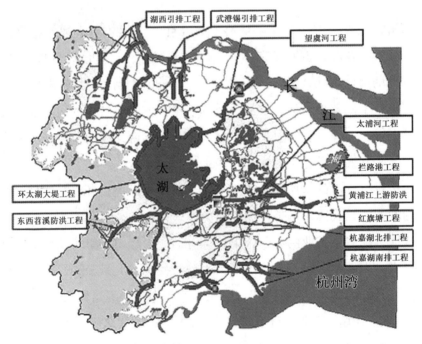

图5-18 治理太湖骨干工程示意图（资料来源：水利部太湖流域管理局）

工程总投资98亿元。通过实施治太工程建设，初步构建了流域防洪和水资源调控工程体系框架，在防御流域洪水，特别是在防御1999年太湖流域特大洪水中发挥了巨大作用，防洪效益显著。依托治理太湖骨干工程体系实施的引江济太水资源调度，已成为保障流域供水安全的重要措施。

如望虞河工程——望虞河开凿于公元前475年,由越大夫范蠡所建,南起太湖沙墩口,北至长江边的耿泾口,全长60.8千米。千年时间流转,望虞河渐被堵塞,直至中华人民共和国成立后才获重新疏浚。工程主要任务为排洪、除涝、引水和航运。遇1954年型洪水,可承泄太湖洪水23.1亿立方米,兼排澄锡虞地区部分涝水;遇1971年旱情时,引入长江水量28亿立方米;又由于望虞河河道宽阔顺直,为发展航运提供了条件。自1991年始进一步改进,工程主要包括望亭水利枢纽、常熟水利枢纽、沿线堤防等,建有节制闸和泵站各一座,可引水、排水两用。1999年,太湖流域发生特大洪水,望虞河工程发挥了重要作用,汛期排泄太湖洪水28亿立方米,经常熟枢纽排泄洪涝水35亿立方米,有效减轻了流域洪涝灾害。

再如环太湖大堤工程。该大堤是太湖防洪工程的重要组成部分,全长298.7千米,北以直湖港、南以长兜港为界,以东部分大堤称为东段大堤,大堤的口门全部进行控制,以西部分大堤称为西段大堤,大堤的口门基本敞开。1949年以前,太湖沿岸并无统一连续的堤防,均为湖圈圩的圩堤。20世纪50年代起,江苏开始沿湖堤防建设。1958年至1991年间,由江苏地方自筹经费,逐年挖土筑堤,以肩挑背扛、人工压实的方式为主,初步形成了苏州、无锡与常州地区的太湖堤防。1991年底开始环太湖大堤工程,堤防位于江苏省苏州、无锡、常州和浙江省湖州市境内,全长290.1千米,总投资7.34亿元。工程主要包括堤防、口门建筑物、船闸等,主要任务为调蓄太湖洪水,保护环太湖地区不受洪水淹没,并进一步提高滞洪作用和水资源利用水平。工程于2005年12月全部高标准建成(见图5-19)。

在上述基础上又设置众多水闸与取水口。以苏州为例,普查结果显示,全市设置过闸流量1 m^3/秒及以上水闸3 349座。其中:过闸流量≥5 m^3/秒的为2 812座,1~5 m^3/秒为537座。全市水闸总过闸流量4.2万 m^3/秒,其中太仓市浏河节制闸过闸流量最大,为840 m^3/秒。全市还有

图 5-19　环太湖大堤（资料图片）

河湖取水口 4 882 个、地表水水源地 18 处，建成堤防总长度 7 295.84 千米、灌溉面积 196.22 万亩。

根据国务院关于太湖流域防洪规划的批复（国涵〔2008〕12 号），苏州市中心城区按 200 年一遇洪水位设防，到 2025 年，太湖流域防洪标准达到 100 年一遇。国务院在批复中还指出，在规划实施中，要坚持"蓄泄兼筹、洪涝兼治"和"引排结合、量质并重、综合治理"的方针，进一步完善太湖流域防洪总体布局，以治太骨干工程为基础，建设洪水北排长江、东出黄浦江、南入杭州湾的防洪工程体系，辅以防汛抗旱指挥系统建设和防洪调度管理、洪水风险管理等非工程措施，构建成集防洪减灾、水资源调控为一体的防洪减灾体系。从此"水旱从人"取代了"靠天吃饭"。太湖地区 1 430 多万亩农田，粮食亩产 600 多千克，总产量比新中国成立前增加了 3 倍多，每年为国家提供商品粮达 35 亿千克，美丽富饶的太湖获得了新生。从"患"到"利"，从"利"到"美"，无不说明苏州经济社会和生态环境在健康发展。苏州因水而富庶，因水而秀美，孕育了富甲江南的"鱼米之乡"。

"九重天，二十年，龙楼凤阁都曾见，绿水青山任自然。"（[元] 马致远）为使绿水青山不变色，当今苏州的环保从末端治理走向源头控制，进入 21 世纪以来，苏州人上下求索，从空间结构、产业结构、发展方式等多个方面大力进行绿色投资，已实现生态文明和经济转型的发展。在第二产业加大生态工业投入，大力发展生态产业园；在第三产业加大节能环保投入，做好技术服务，誓将"水皆缥碧，千丈见底；游鱼细石，直视无碍"（吴均），"句吴亭东千里秋，放歌曾作昔年游。青苔寺里无马迹，绿水桥边多酒楼"（杜牧）的景象留在人们身边。

为保住江南美誉——"欲界之仙都"，2022 年 5 月中旬，国家重大水利工程——吴淞江省际整治工程在江苏段昆山市花桥镇开工建设，总投资超过 150 亿元。该工程涉及上海、江苏两地，江苏境内全长 61.7 千米，穿过京杭大运河，建成后将成为太湖的第三条行洪通道，为长三角一体化高质量发展提供有力的水安全保障，促进长三角地区生态环境修复，建设人与自然和谐共生的现代化。

（二）生态优先保护资源，发展区域独特产业

水的承载空间决定了经济社会的发展空间。在新的历史起点上，苏州西部创新实践"两山"理念，"得水为上"，坚持人与自然和谐共生，构建生产和生态良性循环的绿色之美，让人民群众在绿水青山中共享自然之美、生命之美与生活之美。

1. 践行"两山"理念，使天更蓝山更绿水更清

苏州吴中区因水而名、因水而兴。它坐拥 60% 的太湖水域、苏州 80% 的山林，各类生态红线和重要生态功能区占全区国土面积的 87.1%，又持续数年多元增绿，用高水平的绿化工程连通了碎片化的生态孤岛，提升了生态系统的完整性，成为苏州山水林田湖草等生态要素最齐全、最丰富的地区。虫鸣鸟啼、鸢飞鱼跃，随着生态空间的扩大，区域经济呈现出一派生机盎然的景象。

该区于 2001 年撤市（县）设区后，地区生产总值从 2001 年的 127.42 亿元增至 2020 年的 1 343.78 亿元，一般公共预算收入从 6.86 亿元增至 188 亿元，实际使用外资从 2.81 亿美元增至 90.75 亿美元；2020 年城镇

居民人均可支配收入达72 902元，是2001年的8.58倍；农村居民人均可支配收入37 161元，是2001年的6.39倍；在江苏省率先实施重大疾病救助政策，基层医疗机构诊疗量占比达70%；全区23.8万名被征地农民全部纳入城保体系，农村集体资产股份权能改革入选全国典型案例，全面完成了4.5万亩太湖围网拆除，获评首批国家级生态保护与建设示范区，实现国家级生态镇、省级生态文明建设示范镇全覆盖；成功创建国家全域旅游示范区，使苏州西部丘陵山区太湖边环境更美了（见图5-20）。

图5-20　苏州吴中区的太湖东岸边

在新形势下，该区着力育先机、开新局：建设生态、文化、产业"三高地"。

一是打造"生态新高地"。为争创国家生态文明建设示范区、"两山"实践创新基地，坚持每年将预算内可用财力的10%左右用于太湖保护，聚焦新一轮太湖治理，深化太湖"五位一体"（村庄保洁、河渠管护、道路管护、绿化养护、公共设施维护）综合长效管理。在全面完成占全省13%的禁捕退捕任务基础上，继续做好长江流域太湖水域禁捕退捕"后半篇"文章，确保退捕渔民生活有着落、未来有奔头。高水平推进苏州生态涵养发展实验区建设，实现涵养区农村生活污水治理率等"5个100%"（将污水纳入城镇污水处理系统，农村排水采用雨污分流制，污水——包括粪便污水和洗浴、洗衣服、厨房污水等杂用水与雨水不得混接、错接，污水经收集处理后排放，雨水通过雨水管道或利用自然地形直接或间接排入周边水体）。高起点规划建设太湖生态岛，全力打造以国家级经济技术开发区为引领的苏州湾、以国家级旅游度假区为引领的太湖湾两大湾区，推动太湖成为长三角的"生态绿心""创新绿核"（见图5-21）。

图5-21　苏州西部丘陵山区太湖中的三山岛

二是打造"文化新高地"。全面实施文化强区"三项计划"，贡献"江南文化"品牌吴中力量。推进太湖文明溯源计划，点亮太湖三山岛遗址、春秋古城、大运河等文化地标，重点抓好列入世界文化遗产名录、"运河十景"与大运河国家文化公园建设，加快打造"江南文化"吴中标志，做好4个国家历史文化名镇、5个中国历史文化名村、1项世界级非物质文化遗产、3项国家级非物质文化遗产的系统保护和活态传承工作。围绕文化产业倍增计划，以国家全域旅游示范区为引领，强化数字赋能，推动文化与旅游、会展、体育、农业等深度融合，加快发展文化旅游基础建设，打造长三角休闲旅游度假首选地，实现文化产业高质量发展。实施公共文化服务提质增效计划，推动文化产品和文化服务优质化、均等化发展，提升现代化建设中的文化自信和文化力量。

三是打造"产业新高地"。围绕数字经济,重点发展机器人与智能制造、生物医药及大健康两大主导产业以及工业互联网、检验检测两大特色生产性服务业。发挥微软中国、360安全、赛迪研究院等头部企业引领作用,打造长三角工业互联网技术输出与服务集聚地和具有国际先进水平的综合性检验检测基地,在"强富美高"新图景中,书写出精彩的"吴中篇章"。

2. 发挥地理资源优势,发展山水独特产业

农村是中国现代化发展的最大纵深,也是中国现代化发展中最复杂的一环。无边沃野上的稻浪、青山绿水间的村镇、千家万户里的农民,永远是中国的根。

苏州西部丘陵山区,柔水长流,润物无声。青山生灵草,沃土育家珍。共有的明媚阳光、清澈的湖水、鱼虾游荡的草滩自不必说,山坡上独具特色的花果、鸟儿、湖羊、蜜蜂等物种更令游客难忘。翻开这些特色品牌农产品的前世今生,从"土字号"到"金名片",一个个特色农产品的发展之路,正是产业兴旺的点"金"之笔。

通过多年努力,吴中区先后建立起"东山湖羊、乡韵太湖鹅、华中中蜂"三大保种体系。在2021年资源普查中,全区共登记了4个畜种6个品种,群体数量31 086头(只、羽、箱),成为硬核农业的重要"芯片"。

(1)东山湖羊

东山镇是湖羊的发源地,其养殖历史已有800多年。这种湖羊有其他地方绵羊所不及的遗传因素——生长发育快、成熟早、耐湿热、耐粗饲、宜圈养、生产性能稳定等,尤其具有多胎基因,其繁殖性能远高于其他单胎绵羊品种(见图5-22)。早在1956年,国务院就有批文"湖羊是稀有品种,又是出口物资,应特别注意繁殖和发展"。2006年,被列入第一批国家级畜禽遗传资源保护名录。对此,东山镇于1983年就建立了国内首个湖羊资源保护区,该保护区于2008年被列为国家级湖羊保护区。

湖羊浑身都是宝。羊羔皮,皮板轻薄,扑而不散,在国际市场上颇受

图 5-22　苏州西部东山湖羊

欢迎,被誉为"软宝石"。"白煨羊肉"——时至今日,东山镇的烹饪技法流程依旧遵循古法,宰杀清洗后,羊肉按照一年生、两年生、三年生分别放入不同的铁锅内用果木硬柴炖煮,"头三个小时用猛火,然后就是长达十多个小时的文火慢炖,在此过程中,唯一的调料就是食盐"。现杀的湖羊不需要任何辅助调料,可最后的羊肉丝毫没有膻味,煮好的羊肉从锅里捞出后剔骨切片,放在一片片晒干的荷叶上,这样既不黏,羊肉又融入了荷叶的清香,肉色白糯,入口细腻,鲜嫩醇厚。

为了保证血统纯正,东山对外来公羊一律实施"生殖隔离",同时逐步改变过去以羔皮为主的利用方式,转为肉皮兼用的选育方向。经过多年的优质保种,目前东山湖羊养殖主要集中在渡桥村的西泾、槎湾、白沙、北望等自然村。对此,渡桥村正在建设一个湖羊种质资源保护开发基地:保护种质资源、发展湖羊产业;建立检验检疫、交易、屠宰加工、产品开发在内的完整产业链,形成湖羊产品展示与品尝、销售、生态旅游等相结合的地方特色产业。

(2) 乡韵太湖鹅

太湖鹅是我国鹅种中的一个小型白羽品种,具有繁殖率高、抗病力强、肉质好等优点,且杂交优势明显,是生产肉用仔鹅的优质地方品种。

从 20 世纪 70 年代起,苏州便对太湖鹅选育做了大量工作。1986 年太湖鹅选育工作因成绩显著而受到江苏省人民政府的表彰,并荣获科技进步三等奖。苏州市乡韵太湖鹅有限公司,在苏州市畜牧兽医局的指导下,与中国农业科学院家禽研究所合作,以科研与生产相结合、保种选育和产业化开发并举的模式,于2008年通过江苏省生态健康养殖示范基地的认证,2009年通过国家级太湖鹅遗传资源保种场的验收认证,现已列入国家畜禽品种资源保护名录。这种鹅体态中小,体格细致紧凑,全身羽毛紧贴。没有肉瘤,无皱褶。颈细长呈弓形,无咽袋,无包。从外表看,公母差异不大,公鹅体型较高大,常昂首挺胸展翅行走,叫声洪亮,喜追逐啄人;母鹅性情温驯,叫声较低,喙较短;全身羽毛洁白,偶在眼梢、头顶、腰背部有少量灰褐色斑点;喙、胫、蹼均橘红色,喙端色较淡,爪白色;眼睑淡黄色,虹膜灰蓝色。雏鹅全身乳黄色,喙、胫、蹼橘黄色(见图5-23)。

图5-23 吴中区西山岛太湖鹅

太湖鹅原种场位于吴中区西山岛,占地近200亩,距太湖沿岸10千米,距村庄、工厂甚远。四周绿野环绕,场内小河交错,空气清新,培育出的具有适应性能强的太湖鹅新品系,通过了国家品种审定。其养殖方式,采用"公司+农户"的模式,推广标准化、无公害养殖技术;实行太湖鹅养殖、屠宰、加工和市场销售网络一条龙,还在苏州太湖旅游度假区及其他地区设立了特色太湖鹅餐馆，为广大消费者提供绿色美味鹅餐。

(3) 华中中蜂

地球上有超过75%的农作物品种都在一定程度上依靠授粉来提高产量，蜜蜂作为动物授粉工作的重要参与者，一旦消失，就可能给人类生活带来很大影响。可见，小蜜蜂酿造着大事业。

然而，气候的变化、农业生产的集约化、滥用农药、生物多样性的破坏、环境污染等多种因素使我国中华蜜蜂（中蜂）数量大大下降。对此，吴中区认真践行"绿水青山就是金山银山"理念，坚持无公害绿色发展，努力保护当地太湖中蜂种质资源，凭借区域独特的自然资源（坐拥五分之三的太湖水域，是我国四大枇杷自然主产区之一），在国家遗传资源委员会和德国蜜蜂育种专家指导下，收集当地优质蜂王，逐一登记、建立档案，并对其经济性进行遗传评估后认定。2006年，华中中蜂被列入国家级畜禽资源保护名录，主产的中蜂枇杷蜜色泽洁白、香气馥郁、止咳化痰，堪称蜜中极品；又凭借当地独特的"小转地繁殖、强群取蜜及售蜂授粉"，大力发展中蜂养殖，打造出枇杷蜜品牌，推动了中蜂养殖一二三产业融合，使区域中蜂产业步入了快速发展轨道，华中中蜂循环饲养模式带来的养蜂收益一直居全国前列。

更为可喜的是，上述的中蜂与湖羊、枇杷之间还形成了一个互补的生态循环平衡系统。每年枇杷开花是东山镇"全国优秀养蜂者"金如兴最忙碌的时候，他的存养量约3 000群。"这时候东山的枇杷树开花了，我们就把蜂投入果园，让它授粉采蜜。"而想种出鲜嫩多汁的白玉枇杷，除了中蜂授粉外，还需要优质的肥料，在太湖山边生长的湖羊则恰好能为茶树、果树提供有机肥。"我们每月大概有1 000只羊的存栏量，每年能提供120多吨的有机肥，供周边的果农、茶农使用。"苏州东山湖羊遗传资源保护和利用中心负责人王叶青如是说。丰富的饲草和农副产品为养羊提供了饲料，农户圈羊舍积肥，为茶树、果树提供了有机肥料，这套"中蜂采蜜、枇杷盛果、羊粪肥树、枇杷果甜"的典型农耕生态循环系统代代传承，还使桑树与蚕、鱼以及土壤和水体中的微生物联合组成多个生物循环。对此,从 2017 年起,吴中区财政局每年下拨资金扶持中蜂养殖。在政策引导下,东、西山中蜂群数近年来维持在 2 万群以上。2018 年 4 月吴中区承办了全国蜜蜂遗传改良计划编写启动会,2019 年初在东山完成优良蜂种收集工作,力争早日建成国家级育种场,实现商业供蜂王。目前蜂场规模在 100 群以上的有 75 户,部分蜂场蜂群数超过 200 群,其中金如兴蜂场饲养量最大,2018 年仅枇杷蜜他就获益 70 万元,除给自身带来丰厚收益的同时,也带动了家乡百姓共同致富。苏州山町蜂产品有限公司是苏州市蜂业龙头企业,为做大做强,该区对其基地蜂场基础建设、蜂农技术培训、生产设备改造、检测技术提升等项目累计资助了近 400 万元,使该企业产能及产品质量安全控制获得了极大提升,产生了规模效益。

(三)彰显山水,美美与共

好风凭借力,跃上新舞台。苏州凭借山水意境之美,大力发展生态旅游产业。

1. 依托湖光山色,创建苏州太湖国家旅游度假区

该旅游度假区是 1992 年 10 月经国务院批准建立的全国 12 个国家级旅游度假区之一,也是首批加入 WTO 旅游业对外开放突破的先行区。它东起古镇胥口镇,南临浩渺太湖,西靠渔洋山,北依吴中名山穹窿,连接湖中长沙岛、叶山岛、西山诸岛,启动开发面积为 11.2 平方千米。

它地处太湖风景区中心,太湖 72 峰 48 岛中大半分布在度假区四周。山水风景绝佳,空气新鲜,气候宜人,点点苍翠,鸟鸣山涧,风光旖旎,月月有花、季季有果;文物古迹密集,拥有太湖风景名胜区中的 2 个主要景区、1 个国家森林公园、1 个国家现代农业示范园区、1 个国家地质公园、2 个省级历史文化名镇、4 个省级文保单位,以及 36 个各类旅游景点,山水湖泊、园林宅第和文物古迹互相渗透,各具特色,秀山丽水,举目如画,既是苏州环太湖旅游经济产业带的龙头和中心区,也是国家 5A 级景区(见图 5-24)。

第五章
人类最早备战运河　世界最长运河渊源

图 5-24　苏州太湖国家旅游度假区中的太湖大桥及壮美湖景

（1）"一体两翼"的总体布局

突出"一体"——度假区中心区（香山街道）。以"文化、游乐、运动"为三大主题，展现滨湖休闲度假特色。借助太湖文化论坛永久落址度假区核心区，择机承办全国性文化节事活动和国际性论坛活动，提升文化论坛的影响力。在提升现有太湖观光和休闲娱乐项目的同时，建设太湖水上运动中心，开辟连接光福和东、西山的常规水上航线，精致打造水上观光游乐项目；以国际标准建设滨湖休闲度假配套服务设施（如度假酒店、酒吧、美食街、购物街、娱乐城等，完善夜间旅游项目，形成休闲度假产业集群），提高服务水准。

做强"两翼"——光福镇与西山岛两个旅游资源片区。光福以"梅花、渔港、宗教、雕刻"为四大主题，依托光福"渔（太湖第一渔港）、花（香雪海）、宗教（铜观音寺、司徒庙、圣恩寺）、工艺（核雕、红木雕、佛雕）"四大旅游资源，建设江南鱼米之乡体验游、宗教祈福游、工艺品购物体验游和梅文化旅游产业链，通过渔文化、梅文化、宗教文化的深入挖掘和产品创新建设，将光福打造成苏州江南文化集中展示地。

西山金庭镇以"山水、林果、观音文化、民宿、疗养"为旅游发展五大主题，借助青山碧水、古寺名树、古村名宅、水产美食等资源，与资源禀赋趋同的东山联动发展，突出其生态野趣环境的美好，以游览观光、休闲度假、美食餐饮、生态农业、乡村旅游为主导方向；深入挖掘茶文化内涵，大力扩大其周边产品；着重开发一批休闲体验类旅游产品，同时提升现有的湖岛观光、乡村观光游旅产品；积极发展民宿产业，塑造西山民宿品牌；依托良好生态环境，还在缥缈峰附近建设了露宿营地。

近一二十年来，该旅游度假区不断加大投资，以苏州太湖国际会议中心、苏州太湖公园、苏州海洋馆、香山国际大酒店、牛仔乡村俱乐部、缥缈峰景区为代表的一批功能性项目建成投用。每年一届的太湖梅花节、太湖开捕节和太湖龙舟赛等20余项专题活动的成功举办，促进了太湖旅游品牌的不断提升。目前，该度假区由成立之初的11.2平方千米扩大至268.97平方千米，下辖金庭镇（西山岛）、东山镇、光福镇和香山街道，旅游功能日益完善，旅游要素日趋完备，越来越受到社会各界和广大旅游爱好者的关注。

（2）显山近水，拓展度假功能

以"显山、近水"为目标，在保护的前提下有条件利用山体资源，适度开发滨水空间，合理利用度假区丰富的古村落资源，优先保障旅游度假功能布局，严格控制旅游度假设施的规模、形态，突出资源利用的公共性和开放性。挖掘文化内涵，塑造文化旅游品牌。利用文化资源开展传统手工业游、节庆游、民俗游活动，将文化保护与传承、文化产业发展与旅游业发展有机结合，塑造吴文化与山水文化相结合的文化旅游品牌，其具体措施如下：

一是开发多元产品，拓展度假功能。合理利用太湖水域、内部水面，因地制宜开发水上运动项目和娱乐项目；利用滨湖空间、岛屿及过去采矿破坏地块的修复，开发大型主题旅游项目和特色度假酒店集群，注重丰富夜间娱乐活动，改变度假区开始以游为主而度假功能不足的状况。

二是发现生活美学，提升乡村旅游层次。制定有利于农家乐发展的政策并规范管理，吸引多元人群和资金进入农家乐行业，引导农家乐提高设施配套水平，注入文化元素，突出苏州水乡特色、营造休闲氛围，给游客提供多元化的旅游产品，提升度假区乡村旅游层次。利用特色农产品的美誉，保持特色餐饮传统技艺和食材品质，引入农林地景，塑造多彩季相，丰富乡村旅游内容，吸引游客，拉升淡季低谷。

三是引入特色主题，促进服务业协同发展。以太湖山水生态环境为资源依托，顺应社会发展需求，引入养生、运动、学习等主题。运用吴文化的传统养生理念，结合茶、禅、道等养生之道，建设传统文化养生会馆，促进康体疗养、教育培训、会议展览等服务业与旅游度假产业的协同发展。深入开发游艇、高尔夫、自行车越野等多种运动项目，设置户外休闲运动场地，配套体育培训中心、康体保健中心、体育用品商店等，将该区域建成太湖休闲运动及智能化新标地。近几年来每年前来旅游度假的游客逾600万人次。

2. 高新区打造苏州西部生态城，成为市民生态教育和生态旅游基地

1990年11月开发建设的苏州高新技术产业开发区（虎丘区），位于苏州古城西北侧，东临京杭大运河，南邻吴中区，北接相城区，西至太湖，现今面积258平方千米。下辖浒墅关、通安、东渚3个镇及枫桥、狮山、横塘、镇湖4个街道。下设江苏省苏州浒墅关经济开发区、苏州科技城、苏州高新区综合保税区、苏州西部生态城等。

苏州西部生态城紧临太湖，沿太湖岸线一千米内不建工厂，所有养殖、奶牛场迁出滨湖区域。在此基础上，2004年投资10亿元实施了区域内太湖清淤取土工程，使太湖湖面重新呈现出碧水蓝天的美景；2005年，沿太湖岸线建设了长25千米的太湖大堤，100万平方米的绿化景观成为一条靓丽的生态长廊。2012年，西部生态城通安镇投入2 000多万元，启动了"农村环境及农业面源污染综合整治一期工程"，保护和改善农村环境，治理农村面源污染。同时，在东渚、通安、镇湖的7个村庄，挨家挨户铺设污水管道，为了配套，每个村里都建造了小型的污水处理设施，将所有家庭日常生活产生的污水排放至污水处理池中，通过集中处理，达到一级排放标准，有力地改善了所属太湖流域环境。

苏州西部生态城以太湖湿地公园为"绿心",面积达 4.6 平方千米。作为天然湿地,该地区原为太湖的一处秀丽湖湾,水壤交错,有茭芦莲菱、鱼虾蜒蛤之利,更有白鹭飞天、蛙鸣鸟啾之境。历史上这里曾是因春秋时吴王常来此游湖而史称"游湖"的胜地。2010 年 2 月对外开园,2011 年 10 月成为全国首批 12 个正式授牌的国家级湿地公园。

该湿地公园汇集了生态环境、度假休闲、旅游观光、科普教育等功能于一体。景区在突出"自然、生态、野趣"的基础上,融入景观、人文、休闲和游乐等要素,它具有湿地渔业体验区、湿地展示区、湿地生态栖息地、湿地生态培育区、水乡游赏休闲区、湿地生态科教基地、原生湿地保护区等七大功能,全面展现了现代水上田园的自然生态景观。景区内五十余座名称造型各异的桥梁,与五里木栈道蜿蜒相连,错落有致地贯串整个公园。园内有桃源人家、渔矶台、槿篱茅舍、栈桥生趣、烟波致爽等景点,让人时而如同打开一册底蕴深厚的志书史籍,时而又产生欣赏风物掌故逸兴读物的美妙感觉。而湿地科普宣教中心、候鸟观赏点、生态浮岛景观、湿地之塘景观及湿地科普知识长廊等景点和设施又将人们带入了一个科普知识的教育园地。它极大地提升了苏州西部的生态环境,已成为苏州休闲旅游一体化的又一新地标。

开园至今,公园新增了田趣公社、栈桥生趣、游船、自行车等旅游项目,在园内还开辟了果林种植区。2011 年又陆续推出世博苏州新馆、湿地科普知识体验展示馆、大熊猫科普馆等旅游新项目,使人产生身处大自然的美妙感觉,特别是那湿地恢复区,为鸟类和鱼类提供了栖息地(见图 5-25),成为各地游客,尤其是有闲的离退休人员常去的赏心兜风之地。

3. 开发苏州东太湖湿地公园,让人们置身于大自然的怀抱

祖国山河处处好,美丽风景日日新。地处苏州西南的太湖东岸的又一湿地公园——东太湖湿地公园,原来只是渔区和农田。2008 年,江苏省和苏州市投入 40 亿元资金,实施退渔还湖、退垦还湖、生态清淤等工程,增加太湖水面面积 8.6 万亩。如今的东太湖湿地公园占地面积 1 200 亩,

图5-25 苏州高新区西部生态城湿地公园成为鸟类鱼类栖息地

拥有100千米的太湖水岸线,这里既有新鲜的空气、国家二级水质的开放式生态休闲公园,又有公园绿化、广场、建筑、桥梁、廊亭、园路、木栈桥等各类设施,浩瀚的太湖湖面更使湿地公园平添出少见的大自然生态景观,使游人舒心又怡情,极目楚天舒(见图5-26),进一步释放出"湖"的潜力,激发出"河"的活力,做足了"水"的文章,绘就出最美的生态文明画卷。

图5-26 苏州东太湖湿地公园

核心江南
——世界罕见的苏州西部丘陵山区历史文化

2022年，在第十二届IGPE中国国际粮油饲料精品、粮油饲料加工及储藏物流技术博览会上，来自吴中的"太湖横泾"地产大米获得金奖。该米饭晶莹剔透，口感柔软润滑，富有弹性，冷后不硬，食味品质极佳。该大米品牌推动了苏州"美丽环境"向"美丽经济"的转型。

农业农村现代化是一项全新的开创性工作，国内还没有先例可循。2022年7月，中国农业科学院和苏州市政府联合发布《苏州率先基本实现农业农村现代化评价考核指标体系（2020—2022年）（试行）（3.0版）》。经过两年多的探索实践，苏州"三农"发展势头强劲、成效明显，农业强、农民富、农村美、城乡融合度高的农业农村现代化现实模样已逐步呈现，释放出强大的绿色生产力。

太湖风光美，绿色养眼显妩媚，到处奔涌着绿色的波涛，弥漫着绿色的气息。霭霭然万顷银波闪烁，隐隐然数脉青山起伏，一幅真山真水的恢宏画卷跃然在眼前：水上有白帆，水面有红菱；水边芦苇青，水底鱼虾肥。行走在光影斑斓的山林间，呼吸湿润、凉爽的空气，听鸟儿的歌唱，接受绿色的熏陶；荡舟碧波，让人充满遐想，思绪的花瓣雨在青山绿水中纷纷扬扬，疲惫的身体得到了慰藉和舒展，浮躁的心灵得到了洗礼和升华，仿佛让人们又回到了大自然的怀抱（见图5-27）。

图5-27 苏州太湖边的美丽风光

第六章

商山四皓隐居西山　烟雾缭绕若隐若现

有关史料记载，从春秋战国一直到秦汉时期，是中国历史上第二次比较长的温暖期，也是公认的中国文明的一个鼎盛时期。那时太湖位于长江三角洲的南缘，古称震泽、具区，又名五湖、笠泽，横跨江、浙两省。作为风水宝地，苏州拥有五分之三的太湖水域、五分之四的太湖峰峦和184千米的太湖岸线，"独占"太湖最美生态的吴中区和苏州高新区可谓是"颜值天花板"。而太湖中的"洞庭山"，当属其中最大的一颗"翡翠"，美不胜收。唐代诗人、"七绝圣手"王昌龄在深秋的一个夜晚住在太湖中的一条小船上所作的一首《太湖秋夕》就是例证：

>　　水宿烟雨寒，洞庭霜落微。
>　　月明移舟去，夜静魂梦归。
>　　暗觉海风度，萧萧闻雁飞。

地处苏州西部太湖之中的"洞庭山"，《荆州记》载："君山上有道通吴之包山。今太湖亦有洞庭山，亦潜通君山，故得名耳。"在古代的传说中，洞庭湖君山与太湖洞庭山之间有个地下洞府相通，所以被人们统称为"洞庭"。而太湖中的"洞庭山"有两座，呈一东一西之势，皆系天目山余脉。东为"洞庭东山"——《隋书·十道志》记载，隋时东山岛与陆地相

核心江南
——世界罕见的苏州西部丘陵山区历史文化

隔30余里,到了宋代,洞庭东山依然是湖岛。清道光十年(1830年),东山与陆地(今渡村)相隔缩至50米。100多年前,东山北面的连岛沙嘴和陆地相接了,便形成了半岛的地貌,简称东山。西为洞庭西山,简称西山(见图6-1)。

图6-1 苏州太湖洞庭东山与西山

洞庭山位于苏州古城西南约45千米处太湖中,是中国十大名茶之一——洞庭碧螺春的原产地,也是国家5A级风景区,历史文化底蕴深厚,名人辈出,古迹名胜不胜枚举。区域生态环境优美,季季有花果,天天有鱼虾,并拥有丰富的地下深层天然矿泉水资源。

洞庭西山是太湖中最大的岛屿,面积为84.22平方千米,海拔336米的缥缈峰是其最高峰。太湖大桥如长虹卧波,串联起西山、叶山、长沙诸岛,与东北侧渔洋山连通,地属西山镇(今为金庭镇)——传说是大禹治水时期会集诸侯之所,今尚有禹期山遗迹禹王庙。洞庭东山海拔293.5米的莫厘峰为第二高峰,古称胥母山,与西山隔湖相望,最近处直线距离不到4千米,地属东山镇,面积达96.55平方千米。不论东山西山,皆万顷湖光连天,渔帆鸥影点点,一波才动万波随。青山如壁,林木茂密,泛舟湖中,令人乐而忘返。著名社会活动家费孝通先生在东山挥笔写下了"天堂中的天堂"的赞语,诚如文化部原部长王蒙所说,"人间天上无双不二的苏州"是永远的。神奇的秘境,既是一万年前古人类活动的地方,又是古代兵家的必争之地。

一、夫椒之战奠定霸业,实力雄厚显名诸侯

人类战争多以大河、大湖流域为战场。夫椒之战的"夫椒",乃古山名。《左传·哀公元年》曰:"(前494年)吴王夫差败越于夫椒。"杜注:"夫椒,吴郡吴县西南太湖中椒山。"《水经注·沔水》以为即太湖中苞(包)山,即当今洞庭西山。历来诸家多无异议。唯《史记·吴太伯世家》索隐说法不同,谓夫椒与椒山不得为一,夫差伐越,"当至越地","贾逵云越地,盖近得之"。笔者依据太湖古地理及越国当时军事布防形势分析认为,上述索隐说法不大靠谱,其依据是:这一战是越王勾践先发制人,率军从钱塘江的水军基地固陵港出发,经太湖东南的深切河谷进入太湖,出兵攻吴。还有的说,这一战是在无锡的马山。这也不大可能!因为勾践是突袭,3万水军过太湖,浩浩荡荡的舟楫,必然会被把守在洞庭西山的吴军发现而阴谋破产。故夫椒之战当在苏州洞庭西山——公元前494年春二月,夫差统领吴国5.5万兵力打垮了3万越军(见图6-2)。越军仅剩5 000余人退往会稽山(今浙江绍兴南),其余全部阵亡。夫差没有乘势一举剿灭杀掉越王勾践,体现了春秋时期"服而舍之"的战争观,由此奠定了吴国的霸业。可谓天马高蹈,长歌不绝。

(一)战争的起因

1. 勾践突袭

勾践闻吴王夫差为报父之仇,正加紧练兵,准备攻越,遂不听大夫范蠡的劝阻,冒天下之大不韪,先发制人。

2. 勾践意在开辟进军中原的通道

吴越地区相对中原之地,虽偏居东南之隅,但皆系古老民族。越人乃

图6-2 吴越夫椒之战示意图

大禹之后裔——"禹越"人。根植于宁绍平原的越文化源远流长,早在7 000年前的河姆渡文化,百越先民就创造了灿烂的母系氏族公社的农耕文化,至勾践时重用、活用文种、范蠡、计然等,大家辈出,它是江南文化的重要组成部分。勾践"从穷越之地"崛起,坚毅果敢,乃是越国1 700多年历史上最享盛誉的一位传奇君王。勾践投靠强大的楚,在楚国的扶持下,羽翼逐渐丰满,产生了窥测中原之心。由于北面吴国的客观存在,他要进军中原就必须扫除前进道路上的障碍。

3. 夫差为报父之仇必有一战

鉴于当时越国的疆域已经越过了钱塘江,到达了今日嘉兴、平湖一线。前面已述的"槜李之战"就是证据。公元前496年,越王允常死,其子勾践即位。吴国趁机抗越,越阻击,两军战于槜李,勾践派敢死队自杀于吴军阵前,趁吴军惊惶之际率军突击,吴军大败。《左传·定公十四年》载:"灵姑浮以戈击阖庐,阖庐伤将指,取其一屦。还,卒于陉,去槜李七里。夫差使人立于庭,苟出入,必谓己曰:'夫差!而忘越王之杀而父乎?'则对曰:'唯,不敢忘!'三年,乃报越。"意思是,灵姑浮用戈击刺吴王阖庐，阖庐的脚趾受伤，灵姑浮得到吴王的一只鞋。阖庐退兵，死在陉地，距离槜李七里地。夫差派人站在院子里，只要自己出去进来，都一定要对自己说："夫差！你忘记越王杀了你父亲吗？"夫差自己回答说："诺，不敢忘记！"到第三年就向越国报了仇。

经夫椒之战后，吴王夫差为报先王阖闾被越军击败而死的仇恨，发全国兵力进攻越国，迫使越国屈服于吴国，越王勾践作为战俘前往吴国侍奉吴王三年。

（二）吴国全胜的原因

1. 全国总动员

在《史记》世家系列中，位居第一的周朝诸侯国竟不是晋、楚、齐、秦，而是江南的吴国，其历史悠久，青铜冶炼、造船、航海、纺织、稻作农业、渔业等物质文化都在当时居先进行列。为报杀父之仇，夫差一呼百应，同仇敌忾。

2. 具有先进的军事装备与强大的水军

吴地乃水乡泽国，尤习水性，乘船弄潮是专长。《春秋大事表》载："不能一日而废舟楫之用。"考古证实，早在公元前800年的常州淹城内城河中就出土了独木舟。当时吴军总兵力达十万，已具有系列编制，造船技术世界领先。

（三）夫椒之战中夫差为何不杀勾践

其一，笔者在第四章第一节中已经指出，清华简《越公其事》，不仅解释了夫差为何不灭越国、杀掉勾践，还揭开了夫差真实的形象，颠覆了传统史书中的记载，应该说更符合历史事实。

其二，夫差放过越王勾践的原因既有主观因素也有客观因素，但主要是他的战略思维没有转型。

春秋时期句吴的末代君主夫差，在吴越战争中先赢后输，最终一败涂地，亲手葬送曾经一度强盛、称雄于天下的吴国基业，自己也落得个魂归黄泉的黯然下场，成为后人奚落、嘲讽的反面典型。

夫差在吴越争战中之所以渐落下风，直至败亡，其原因人们多有考究。最有市场、最能忽悠芸芸众生可同时也最不可靠的说法，就是所谓的"红颜祸水"论。即夫差在吴越夫椒之战大捷之后，踌躇满志、趾高气扬，受伯嚭等佞臣的蛊惑，未能"尽敌为上"，一举灭掉越国，诛戮勾践，以致纵虎归山，留下祸根，铸成"一日纵敌，百世之患"的大错。更致命的是，凯旋之后，他始终沉湎于胜利的荣光，进取之心日衰，享乐之心日长，爱美人不爱江山，寻欢作乐，徜徉温柔之乡而不能自拔，以致荒废国政，为敌所乘，败不旋踵地走上了不归之路。

这样来分析和解释夫差的败亡，当然属于"小说家言"，虽然最容易迎合大众心理，但是，这实在是将复杂的历史现象简单化、故事化了，只能作为一种茶余饭后的谈资而已，与严肃的历史研究并不相涉。换言之，如果将夫差败亡的原因归结为他贪图享乐、醉生梦死，将越国灭吴的主要功劳记到"西施"们头上，这真可谓是失之毫厘、谬以千里了。毫无疑问，那是以男权为中心的社会文化生态主导下的历史叙事逻辑和大众接受社会心理机制。无怪乎，一些有识见的女子对此感到愤愤不平："君王城上竖降旗，妾在深宫那得知。十四万人齐解甲，更无一个是男儿！"（花蕊夫人《述国亡诗》）

在历史学研究的层面，关于夫差失败、句吴覆灭的原因，比较通行的观点，是夫差在赢得夫椒之战这一决定性大捷之后，让胜利冲昏头脑，得意忘形，忘乎所以，刚愎自用，昧于对战略局势的判断与分析，战略方向选择上犯下大错，拒绝伍子胥提出的除恶务尽、一举灭越的正确战略建议，没有趁着夫椒之战的胜利一举剪灭越国，过早地实施战略重心的转移，把"北威齐晋"、称霸中原作为战略目标。而其对手勾践，则利用了夫差的战略错误，得到"十年生聚，十年教训"的喘息良机，"勾践阴谋"，韬光养晦，在随后的吴越争战过程中，彻底打破"军礼"传统的束缚，不按正常的游戏规则出牌，突破道德的底线，同时在"国际"竞争大环境中翻手为云覆手为雨，实现了越国战略利益的最大化。具体地说，就

第六章

商山四皓隐居西山　烟雾缭绕若隐若现

是奉行"结齐、亲楚、附晋、厚吴"的方针:"且鸷鸟之击也,必匿其形。今夫吴兵加齐、晋,怨深于楚、越,名高天下,实害周室。德少而功多,必淫自矜。为越计,莫若结齐、亲楚、附晋,以厚吴。吴之志广,必轻战。是我连其权,三国伐之,越承其弊,可克也。"① 诱使夫差四面出击,到处树敌,使夫差自陷于孤立无援、顾此失彼的窘境,一脚跌入了勾践给他预设的万丈深渊。

但夫差之所以犯如此重大战略抉择失误的深层原因是春秋时期的基本战争规则。"服而舍之""又能舍服",在古"司马兵法"中是一项基本的战争规则,也是春秋时期列国军事活动中被普遍奉行的行为方式。这在《左传》《司马法》等先秦典籍中有着相当充分的反映。《司马法·仁本》云:"又能舍服,是以明其勇也。"《左传·僖公十五年》载:"贰而执之,服而舍之。德莫厚焉,刑莫威焉。"在此基础上,"军礼"还倡导"正复厥职",如鲁昭公十三年(前529年),楚"平王即位,既封陈、蔡,而皆复之"。其举大得舆论肯定,认为是合乎"礼义"的正确举措,深受《左传》作者的赞赏,称之为"礼也"!所以,强调"克己复礼为仁"的孔夫子也特别推崇"兴灭国,继绝世"的政治理念,认为这是实现社会和谐、外交和平的合理追求。

从这个意义上看,吴国在取得夫椒之战的胜利后,放过越王勾践,允许越国以句吴的附庸国、仆从国形式维系国祚,继续其统治,乃是合乎"军礼"传统的做法,也是能够为人们所普遍认可的选择,于理有据,与史相契,事出有因,无可厚非。反之,如果违背"穷寇勿迫"的兵学规则,以斩尽杀绝为宗旨,汲汲致力于"堕其城,隳其国",对越国"夷其宗庙,而火焚其彝器",使得越国君臣民众"子孙为隶而不夷于民",那反而是让人难以想象的举措。毕竟,吴王夫差作为周室泰伯、仲雍的后裔,其多少会受周文化的浸染与熏陶,从而决定了其战争行为相对有所节制,这也是殆无疑义的。

---

① 司马迁:《史记·越王勾践世家第十一》,梁绍辉标点,甘肃民族出版社,1997年,第490页。

从"军礼"的道义层面，彻底灭越在夫差看来，固然是一种将陷自己于不遵循"礼乐"文明的错误选择，而就现实的战略利益考量，剪灭越国也不见得是"合于利"的取舍。越国地处吴国之南，距离中原更为遥远，经济、文化比吴国明显落后，吴国"战胜攻取"，剪灭越国，在各诸侯国中也产生不了关键性的影响，对吴国争霸中原的助益并不是具有决定性意义的。或许正是鉴于这样的认识，吴王夫差才没有将一举灭越、根绝后患作为优先的战略选择。当然，《越公其事》中则对夫差没杀勾践的原因作出了比较客观的说明：自身实力还不足！这是一个重要的视点。

总体来看，吴王夫差之所以会做出这种在今天看来明显存在着严重问题的抉择，其实也有其行为逻辑上的必然性。从根本上讲，他的决定属于春秋时期战争性质规范下的合理反应，是春秋大国争霸条件下的逻辑结果。

众所周知，春秋历史的最显著特征，就是大国争霸，换言之，"取威定霸"是当时有作为的大国领袖"念兹在兹"的理想追求与事业目标。所谓"争霸"，核心标志是充当"霸主"，成为中原诸侯列国的"领头羊"，主要通过召集诸侯大会，歃血为盟，让中原诸侯列国承认自己的盟主地位，在此基础上，攫取"霸主"名分，并有效地确立起作为"霸主"的法定权威。当然，在这个过程中，霸主地位觊觎者所依赖的是其强大的武力后盾，它是以必要的军事胜利为前提的。而列国诸侯围绕"霸主"名分、地位的争取或维持而展开的有限战争活动，这就是所谓的"争霸"战争。

以争夺霸主名分和地位为目的的春秋争霸战争，除了铁血厮杀的残酷一面外，还存在着比较多的以迫使敌方屈服为宗旨的温和一面。这是与战国以后那种"争地以战，杀人盈野；争城以战，杀人盈城"（《孟子·离娄上》）的现象有所区别的。

具体地说，在当时军事威慑要多于会战，《孙子兵法》云"伐交"便是典型的军事威慑之法。其基本义是通过布列阵势、显示强大实力、威慑敌人而逼迫其退缩或降服，它是夏、商、西周与春秋前期通行的"观兵"威慑之法的理论总结和升华，即以军事威慑和政治外交谋略迫使对方接受自己的条件而屈服，乃是当时普遍存在的战争指导原则，真正以主力进行

第六章
商山四皓隐居西山　烟雾缭绕若隐若现

会战以决定胜负的战争为数相对有限。所谓的"霸主",一方面固然兼并小国,做大自己;另一方面在同其他大、中型国家发生冲突时,则多以双方妥协或敌方屈服为结局,而彻底消灭对方武装力量、摧毁对方政权的现象则较为罕见。于是会盟、"行成"与"平"乃成为重要的军事斗争方式。

齐桓公所从事的战争,就突出反映了这一战争指导原则。他在位43年,参与战争二十余次。其中除了长勺之战、乾时之战等个别战例外,都是凭借军事行动的威慑作用,来达到预期的战略目的,即所谓"九合诸侯,不以兵车",这是齐桓公战争指导上的一大特色,也是儒家人物异口同声称道其功业的缘由。

在春秋战争史上,齐桓公的所作所为并非孤立的现象。《左传》中就有很多类似的例子。如《左传·隐公元年》载:"惠公之季年,败宋师于黄,公立而求成焉。九月,及宋人盟于宿。"又如《左传·隐公八年》载:"齐人卒平宋、卫于郑,秋,会于温,盟于瓦屋,以释东门之役,礼也。"再如《左传·桓公八年》载:"秋,随及楚平。楚子将不许。斗伯比曰:'天去其疾,随未可克也。'乃盟而还。"其他如公元前770年,屈瑕率楚军大败绞师,结城下之盟而还。公元前571年,晋、卫、宋三国之师攻郑。冬,城虎牢,逼迫郑国求和。凡此等等,不胜枚举,都充分反映了当时战争以屈服敌方为宗旨的普遍性。

这种以"军礼"原则规范、指导战争活动的时代特征,究其原因,应是与当时的大中型政权都属于贵族阶级专政,且相互又有宗族、姻亲关系分不开的。《左传·闵公元年》引管仲语"诸夏亲昵,不可弃也",即是对这种情况的揭示,而它反映在战争指导观念上,就不能不笼罩着一层温情脉脉的色彩。《公羊传》贵偏战而贱诈战,就是明显的标志:"偏,一面也。结日定地,各居一面,鸣鼓而战,不相诈。"可见"兄弟之国""甥舅之国"名分的存在,决定了当时的战争之道讲究的是正而不诈,否则便是违背"军礼",要受到谴责,"合诸侯而灭兄弟,非礼也"。班固《汉书·艺文志·兵书略序》说:"下及汤武受命,以师克乱而济百姓,动之以仁义,行之以礼让,《司马法》是其遗事也。"正是对春秋"大国争霸"战争之道基本特征的概括和揭示。

吴王夫差在夫椒之战获胜后所作的下一步战略抉择，就是以"争霸战争"的逻辑来进行的。在他看来，自己要成为像齐桓公、晋文公、楚庄王这样名垂青史的历史人物，吴国要真正拥有天下诸侯众望所归的中原霸主地位，唯一的选择就是集中所有资源，处心积虑，创造条件，挥师北上，逐鹿中原，以强大的军事实力为后盾，通过军事上耀武扬威的战略威慑手段，从中原霸主晋国那里夺取"霸主"的桂冠，替代晋国成为中原诸侯列国新的领袖，雄冠群雄，号令天下。

为此，吴王夫差不惜与晋国的主要同盟者、老牌霸主齐国兵戎相见，发动"艾陵之战"，将齐军杀得溃不成军，一败涂地。阵斩齐国甲士三千余人，缴获齐国战车八百余乘，敲山震虎，给晋国以巨大的震慑。与此同时，他还先后击败鲁军，兵抵泗上，迫使鲁哀公签订城下之盟；制服陈国，消除吴军北上时可能受到的侧翼威胁；更开凿邗沟，"沟通江、淮"，为吴军北上争霸提供便捷的后勤保障。为此，吴王夫差不惜恩将仇报，与多年来的"恩主"晋国反目成仇，撕破脸面，不顾晋国长期以来对吴国不遗余力加以扶植、支持的恩德，摧毁两国之间来之不易的信任与友谊，直截了当地对晋国的霸主地位发起咄咄逼人的挑战。

功夫不负有心人。吴王夫差的折腾，终于得到了他所希望的回报。在公元前482年的"黄池之会"上，吴王夫差以"于周室，我为长"的理由，以武力为威慑，"万人以为方阵，皆白裳、白旂、素甲、白羽之矰，望之如荼。王亲秉钺，载白旗以中阵而立。左军亦如之，皆赤裳、赤旗、丹甲、朱羽之矰，望之如火。右军亦如之，皆玄裳、玄旗、黑甲、乌羽之矰，望之如墨。为带甲三万，以势攻，鸡鸣乃定。既陈，去晋军一里。昧明，王乃秉枹，亲就鸣钟鼓、丁宁、錞于、振铎，勇怯尽应，三军皆哗扣以振旅，其声动天地"[①]。在会盟上力压晋定公，率先歃血，从而得以从晋国手中争得了霸主的"宝座"。

---

① 《国语全译》，黄永堂译注，贵州人民出版社，1995年，第689页。

第六章

商山四皓隐居西山　烟雾缭绕若隐若现

就争霸宏图的视角来看,吴王夫差的举措,并无大的问题,从某种程度上讲,甚至可以认为是成功的。毕竟,他将僻处东南一隅的吴国带上了中原争霸舞台的中心位置,他本人也实现了成为一代霸主的夙愿。但是,他的最大问题,是昧于现实形势的变化,没有意识到当时军事斗争的性质已发生了转型。归根结底,他的战略思维进入了"误区",战略选择出现了方向性的错误,努力越多,结果越糟,南辕北辙,适得其反,走入"图虚名而处实祸"的困境。

当时战争的本质性变化,是"争霸战争"已基本上退出历史舞台,新型的"兼并战争"业已粉墨登场,即自春秋晚期起,兼并战争已取代争霸战争而成为战争活动中的主要形态。

春秋战国之交,随着旧的生产关系的倾覆,土地占有权也相对分散。有土地就有人口,有人口就有赋税,就能组建军队,也就意味着拥有了财富和权力。因此,对土地和人口资源的争夺和控制,也就合乎逻辑地成为当时战争活动的根本宗旨。这种兼并战争的属性,是与以往争夺霸主名分和地位的春秋争霸战争迥异的。

战争的手段是由战争的目的决定的。兼并战争的激烈和残酷程度要远远超过以往的争霸战争,已丝毫见不到邲之战、鄢陵之战中那种彬彬有礼的旧"军礼"遗风,战场上曾经有过的"君子不重伤,不禽二毛""不鼓不成列""战不逐奔,诛不填服"的贵族高尚风度,早已被弃之如敝屣了。而只有无所不用其极的酷烈,只有惨绝人寰的血腥,才是兼并战争条件下的必然结果。

早在公元前506年的柏举之战当中,吴军的欺敌误敌、纵深突袭、连续作战、大创聚歼、釜底抽薪、劫掠报复这样的战略战术指导,已摆脱了以往争霸战争的寻常方式,而打上了以歼灭敌人有生力量、置对手于万劫不复之死地的兼并战争的鲜明特色。由此可见,无论是从战争的目的看,还是从战争的手段看,春秋末期的战争已很难称得上是争霸战争,而当属于兼并战争,这也标志着战争历史行将翻开崭新的一页。接下来,以晋阳之战为起点,"争地以战,杀人盈野;争城以战,杀人盈城"的战国时代兼并战争便要开始全面上演了。

面对时代条件的变迁与战争性质的转换，作为战略决策者，"与时迁移，应物变化"，主动顺应潮流，牢牢立足现实，及时调整战略思维，启动战略指导方针的转型，乃是其能否把握主动，"立于不败之地，而不失敌之败"，从而卓有成效地实现其战略目标的关键。而具体到由"争霸"到"兼并"的战争指导上，则突出地反映为是继续墨守成规，以赢取"名声"为宗旨，还是及时开拓创新，以获得"实利"为目标。

在当时的吴国君臣中，有这样清醒的战略悟性之人并非绝迹，伍子胥就是其中的突出代表。他已经明白地意识到，当时战争的性质已发生根本的改变，争当霸主的"虚名"，不应成为吴国的主要战略诉求，必须按照孙子所揭示的新型战争战略指导原则来引领吴国的战略进攻，"兵以诈立，以利动，以分合为变""合于利而动，不合于利则止"，以"功利"为根本考量，避免因图"虚名"而招致"实祸"。在他看来，"北威齐、晋"，不具有战略上的迫切性，甚至是得不偿失，无利可图，而乘胜追击，一鼓作气，彻底灭亡越国，才是利益之攸关，是当务之急，所谓"越之在吴，犹人之有腹心之疾也。夫越王之不忘败吴，于其心也怵然，服士以伺吾间。今王非越是图，而齐、鲁以为忧。夫齐、鲁譬诸疾，疥癣也，岂能涉江、淮与我争此地哉？将必越实有吴土"①。基于这样的认识，伍子胥一再强调释齐、晋而攻灭越国，完成吴国对于越之地的兼并。很显然，伍子胥的战略思维已实现了质的飞跃，牢牢地立足于"兼并"而非"争霸"的战略层面了。

遗憾的是，作为吴国战略指导方针的最高决策者与最后定夺者，吴王夫差的战略思维并没有做到与时俱进、适时转变。他依旧是迂腐地抱着业已过时的"争霸战争"的战略思维不放，昧于时势，依旧做着争当一代"霸主"的春秋大梦。所以，他能轻易地认同佞臣伯嚭的那套说辞："古之伐国者，服之而已。（越）今已服矣，又何求焉……"② 在面临关键战略选择时，铸下了大错，致力于"北威齐、晋"，去追逐在当时已是徒有其表的

---

① 《国语全译》，黄永堂译注，贵州人民出版社，1995年，第676页。
② 《国语全译》，黄永堂译注，贵州人民出版社，1995年，第711页。

第六章

商山四皓隐居西山　烟雾缭绕若隐若现

"天下霸主"的迷梦，率意放弃了一举灭越的大好机会，给对手勾践提供了喘息与反扑的条件，最后，酿成了自己身败名裂、吴国国祚戛然中绝的苦酒。

公元前473年，吴都姑苏城在被越国雄师围困近三年之后，已是势穷力蹙、难以为继，"吴师自溃"①"士卒分散，城门不守"②。越王勾践把握战机，遂于同年十一月指挥越军对姑苏城发动总攻击。守城吴军一触即溃，姑苏城迅速沦陷于越人之手。被围困的夫差在走投无路的情况下，派遣王孙雒以卑词尊礼向勾践求和，但为勾践所断然拒绝："昔天以越赐吴，而吴不受；今天以吴赐越，孤敢不听天之命，而听君之令乎？"③吴王夫差无可奈何，万念俱灰，绝望中自杀身亡。至此，曾经强盛一时的吴国终于为后起的越国所吞灭，彻底成为历史。

显而易见，吴王夫差之败亡，是败在了对春秋后期战略形势变化的蒙昧无知，在不适宜的时间里，做了不适宜的决策。换句话说，就是他落后于时代发展，战略思维偏执，战略能力低下，没有根据战争宗旨由"争霸"转变为"兼并"这一转折来相应调整自己的政治立场，更新自己的战略思维，转换自己的战略指导，使自己陷入被动而无法脱身，走向失败而难以救赎的惨境。

"国可亡，而史不可灭。"（陈寅恪）它给我们启示多多：春秋时期的战争是道义之战、霸权之争，与其说阖闾是当时的"五霸"之一，还不如说夫差是真正的霸主。夫差把自然野性的个人英雄主义思想赋予了新的积极的含义，他单枪匹马地在一片充满动荡危险的环境中，经历曲折的血与火的洗礼，用一己之力去独立对抗列强、解决问题，神奇地把吴国推到了颠峰时代。这是一场生动的"争霸"实践的表演，有"得陇望蜀"之奢——想与奇迹做伴，就是死也要干净利索——自刎魂飞，留下了一个极其沉痛的历史教训——争霸的苦果。战争过后，青山依旧，人类仿佛踏着战争的创伤，翻开了历史新的一页——战国时代。

---

① 《国语全译》，黄永堂译注，贵州人民出版社，1995年，第731页。
② 赵晔：《吴越春秋全译》，张觉译注，贵州人民出版社，1993年，第228页。
③ 《国语全译》，黄永堂译注，贵州人民出版社，1995年，第701页。

二、"商山四皓"隐居西山,清韵古风历历在目

历史的车轮滚滚向前,秦始皇结束了诸侯割据的战国时代,终于建立了中国历史上第一个统一的、多民族的、专制主义中央集权制国家——秦。地方上废除分封制,代以郡县制,同时书同文、车同轨、统一度量衡,江南获得了很大发展。秦朝的影响,时至今日,依旧在中华文化的历史长河中熠熠生辉。行走在被誉为"没有围墙的博物馆"的苏州西部丘陵山区,这里有万年前的三山岛人类遗址、舜禹遗迹、古运河、古桥、古纤道及绣圣故里等历史遗存,一个个文化符号串珠成链,尽显苏州的底色与中华文明的魅力。四面环水的洞庭西山,人杰地灵,孕育了悠久而丰富的古吴文化。洞庭西山,为中国内湖第一大岛,至今仍旧能在这片土地上发现很多吴越文化的遗迹,如吴王夫差曾经携其宠妃前来避暑、游玩,留下了以明月湾为代表的一系列春秋古迹。又因它远离尘嚣,云烟氤氲,烟波缥缈,仿佛一幅动态的山水画,秦末汉初"商山四皓",不惧千里前来隐居(见图6-3)。南宋初年,北方地区贵族大举随宋室南迁来到西山居住,给西山带来了前所未有的兴盛。

图6-3 秦末汉初"商山四皓"隐居西山示意图

第六章

商山四皓隐居西山　烟雾缭绕若隐若现

（一）吴人"霸上先生"名望极高，"商山四皓"杯酒一助定太子

关于"商山四皓"其人其事，《史记·留侯世家》记载："汉十二年，上从击破布军归，疾益甚，愈欲易太子。留侯谏，不听，因疾不视事。叔孙太傅称说引古今，以死争太子，上详许之，犹欲易之。及燕，置酒，太子侍。四人从太子，年皆八十有余，须眉皓白，衣冠甚伟。上怪之，问曰：'彼何为者？'四人前对，各言名姓，曰东园公、甪里先生、绮里季、夏黄公。上乃大惊，曰：'吾求公数岁，公辟逃我，今公何自从吾儿游乎？'四人皆曰：'陛下轻士善骂，臣等义不受辱，故恐而亡匿。窃闻太子为人仁孝，恭敬爱士，天下莫不延颈为太子死者，故臣等来耳。'上曰：'烦公幸卒调护太子。'"[1]

上述意思是：汉高祖十二年（前195年），皇上随着击败黥布的军队回来，病势更加沉重，愈想更换太子。留侯劝谏，皇上不听，留侯就托病不再理事。叔孙太傅引证古今事例进行劝说，死命争保太子。皇上假装答应了他，但还是想更换太子。等到安闲的时候，设置酒席，太子在旁侍候。那四人跟着太子，他们的年龄都已八十多岁，须眉洁白，衣冠非常壮美奇特。皇上感到奇怪，问道："他们是干什么的？"四个人向前对答，各自说出姓名，叫东园公、甪里先生、绮里季、夏黄公。皇上于是大惊说："我访求各位好几年了，各位都逃避着我，现在你们为何自愿跟随我儿交游呢？"四人都说："陛下轻慢士人，喜欢骂人，我们讲求义理，不愿受辱，所以惶恐地逃躲。我们私下闻知太子为人仁义孝顺，谦恭有礼，喜爱士人，天下人没有谁不伸长脖子想为太子拼死效力的。因此，我们就来了。"皇上说："烦劳诸位始终如一地好好调理保护太子吧。"

《汉书·张良传》中亦有"商山四皓"的记载，意思与《史记》中所记基本一致。现摘录如下："汉十二年，上从破布归，疾益甚，愈欲

---

[1] 司马迁：《史记》，梁绍辉标点，甘肃民族出版社，1997年，第558页。

易太子。良谏不听，因疾不视事。叔孙太傅称说引古，以死争太子。上阳许之，犹欲易之。及晏，置酒，太子侍。四人者从太子，年皆八十有余，须眉皓白，衣冠甚伟。上怪，问曰：'何为者？'四人前对，各言其姓名。上乃惊曰：'吾求公，避逃我，今公何自从吾儿游乎？'四人曰：'陛下轻士善骂，臣等义不辱，故恐而亡匿。今闻太子仁孝，恭敬爱士，天下莫不延颈愿为太子死者，故臣等来。'上曰：'烦公幸卒调护太子。'四人为寿已毕，趋去。上目送之，召戚夫人指视曰：'我欲易之，彼四人为之辅，羽翼已成，难动矣。吕氏真乃主矣。'戚夫人泣涕，上曰：'为我楚舞，吾为若楚歌。'歌曰：'鸿鹄高飞，一举千里，羽翼以就，横绝四海。横绝四海，又可奈何！虽有矰缴，尚安所施！'歌数阕，戚夫人歔欷流涕。上起去，罢酒。竟不易太子者，良本招此四人之力也。"

对此"之力"，白居易曾作长诗一首：

答《四皓庙》
［唐］白居易

天下有道见，无道卷怀之。此乃圣人语，吾闻诸仲尼。
矫矫四先生，同禀希世资。随时有显晦，秉道无磷缁。
秦皇肆暴虐，二世遘乱离。先生相随去，商岭采紫芝。
君看秦狱中，戮辱者李斯。刘项争天下，谋臣竟悦随。
先生如鸾鹤，去入冥冥飞。君看齐鼎中，焦烂者郦其。
子房得沛公，自谓相遇迟。八难掉舌枢，三略役心机。
辛苦十数年，昼夜形神疲。竟杂霸者道，徒称帝者师。
子房尔则能，此非吾所宜。汉高之季年，嬖宠钟所私。
冢嫡欲废夺，骨肉相忧疑。岂无子房口，口舌无所施。
亦有陈平心，心计将何为。皤皤四先生，高冠危映眉。
从容下南山，顾盼入东闱。前瞻惠太子，左右生羽仪。
却顾戚夫人，楚舞无光辉。心不画一计，口不吐一词。

第六章
商山四皓隐居西山　烟雾缭绕若隐若现

　　暗定天下本，遂安刘氏危。子房吾则能，此非尔所知。
　　先生道既光，太子礼甚卑。安车留不住，功成弃如遗。
　　如彼旱天云，一雨百谷滋。泽则在天下，云复归希夷。
　　勿高巢与由，勿尚吕与伊。巢由往不返，伊吕去不归。
　　岂如四先生，出处两逶迤。何必长隐逸，何必长济时。
　　由来圣人道，无朕不可窥。卷之不盈握，舒之亘八陲。
　　先生道甚明，夫子犹或非。愿子辨其惑，为予吟此诗。

　　超凡脱俗的"矫矫四先生"，学识渊博，杯酒"一助"定太子，可见其影响力。东汉人崔琦（约104—158）《四皓颂（序）》曰："昔有南山四皓者，盖甪里先生、绮里季、夏黄公、东园公是也。秦之博士①，遭世暗昧，道灭德消，坑黜儒术，《诗》《书》是焚。于是四公退而作歌曰：'莫莫高山，深谷灭哉。晔晔紫芝，可以疗饥。唐虞世远，吾将何归？驷马高盖，其忧甚大。富贵畏人兮，不如贫贱之肆志。'"②这里的"四公"退而所作之歌被后人称为《紫芝歌》，意思是：好高大的山川，深谷内河流山路盘根错节。好美的紫色灵芝，可以暂时给我充当食物。前人的歌谣离现在已经很远，我将何去何从。坐在华丽的马车下，我的忧虑还是很深。富贵的时候必有忧患，不如贫贱时的随心快意。

　　众所周知，汉高祖自诩为"马上皇帝"，汉初功臣受封王侯时是以军功作为主要标准的，故而朝中普遍崇尚"武功"。例如高祖五年（前202年），在安排所封列侯位次的时候，群臣就都认为："平阳侯曹参身被七十创，攻城略地，功最多，宜第一。"③尚武自然导致轻文，诸家学派的有识之士一度遭到排斥和压抑，如叔孙通曾为秦朝博士，本着儒服，因汉高祖厌恶，被迫依照楚人风俗，"变其服，服短衣"④。

---

① 《通典·职责》：博士，官名，秦置博士制度，掌诸子、术数、方技等，汉时掌握历史知识，以备皇帝咨询，教授经学。
② 《太平御览·乐部十一》。
③ 司马迁：《史记》，梁绍辉标点，甘肃民族出版社，1997年，第551页。
④ 司马迁：《史记》，梁绍辉标点，甘肃民族出版社，1997年，第719页。

然而，尔虞我诈、血腥残忍的秦末动乱时代，养成了汉高祖"明达，好谋能听"[1]的性格。因此，虽然受个人修养的局限，他难以自觉地运用诸家学说为自家帝国服务，就像他讨厌儒生主要是因为不喜欢儒生不务实际的空谈，若儒生颇有助益，他也会欣然任用。他对陆贾《新语》中的"以武得之、以文守之"的治国主张很欣赏，萌生出由"武功"向"文治"转变的想法。与"修祀六国""封乐毅之后"一样，"求聘四皓"亦是汉高祖晚年去武趋文的一大表现。既然汉高祖欲以"文治"守备天下，就需要往尚武轻文的朝廷里引进大量如陆贾、叔孙通那样的饱学之士，"四皓"即是这类人才中的佼佼者。

其一，"四皓"年长，拥有丰富的人生阅历。据《史记·留侯世家》载，东园公、绮里季、夏黄公、甪里先生四人于汉高祖十二年面见汉高祖时"皆八十有余，须眉皓白"，如此就年龄而言，四皓是刘邦父辈一代的人物，自其壮年开始，就亲身经历了秦灭六国、二世覆亡、楚汉之争等一系列重大历史变故。

其二，"四皓"通晓政事，具有渊博的学识。《陈留耆旧传》载："圈公为秦博士，避地南山，惠太子以为司徒。"[2] "圈公"即东园公。从以上表现来看，其出仕秦朝、担任"掌通古今"[3]博士一职。

其三，"四皓"是秦地士人里的代表性人物。"四皓"并非来自同一区域，唐司马贞《史记索隐》引《陈留志》曰："园公，姓庾，字宣明，居园中，因以为号。夏黄公，姓崔，名广，字少通，齐人，隐居夏里修道，故号曰夏黄公。甪里先生河内轵人，太伯之后，姓周名术，字元道，京师号曰霸上先生，一曰甪里先生。"而四个籍贯不一的士人之所以会一同"当秦之世，避而入商洛深山"[4]，很有可能就是四人原本入仕秦朝，因朝局动乱而被迫隐居在商洛深山之中，这从东园公担任秦博士的事迹来看，

---

[1]《汉书》卷二《高帝纪下》。
[2] 洪适：《隶释》卷十六《四老神坐神祚机》。
[3]《汉书》卷十九上《百官公卿表上》。
[4]《汉书》卷七十二《王贡两龚鲍传序》。

第六章
商山四皓隐居西山　烟雾缭绕若隐若现

是合乎逻辑的。

据《吴郡志·人物门》载："前汉甪里先生，吴人，《史记正义》引周树《洞历》云：'姓周，名术，字元道，太伯之后。汉高帝时，与东园公、绮里季、夏黄公俱出，定太子，号四皓。'《史记正义》：'甪里先生，一号霸上先生。'又云：'今太湖中洞庭山西南，中有禄里村是。'"① 此处谓甪里先生为吴郡人，其他信息则与《陈留志》所记大致相同。陕西省商洛市档案局副研究员郝臣杰经多年研究后，在《商山四皓后裔源流》一文中亦指出："甪里确系江南人士。"

"霸上先生"的霸上即灞上，在长安东三十里，是著名历史事件"鸿门宴"的发生地。甪里先生号曰霸上先生，可见其在秦地的名望极高，就像商朝时的苏州常熟人巫咸一样，乃大智大仁的将才。"四皓"由于长期隐居于关中的商洛深山里，已然融入秦地士人群体之中。汉高祖"承秦立汉"，在建立汉朝的过程中除了据秦之地、承秦之制外，还用秦之人②，而"四皓"作为秦地声名显赫的士人代表，无怪乎会"上高此四人"了。

不可否认，《史记》里关于大臣固争未能消除高祖易储之意，"四皓"杯酒之间遂定太子之位的记载，容易引起质疑。如司马光《资治通鉴考异》就认为，"四皓"拱卫太子的事迹是"辩士欲夸大四叟之事，故云然，……凡此之类，皆非事实。司马迁好奇，多爱而采之"③。

司马迁对"四皓"拱卫储君的事迹着以重墨，是与其撰写宗旨有关的。《史记·太史公自序》曰："运筹帷幄之中，制胜于无形。子房计谋其事，无知名，无勇功，图难于易，为大于细。作《留侯世家》第二十五。"④ 如此，从张良的角度来看，"四皓"拱卫储君实为其精心策划的一次攻心计。汉初三杰之中，唯有以智谋著称的张良出身韩国贵族，熟悉诡谲残酷的宫廷攻心计。他深知废立太子一事"难以口舌争"，又洞悉高祖

---

① 范成大：《吴郡志》，江苏古籍出版社，1999年，第301页。
② 关于刘邦"承秦立汉"的讨论，详见陈苏镇：《"春秋"与"汉道"：两汉政治与政治文化研究》，中华书局，2011年，第38-66页。
③ 《资治通鉴》卷十二《汉纪四》，中华书局，1956年，第400页。
④ 司马迁：《史记》，梁绍辉标点，甘肃民族出版社，1997年，第859页。

晚年的统治方略之转向，便因时制宜地设计了这么一出"山人劝酒"的戏码。

汉高祖欲行废立之事，主要是基于个人"爱欲"，这既有对少妻幼子的宠爱，也有对太子刘盈"为人仁弱""不类我"①的失望。于是，继高祖九年（前198年）废立太子未果后，虽时隔三年有余，汉高祖仍于重病之际重提旧事，似有垂死一搏之意。然而，作为一个行将就木的老人，汉高祖对此举是思绪混乱、犹豫不决的。自从再提易储，他一会儿听信旁人进谗，认为身为吕后妹夫的大将樊哙会对如意母子不利，便不顾其正率军征讨卢绾，临阵罢将也要让陈平前往将之羁押回京，一会儿又在太傅叔孙通以古鉴今的死谏之下假以应允，"犹欲易之"②。如此雷厉风行与敷衍搪塞的两类举止，形成鲜明对比。

就在汉高祖左右彷徨、难下决断的时候，"四皓"突然以太子门客的身份出现在汉高祖面前，不啻是一磅重击，改变了他的心理天平。要知道"四皓"作为秦地士人代表，将其聘任辟用，是汉高祖晚年去武趋文的重要步骤，但受轻士名声和频繁战事所累，一直未能实现。汉高祖自己没有做到的事，却被素受轻视的太子达成了。于是宴席之上，面对"四皓"劝酒，汉高祖除了大惊之外，对太子的能力发生改观乃至认可。《古文苑》录有汉高祖《手敕太子》一文，曰："吾遭乱世，当秦禁学，自喜，谓读书无益。洎践阼以来，时方省书，乃使人知作者之意，追思昔所行，多不是……群臣咸称汝友四皓，吾所不能致，而为汝来，为可任大事也。今定汝为嗣。"③从中可以看到汉高祖晚年修文治学的转变，同时还披露出"四皓"之于太子，其实是"可任大事"的证明，汉高祖对戚姬说太子"羽翼已成，难动矣"④。

汉高祖"求聘四皓"，从而保住了吕后之子刘盈的太子之位。"四皓"

---

① 司马迁：《史记》卷九，梁绍辉标点，甘肃民族出版社，1997年，第64页。
② 司马迁：《史记》卷五十五，梁绍辉标点，甘肃民族出版社，1997年，第558页。
③ 严可均：《全上古三代秦汉三国六朝文》，中华书局，1958年，第131页。
④ 司马迁：《史记》卷五十五，梁绍辉标点，甘肃民族出版社，1997年，第558页。

在易储事件中的"一助"作用可谓大也!"诗仙"李白称赞:

过四皓墓

[唐] 李白

我行至商洛,幽独访神仙。
园绮复安在?云萝尚宛然。
荒凉千古迹,芜没四坟连。
伊昔炼金鼎,何年闭玉泉?
陇寒惟有月,松古渐无烟。
木魅风号去,山精雨啸旋。
紫芝高咏罢,青史旧名传。
今日并如此,哀哉信可怜。

"青史旧名传"——"四皓"隐入尘烟(但平静也是一种力量),其高洁的英名确实万古流传。

汉惠帝即位后,实施仁政,减轻赋税,提拔曹参为丞相,萧规曹随,政治清明,国泰民安。与民生息的政策,推动了经济的繁荣;在思想和文化方面,他废除秦时禁锢,使黄老哲学代替法家学说,打开了各种思想发展的大门。遗憾的是,仁弱的汉惠帝在位期间大权实际上掌握在强势的母亲吕后手中,因此后世司马迁作《史记》时甚至没设"惠帝本纪",而设的是"吕太后本纪"。

(二)"商山四皓"隐居西山,不仕修身超凡入圣

"四皓"杯酒"一助"后,他们就心满意足地离开汉高祖皇室隐居到南方苏州太湖中的西山岛了。这"四皓"为什么会想到苏州太湖西山岛呢?

第一,"四皓"见好就收。

第二,汉高祖"欲行废立之事已久",正式提出就有两次:第一次是汉高祖在廷议之上提出要废黜刘盈、更立如意为太子,遭致大臣们的反

对,其中御史大夫周昌不顾自己的口吃毛病,耿直进谏,言辞激烈,最终汉高祖作罢。可是,据《史记·张丞相列传》记载:"周昌廷争之强,上问其说,……是后戚姬子如意为赵王,年十岁。"① 第二次易储事件发生于高祖十二年(前195年),笔者在前面已作交代。既然事已办成,"四皓"因年高也就不再介入了。

第三,四皓"一助",固然功不可没,但也得罪了戚夫人和赵王如意。"四皓"不愿卷入王室间的斗争,也许料想吕后与戚夫人日后必有一战(事实证明确是如此),为了避祸,便一辞云游天下了。正如陶渊明所说"驷马无贳患,贫贱有交娱"②。鉴于"甪里先生,吴人""为吴郡人",又是"一号霸上先生",对南方熟门熟路,何况"志合者,不以山海为远",便一同前往,"今太湖中洞庭山西南,中有禄里村是"③。

第四,"四皓"曾隐居于商山,而商山位于陕西省东南部的秦岭南麓,商洛地区又跨长江、黄河两大流域,历史上是西北通往东南的交通要道,向南很容易进入长江支流中的汉江(笔者四十多年前曾在安康地区秦岭南麓因工作需要踏察过汉江),而后顺流向东南至太湖。

第五,从地理位置来看,苏州西山甪(禄)里村落所临之太湖,纳众多岛于囊中,贯通苏州、无锡、湖州等地区,是联系临湖城市的纽带。当时南北货物运输主要靠水上交通,又有伍子胥与夫差开凿的胥江与大运河通江达海,许多船只可从长江、芜湖、宜兴、无锡等地取道太湖,直通苏州西山,尤其是东村湖边的西港是西山的深水港。从地质条件来看,西港湖床由石板、卵石等构成,使得湖浪带来的泥沙难以淤积,港湾从不堵塞;从气候条件来看,西山岛处于台风地带,每年7月下旬到10月上旬有多次台风过境,狂风巨浪夹以暴雨,成为船只航泊之大患,故那里鲜有外人来打扰;又因西港前方水域有横山、大干山和阴山等岛屿呈环状分布,削弱和阻挡了风浪侵袭,使得港内水面相对平静。周边不少港口或因

---

① 司马迁:《史记》卷五十五,梁绍辉标点,甘肃民族出版社,1997年,第798页。
② 陶渊明:《赠羊长史·并序》。这句意思是,仕途难免遭祸患,岂如贫贱多欢娱。
③ 范成大:《吴郡志》,江苏古籍出版社,1999年,第301页。

淤泥沉积或因风浪侵扰，常有碍停泊，故西港以其得天独厚的自然条件赢得船家的青睐。由此"商山四皓"便顺利地来到了苏州西山岛。

至今，西山岛仍留有许多"四皓"遗迹：有甪里先生读书处——甪庵遗址，村中有周姓大族，系甪里先生后裔。东园公隐于凤凰山西南一里处，即今之东村；绮里季隐居于绮里，绮里旧时有"四皓祠"；夏黄公隐居于慈里万花谷，其地称"黄公井"，亦称"黄公泉"，其处居民都姓夏，传为夏黄公后人。缥缈峰至缥缈村山腰有一矩形石，名仙人台，即"棋磐石"，相传为"四皓"聚会弈棋之处（见图6-4至图6-7）。

图6-4 苏州西山岛甪里村湖边

图6-5 苏州西山岛甪里村今门牌号

图6-6 苏州西山岛甪里村中相传"四皓"遗迹之一

图6-7 苏州西山岛缥缈峰山腰仙人台

"四皓"隐居西山后，外面无人知其所终，故有关"商山四皓"在苏州西山岛的墓葬，历代史志亦无记载。即使在陕西省商洛市丹凤县城西的

"四皓陵园"内,仅有三墓为正冢,民间传说也只是衣冠冢。

2 000多年来,文人骚客,达官显宦,大凡涉足"四皓"者,无不留下脍炙人口的题文词赋。唐代大诗人李白的《商山四皓》,更是千古流传,其诗盛赞"四皓"淡泊名利,坚持道德操守,给后人留下一种超凡境界。

商山四皓

[唐] 李 白

白发四老人,昂藏南山侧。偃卧松雪间,冥翳不可识。
云窗拂青霭,石壁横翠色。龙虎方战争,于焉自休息。
秦人失金镜,汉祖升紫极。阴虹浊太阳,前星遂沦匿。
一行佐明圣,倏起生羽翼。功成身不居,舒卷在胸臆。
窅冥合元化,茫昧信难测。飞声塞天衢,万古仰遗迹。

注:"南山"或"终南山"皆系秦岭(太乙峪)。

秋日山行简梁大官

[唐] 骆宾王

乘马陟层阜,回首睇山川。攒峰衔宿雾,叠巘架寒烟。
百重含翠色,一道落飞泉。香吹分岩桂,鲜云抱石莲。
地偏心易远,致默体逾玄。得性虚游刃,忘言已弃筌。
弹冠劳巧拙,结绶倦牵缠。不如从四皓,丘中鸣一弦。

明代诗人高启《甪里村》诗曰:"彼翁何为者,足见人心归。始潜避秦君,终出安汉嗣。世罗焉能羁,舒卷聊自肆。我来甪里村,如入商颜山。紫芝日已老,黄鹄何时还。斯人神仙徒,千载形不灭。犹想苍岩中,白头卧松雪。"[1] 清代姚承绪赋《甪里》诗曰:"洞庭烟水渺孤村,乱荻荒芦掩夕痕。肯向青宫成羽翼,可从黄石悟尘根。紫芝曲罢商山古,皓首人

---

[1] 王维德等:《林屋民风》,上海古籍出版社,2018年。

商山四皓隐居西山　烟雾缭绕若隐若现

归汉殿尊。底竟逃名犹未得，几曾巢许侍金门"……略举数例，可见一斑。

苏州西山岛东村的古巷古宅颇多，总建筑面积约 6 000 平方米。至今还保留二十几座以"堂"为名的明清古民居，如：敬修堂、芳桂堂、慎馀堂、慎思堂、端本堂、保宁堂、存仁堂、仁余堂、延圣堂、维善堂、学圃堂、榴耕堂、绍衣堂、孝友堂、崇德堂、盛德堂、仁德堂、敦和堂、凝萃堂、源茂堂、翠秀堂、耆德堂、鸿松堂等。庭院深深，小巷幽幽（见图6-8）。古村经历着风雨，刻画出历史。

图 6-8　苏州西山岛东村古巷古宅

东村栖贤巷，相传是号称商山领袖的东园公隐居而经常由此出入、上山的一条街巷，巷门就在街巷的北端，为明代建筑，2002 年被列为江苏省文物保护单位（见图6-9）。

图 6-9　苏州西山岛东村栖贤巷石碑

走进这座古村，一条窄窄的古巷，高低错落，斑驳苍古。它承载着无数的古宅，使人感到当年的繁华已不见，空无一人。看了几处老宅，都是

"铁将军"把门,只能在外面望望。笔者从侧窗中看到,厅堂中的屋面虽有局部破损,但木雕砖雕还比较完整。

明月湾古村位于太湖西山岛的南端,相传春秋时已形成村落,吴王与西施曾来此赏月,至今仍保留着西施当年洗妆的画眉泉遗址,状若棋盘的山村格局一直完整地保存至今。现存的房屋多数建于清乾隆年间,包括礼和堂、礼耕堂、瞻禄堂、薛家厅、黄家祠堂等。这些宅第和祠堂,有精致典雅的砖雕、木雕、石雕,有的还有华丽的苏式彩绘,这些古建筑绕以长达1 000多米的石板街,体现出鲜明的江南古村的原始风貌。村口有古香樟一株,高25米,胸径2米,寿已千年,诉说着这里连绵不绝的传奇(见图6-10)。自古以来,这里就是文人雅士的向往之地,白居易、皮日休、陆龟蒙、沈德潜等著名文人,都留下了赞美的诗文。

图6-10 苏州西山岛明月湾古村的千年古香樟树

明月湾古村三面是山,一面临水,积淤成坞,太湖古码头面朝西南而卧,承风载雨,藏而不露,正如清代诗人凌如焕所言:"水抱青山山抱花,花光深处有人家。"当我们走进西山岛,犹如进入了鸟翔于天、鱼潜水底、花叶繁茂的世界,深感万物生长是如此美好。

所谓"幸福",不过是人类的期望在得到相对满足时的那种感觉。然而由于文化背景、生活经历各异，大家的幸福观亦不尽相同。非但如此，仅从字义上来讲，"幸"和"福"也有微妙的区别——"幸，吉而免凶也"，对古人来说，没有灾祸就是"幸"；"福"乃"祐也"，右边的"畐"，上面的部分像人的头，下面的"田"像吃饱了的肚子，左边的"示"象征祭台。也就是说，祈祷上天能够让人吃饱，这便是"福"了，此乃先民们知足常乐的心态。倘能"全寿富贵""五福临门"，那就更好了。桓谭在《新论》中解释"五福"为"寿、富、贵、安乐、子孙众多"。其实这个词的初义是："一曰寿，二曰富，三曰康宁，四曰攸好德，五曰考终命。"（《书·洪范》）要想幸福，必须得修个好德行。其实苏格拉底也是这样认为的："人生的本性是渴求幸福，其方法是求知、修德行善，然后是一位幸福之人。"看来对于幸福的根本认知，东西方文化不无相通之处。而现在的西山岛，已是中国历史文化名村、全国农业旅游示范点、苏州太湖生态岛了，出现了许多新产业、新业态、新商业模式的"三新"经济。

（三）"孝廉和义"代代相传，文明新风吹拂古村

西山岛的文化底蕴很深厚，有关"商山四皓"的遗迹、遗址及传说也很多，正如余秋雨所说："山水还在，古迹还在，似乎精魂也有些许留存。"

1."孝、廉、和、义"代代相传

美丽的太湖、神秘的西山，丰富的人文历史内涵造就了众多的古村落。这些古村落各有特色，尤其是后埠、甪里、明月湾和东村，在长期的社会实践中形成了"孝""廉""和""义"的文化特质，其中蕴含的古朴乡风、民风、家风和清廉文化成为西山古村文化的代表，对后世之人启发多多，代代相传（见图6-11）。

（1）东孝——笃孝双亲后埠村

常言道，百善孝为先。位于西山岛东部后埠古村的费孝子祠，始建于清嘉庆二十三年（1818年），原有房屋三进，现存大厅三间及门楼一座，建筑面积约200平方米。清代费孝子孝顺父母的故事感天动地，至今仍在

图 6-11　西山岛后埠村开凿于南宋淳熙年间（1174—1189 年）的双井

西山广为流传，后埠古村也因为出了费孝子这个人物而远近闻名。

费孝子的真名叫费孝友，字仲行，号鲤泉，清代西山后埠人。他出生在当地一个有名的儒商家庭，并以特别孝顺父母而闻名乡里。费孝友的父亲费松轩常年外出经商，费孝友留在家里照顾母亲。母亲年岁渐大，患了白内障，看不清东西。当时医学不发达，当他听说白内障可以用舌头舔好后，费孝友天天跪在床前，为母亲舔眼睛。当母亲身患严重痢疾时，他唯恐别人伺候不周，亲自为母亲更换衣裤。后来，费松轩也因病回到老家，费孝友白天管理田产和商店，晚上就和衣而卧，守在病床旁。父亲每次吃汤药，他总要亲自尝一尝，觉得温度差不多才给父亲喝。他的所做所为展现出人性之善、心灵之美。

嘉庆皇帝以孝治天下，征集天下孝事。费孝友的孝德被苏州知府上报到了朝廷。嘉庆二十四年（1819 年），皇帝下旨褒奖费家，亲赐"笃行淳备"题匾，意即始终不渝践行孝道、完美无缺，并敕令在后埠村建孝子牌坊。

（2）西廉——廉吏高风甪里村

暴式昭（1847—1895），字方子，河南滑县人，清光绪十一年至十六年（1885—1890 年），在西山岛西部的甪里巡检司任巡检官，论品级，巡检官只是从九品的官，论职能，巡检官主要负责防御盗贼，维护地方

第六章
商山四皓隐居西山　烟雾缭绕若隐若现

治安。

任职期间，暴式昭勤政爱民，廉洁奉公，深受百姓爱戴，后因反映民意得罪上司而蒙冤被撤职，随后全家竟穷得无米下锅。百姓敬佩他的廉洁品格，感恩他平日的恩惠，全岛七八千户群众自发捐米捐柴，冒雪送到他租住的地方，一时传为佳话。俞樾、吴昌硕、徐悲鸿、胡适、朱自清、张大千、沈从文、冯友兰、朱光潜、俞平伯等近现代名家，闻知暴式昭的感人事迹后，以书法、诗歌、文章、绘画等不同方式予以歌颂。

暴式昭官九品，人一品，是勤政、廉政的楷模。他从整理地方碑刻，到扫平烟馆、查封赌场，处处无懈怠，时时忙政务。当时西山有典当商三家，每年都要以"保护费"的名义向巡检缴纳一笔数目不小的钱，暴式昭把这笔钱全部捐给西山"继善堂"用于社会公益事业，自己毫厘未取。暴式昭西山为官数载，为己为私的机会很多，但他不仅不贪、不捞，而且为老百姓贡献上了自己微薄的俸银，以致罢官后家中竟穷得吃了上顿没下顿，真是"世上穷官谁与比，罢官不见炊烟起"。暴式昭的这种廉政爱民的可贵精神，至今为人称道。

（3）南和——讲和修睦明月湾

明月湾，位于西山岛南端，2007年获选为中国历史文化名村。古村内现存的三块文物碑刻，是明月湾先民守望相助、和谐友善的珍贵实物见证。

"明月湾修治街埠碑记"碑，位于村口土地庙内，立于清乾隆三十七年（1772年），主要记载由于每当大雨滂沱时，道路泥泞，难以通行，明月湾吴、黄、秦、邓等家族共同集资全面整修街道、河埠、码头等公共设施的经过，是明月湾先民家族与家族之间、人与人之间和谐相处的实物见证。

"明月湾湖滨众家地树木归公公议"碑，位于明月寺大殿前的走廊内，立于清嘉庆元年（1796年），记载的是为保护村口的大片树木，经明月湾多个家族公议协商，决定将村口所有树木收归明月湾地方公有，任何人不得私自砍伐。还有"明月湾永禁采石"碑，位于明月寺后殿的走廊内，立于清乾隆六年（1741年），记载的是因为当时明月湾一带有人开山采石，影响居民生活，村民联名上书州县，经各级官员批示办理，奉令通告在明月湾永禁开山采石的事。上述这两块碑刻，又是明月湾先民保护生态环境、人与自然和谐相处的实物见证。

（4）北义——尚义可风古东村

东村，古称东园村，已有两千多年的悠久历史，2014年被评为中国历史文化名村。《史记·留侯世家》中记载了一个这样的故事：汉初，以东园公为首的"商山四皓"，辅佐刘盈登上皇位后，东园公退隐西山，东村因为是东园公隐居之地而得名。

北宋末年，东村徐家先祖徐揆，只身到金兵营中，要求索还被扣押的宋徽宗和宋钦宗二帝，结果被金人当堂击杀，成为大宋烈士。北方沦陷后，徐家子孙"义不居伪邦"，南渡到东村隐居，堪称忠义。明清两代，东村徐家靠外出经商发家致富，成为洞庭商帮（明清十大商帮之一）中的佼佼者。以徐联习为代表的东村商人，修桥铺路、建祠修庙、行善积德，以造福乡里为己任，义门、义井等至今仍存。原存于东村敬修堂内的一块匾额，上题"尚义可风"四个大字，这四个字精准概括了东村古代文化的特点，已成为今人继承的一笔宝贵文化遗产[①]。

2. 文明新风吹拂美丽乡村

西山岛是金庭镇国家风景名胜区，也是农业花果镇。近几年来，该镇进一步加强了与本土社会公益组织的合作交流，培育、扶持、联合社会公益组织开展了一系列群众喜闻乐见的、具有地域特色的志愿活动，打造本土特色志愿品牌。其中，"心行阳光"公益服务中心作为吴中区优秀公益组织，在2020年推出了精准扶贫、关爱困境儿童、生态保护等志愿服务项目约50场，服务人次达1500余人，取得良好社会效应。西山茶文化公益组织开展的茶文化公益讲座等活动，为金庭镇碧螺春茶产业的发展、茶文化的传承和弘扬作出了积极贡献。

（1）建立队伍，健全服务体制

2020年以来，金庭镇不断完善志愿服务的体制机制建设，逐步打造

---

① 邹永明、杨凯：《太湖西山的古风清韵》，《中国纪检监察报》2019年5月31日第6版。

规范化、专业化的志愿服务队伍。通过对全镇志愿服务成员、场地、活动等资源的全面梳理排摸，精准挖掘志愿者资源：

一是着力发动镇政府的在职人员，成立金庭镇红心岛党员志愿服务支队，由党（工）委书记任支队长，下设镇机关、市镇单位、非公经济 3 支党员志愿服务队。12 个村（社区）相应成立党员志愿服务队，由村（社区）书记任队长，充分激活各类志愿力量，构建了覆盖全镇的新时代党员志愿服务队（见图 6-12）。

图 6-12　苏州西山金庭镇党员志愿服务队

二是积极发动退休后的党员、文艺志愿者、律师、身边好人及先进人物、大学生志愿者、创业返乡人员等加入志愿者队伍，更好地为全镇群众提供服务。为了进一步提高志愿者的综合素质与服务水平，2020 年以来共开展了志愿服务专题集中培训 5 次，力争打造一支素质过硬的志愿服务团队。

三是建立健全"资源共享、务实高效"的供需对接机制，结合领导挂村制度、村（社区）网格化管理制度，在重要时段、重点工作攻坚期间，深入村、社区、企业一线，调研搜集村民群众志愿服务需求，及时发布志愿活动公告，从而形成了有效的志愿服务供需对接和畅通的民情民意反馈渠道。

四是制定相关制度，进一步调动广大志愿者积极性，促进志愿服务组织提升能力水平,更好地保障各类志愿服务活动常态化、长效化。目前,全镇在文明实践志愿服务平台注册志愿者达2万人,活跃志愿者4 000多人,活跃团队31个。

(2) 加强阵地建设,统筹协调志愿活动载体

积极搭建志愿服务平台,完善西山农业园区(金庭镇)新时代文明实践网络架构。设立西山农业园区新时代文明实践所,12个村(社区)新时代文明实践站,以及西山农业园区公司、旅游集团、金庭地区人民医院等3个新时代文明实践点,为全镇群众提供内容丰富、种类多样的志愿服务。同时,积极整合现有资源和各条线相关活动,开展观影厅、阅览室、舞蹈房、老年人生日厅等多平台活动,特别注意满足老年人的需求,每天推出不同的活动和服务,得到了老人们的交口称赞,打通了宣传群众、教育群众、关心群众、服务群众的"最后一公里",及时传播党的声音,积极培育文明新风,大力传承优秀文化,用实际行为阐释了平凡人生的意义,证明了与功业建树毫无关系的平淡人生也可以达到较高的境界,也证明了朴素的平凡生活亦可具有浓郁的诗意。阅读、朗诵、娱乐……以新时代文明新风助力高标准建设"苏州太湖生态岛",把西山岛打造成南方的"仙都"。

三、以本然之心造两山,青山妩媚湖水旖旎

人是自然的一部分,地理气象创造了往往被人们忽视的真实文明。约两亿年前,地球上到处是裸子植物,繁殖无须开花结果的过程,后因被子植物大量出现,盛开的花朵才使一片单调绿色的地球变得万紫千红。

在江南古陆上,春风暖暖吹过,穿过头发穿过耳朵,温柔懒懒轻轻诉说着;盛夏之际,就会狂花繁草,野趣满眼,甚至连石头在阳光下闪闪烁烁也像山花一般绚丽;忽而从山坡上飘来一阵晒热的、因快成熟而略带苦味的草香,忽而又从海滩上吹来一股凉爽沁人的略带苦涩的水腥气息……这些景致令人折服,甚至难以想象,这就是天然、天赋的本然面目。可见,美丽江南不是飞来之地,它是自然妙造,奇异天成。它犹如一条丑陋

的毛毛虫变身五彩斑斓的蝴蝶——"会飞的鲜花"。

诗人们将太湖比作江南跳动的心脏（见图 6-13）。围绕在太湖外围的，还有 180 多个较小的湖、泊、漾、荡和众多条日夜流动的河港，它们便是江南的动脉和静脉血管。正是因为有了太湖，苏州才"日出江花红胜火，春来江水绿如蓝"，尤其是苏州西部丘陵山区的洞庭东山与西山犹如漂浮在太湖中的"蓬莱岛"。目下坚持"两山"理念，不忘初心，牢记使命，使太湖文化遗产不仅得到了保护，其创造性转化和创新性发展也在加速。

图 6-13　太湖像江南跳动的心脏

（一）得天独厚的自然环境，犹如"天堂中的天堂"

余秋雨在《文化苦旅》中说，"苏州是我常去之地。海内美景多得是，唯苏州，能给我一种真正的休憩。"春天的苏州西部丘陵山区，鸟语花香。登上渔洋山，遥望浩渺太湖，只见湖中有岛，渔帆点点，鸥鹭翻飞……如梦如幻。

1. 太湖中的"蓬莱仙境"金庭镇

西山岛的所在地是苏州西部丘陵山区的金庭镇。该镇面积达 83.42 平方千米（含周围 34 个太湖小岛），是中国内湖第一大岛（见图 6-14）。在 5 000 多年前的新石器时代，俞家渡一带已有人类从事渔猎等生产活动。全岛现存历史文化古迹 100 多处，其中省、市级文物保护单位 14 处、市级控制保护古村落 7 个、市级控制保护古建筑 26 处。另有明清建筑 120 多幢，面积约 4 万平方米。明月湾古村、东村古村为中国历史文化名村。走进张家湾，5 棵姿态万千的千年古樟树映入眼帘，村内古朴优雅的建筑、幽静深邃的小巷、品种丰富的果树群以及鸡鸣狗吠的场景，让人宛如进入蓬莱仙境，瞬间便抛开了喧嚣城市的烦躁情绪，获得一种美好轻松的感觉。

核心江南
——世界罕见的苏州西部丘陵山区历史文化

图 6-14　苏州太湖西山岛（金庭镇）

该岛诸山为浙西天目山向东北延伸的余脉，在明代王鏊的《七十二峰记》中，太湖中马山、西山、东山 3 处共有 72 峰，其中西山岛上有 41 峰。这 41 峰中的最高峰为缥缈峰，达 336.6 米。除山地外，该岛的主要地貌类型系低洼圩田、山前冲积平原、石灰岩丘陵、山坞和湖湾。20 世纪 60 年代末因围湖造田，原是太湖小岛的乌龟山（居山）、裙褴山、大谢姑山、小谢姑山、瓦山、青浮山等与西山相连一起了。

洞庭西山上植被垂直分布较清楚，最上部是草山，以下是以马尾松为主的针叶树和常绿阔叶树的混交林，山麓是果树栽培区，湖湾地区是果树和水稻田，如今有"太湖绿肺"之称，森林面积占苏州全市的四分之一。

岛上气候宜人、景色秀丽、山水相融、风物清嘉、果木葱郁、物产丰饶，是名副其实的"花果之乡"，素有"月月有花、季季有果、一年十八熟、天天有鱼虾"之称，其著名特产有：洞庭碧螺春、太湖三白（白鱼、银鱼、白虾）、太湖大蟹、青种枇杷、洞庭红橘、太湖莼菜、太湖珍珠以及银杏、青梅、栗子、青虾、莲藕、芡实（鸡头米）等等。尤其著名的是以形美、色艳、香浓、味醇"四绝"闻名中外的洞庭碧螺春茶，每年谷雨前三四天是采摘茶叶的最好时节，这时茶树的嫩芽刚好伸出第一片嫩叶。上等的碧螺春，茶尖呈螺旋状，边缘上一层均匀的细白茸毛，银绿隐翠。冲泡后"白云"翻滚，雪花飞舞，香气清高持久。用温开水冲泡，亦能沉于杯底。如先放水后放茶，也照样下沉，放香展叶，堪称名茶极品。

究其因，一是太湖洞庭山四面的太湖水，水汽升腾，雾气悠悠，空气湿润，土壤呈微酸性或酸性，质地疏松，极宜于茶树生长，由于茶树与果树间种，所以碧螺春茶叶具有特殊的花果香味。据记载，碧螺春茶叶早在隋唐时期即负盛名，有千余年历史（见图6-15）。二是太湖洞庭山的碧螺春采制技艺高超，其特点：一是摘得早，二是摘得嫩，三是拣得净。通常采一芽一叶初展，芽长1.6～2.0厘米，叶形卷如雀舌。炒制时，手不离茶，茶不离锅，揉中带炒，炒中有揉，炒揉结合，连续操作，起锅即成。

图6-15　洞庭山碧螺春茶园一角

此外，洞庭山的乌紫杨梅、大佛手白果、九家种板栗、缥缈峰水晶石榴……也是抢手货。南来北往的人只要来到西山，一是总想着要带点什么土特产品走，二是要到西山岛多看看，因为那里的地方不大，景点却很多。它是以群岛风光、花果丛林、吴越以来的古迹见长，以游览、度假为主的湖岛区。它拥有湖中群岛、湖湾山水、山中坞谷、山顶峰峦四个风景层次。现有缥缈云场、水月问茶、林屋晚烟、消夏渔歌、甪里犁云、玄阳稻浪、肖山遗踪、毛公积雪、西湖夕照、石公秋月、凤凰烟雨、金铎松篁、文化巽峰、大沙观帆、罗汉古刹、鸡笼梅雪、明湾古村、甪角风涛、天王鱼国、横山旭日等二十个景点。

过去西山岛，只要风力达5级，就封湖了。1994年10月25日，苏州太湖大桥建成通车，结束了西山孤岛的历史。该桥东起太湖国家旅游度假区墅里村渔洋山，经长沙岛、叶山岛至洞庭西山渡渚村大庭山，由三座桥组成，全长4 308米，桥面宽12米，181孔（后又增建为双桥），甚为壮观。除政府投资外，当地民众出于感激之情，亦为造桥集资、捐款1 000余万元（见图6-16）。

图6-16 苏州西山太湖大桥

2. "天堂中的天堂"东山镇

洞庭东山的所在地是东山镇，位于苏州西部丘陵山区的西南边，距苏州古城约37千米，全镇面积96.55平方千米，是太湖之滨的一颗璀璨明珠（见图6-17）。它与西山岛隔湖相望，是一衣带水的近邻。1966年7月16日，在毛泽东主席以73岁高龄畅游长江精神的鼓舞下，笔者就曾带领部队在东、西两山之间的太湖中游泳。

东山，古称胥母山，亦称莫厘山，历史悠久，文化底蕴深厚。一万多

第六章
商山四皓隐居西山　烟雾缭绕若隐若现

图 6-17　苏州太湖东山镇

年前的"三山遗址"证明，早在旧石器时代晚期，这里就有人类活动，是吴文化的主要发源地。春秋时这里是吴王狩猎游乐之处，至唐为建制镇，宋、明两代兴盛，人才辈出，仕宦、商贾足迹遍及海内外。清乾隆元年（1736年）设置太湖厅署，与吴县分治历172年。新中国成立后，震泽县县治就设在东山。

该镇三面环水，气候宜人，自然资源丰富，是著名的"花果山""鱼米乡"，享有"中国碧螺春之乡""中国太湖蟹之乡"的美誉。东山湖羊、白沙枇杷、乌紫杨梅等各类名特优花果以及名贵太湖水产品等四季不断。拥有国家级重点文物保护单位4处6个、中国历史文化名村3处、中国传统村落4处、全国农业旅游示范点2个、省市文保单位21处、市级控保古村落3处、控保建筑31处。雕花楼、陆巷古村、三山岛、紫金庵、启园、席家花园和雨花胜景等旅游景点蜚声中外，还有东山宾馆、山水度假村等精品酒店，是重要的对外接待窗口。

站在东山最高处的莫厘峰上远眺，峰峦锦绣，太湖空蒙，云气挟青山，天将水共浮。人们不禁感叹，是什么样的造化，是什么样的修炼，让东、西两山拥有如此得天独厚的环境，如此旖旎迷人的风光。

东山是个好地方，"这是一个美丽的地方，永远使人心旷神怡"；"我

核心江南
——世界罕见的苏州西部丘陵山区历史文化

已经很久没有领略如此美丽的地方",外国政要如是说。她是唐诗宋词里那个不断重复的意象、水墨山水画里那个迷人的意境;她是人们的乡情、乡思、乡愁可以诗意地栖居的地方,正如著名社会学家、人类学家费孝通所题写的,那是"天堂中的天堂"。

1985年,在该镇的三山岛上发现了旧石器晚期人类文化遗址,发掘出石核、石片、刮削器、尖状器等旧石器1万余件,以及猕猴、豪猪、貉、棕熊、鬣狗、虎、鹿等5目18种及1万~2万年前的哺乳动物化石,《人民日报》称其为"中华民族古文明的摇篮",《文汇报》称"太湖一带万年前即有人类",由此揭开了苏州人类历史的序幕。清代文人吴庄赞《三山》诗曰:"长坼龙气接三山,泽厥绵延一望间。烟水漾中分聚落,居然蓬莱在人寰。"(见图6-18)

图6-18 美丽而神秘的三山岛

位于东山太湖边的陆巷古村,为明代正德年间宰相王鏊的故里。陆巷之名源于南宋,史载,宋室南渡,途经太湖,见东山雄峙湖中,清幽静谧,遂有王、叶、姜多员战将把家眷安顿在此,辟建了一座有六条巷的村庄,故名陆巷。村中保存有解元、会元、探花三座明代牌楼和明代古街、古弄及30多幢明清建筑,为江南少有的明清建筑博物馆,有"太湖第一古村落"之称。走进陆巷,首先被一条船形建筑吸引,这就是寒谷渡(见

图 6-19)。在依靠舟楫交通的年代，这里便是通往外界，走出古村的唯一通道。它木结构的栏杆和屋架顶棚，如今不多见的青黑色小瓦屋面以及青石的河埠，仿佛从来就没有变过，一如初建的模样。当年在外做官的贵人们，每次回乡的官船都一定要在这里停靠。

图 6-19　东山镇陆巷的寒谷渡

东山，不仅有山中宰相，更有善于货殖、威震上海的"洞庭商帮"（东山、西山两地）。因岛上耕地少，山民除了植桑、种果、养鱼，自古有外出经商传统。明末冯梦龙在《醒世恒言》中写道："两山之人，善于货殖。八方四路，去为商为贾。"洞庭周遭水运发达，既可将本埠缺少的外地粮食运进来，又能把畅销苏州一带的棉花和丝绸贩出去。至明清时期，洞庭商帮的商人就以经营棉花、丝绸闻名吴、楚甚至南北各地，与赫赫有名的徽商、晋商并驾齐驱，称雄国内商坛。由于洞庭商帮精明能干，无物不营、无地不去，连无路可上的"天庭"，都能千方百计去打通，便有"钻天洞庭"之绰号。

该商帮以王惟贞、翁笠、许赀雄、席启寓为其杰出代表。令人惊奇的是，当晋商、徽商已然沉寂之时，洞庭商帮的家族传奇还在延续。他们是苏商的精英，汇集了苏商的全部智慧，北走齐鲁大地，中转后将丝布供应京师，通达边塞九镇；又通过长江，经湖广、四川而沿途分销于闽、粤、秦、晋、滇、黔广大地域。尤其是鸦片战争后，他们将大本营转移至上海，除致力于发展民族工业外，还力图打破洋商垄断局面，如：叶明斋创建龙华制革厂和振华纱厂；邱玉如创办中国第一染织厂，且自织布匹，为上海钱业、布业界领袖；张紫莱开过多家呢绒织布厂，均获得成功；沈莱舟先后创办恒源祥绒线号、裕民毛绒线厂，并兼任恒源祥织布厂、恒丰毛绒厂总经理，所产绒线，质优价廉，不亚于洋货，在上海滩被誉为"绒线大王"；席德灿当过阜丰面粉厂经理；严敦俊与人合伙办过谦行电灯公司、康年保险公司；叶振民开办大同橡胶厂，专门生产和销售三元牌自行车轮胎。洞庭商帮创办的这些企业，对民族工业兴旺以及上海经济繁荣均发挥了重要作用。

在作为金融中心的上海，洞庭商人还开辟了买办业、银行业、钱庄业等金融实体，迅速跟上了发展的潮流。以席氏家族为例，席家几乎囊括大上海自19世纪70年代到20世纪30年代50多年时间著名洋行和外资银行买办职位，包括在中国最有势力的英国汇丰银行担任买办长达64年。席家俨然成了"上海金融界和商界举足轻重人物"。据不完全统计，洞庭商帮在近代上海至少开设或投资了85家钱庄。若按府与镇的面积比例计算，洞庭商帮在沪上金融界所占份额惊人，在钱庄业中地位更是无出其右。当年上海滩流传这么一句俗谚，"徽帮人最狠，见了山上帮（指洞庭东西山），还得忍一忍"，足见洞庭商帮的势力强盛。

"洞庭商帮"为何有如此底气？

其一，因为他们都是太湖东西山的"水上人"。他们不仅有船，而且生活在船上。因而他们的日常生活就是来往于各个码头之间，具有丰富的水上交通知识，也熟知水网所达之处的人情、风物，这令"水上人"天然具有从事商业的"基因"——天生的商人。而在19世纪下半叶，当洞庭商人的后代与远道而来的欧洲商人相遇时，他们都有着对于市场、码头、水上交通、商业合伙制度的敏锐感知。这就不难理解此后洞庭商人（以东山席家为代表）成为上海租界买办的重要力量，进而在金融业大展拳脚，成为推动近代商贸金融集聚上海的一股力量。这些在十里洋场打拼的东

第六章
商山四皓隐居西山　烟雾缭绕若隐若现

西山人,最有名的大概是席氏家族。在明清时期,上海是以偏处海隅的边疆城市形象存在于王朝体制中的。在近代开埠过程中,上海并非王朝的核心利益,如同闲子,却因缘际会,成为东亚第一大都会。"水上人"漂泊于江湖,踪迹不定,这种边缘人的身份,在"编户齐民"的秩序之外,生长出一股社会活力。原本的"边缘人"后代,在原本作为"边缘地带"的上海,大显神通、大放异彩。他们从太湖中小小的东山岛缘起,其历史的出口则在于中国社会本身蕴含的走向开放世界的内在动力。当然,其中有一条隐含线索,那就是原本以码头(埠)为生计依托的东山人群,在当时最重要的外埠(上海)找到了施展本领的空间。进而言之,江南水乡,本就是由水路、码头联系起来的网状的开放世界。这样的历史底蕴经由东、西山商人的营造,早已成为上海海派文化基因的一部分。

其二,洞庭商帮的成功之道,一是吃苦耐劳,二是文商融合。"不单做生意,洞庭商帮的先人们从事更多的是文化生意,经商、写书、家训……大商人重视子孙文化教育,要培养能读书的高学历高智商人才。"正是这些特质让洞庭商帮位列"中国十大商帮",而又与其他商帮有着本质的区别。成为富豪后的洞庭商帮,他们由"求贵"变为读书藏书的"文豪"。席氏家族中的席启图、席启寓、席鉴、席世臣及席世昌、席恩赞、席璞等人除了藏书万千外,还创办了长达三百多年的扫叶山房,出书二千多种,成为中国出版史上的奇迹。为掌握知识产权、为国争光,席氏家族还出资七万五千银圆,把旧中国第一大报《申报》从英国人手里买回由中国人自己掌握发行……他们在经商之余皆不忘读书,有时即使在船上也常常手持书卷。经商数十年积聚财富,读书数十年修身养性,日积月累,成了长江和太湖一带有名的儒商,不少人在学术上还很有造诣。明代第一个为苏州人在科场夺魁、给家乡增荣添光的少年学子施槃,就来自洞庭东山。据不完全统计,明清两代,仅东山就出过两名状元、一名探花、两名会元,还有40位进士。尤其是明代中期的王鏊高中探花,历仕户部尚书、文渊阁大学士。

洞庭东山人杰地灵,文武双全,他们的历史事迹早已载入了史册,被后人代代传诵。

（二）植根本然的文化基因，绘就山乡巨变史诗

无数事实证明：别跟自然较劲，应该以自然为根。生态兴则文明兴，绿水青山就是金山银山。从党的十八大到十九大，"生态文明"相继写入党章、宪法。从小家到大家，"美丽中国"愿景照进百姓生活，绿色正成为苏州西部丘陵山区高质量发展的动人底色。尤其是太湖中的三山岛，成群的鸟，忽而蹁跹在树林的顶梢，忽而在空中恣意翻飞，忽而箭一样划过。没有恐惧，没有拘束，没有犹疑，没有瞻前顾后，王者般地炫耀飞翔的自由。举目四望，碧绿的山野、洁白的浪涌、蔚蓝的天际线，似阳光与山风的织锦，一切都是自然的呈现。草与树，花与石，高天的流云与太湖的波涛，皆用自己的语言说话。千百年来，这里不知打动了多少敏感的心灵，留下了多少天才的篇章。

三山岛如此，它所在的苏州西部丘陵山区乃至美丽苏州自然也不会差多少。江南是苏州，苏州是江南。"游人唱彻江南词，共说姑苏美不尽"，何因？

1. 象天法地，植根于本然的文化基因

现在人类的活动无论从深度还是广度上都远远超过以往的任何时期，即便在浩瀚的太空和缥缈的月球，也都出现过人类的身影。

千百年来，江南水乡不断被人们赋予深厚的栖居意蕴，其选址布局、水系规划、园林营造、景观塑造等营建智慧都谱写着江南文化特质与审美情趣的魅力之歌。这歌之对象当属2 500多年前的伍子胥"度地"——"象天法地"筑造姑苏城的朴素环境观。其精髓在于：放眼区域，生态选址；依托自然环境，兼顾安全宜居；巧借山水，因形就势；"酌之以人情"，"得其利而避其害"，宜居宜业，元亨利贞。这一生态安全基因代代相传，故而"以其天材、地之所生，利养其人，以育六畜"（《管子·度地》），造就了富饶形胜、钟灵毓秀的苏州。

一是富饶形胜。从东汉末年开始至南宋的千年中，中国的南方经济和人口已经超过了北方。在这个过程中，掀起了三次人口南迁的高潮（第一

次，西晋末年的"八王之乱"造成的"衣冠南渡"；第二次，大唐玄宗天宝年间的安史之乱，"四海南奔似永嘉"，之后"天下大计，仰于东南"；第三次，宋代靖康之难，大批移民蜂拥而来，南方成为避难重地，苏州环境安定，人口激增，生产力大大提高，形成了"人间天堂"的盛世）。新中国建立后，尤其是在改革开放的大潮中，苏州以不足千分之一的国土面积，创造了全国近百分之三的经济总量，出现了许多感人的故事和华彩篇章。

二是钟灵毓秀。北方人才大量流至江南后，苏州地区人才济济。自隋唐开科举始，至清末废止科举制度，在1300多年间，苏州就出现46名文状元、5名武状元。如以城市为单元统计，所出状元数量在全国列首位，其底蕴影响至今。2021年中国科学院、中国工程院两院院士增选结果正式揭晓，苏州有4人成功入选。目前，苏州籍两院院士已达139人，稳居地级市之首。

2. 严守红线修复生态，重现绿水青山

纵观人类文明发展的过程，从依赖自然、敬畏自然的原始文明，到农业文明再到工业文明，人们对自然的态度从懵懂无知演化为无限索取。历史告诉人类，只知道贪婪无度地向大自然索取，却不能正确地理性地看待人与大自然的关系，就会遭到大自然的报复。"我们不要过分陶醉于我们人类对自然界的胜利。对于每一次这样的胜利，自然界都对我们进行报复。"[①]

2007年5、6月间，无锡暴发了令人震惊的太湖蓝藻污染事件，暴露了太湖流域的生态环境软肋。譬如工业用地比重逐年增大，非农用地的发展需求与基本农田保护的矛盾突出，土地利用重经济产出，轻生态保护；城镇建设、产业发展中水面被占用，生态系统自我调节和自我平衡的能力减弱。同时，城镇和产业发展所带来的污染物排放总量持续增加，生态空间被占用等，对区域生态环境压力日益加重，由此造成水环境生态功能呈退化趋势、生物多样性减少等生态环境问题。

水是人类的生存之本，文明之源。人与自然是生命共同体，人类必须

---

① 恩格斯：《自然辩证法》，人民出版社，1984年，第160页。

尊重自然、顺应自然，重在保护，要在治理。要坚持山水林田湖草综合治理、系统治理、源头治理，统筹推进各项工作，加强协同配合；从实际出发，宜水则水、宜山则山，宜粮则粮、宜农则农、宜工则工、宜商则商，积极探索富有地域特色的高质量发展新路子，推动太湖流域高质量发展。如果说改革开放之初我国经济发展要解决的首要问题是数量不足，需要"快"字当头，那么，在新时代要解决的首要问题则是生态环境优先、实现高质量的绿色发展。对此，苏州的做法是：

(1) 铁腕治污，河水变清

面对资源约束趋紧、环境污染严重、生态系统退化的严峻形势，苏州前些年围绕年度"治气、治水、治土"和"263"（"两减六治三提升"的简称）专项行动计划，排定了15个污染防治挂牌督办重点项目（煤炭消费总量较2016年减少428万吨；关停取缔落后化工企业152家，太湖一级保护区化工生产企业全部关停并转37家，化工生产企业入园率达到62%；开展集中式饮用水水源地排查整治，进一步对14个县级以上水源地进行排查……）。苏州太湖一带，特别是金庭镇与东山镇集中整治城镇黑臭水体69条，新增污水管网281千米，推进初期雨水收集治理；省考以上断面水质优Ⅲ比例不低于74%，无劣Ⅴ类断面；加大蓝藻打捞力度，力争太湖蓝藻"日生日清"，实现了"确保饮用水安全，确保不发生大面积湖泛，确保城区主要河湖不出现大面积蓝藻"（见图6-20、图6-21）。

图6-20 苏州古城区中市桥下彻底清理河道

图6-21 中市桥下河道清理后现今碧波荡漾

(2) 还湖于民

全部拆除域内太湖 4.5 万亩围网养殖，收回 3 005 张养殖证。至 2019 年 6 月，始于 1984 年的太湖围网养殖已成为历史。如东山镇有 1 056 个网箱（15 亩/个），面广量大，政府以每个网箱约 50 万元人民币的标准进行赔偿；对失去了养殖围网的渔民，当地安排企业拿出一部分岗位进行定点招聘，并开展了专门招聘会，为渔民创造再就业条件。与此同时，按规划要求，沿太湖周边三千米范围内实行退养还种；完成了高标准农田和标准化大闸蟹养殖池的改造工作——采取"人放天养"，不用担心以后吃不到大闸蟹。这一方法，开启了绿色生态的转换通道。如今行走在苏州西部太湖边，过去湖中密布的围网已不见踪影，碧波荡漾的万顷湖面直连天际，鱼虾漫无边际地到处游荡。湖边，枇杷树和碧螺春茶树郁郁葱葱，经济效益日益提高。

同时，大力发展绿色产业。近年来，吴中区聚焦机器人与智能制造、生物医疗及大健康两大主导产业，并用 180 余千米环湖景观公路将其无缝串联起来。绿色、循环、低碳经济蓬勃发展起来。如该区太湖边的光福镇，紧紧围绕"湖光山色·洞天福地"总目标定位，按照"生态立镇、产业兴镇、文旅强镇"的发展思路，不断擦亮"中国历史文化名镇"金字招牌，不仅打响了"工艺名镇"的"三绣四雕"（苏绣、缂丝、吴罗；核雕、玉雕、佛雕、红木雕）品牌、全国四大赏梅胜地之一的香雪海名声，还在冲山村打造了太湖中独有的"太湖游击队"红色旅游基地（图 6-22）。

图 6-22 苏州西部光福镇冲山岛"太湖游击队"红色旅游基地

(3) 立足长远开新局，高标准打造"太湖生态岛"

生态文明建设是人类社会文明的高级形态，是工业文明发展到一定阶段的产物，是超越工业文明的新型文明境界。20世纪90年代，为了保护太湖水源地，西山岛关闭了所有采石、开矿、水泥石灰等相关企业，全镇所有工业企业转移到远离太湖的工业集中区，严禁新上工业污染项目，从源头上减少了污染源。

为进一步优化国土空间开发格局、全面促进资源节约，加大自然生态系统和环境保护力度，苏州于2020年11月，提出了高标准打造"太湖生态岛"规划；2021年2月，在吴中区建区20周年的大会上，吴中区重磅发布了《太湖生态岛发展规划思路》，该规划2021年3月被列入江苏省"十四五"规划纲要（详见第九章）。

数据显示，吴中区拥有太湖约五分之三的水域（其中含苏州高新区水域），供给苏州城区近80%的饮用水，全区58个行政村坐落于太湖一级保护区。近年来，吴中区以转型升级为根本，打造绿色经济增长极。以环境友好型工业为重点，加快新兴产业集聚和循环经济发展，着力打造了生物医药、新能源新材料、节能环保、电子信息及机器人制造五大产业，建成了国内首个集中处置城市工业、生活固体废物的光大环保产业园与苏州市再生资源回收利用网络体系枢纽工程。2019年，金庭镇建设开发强度与2013年相比降低了13.28个百分点；森林覆盖率增加至71%，全镇地表水水质达到Ⅱ类以上，空气质量达到国内优质标准，尤其是东山镇已成为全国环境优美镇、国家5A级旅游景区、国家卫生镇、国家指定影视拍摄景地。

（三）"强富美高"的全面小康，诗意栖居的生态意蕴

苏州西部丘陵山区是一片神奇而充满希望的土地。这片土地深深见证了中华民族从沉沦中奋起的苦难和辉煌。"虎踞龙盘今胜昔，天翻地覆慨而慷。"如今的苏州西部到处是一片欣欣向荣的景象，经济持续发展，社会长期稳定，人民安居乐业，高水平全面建成小康社会后，正意气风发迈

第六章
商山四皓隐居西山　烟雾缭绕若隐若现

向社会主义现代化建设的美好未来。历史充分证明，没有中国共产党，就没有新中国，就没有中华民族的伟大复兴，更没有苏州西部丘陵山区百姓今天的美好生活。

从高空俯瞰苏州西部丘陵山区，开阔的水面、蜿蜒的步道、整洁的城镇……正是一片"秋日胜春朝"的盛景。在这片充满生机与活力的区域，通过制度创新、生态共治、民生共享、同频共振，一个绿色美丽宜居、公共服务便利的一体化发展新格局跃然眼前，百姓的获得感、幸福感在持续提升。"一张蓝图管西部，一个平台管实施，一套标准管品质"，踏上了全面建设人民满意的社会主义现代化西部的新征程——争当起而行之的奋斗者、开拓进取的改革者、攻坚克难的冲锋者、先行示范的领跑者。

它既是江南水乡的首席代表，被誉为"人间天堂"，又点绿成金，科学布局生产、生活、生态空间。行走在苏州西部丘陵山区，其乡村之美，花开遍地，尤其是东、西山的民居中散落着许多的精品民宿。例如：临湖片区有"森林"特色民宿，有供游客"呼吸森林"的咖啡屋；藏在太湖中的三山岛有茶舍与农家乐……离古城区较近的最美山村——旺山村，这里竹林郁郁葱葱、茶园青翠欲滴，不仅有山村独有的自然环境与乡土气息，还构筑了当代文化生活生态圈"旺山遇见卢浮宫"：在这里，艺术展览、小型演出、艺术活动、沙龙讲座、手作体验等艺术生活融入了乡村空间。入住旺山的主题民宿，还可登至山顶将吴中大地一览无遗。又如姑苏城外的世外桃源——树山村，梨花遍山野，片片杨梅林，有都喜酒店提升住宿品质，有温泉酒店享受不一样的水疗，还有全国首家喜马拉雅主题民宿"直美·树间院"，它通过引入喜马拉雅的有声内容，游客可随时随地享受听觉盛宴。在风格各异的主题民宿中，游客可以从城市喧哗中抽离出来，在慢时光里回味乡愁，颇有"一去红尘三十里"的味道，由物质小康走向了精神小康的"双小康"生活。树山村获得了"全国文明村""国家级生态村"等荣誉称号，被选为江苏省级新型农村集体经济发展典型案例（见图6-23）。

核心江南
——世界罕见的苏州西部丘陵山区历史文化

图 6-23　世外桃源——树山村

树山村所在的通安镇相关负责人介绍说，他们要将各个自然村都植入历史人文元素，实现"一村一特色、一景一典故、一季一风光"，打造"村庄即展览馆"的原乡博物馆。经多年的努力，该镇交出了一份以"强富美高"为鲜明标志的率先小康、全面小康的时代答卷。2021年，树山村村民农副产品年总收入超6 000万元，合作社总收入超过1 000万元，村集体年收入1 300万元左右，村民人均收入超过5.5万元。富了口袋后还要富脑袋，于是该村引进了新华书店、乡村图书馆、乡村音乐会客厅等。围绕梨园、民谣、戏曲，树山村开展了"梨园书香阅读节""美弦树山吉他大赛""树山抬猛将民俗活动""乡村微旅行"等乡村特色活动。在上述基础上，又实施艺术家驻村计划，吸引了来自英国、法国、德国、波兰等国家的20多位艺术家驻村并进行采风和创作。

律动的村镇，烂漫的烟火，便利的交通，潺潺的流水，鸟儿成群，特别是在苏州高新技术开发区（虎丘区）创建的太湖湿地公园里，2016年修复湿地时仅观察到76种鸟类，现如今已经发现超过150种鸟类。"生态颜值"变成了"美丽价值"，在苏州西部"拿出手机随手一拍，都是大片"（见图6-24）。

在这些"大片"中，有这样一座岛：她四面环水，生态环境极佳，被

第六章
商山四皓隐居西山　烟雾缭绕若隐若现

图6-24　苏州高新区（虎丘区）太湖湿地公园鸟群

誉为太湖里的又一"桃花源"，一直充满着神秘色彩。据说金庸笔下《天龙八部》中，王语嫣的家——曼陀山庄便是以此为原型，她就是光福镇的漫山岛（太湖第三大岛），乃是一座山清水秀、风景秀丽、没有被污染的原始生态离岸岛。这里烟波浩渺，远离尘嚣，星空璀璨绚丽、村庄与世隔绝，看一眼就足以让人沦陷。

曾经的漫山岛村民进出只能靠船，对外通信更是十分困难，岛内常住人口一度不足百人，直到2001年才通上电。2018年初，苏州出台了《关于进一步加强集体经济相对薄弱村帮扶工作的实施方案》，给岛民们带来了希望。如今的漫山岛已经实现5G信号全覆盖，基础设施和公共服务也一应俱全。踏入岛上仿佛有结界一般，时光在此戛然而止，太湖美景尽收眼底，自然村落依山傍水，一切都安稳祥和静好。清晨，第一缕阳光穿越太湖。拥着波光的涟漪，推开窗尽情呼吸新鲜空气，抛却工作的繁忙，这是独属于你的一方天地；在这里，斯人若彩虹，遇上便知有。可以约上心仪的TA，不需要华丽的辞藻、惊天动地的誓言，只要在"鸟类图书馆"里，望着窗外，一杯咖啡、一本书、一首诗、一只猫，或者日出日落时，观霞光满天，夜色渐浓时，数满天的繁星（见图6-25）。

核 心 江 南
——世界罕见的苏州西部丘陵山区历史文化

图6-25　被誉为太湖里"桃花源"的光福镇漫山岛

苏州西部丘陵山区作为华夏文明的重要发源地之一，因低山丘陵的特殊地形，区域内遗存的古代文物，无论是地下还是地面、质量还是数量，在全国都是首屈一指的，可称得上是保存中华优秀传统文化重要的基因库。让文物说话，把历史智慧告诉人们，让人们更好地认识源远流长、博大精深的中华文明，讲好中国故事：华，花也，美好也。如今的苏州西部丘陵山区已变为生产方式的"新型业态之乡"、生活方式的"现代田园之乡"、治理方式的"阳光治理之乡"、分配方式的"共同富裕之乡"……"上有天堂，下有苏杭"，经千年岁月沉淀而出的城市性情和生活美学，使苏州成为世人向往的一生之城。

呜呼！风一丝，雨一丝，不系行人只系思，难怪"商山四皓"眷念江南。1929年，辛亥革命名将、近代名士李根源至西山访古，曾记绮里有"四皓祠"，金家岭岭际有"甪里梨云"（每年4月，甪里古村附近的梨花成雪，站在金家岭上观看，有"千树万树梨花开"的宏大气势）。这些美好的令人着迷的历史故事，何时能解密？不得而知。谜，勾人心魂；谜，令人忘乎所以。"三生花草梦苏州"，苏州本来就是个谜——色彩斑斓，若隐若现，潜力无限，梦想始终在路上。

第七章
摩崖石刻遍布山岭　文化资源斑斓多姿

"江南"不仅是地理概念，更是文化概念。江南文化既是中华文化中最富人文魅力和美学内涵的重要组成部分，其历史积淀也是长三角区域文化凝聚力的主要动因。以苏州为例，当我们说苏州"最江南"时，不仅是确认历史，也从一个方面解释了苏州长期持续快速发展的原因。

苏州的江南元素丰富而集中，既是古典的，也是现代的。正因为如此，苏州是传统与现代的"双面绣"。对此，西晋左思使"洛阳纸贵"的《三都赋》之一的《吴都赋》，铺采摛文，描述古吴的历史、地理、风物和文化，开了为江南名城——苏州作赋的先河。而苏州西部丘陵山区无疑是苏州的文化重地，它群山起伏，迤逦西行至太湖，满目葱茏，风物清嘉。历代文人游历赏玩后，在大大小小的几十座青山之中，为后人留下了众多的摩崖石刻。它深藏在山水奇峰、茫茫森林及亭台楼阁的岩石之中，浑然天成，以其数量多、内容广、镌刻精、技艺高而久负盛名。内容涉及天文、地理、史学、文学、哲学、人物生平等诸方面，或点景咏物，或叙事抒怀，犹如"童话世界""人文森林""史料大全"。故而此处有"东方的阿尔卑斯山"之称，彰显出苏州文化的力量、吴人的智慧、社会的体量，引得无数英雄竞折腰。新冠疫情前的2019年，仅苏州吴中区太湖周边景区就接待游客2 470万人次。

传说中的苏州，便是传说中的江南，自然的美，美得自然。镶嵌其中的摩崖石刻是苏州全面发展的"显示牌"、经济社会发展的"人文库"、社会和谐稳定的"黏合剂"。长期以来,它昂首挺立,从不言语,"不要人夸好颜色,只留清气满乾坤"。

一、石刻文化历史悠久 精练幽雅造诣颇深

摩崖石刻,作为人类文化象征的特殊符号,起源于远古时代的一种记事方式,在万年以前就已经出现,如动物、猎人、岩画……广义的摩崖石刻是指人类在天然的石壁上摹刻的所有内容,包括各类画像、文字石刻等。中国早期的岩画,据国际岩画委员会会员、西北第二民族学院岩画研究中心研究员李祥石研究认为,其年代至少可以推前到4万至1.7万年间的"太阳神"(见图7-1)。狭义的摩崖石刻则专指文字石刻,即利用天然的石壁刻文记事,如出现于公元前374年的先秦时期石鼓文(唐兰《石鼓年代考》),其因刻石外形似鼓而得名,世称"石刻之祖"(见图7-2)。它既是一种史料,也是一种文化艺术,盛行于北朝时期,直至隋唐、宋元以后仍连绵不断。

图7-1 贺兰山万年前的岩画"太阳神"

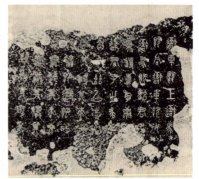

图7-2 先秦时期现存石刻中年代最早的石鼓文

苏州地区文化底蕴深厚,其三山岛、草鞋山、崧泽遗址等大量文物证明,至良渚文化早期,江南文化中心在苏州。"苏州全市共有大小山体

第七章
摩崖石刻遍布山岭　文化资源斑斓多姿

100余座"①，而苏州西部就占90%以上，且每一座青山都风光秀丽、物产丰富、古迹甚多，浸润着深厚的人文底蕴，现以隐入其间的花山为例。

笔者在部队时因工作需要（看地形），对苏南（苏、锡、常、宁、镇）境内的山头大多爬上勘测过，尤其是苏州西部的诸山。退休后的二十年中，几乎每年重阳节都要去登高，首选地便是天平山与花山。这两座山上奇石林立，或长或圆，或立或卧，形态各异，又都历经过长期的风雨侵蚀，表面大都平滑而浑圆。其实，又何止于苏州的天平山与花山，比如江阴的定山、无锡的惠山上也都有平滑而浑圆的石头，只不过没有苏州天平山、花山上的巨大奇石而已。究其因："苏州陆地的雏形生成于2亿年前的印支运动。这一运动使本区褶皱成陆。到燕山运动时，它又继承印支运动的足迹，成生一系列北东向褶皱和断裂"②；从地质上来讲，其山体由石英砂和花岗岩组成，"纵横错落，奇形怪状"，"系侏罗系火山岩组成"③。加之太湖流域西高东低，远古时代的"太湖西部南、北两条深切支谷"④，受海潮大规模进进退退的冲刷而致山体奇石林立。

花山，又名华山，海拔169米。花山与天池山实为一山两名，东边曰花山，西边曰天池山（因山半有池而得名）。不论是花山还是天池山都是古人赞誉的地方，皆系隐藏的世外桃源。如花山的主峰莲花峰（见图7-3），巨石呈莲花盛开状，上宽下窄，有一触即倒之势，令人望而生畏，据传为古人祭天之所也。

该山呈北东向分布，山不高而秀，林不深却茂，池不大常清，地不远仍幽。自晋代起，因"石韫玉而山辉，水怀珠而川媚"（陆机《文赋》），东晋高僧支遁（314—366，字道林，世称支公，亦曰林公，别号支硎，陈留人，即属今河南开封人）来此开山，之后历代名僧高士纷纷来此隐居，如后汉郎宗，刘宋张裕、张廷杰等。清康熙、乾隆皇帝多次驾幸此山，因

---

① 《苏州市志》第一册，江苏人民出版社，1995年，第192页。
② 《苏州市志》第一册，江苏人民出版社，1995年，第189页。
③ 《苏州市志》第一册，江苏人民出版社，1995年，第192-193页。
④ 徐国保：《吴文化的根基与文脉》（第2版），东南大学出版社，2018年，第208页。

核心江南
——世界罕见的苏州西部丘陵山区历史文化

图 7-3　花山（天池山）的主峰莲花峰

自然景观和历史内涵十分丰富，令人目不暇接，成了苏州人心目中的"终南山"，尽显江南苏州独特的魅力。

一入花山门，幽情满怀生。只见古木参天，荫翳蔽日，满目苍翠，鸟鸣左右，涧溪轻响，古道蜿蜒而上，道旁有大石，上刻明代文字学家、书论家赵宦光所题"华山鸟道"四个反写篆书手迹（见图 7-4）。其中"山"字写得如莲花，以对应山顶之莲花峰。在正前方一米许还有赵宦光题刻

图 7-4　赵宦光题刻反写篆书手迹"华山鸟道"

"凌风栈"(见图7-5),并留诗:"鸟道萦行上,深林更几盘。支公此消夏,五月晚独寒。"(石刻)更为有趣的是,在"华山"二字之间,尚有赵宦光题写之前所刻"望云关"三字(见图7-6)。

图 7-5　赵宦光题刻手迹"凌风栈"

图 7-6　"华山"二字间有赵宦光题写前所刻"望云关"

"华山鸟道"是指登花山之小道。取名"鸟道",可以想见这条山林小道的蜿蜒曲折、静谧安宁。

"鸟道"旁有一块扁平的石头,刻着"石床"两字(见图7-7),后边一块鹅卵形的石块上刻有"古人居"三字(见图7-8)。传说这里有一段神话故事:花山上有一座纯阳殿,殿中的吕纯阳(即吕洞宾,八仙之一)每晚要到石床上来仰卧,听山风啸啸、清泉潺潺,欲睡时则踏着月光而返。他每年还在石床边宴请另外七位仙人,宴请结束后,将石床点化成

图 7-7　花山石刻"石床"

图 7-8　花山石刻"古人居"

一叶飞舟,八仙一起飞向东海蓬莱岛。

林间有块圆润的石块上刻着"坠宿"二字(见图7-9),意为天上落下的星宿。山路迤逦向前,一路上历代石刻相伴左右,"名石"故事多多。传说太古时代苍天一角塌了个洞,顿时天昏地暗,百姓遭殃,无法生存。女娲为拯救百姓,到昆仑山采炼五彩石补天。女娲补天时不慎从指缝间落下三块彩石,其中一块就落在花山上成为"山种"(见图7-10)。相传"山种"二字为王羲之笔迹,其字生机灵动,气息通透,体现山之百态。因时移事易,该二字是否为书圣笔迹已不可考。路旁的石刻"且坐坐",很有人情味,使人感到十分温馨。

图7-9 花山石刻"坠宿"　　图7-10 花山石刻"山种"

花山半山处曾有一座名刹——翠岩寺,初为华山寺,始建于东晋。元朝末年,寺院毁于大火。直至明朝永乐年间(1403—1424年)才得以重建。康熙皇帝敕赐寺名,当年他来花山,见庭中老梅初放,撰一联:"山花如有待,留得一枝开。"如今遗址上留下二十四根金山石凿成的硬骨嶙峋的石柱(见图7-11),仿佛支撑着一段岁月,也许今后若干年里石柱仍将这样默默地站立着。金山石以坚硬闻名,它们坚硬的身躯肩荷起一段历史。补充一句,20世纪50年代曾有一部著名的反特影片《古刹钟声》,外景地就选择在这里,或许这部电影能留下翠岩寺的风光与容颜,至少我记忆中是有印象的。从这个意义上说,20世纪60年代前我看《古刹钟声》时就已经神游过花山翠岩寺,只是当时不知其具体方位而已。

第七章
摩崖石刻遍布山岭　文化资源斑斓多姿

图 7-11　花山名刹翠岩寺残基

现翠岩寺院拱门上方是李根源的手书"华山翠岩寺",时为 1931 年（见图 7-12）。及至走近,殿前有一口古井,名"怡泉",相传由开山高僧支遁所凿,已有 1 700 多年历史,水清见底,甜爽润口,久旱仍有泉流,千年不枯（见图 7-13）。

图 7-12　北洋政府农商总长李根源"华山翠岩寺"敬书

翠岩寺,初为华山寺,后清康熙皇帝赐"翠岩寺"匾额,遂改名为翠岩寺。寺内原有铜钟、铁佛、石门槛,被称为"三绝"。可惜铜钟、铁佛在"文革"中被毁,现仅存石柱和石门槛了。还有元代大佛阿弥陀佛,高达 8 米,由整块巨石雕刻而成,浑厚端庄,是花山镇山之宝,被誉为"吴中第一大佛"。

图 7-13　花山翠岩寺古井"怡泉"

大佛面向东南，左手紧贴胸前，呈兰花状，右手自然下垂，手心向外，其后之石壁与大佛不可分割，在"文革"浩劫中被炸成4块，现已修复，在外露营几百年，如今已住上了"新居"（见图7-14）。

大殿遗址后的山壁下有条小路，通过一截矮墙间的小门，一直伸往山上。上山有两径，一是经陡直的"五十三参"石阶直上，另一则绕山缓行，两径在一座拔地而起的巨石前会合，再继续往上。巨石如屏，通体风化形成龟裂纹，上刻一盘旋缭绕似不断升腾的"云"字，下刻乾隆游花山诗一首。或许是亿万年自然变化的缘故，古人把岩石面上的龟裂纹看作云纹，因此在其上刻了"云屏"两个大大的篆体字（可惜有的现代人不识"云"字，见图7-15）。

相传这"五十三参"是和尚们为供乾隆次日游花山，连夜在整块陡峭的近45度的巨石上凿出来的（见图7-16），人踏行其上有空灵声，无不称奇。此处为花山最幽处，森森树木，苍翠欲滴。北侧壁立悬崖有王虬吟所题的"凿险通幽"石刻（见图7-17）。

图7-14　花山翠岩寺元代大佛

图7-15　花山"云屏"

第七章　摩崖石刻遍布山岭　文化资源斑斓多姿

图 7-16　花山"五十三参"　　　　图 7-17　花山王虬吟题"凿险通幽"石刻

从"云"字石屏而上转两个弯，就是花山之顶莲花峰了。它凌空而起，历经千年巍然独立于青天白云之间，欲与天公试比高，人称"莲花驾云"。

翻过莲花峰，就更体验到原生态大自然的美丽。走到天池山坞，便是天池山寂鉴寺，此为天池山重要景点之一（见图 7-18），建筑环境十分优雅，系元至正十七年（1357 年）道在和尚在此集资建造的三座石屋（一座在寺），称"西天寺"，乃全国重点文物保护单位。该寺由韦驮殿、西天寺、极乐园、兜率宫、旱船、大雄宝殿等组成。明代袁宏道《天池》云：

图 7-18　苏州天池山"寂鉴寺"全国重点文物保护单位

"寂照庵在池旁，内有石室三间，柱瓦皆石，刻镂甚精，室后石殿一，殿甚宏敞，内外柱皆石，围三尺许，禅堂僧舍，围绕其侧，亦胜地也。"整座山中有金蟾峰、比丘石、天灯崚、寿星石，山间更有洗心泉、寒枯泉、地雷泉、盈盈泉等多股清泉，涓涓泉水共同汇成了天池山腰的一泓永不干涸的天池。

在愉悦之中不知不觉地走到天池山景区的入口处，驻足欣赏全国书法家协会名誉主席舒同所书的"天池胜迹"匾额。舒同先生不愧被毛泽东誉为"党内一支笔,军中书法家",其字线条流畅而刚劲有力。环顾天池四周风景,想必当年舒同先生来天池山游玩,不禁被天池的美景给迷住了,连很少题字的他都忍不住写下了"天池胜迹"四个大字(见图7-19)。

图7-19　天池山景区入口处舒同书"天池胜迹"匾额

"华山摩崖题刻"系苏州市文物保护单位,其山不高不大不雄伟,可历史悠久,也是白居易、苏舜钦、范成大直到沈周、文徵明、王世贞都游历吟咏过的地方。尤其有趣的是大清王朝最爱出游的祖孙皇帝康熙与乾隆,对这座玲珑曼妙的小山宠爱有加,写过不少诗词。其中的摩崖题刻琳琅满目,丰富多彩,目不暇接,从元朝至清朝,如"山种""百亿须弥""入法界""隔凡""渴龟""吞石""龙额""出尘关""坠宿""梦照""花山鸟道""望云关""凌风栈""落帽""向上大接引佛""礼佛坛""花山胜景""布袋""夜叉头""玩璞""洗心泉""缘泉""卧狮""菩萨面""人面石""磐石""子母石""盂关""三转坡""地雷泉""风袖""仙府""百步潺湲""仙人座""舒息坡""邀月亭""邀月台""且坐坐""跳蛙""石床""古人居""百步潺湲""水石佳处""铁壁关""中孚""怡泉""顺泉""性空禅师""乳海""踞虎关""福地""神龙""神能""穿云栈""天洞""莲花洞""普陀岩""普门石梁""青莲符""莲峰在望""佛""观音洞""诸恶莫作""众善奉行""洞天石扉""讲经台""般若波罗蜜多心经""思源""感恩""支公洞""巨蟾""五丈峰""寿星石""皆大欢喜""御碑亭""凿险通幽""慈光普照""云屏""鲸""七仙乐""乙未周正""大颠冥此""放鹤亭""莲子峰"……总数有200多方。

在这200多方摩崖石刻中,已有65方拓片入藏苏州市档案馆。其中"花山鸟道"为明末文学家、文字学家、书论家赵宧光书刻中的上品,康熙御碑《花山作》和乾隆御题《花山诗》更是十分难得。不过,笔者最感兴趣的,也是最为难得的还是这"花山"的名称!花山又名"华山";山上的翠岩寺,初名为"华山寺",后清康熙皇帝赐"翠岩寺"匾额,遂改名为翠岩寺。说明康熙皇帝虽被后世学者尊为"千古一帝",但只一心想着"平和宁静",坐稳江山,却忘掉了中华文化历史。"中华的'华(華)'是草字头,可以看出'华'和草木之间的关系。因为有大江大河水的滋润,所以《说文解字》解释'华'的本义是'荣也'。江南不仅是中华的精华,还是草丰水美'花'的代名词。'华'与'花'本一字,它们是一对古今字。'花'字虽是今天的常用字,其实它是个六朝后才有的俗字,尽管如此,可它却是个'后起之秀'。"[①] 同理,花山亦然:"大鹏一日同风起,扶摇直上九万里",康熙不应忘记中华的文化历史——改"华山寺"为"翠岩寺"。他改得并不幽丽!事实证明,华山山体虽不雄伟,寓意却很高大,"华"的博大精深值得仔细琢磨。

二、石刻群落分布密集　名家荟萃精彩纷呈

苏州众多的摩崖石刻,除了常熟市的虞山、铜官山及昆山市的马鞍山(又名玉山)等80余方石刻外,基本上都集中分布在苏州的西部丘陵山区。如按地区来划分,主要分布在西部地区的姑苏区、高新区(虎丘区)、木渎镇、通安镇、光福镇、胥口镇、金庭镇、东山镇、香山街道、越溪街道等;如按山体来划分,大都集中在12座山体中。

---

① 徐国保:《水做的火焰——江南文化的旷世风华》,东南大学出版社,2019年,第38页。

（一）林屋山摩崖石刻群

该石刻群位于苏州太湖西山岛东北部林屋山，其摩崖石刻主要集中在林屋山洞洞口。李根源、郑伟业等于民国十八年（1929年）西山访古时发现石刻题字36方，其中宋代刻9方，明代刻17方，清代刻9方，民国时期刻1方。后经核查有唐宋至明清各类石刻40余方，1995年被列为江苏省文物保护单位。

该山脚下有个林屋洞，系石灰岩地下厅式溶洞，洞内空间广阔，立石成林，顶平如屋，故称林屋。相传，古时有龙居林屋洞内，因洞体似龙，又称"龙洞"（1983年8月，洞内曾出土两条对折的金龙薄片），历代记载、传说大多与大禹治水有关。

据传，林屋洞是唐朝张平阳高士（河南洛阳人）起的名字。他在86岁那年到西山游览，看到这个顶平如屋、立石成林的溶洞，感慨系之，提笔写了"林屋古洞"四个隶书大字（见图7-20），并拿出三两银子，请石匠把字刻在林屋洞入口处。

图7-20　唐代张平阳题写的"林屋古洞"石刻

在"林屋古洞"旁还有清末学者俞樾所题"灵威丈人得大禹素书处"十个篆书大字及刻有范成大等游洞的题记等。其众多摩崖石刻主要分布在林屋洞口的入口处和出口处。

一是入口处。如林屋洞入口处的"天下第九洞天"六个擘窠大字,为明代名臣、文学家王鏊所书,刻于明正德十年(1515年)(见图7-21);"儛府"二字为"仙府",为清光绪年间甪里巡检司巡检陈作梅刻(见图7-22)。

图7-21 王鏊"天下第九洞天"题刻　　　图7-22 陈作梅"仙府"题刻

因林屋洞是我国道教在太湖流域一个重要的活动场所,在唐、宋时期,凡是笃信道教的皇帝,几乎每年都要派遣使者,组织道士在此打醮告祈,并向洞中投放金龙玉简,故其洞口有钱大昕(1728—1804,上海嘉定人,清代史学家、文学家)题洞名"旸谷"(见图7-23)。

旸谷洞口附近还有宋朝吴县知县事祭求雨的石刻:高、宽均为48厘米,楷书"绍熙甲寅夏久不雨,农以旱告知县事赵彦权致祷龙洞,陈昫姚喜同来,五月十有二日"(见图7-24)。

图7-23 林屋洞口钱大昕"旸谷"题刻　　　图7-24 吴县知县事赵彦权求雨石刻

二是出口处。在其巨石上刻有南宋李弥大的《无碍居士道隐园记》，宽1米，高1.7米，楷书。全文共300多字，记述了无碍居士李弥大在洞旁筑庵隐居的情况。不仅记载了无碍居士的一些情况，还用较多的笔墨描绘了林屋山的景物风光。20世纪80年代整修林屋洞时，此文被用来指导建设，起到了很大的参考作用，具有一定的历史及书法艺术价值，甚为珍贵。李弥大（1080—1140，字似矩，吴县人，今江苏苏州人），历任刑部尚书、户部尚书、工部尚书、苏州知府，辞官后在洞庭西山筑无碍庵潜隐，号"无碍居士"。他在《道隐园记》中曰：

> 林屋洞山之南麓，土沃以饶，奇石附之以错峙，东南面太湖远山翼而环之，盖湖山之极观也。草莽丛蘖，未有过而问者。无碍居士尝散策以游，乃约工费，助道家而圃之。其西则苍壁数仞，洞穴呀然。南向者曰丙洞，自洞之东北，跻攀而上，有石室，窈以深者曰旸谷。缘山而东，乱石如群，犀象牛羊起伏蹲卧乎左右前后者，曰齐物观。又其东，有大石，中通小径，曲而又曲，曰曲岩。居士思晦而明齐，不齐以致曲，而未能也。岩观之前，大梅十数本，中为亭，曰驾浮，可以旷望，将凌空而蹑虚也。会一圃之中，夷篁茅发奇秀，殖嘉茂，负来冈，隐然南指，结庵以居，曰无碍室。曰易老居士将栖息于是，学易老以忘吾年也。居士少为儒，言迂而行踬，仕则不合而去，游于释而泳于老，盖隐于道者非其身隐，其道隐也。居士李弥大大名也。绍兴壬子十一月十五日记。
>
> 　　进武校尉岩璪借补承信郎李章下班□应沈□通干辨刘崇证刊

（见图7-25）

此后，很多文人墨客在游览林屋洞时都留下了题刻。

在林屋山顶还有刻于民国初年的"林屋晚烟"等等。林屋山亦称龙洞山，山顶有驾浮阁，高24米。站于斯，可观梅园胜景。3000亩梅海，蔚为壮观。现"林屋梅海"已成为全国最大的赏梅基地之一，每年2月底至

第七章

摩崖石刻遍布山岭　文化资源斑斓多姿

图 7-25　林屋山南宋李弥大的《无碍居士道隐园记》石刻

3 月初"太湖西山梅花节"盛会便在此召开。

（二）小王山摩崖石刻群

该石刻群位于苏州西部穹窿山东南麓的小王山（又名琴台山、小黄山），原有摩崖石刻 600 余方，可惜在"文革"中大多遭毁，现存现代名人题刻一百多方，分布在该山东西两侧的花岗岩摩崖上，由于年代较近，保存尚完整，1995 年被列为江苏省文物保护单位。

小王山是李根源（1879—1965，字雪生，又字养溪、印泉，云南腾冲人，近代名士、中国国民党元老、陆军上将、北洋政府农商总长，爱国人士。1923 年，因反对曹锟贿选总统，辞去其国会代表职，隐居吴中）在 1927 年至 1936 年间，在苏州经营的一处田园别墅——"松海"林园所在地，并且葬母于此。他曾感慨"人生只合住苏州"，寄情山水田园，苏州成了他的第二故乡。山上有王人文（1863—1939，白族，云南大理人，光绪十三年癸未科进士，历任广西南宁平乐府、广东按察使、陕西布政使等，1912 年，加入国民党。1913 年，当选为参议院议员，晚年过着隐居生活）"穹窿小王山"石刻，书法清劲有骨。（见图 7-26）

小王山摩崖题刻主要是李根源庐墓建成后十年间，由章太炎、于右

图 7-26 大理王人文题"穹窿小王山"

任、叶恭绰、张大千、黎元洪、李烈钧、章士钊等一批民国政务界,与沈钧儒、陈去病等社会、书坛名流,前来会葬、展拜、赏景留下的题词、吟诗等。李根源一方面将其刻之石上;另一方面他把石刻诗文分松海集、松海石刻、阙茔石刻、徐记四个部分集刊于《松海》一书,共计作者 240 余人,作品条文550 余条,被人称为"露天书法艺术博物馆"。可见,该摩崖石刻群参与者人员众多,既有元老,也有时年 12 岁的小朋友(章太炎幼子章奇),其书法作品艺术各具特色,正草隶篆,字体齐全,个性张扬,风格各异:有中文也有英文,有的苍劲沉酣、雄健瑰丽;有的飘逸飞扬、秀丽隽美,正如李根源之师孙光庭《题记》所说,"印泉于小王山前,安阙茔,遍镌题识于右,琳琅满目。今又辟松海于山后,苍翠连云,山为生色矣"。其数量之多,书法之美,雕刻之精,为吴中第一。

松海石刻部分是小王山石刻群的精华,有诗文、有题名写景,词丽意深,如章太炎(1869—1936,浙江余杭人,原名学乘,字枚叔,后易名为炳麟,号太炎,清末民初民主革命家、思想家、著名学者)为霁月岭题写的"霁月"两字,展示的是一幅雪霁月夜图(见图 7-27)。

登上松海山顶"霁月岭",在原来的"万松亭"附近,尚存于右任(1879—1964,汉族,陕西三原人,祖籍泾阳斗口于村,中国近现代政治家、教育家、书法家。原名伯循,字诱人,尔后以"诱人"谐音"右任"为名;别署"骚心""髯翁",晚年自号"太平老人"。早年是同盟会成员,长年在国民政府担任高级官员,同时也是复旦大学、上海大学、国立西北农林专科学校——今西北农林科技大学的创办人)草书"松海"(见图 7-28)。

第七章
摩崖石刻遍布山岭　文化资源斑斓多姿

图7-27　章炳麟民国廿三年　　　　图7-28　于右任民国廿四年
　　　（1934年）题"霁月"　　　　　　（1935年）冬题"松海"

章太炎在万松亭石刻对联曰："此老能知千古事，先生共有后凋心"，突出了李根源等人的高风亮节。李烈钧题写的"灵池"含有"水不在深，有龙则灵"之意。王謇的"苍洱遥拱"，王同愈的"大茅西峙，小王东下，白云无尽，中有亲舍"，李根源题写的"空望白云依子舍，种将红树点秋山"等都绘形绘色、真心真意，富有较高的文学意义。

在松海石刻中，富有国际意义的是——前苏州博习医院院长、美籍医学博士苏迈尔的英文题字"The more we do for others the more of life we posses"（我们为他人付出越多，自身拥有的也越多）。可惜的是，该石刻已毁于"文革"。

（三）虎丘山摩崖石刻群

该石刻群位于苏州市古城区西北部虎丘山风景名胜区，已有2 500多年的悠久历史，享有"吴中第一名胜""吴中第一山"之美誉。虎丘山，又名海涌山，海拔34.3米，面积0.19平方千米，山体由侏罗系火山岩浆构成。相传，春秋时期，这里就是吴王阖闾的离宫所在。《吴地记》引用《史记》云："阖闾冢在吴县阊门外。以十万人治冢，取土临湖。葬经三日，白虎踞其上，故名虎丘山。"① 山顶有云岩寺塔，俗称"虎丘塔"。1961年3月，云岩寺塔被国务院列为全国重点文物保护单位。它建于五

---

① 陆广微：《吴地记》，曹林娣校注，江苏古籍出版社，1999年，第62页。

代后周显德六年（959年），建成于宋建隆二年辛酉（961年），至今已有一千多年的历史（见图7-29）。它是世界第二、中国第一斜塔。

春秋更迭，人文兴衰，虎丘的文化积累愈来愈厚重，至今还保留着80多方摩崖石刻，包括唐代颜真卿、李阳冰，宋代米芾等人的手笔，其"虎丘剑池及摩崖石刻"被列为江苏省文物保护单位。

由薛梁主编的《虎丘摩崖石刻》，参阅了历代志书中的有关记载，采撷了逾千年跨度的30余件作品，将历代名人踏迹、仙游虎丘所留下的石刻遗存，经拓刻墨迹，分类整理，汇集成册。时间从唐至民国，内容集书法、诗文、史料于一体，并配以释读文字、人物简介及实物照片，是一册记载吴文化、写实虎丘史的独特史料文献（见图7-30）。

 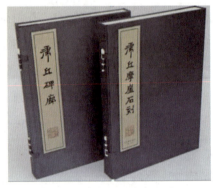

图7-29 全国重点文物保护单位苏州云岩寺塔　　图7-30 由薛梁主编的《虎丘摩崖石刻》

虎丘石刻隐藏千古秘密，其中最具影响的是"虎丘剑池"四个擘窠大字，字径1米，朴茂沉着，刚劲方正，为唐代颜鲁公书（见图7-31）。虎丘剑池据传乃吴王墓所在地，令人神往。剑池峭壁兀立，景色雄奇，更让人流连忘返，剑池"剑"字的一撇给人感觉非常流畅，而虎丘"虎"的一撇则有明显硬生生描下来的感觉，因此被人戏称为"假虎丘真剑池"。往东第二处为"生公讲台"四个篆字，为唐代李阳冰手笔。第三处是清两江总督范成勋所书"铁华岩"三字。第四处为芝南所书的"第三泉"题刻（见图7-32）。这第三泉的传说是被封为"茶圣"的陆羽在贞元年间来到虎丘，挖了一口井，以这口井中的泉水作标准，对比各地水质，写了我国第一部

第七章 摩崖石刻遍布山岭　文化资源斑斓多姿

图 7-31　唐代颜鲁公书"虎丘剑池"

图 7-32　范成勋书"铁华岩"，芝南书的"第三泉"

《茶经》，由于井水清冽、味甜，被陆羽命为"第三泉"。第五处为"风壑云泉"四行书大字，神采飞扬，意趣酣足，为宋代书法大家米芾手迹（见图7-33）。这四字将这里的景色全部概括于其中，意思是你站在这里侧耳可听风声，举目可观赏岩石，抬头可观云彩，低头可看流泉。第六处为明代苏州知府胡缵宗所书"千人坐"三字（见图7-34）。第七处北宋绍圣年间吕升

图 7-33　米芾手迹"风壑云泉"

图 7-34　胡缵宗书"千人坐"

卿所书之"憨憨泉"三正书大字。剑池东壁有明代侍郎大学士王鏊等人的题名,中有"弘治乙丑十月……诸生唐寅侍从"。还有两处题刻提及剑池和吴王阖闾墓门的关系,具有珍贵的史料价值。

(四) 华山摩崖石刻群

该石刻群为苏州市文物保护单位,有关内容在上面第一节中已经作了较为详细的记述。这个石刻群从元至清,尤以明代石刻数量居多,且保存较好,现从该群200多方摩崖石刻中遴选几方展示,以飨读者(见图7-35至图7-38)。

图 7-35　华山摩崖石刻"地雷泉"

图 7-36　华山摩崖石刻"吞石"

图 7-37　华山摩崖石刻"寿星石"

图 7-38　华山摩崖石刻"穿云栈"(阳刻)

游客只须沿着"华山鸟道"拾级上山,就会看到道旁巨石夹径,怪石嶙峋,巍峨的山岩崖壁上镌凿着"地雷泉""吞石""寿星石""穿云栈"等字体不一的题刻,它点出了各方的形胜。这些自然象形石亦无不生动有趣:"地雷泉"像喷出的山泉,"吞石"像张开大嘴在吞石头,"寿星石"确实像个老寿星。这些题刻,字迹各异,笔力遒劲,既富有山水意境,又富有造型,幽静秀丽,宛若世外。

而那方"穿云栈"系阳刻。大多数在石头上的雕刻都会采用凹进去的阴刻法,阴刻雕刻的字比较深,不管大字小字,各种风格的字体都能使用,是最为常用的雕刻手法。阳刻字是凸出来的,一般适用于雕刻牌匾板材,在石板板材上雕刻,由于石板材厚度限制,是不能雕刻很深的。石头上刻字,一旦动刀是无法更改的,到底是适合做阴刻还是做阳刻要根据石头情况、字体风格、所在环境具体分析而定。

石刻是文人墨客看景后的灵感之作,对景起画龙点睛的作用,既有丰富的历史和史料价值,又使游人看后有所感悟、受到人文艺术的熏陶。

(五)回溪摩崖石刻群

回溪摩崖石刻群地处苏州吴中区越溪街道七子山南的松茅坞,在旧址旁的石壁上,原有31方摩崖石刻,2005年夏天暴雨导致山坞洪流,有3方摩崖石刻被土石填没,现存28方可见。这些摩崖石刻多为阳刻,碑文字体各异,笔锋苍劲,颇有古朴风韵,系苏州市文物保护单位。

松茅坞坐落于苏州旺山国家5A级景区旁的张桥村,村不足千户,森林覆盖率达60%以上,全村至今还保留着较为原始的山村风貌。这里风景宜人,三面环山,一面临湖,相传吴王夫差曾在此为"西施"构建别墅,这别墅就建在松毛坞中一股清冽的泉水旁。西施十分喜欢这里的山泉,每天清晨在鸟语花香中面对清泉梳妆画眉,这一清泉即为"画眉泉"。至清代,苏州名医徐灵胎〔1693—1771,名大椿,江苏吴江县(今吴江市)人,曾两度奉旨入京,晚号洄溪老人。去世后清代诗人、散文家袁枚为其立传,苏州状元彭启丰为其撰写墓志铭〕晚年隐居于此,在画眉泉旁,筑室百椽,名曰"半松书屋",为静养之地。山上摩崖石刻、题字者除徐氏父子外,还有袁枚、王昶、王以衔、潘奕隽、阿桂、钱大昕等名士及皇亲与僧人的题词。从碑文内容上分,描写景致的有:"仙境""云根""迹留千古""云壑""别有天""人地相宜""翠滴春山""环翠""小匡庐""栖迟空谷"等;描写意境的有:"梦游处""画壁忘机""妙境依空""不信在人间""满饮上池""涤烦"等;描写泉水之胜的有:"我爱其清""可以濯我心""悬崖滴乳""荡饮玉池""人静泉清""治水源头""上池琼液""云霞泡影""波撼云泉""活泼泼地"等。

"画眉泉"依北朝南,石壁上刻满题词,崖石上藓苔丛生,点点清泉从石缝中滋出。泉池已经被乱石湮没,正上方有"古画眉泉"四个大字,落款是洄溪老人,系徐灵胎本人所写。字迹浑厚有力、洒脱豪放(见图7-39)。徐灵胎博学多才,精于医术,又通天文、水利,并工诗文,著书颇多,有《兰台轨方》《医举源流》等,晚年隐居画眉泉种植草药,悬壶济世,他的"不信在人间"这句话至今还刻在半山腰上(见图7-40)。死前自拟墓前对联曰:"满山芳草仙人药,一径清风处士坟",可谓平生写照。

图7-39 洄溪老人书"古画眉泉"

图7-40 徐大椿题"不信在人间"

徐铨〔1778—?,字士衡,号藕船,大兴县(今北京大兴区)人。嘉庆九年举人,十年成进士,先后任河南上蔡知县,许州、光州直隶州知州,著有《藕船诗稿》《兰台外史》等。〕依山岩色彩题"悬崖滴乳",情深意切,形象逼真(见图7-41)。

袁枚（1716—1797，字子才，号简斋，晚年自号仓山居士、随园主人、随园老人，浙江钱塘人，清代诗人、散文家，历任溧水、江宁等县知县，是乾嘉时期代表诗人之一，与赵翼、蒋士铨合称"三大家"）感叹松茅坞的景美人更美，题刻"仙境"二字（见图7-42）。

允礼（1697—1738，清康熙皇帝第十七子，雍正帝异母弟，封果亲王，工书法，善诗词，好游历，名山大川皆布其足迹），为泂溪先生题"满饮上池"（见图7-43）。

图 7-41 芥圃徐铨题"悬崖滴乳"

图 7-42 袁枚题刻"仙境"

图 7-43 清果亲王允礼为泂溪先生题"满饮上池"

（六）观山摩崖石刻群

观山摩崖石刻群位于苏州古城西北30里处，背靠大阳山，东探运河古镇浒墅关。史载：晋时，有个叫管霄霞的"白鹤道人"在这里修道炼丹，因此得名管山、鹤峰，现名叫观山，又唤獾山，它是大阳山东北支脉，海拔73米。山上怪石嶙峋、巉岩壁立，不仅有满目美景，更有明清题刻十余方，现为苏州市文物保护单位。最显眼者有四方：一为"仙人洞"，明嘉靖壬寅夏中川苏胡书（见图7-44）。二为"来鹤峰"，嘉靖壬寅五月沈弘华书（图7-45），三个斗大的字，每个字长2尺多，宽近2尺。

图 7-44　嘉靖壬寅夏中川苏胡书"仙人洞"　　图 7-45　嘉靖壬寅五月沈弘华书"来鹤峰"

图 7-46　柳川沈弘彝题"积翠峰"　　图 7-47　张祥河题"管山胜境"

三为"积翠峰",沈弘彝题(见图 7-46),字长径尺,用漆描红。沈弘彝,字允叙,明嘉靖十一年(1532 年)第三甲一百六十名进士,嘉靖二十年(1541 年)任浒墅关关榷。四为"管山胜境",道光二十七年(1847 年)华亭张祥河书题(图 7-47)。张祥河(1785—1862,原名公璠,字符卿,号诗舲、鹤在,又号法华山人。上海松江人,嘉庆二十五年进士,官至工部尚书,加太子太保衔)工诗词,善写意花草。该方石刻题字乍一看像个谜,其实它近一半已被泥土树根碎石覆盖,"管山"二字之下的"胜境"题字,只能看到半个"胜"字,如下挖60厘米后即可露出"胜境"二字,那是观山最大的摩崖石刻,径长足有1米。这四方石刻书体均为楷书,结构有序,典雅大方,颇有风韵。

管山杂咏
[清] 吴铠

燕麦青青荞麦黄,仪桥西去好风光。

今朝相约游山去,一路看人赛会忙。

冈峦凹凸接金芝,竹轿兜行处处宜。

艳说仙踪留此地,石床犹剩一奁棋。

玉宇琳宫层叠开,栴檀袅袅落云隈。

武功何处留青冢,但觉松涛卷地来。

注:吴铠(约1491—约1539,字文济,号石湖,阳谷县城西南园人,祖籍江西南昌),明正德九年进士,初官行人,升南京道监察御史,因遇变未就,改任北京河南道监察御史,有清正之誉,爱文喜诗。

(七)寒山岭摩崖石刻群

该石刻群位于苏州西部天平山北、支硎山西,涧水萦回,山径盘旋,文化底蕴深厚。史料记载,明万历二十八年(1600年),赵宧光在此买山葬父,守孝终身,并叠石造园,疏泉堆山,筑成寒山别业,形成了集山水、园林、书画为一体的艺术建筑。清乾隆皇帝六次南巡,均驻跸寒山别业。有关资料称,寒山岭的摩崖石刻达上百方,有的敞露在光洁平整的峭壁上,游龙走凤,气势恢宏,给人以美的享受;有的隐秘在足迹罕至的深谷林丛里,似隐似现,扑朔迷离。现有明清时期石刻约37方,于1986年被列入苏州市文物保护单位。

寒山岭的摩崖石刻主要有三种类型:一是赵宧光建造"寒山别业"后在各景点的自题刻石,二是乾隆六次驾临寒山御笔题写的手书,三是骚人墨客来寒山游览观光、吟诗作赋时留下的墨迹。由于年代久远，经不起风刀雨剑的侵蚀，大多都笔迹漫漶，一时难以辨认。

赵宧光所题的有"洗心泉"（见图7-48）、"飞鱼峡"、"千尺雪"（见第二章图2-10）、"丹井"、"蜿蜒壑"（见图7-49）、"芙蓉"、"云根泉"、"看云起"、"阳阿"等，大多为篆书。乾隆皇帝的手迹主要有《寒山别墅诗》（见图7-50）、《题寒山行千尺雪》（见第二章图2-11），达18句126字之多，还有"寒山别墅"等十余处。另有明代书法家王穉登手迹"奔泉静径千寻壑，飞瀑晴回万仞峰"（见图7-51）、申时行的"访赵凡夫寒山别业"等。

图7-48　赵宧光题"洗心泉"

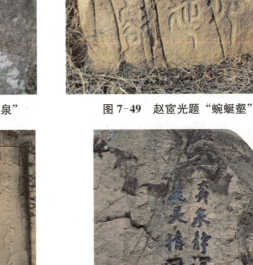

图7-49　赵宧光题"蜿蜒壑"

图7-50　乾隆皇帝御笔《寒山别墅诗》

图7-51　明代书法家王穉登题刻诗

注：乾隆御笔摩崖石刻《寒山别墅诗》释文：

泉出寒山寒，秀分支硎支。昔游曾未到，名则常闻之。
烟峦欣始遇，林壑诚幽奇。应接乃不暇，而尽澄神思。
庭前古翰梅，春华三两支。孰谓宸光往，斯人如在斯。

乾隆丁丑仲春御笔

（八）大石山摩崖石刻群

大石山摩崖石刻群，位于苏州市西部通安镇南，系阳山的余脉，高80多米。山中原有云泉庵，上临秀石，下傍清泉，庵以山下泉而得名。大石山以山秀、泉清而出名，清代叠石名家戈裕良以它为蓝本堆造了苏州世界文化遗产环秀山庄的假山。大石山摩崖石刻群为苏州市文物保护单位，现有摩崖石刻十多方，它以山秀泉清得到了无数文人墨客的青睐，使他们作诗题字，其中著名的有吴宽、李应祯、史鉴、张渊①的长达82句的"大石联句"：

岩岩者大石，奇观人所诵。退想十载余，来游五人共。舍舟始登陆，杖策不待鞯。是时日当夕，兹山气逾菶。入门信突兀，拾级骇空洞。落星何破碎，灵鹫宜伯仲。仰观神欲飞，俯瞰心屡恐。鳞皴剥苔藓，骨立冰雪冻。神驱道撝呵，鬼劈纹错综。尊严凛君临，张拱俨宾送。环列尽儿孙，拥护等仆从。欲假愚公移，谅匪雍伯种。卧鼓慨桴亡，对臼怯杵重。猊吻呀未收，龙鬣怒难控。凝血疑痛鞭，立肺讵冤讼。上漏还启窗，中通自成弄。大维补天功，小可砭肌用。分矢肃慎来，浮磬泗滨贡。犀利并攒剑，兀臬侧倚瓮。峄山辱嬴秦，艮岳遗汴宋。节彼民具瞻，壮哉客难奉。落照红抹赭，归云白流汞。僧讲点头应，将射没羽中。尘缘

---

① 吴宽：1435—1504，苏州人，明成化八年状元，官至吏部尚书；李应祯：1431—1493，长洲（今苏州）人，弘治初官至南京太仆少卿；史鉴：1434—1496，字明古，苏州府吴县人，为明代学者；张渊：生卒年不详，字子静，浙江吴兴人，守道安贫，隐居不仕，与当时吴派山水画大师沈周相友善。

契三生，陈图怀七纵。在悬太师縶，攻玉诗人讽。仙煮充腹饥，俗揩免腰痛。瑶琨产维扬，琅玕出乃雍。高题少室名，怪作东坡供。半空见玉蝙，千仞附青凤。栖禅余百年，问僧仅三众。凭虚围曲阑，架壑出飞栋。竹幽补堂坳，树古嵌厓缝。窦黑炊烟熏，坎平钟乳瓮。盘盘栈道危，淲淲水泉动。登顿足力疲，眺望眼界空。松露发欲濡，潭月手可弄。穷攀任生靿，醉吟微带齇。列坐对弯跧，大呼应锽硐。嗜癖牛李愚，诗战邹鲁閧。拜奇得颠名，忧坠成噩梦。试与叩山灵，倘售损薄俸。

大石山摩崖石刻群现有明末的浒墅关关官户部郎中袁枢题、礼部尚书王释书"仙砰"（见图7-52），吴颖培题、李根源书"大块文章"（见图7-53），钱天锡题"夕照岩"（见图7-54）和近代的民国元老李根源勒刻"仙桥"（见图7-55）等石刻。

明人好奇字，"砰"实乃"坪"也！大石山的奇石、美石，大多簇拥着这"仙砰"二字。

山不在高，有仙则名。仙坪常有"仙人"来，故明人邹迪光在他的《登大石》诗中曰：

图 7-52　袁枢题、王释书的"仙砰"

图 7-53　吴颖培题、李根源书"大块文章"

第七章
摩崖石刻遍布山岭　文化资源斑斓多姿

图 7-54　钱天锡题"夕照岩"　　　　图 7-55　李根源勒刻"仙桥"

巨灵何事者，凿石表三吴。
地割烟霞境，天分日月都。
断岩雕槛接，飞磴曲栏扶。
长啸松风下，群仙若可呼。

此外，还有不少现代摩崖石刻，如"拜石"（见图 7-56）、"唯和呈喜"（见图 7-57）、"朝烟暮霭"、"心净"、"巀屃岩"等等。特别是"唯和呈

图 7-56　现代石刻"拜石"　　　　图 7-57　现代石刻"唯和呈喜"

喜",4字利用左右、上下结构,合用一"口",别出心裁,构思巧妙,诠释了"吴中仙坪"的和和气气、喜气洋洋。

(九)蟠螭山摩崖石刻群

蟠螭山摩崖石刻群位于苏州西部光福镇石壁精舍后院和院外的憨山台。石壁精舍后院的山岩峭壁陡直,似刀削的石壁高出地面八九米,壁上布满文人墨客的题咏和游记石刻26方。距石壁精舍西100米左右处有座憨山台。憨山台相传是明嘉靖年间(1522—1566年)憨山大师修炼打坐、结茅之地。憨山和尚法号德清,为明末四大高僧之一。憨山台西侧有一清澈见底、终年不涸的梅村泉,该泉为纪念清代诗人吴伟业而命名。憨山台有摩崖石刻8方,连同石壁精舍后院石壁上的26方在内共34方,主要为清代和民国年间的石刻,甚为密集(见图7-58)。这30多方摩崖石刻,含行、隶、草、楷、篆各体,各见所长,有浑厚古雅的李根源、精于隶体的黄葆戌的书法(见图7-59)、自然近古的章太炎书法(见图7-60),笔势雄奇的辛亥革命先驱与中国同盟会总干事张耀曾、刚柔相济的海派画家吴湖帆的书法,潇洒飘逸的北伐军驻沪代表谷秀钟的书法,还有李根源的

图7-58 蟠螭山摩崖石刻群

老师孙光庭、清末封疆大吏直隶总督陈夔龙（见图 7-61）、孙中山机要秘书邵元冲、文人雅士顾文彬、南怀瑾等名人的题刻。

清代诗人孙原湘为《石壁》诗曰："苍苍绝壁瞰湖边，万顷琉璃照眼前。风雨欲来风满地，人烟何处水浮天。松声时作空中乐，鸥影都成世外仙。七十二峰看不了，一峰诗恩一飘然。"极尽文人雅士游览蟠螭山的感受。

图 7-59 李根源书"憨山胜迹"①

图 7-60 章太炎书"民国二十二年章炳麟来游"②

图 7-61 夔龙识，思宏书③

（十）石公山摩崖石刻群

石公山摩崖石刻群位于太湖中的西山岛东南端，三面环水，一面背倚丛岭，满山翠柏浓郁，如青螺伏水，似碧玉浮湖，山村水映，美景天成。因昔日在山下傍水处有两块奇石，形如一对老翁老妪，称为石公石婆，故

---

① 图 7-59 释文：憨山胜蹟，丙寅三月，李根源、黄葆戉游题。
黄葆戉（1880—1969），字蔼农，号邻谷，别号青山农，福建长乐人。历任福建省第一图书馆馆长，上海美术专科学校教授，商务印书馆编辑，中国甲骨文研究第一人。
② 图 7-60 中为章太炎（别名章炳麟）的书法。
③ 图 7-61 释文：癸酉仲春既望，探梅邓尉，遂至具区之滨石壁下，春来风雨如晦，是日乍晴，登台纵目，湖光山色，扑人眉宇，心胸豁然。同游者贵阳陈夔龙、长乐林开謩、镇江倪思宏、仁和姚景瀛、吴县金惟宝、泾县朱振溥、朱荣光、南昌徐德华、闽侯陈明庆也。夔龙识，思宏书。
陈夔龙（1857—1948），又名陈夔鳞，字筱石，一作小石、韶石，号庸庵、庸叟，室名花近楼、松寿堂等，贵州贵阳人。历任顺天府尹、河南布政使、河南巡抚、江苏巡抚、四川总督、直隶总督北洋大臣。

而名为石公山。论山高，石公山只有49.8米，论山势谈不上雄伟，然而它却以其特定的地理位置和独特的景致，自春秋以来，游人云集，名人雅士纷纷慕名而来。唐代的白居易、陆龟蒙、皮日休，宋代的李弥大、范成大，明代的高启、王鏊、唐寅，清代的俞樾，近代的李根源、苏州著名国画艺术家谢孝思，以及党和国家领导人均曾来此访古寻幽，饱览湖光山色，并留下了许多珍贵的诗词、游记和摩崖石刻。现存可看清的历代摩崖石刻14方，包括毁损的摩崖遗迹3方。乾隆《吴县志》云："太湖三峰七十二，名者有八九，包山最著名，包山之胜数十，名者六七，石公最著。"故石公山为苏州市文物保护单位。

石公山洞口崖壁镌有"归云洞"三字（见图7-62），因古人赞美太湖石如同天上云的根，且原来洞口有许多倒挂的钟乳石，如云之方归而得名，系明代严澂（1547—1625，名澂，字道澈，号天池，常熟人，曾任邵武府知府。归里后，组织"琴川社"，也称虞山派，精古琴，擅诗文，工书法）书，遒劲秀逸。洞口旁还有"夕光洞"石刻（见图7-63），因夕光返照之时，怪石隐现，岩穴透光，光芒灿然，故名夕光洞，为清乾隆元年（1736年）震泽王梁（生卒不详，曾参编雍正《平望志》）书。

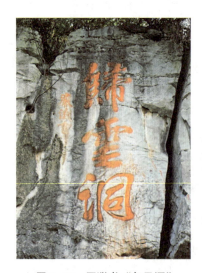

图7-62 严澂书"归云洞"

图7-63 王梁书"夕光洞"

第七章
摩崖石刻遍布山岭　文化资源斑斓多姿

石公山第一名胜乃"联云幛",旧有巨型石壁形似联片白云,故石壁上有"缥缈云联"四个大字,壁上还有记述宋代朱缅主事"花石纲"在此采石的铭文,可惜"联云幛"在"文革"中被开山炸毁。

在夕光洞东面,有怪异巨石如梯级模样,青苔斑驳,倾斜约70度左右,上有阴刻草书"云梯"(见图7-64),为严澂书。所谓云梯,是一悬崖上崎岖石级,实不可攀。有诗为证:"山梯若苔迹,直上浮云端。青天亦可阶,独立愁高寒。"此外,还有易顺鼎(1858—1920,字实甫、实父、中硕,号忤绮斋、眉伽,晚号哭庵、一广居士等,湖南龙阳人,易佩绅之子。光绪元年举人,曾被张之洞聘主两湖书院经史讲席。曾两去台湾,帮助刘永福抗战。庚子事变时,督江楚转运,此后在广西、云南、广东等地任道台。辛亥革命后,任印铸局局长。工诗,讲究属对工巧,用意新颖,与樊增祥并称"樊易",著有《琴志楼编年诗集》等)游石公山的感慨诗石刻(见图7-65)。

图7-64　严澂书"云梯"

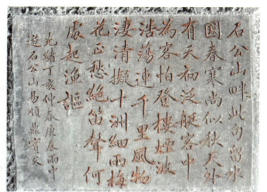

图7-65　易顺鼎感慨诗石刻

注:易顺鼎游石公山感慨诗释文如下:

　　石公山畔此句留,水国春寒尚似秋。
　　天外有天初泛艇,客中为客怕登楼。
　　烟波浩荡连千里,风物凄清拟十洲。

核心江南
——世界罕见的苏州西部丘陵山区历史文化

> 细雨梅花正愁绝,笛声何处起渔讴。
>
> 光绪丁亥仲春庚辰,雨中游石公山,易顺鼎实父

"石有族聚,太湖为甲。"石公山山体由湖石构成,多溶洞,故多奇峰怪石。宋徽宗为在汴京建艮岳,在全国各地搜罗奇峰怪石、奇花异木,耗费巨大,以致民力凋敝。苏州因产太湖石,其祸更烈,官民深受其害,苦不堪言。有诗为证:

> 玲珑巧瘦皱崔嵬,透漏天工万窍开。
> 却恨湖山夸鬼斧,庄樗何叹祸飞来。

所搜罗之花木峰石以船运往京城,十船为一纲,故称花石纲,石公山的"花冠洞"和"明月坡"是宋代"花石纲"遗址——皇家采石场(见图7-66)。整座石灰岩山体挺拔壮观,太湖水石"十二生肖"惟妙惟肖,古采石宕口的岁月痕迹依稀可见,所称的"金包银"(学名结构石)地质特征一目了然。

图7-66 苏州太湖西山岛石公山宋代"花石纲"遗址——皇家采石场

太湖石之所以产于太湖诸岛及湖滨崖畔,因该地区系石灰岩地区,石灰岩经风化溶蚀和波浪冲击后就会逐渐形成形态各异的湖石。湖石分水、

旱两种，以水成太湖石为贵。洞庭西山所产太湖石，洞多质轻，颜色有深浅变化，具有皱、漏、瘦、透等特点，为太湖石中的上品。太湖石有青、白、黑三色，质地坚硬，浸润不枯，纹理纵横，涡洞相套，玲珑剔透，造型清秀奇特。唐代时的西山太湖石已作贡物，白居易《太湖石记》云"石有族聚，太湖为甲""撮要而言，则三山五岳，百洞千壑，觑缕簇缩，尽在其中"，并有诗曰："烟翠三秋色，波涛万古痕。削成青玉片，截断碧云根。风气通岩穴，苔文护洞门。三峰具体小，应是华山孙。"皮日休、陆龟蒙、刘禹锡、牛僧儒等名家也均有诗作。西山的石公山、谢姑山、元山等地所产太湖石，为天下所重，称名一时。

太湖石蕴含的天地之灵气、日月之光辉，形成了独特的肌理、皮质、洞穴、韵味……其资源特别是太湖水石来源越来越稀缺。1979 年开山采石停止后，1984 年 10 月 1 日，正式开放为石公景区。

（十一）穹窿山摩崖石刻群

该摩崖石刻群位于苏州西部太湖边光福镇南的穹窿山，海拔 341.7 米，高峻挺拔，云雾缭绕，苍松翠竹，山色秀美，人文景观丰富，既有汉代朱买臣的读书台，又有自明清至近现代众多名人的摩崖石刻百余方，正行隶篆，诸体皆备，或点景咏物，或叙事抒怀，为苏州市文物保护单位。

史料记载，汉代的苏州人朱买臣穷困潦倒却偏爱读书，连砍柴时都手不释卷。休息时就在穹窿山的一块石头上读书，回家前将书藏在一个破庙里。后来朱买臣衣锦回乡，当上了会稽太守，他读书的大石头被称为"朱买臣读书台"，庙也改称藏书庙，庙的所在地得名为藏书镇（详见第二章第二节）。

此后不久，徐枋、潘奕隽、章炳麟、于右任、李根源、吴荫培、李烈钧、程潜、孙光庭、李维源等众多名人骚客流连忘返于穹窿山，还有法号仪泳的僧人等都留下了许多摩崖石刻，如孤峰皓月、莲台、玩月台、法雨泉、双膝孝迹、彼岸、天趣、小函谷、明珠、避秦、山辉川媚、《宁邦寺重修记》残碑……

据新版苏州《藏书镇志》记载:"寺庙在'文革'期间遭毁,仅存僧房5间,灶房3间,还有明代石刻两方:《穹窿山宁邦寺记》碑,文震孟撰,赵宧光篆额,延陵吴邦域书丹;《山辉川媚》石刻,徐枋书。寺西有'玩月台',相传为韩世忠赏月处。台旁岩壁有摩崖题刻'孤峰皓月',台下有'百丈泉',长年不枯,清澈见底。寺为县级文物保护单位。"

"山辉川媚"四个大字是明代徐枋书(见图7-67)。徐枋(1622—1694),字昭法,号俟斋、秦余山人,今江苏苏州人,殉节官员徐汧之子,崇祯十五年举人。遵父遗命不事异族,隐居于天平山麓"涧上草堂",自称孤哀子。书擅行草,长于山水画,取法董源、巨然、荆浩、关仝,亦宗倪瓒、黄公望,与杨无咎、朱用纯并称"吴中三高士"。终生不入城市,卖画自食,例不书款,与宣城沈寿民、嘉兴巢鸣盛称"海内三遗民",明末清初画家。细看"山辉川媚"摹刻左边还有八行小字,总共100多个字:"俟斋先生讳枋,字昭发,文靖公汧子,崇祯壬午举人。弘光乙酉六月文靖殉国,先生遵遗嘱,遁迹山林。终身不履城市,与宣城沈寿民、嘉兴巢鸣盛称海内三遗民云。穹窿宁邦寺为先生游咏之所,旧奉先生栗主。今得此帧为扶勒上石悬之寺中。民国十五年七月后学李根源(印泉)。"字迹已经不是很清晰,但意思很明确,徐枋是穹窿宁邦寺的常客,而且寺中

图7-67　徐枋书"山辉川媚"李根源摹刻

可能还供奉徐枋的木主，因此李根源偶尔得到徐枋的"山辉川媚"真迹，就把它摹刻于寺中摩崖上。

《穹窿山宁邦寺重修记》残碑（见图7-68）是宁邦寺明代的镇寺之宝，碑的上半部在"文革"中已毁。此碑是"竺坞山长"文震孟（文徵明曾孙。天启二年，即1622年状元。文震孟生前喜欢竺坞，死后埋骨竺坞，故自称"竺坞山长"）篆文，寒山赵宧光篆额，延陵吴邦域（《皇清书史·卷五》转自《江宁府志》记载："吴邦域，苏州人，官句容教谕，工书法。"）书丹。可见，《穹窿山宁邦寺重修记》集当时人文之粹，由状元撰文，文字学家、书论家撰额，书法家书写，故成至宝。

图7-68 《穹窿山宁邦寺重修记》残碑　　图7-69 章炳麟、于右任、莫荣新题刻

在穹窿山有处密集的摩崖石刻（见图7-69）：上面为"彼岸　民国二十二年章炳麟题"；中间为"韩蕲王玩月台　民国十七年　于右任书"（2015年被列入苏州市文物保护及控制保护建筑目录）。"玩月台"右下方为"避秦"二字，出自《桃花源记》"避秦时乱"，喻指穹窿山是一世外桃源，系"荣敬题，民国二十五年九月立"。"荣"乃莫荣新（1853—1930），字日初，广西桂平市人，1917年任广东督军，1922年北洋政府授其"腾威将军"。

穹窿山上泉水比较多,其中有一口"明珠泉",该石刻是曾与潘奕隽(1740—1830,字守晟,一作守愚,号榕皋,又号水云漫士、三松居士,吴县人,清代著名书画家、藏书家。官至户部主事,充方略馆总校官、四库全书馆分校官,内阁中书、文渊阁检讨)同游的僧人释仪泳篆书:"明珠,仪泳笔"(见图7-70)。

图 7-70　清僧人释仪泳篆书"明珠,仪泳笔"

(十二)阳山摩崖石刻群

阳山摩崖石刻群位于苏州西北浒墅关的阳山。阳山海拔338.2米,为苏州第二高山,绵延二十里,峰峦逶迤,青葱满目,森林覆盖率达88.64%,有诗曰"秋水孤帆挂白云,关门杨柳落纷纷。城中若问阳山色,个个峰峦翡翠文"([明]王穉登)。明代诗人吴宽、王穉登和藏书大家顾元庆咸称其为"吴之镇山",现有摩崖石刻19方、新刻25处,如明代画家沈周(1427—1509,字启南,号石田,晚号白石翁,今江苏苏州人。不事科举,以绘画作诗为业。擅画山水,中年后所绘大幅风格沉着浑厚,亦作细笔,人称"细沈",与文徵明、唐寅、仇英并称"吴门四家")的"踞雄"题写石刻,出自他的"秦余杭山苏所望,西北独踞封中雄"之句,言喻阳山独踞苏州西北,有高大伟岸、雄奇卓秀的雄姿(见图7-71)。沿着明代古道上山,沿途有顾元庆题"万壑松涛"(见图7-72)、徐枋题句(见图7-73)、李根源书"箭阙"(见图7-74)等及钦瑞兴的现代"箭阙峰"等石刻。

第七章 摩崖石刻遍布山岭　文化资源斑斓多姿

图 7-71　沈周题写"踞雄"

图 7-72　顾元庆题"万壑松涛"

图 7-73　徐枋题句"东观云海日出，西望太湖落照"

注：1926 年 5 月 30 日，李根源登箭阙峰，访文殊寺，当时僧人曾向李根源索字，李根源写了"箭阙""文殊泉"等胜迹之名。"箭阙"二字故事可能源于吴越之战中吴王夫差被围困于阳山走投无路，在阳山自刎，吴国灭亡，越王葬夫差于此。

图 7-74　李根源书"箭阙"

"万壑松涛"为明代藏书大家顾元庆游览阳山时写的《箭阙》诗,诗颂明时阳山漫坡沟壑皆为苍松,风来松枝摇动,其声似大海波涛起伏,尤为壮观。

图 7-75 苏州光福镇司徒庙内的"严经石刻"

此外,苏州西部光福镇司徒庙内的"严经石刻"(见图 7-75),为江苏省文物保护单位。"文革"期间,殿宇遭拆,唯有两部石刻还完整无缺:一部是《楞严经》,一部是《金刚经》。《楞严经》全文 67 000 多字,分别刻在 84 块青石上。每块青石长 0.95 米,宽 0.33 米,平均每块刻字 800 个左右。明崇祯十五年(1642 年)正月,昆山人魏肇鲁为《楞严经》石刻写跋,说明了它的来龙去脉。《楞严经》由吴门章懋德镌刻,字迹匀称,刀法有力,至今仍十分清晰。《金刚经》整部刻在一块青石碑上。碑高 1.92 米,宽 0.69 米。从宝塔中心的卷首开始,整部《金刚经》可顺序诵读。而每层塔角檐下的铃铛及塔檐下的莲柱上,又各刻有一个"佛"字。整座宝塔上没有一个虚设的字,宝塔与经文排列完整而又富有对称性。用工整的蝇头小楷书写、精刻细镂而成。1977 年,狮林寺全部塌毁,石刻被迁至司徒庙碑廊保存。该庙碑廊还珍藏有康熙二十八年(1689 年)康熙皇帝巡幸光福邓尉山时的御书"松风水月"碑,另有曾任国民政府主席等职的林森手书的"般若船"石碑,碑文笔力遒劲,字体圆浑,亦堪称精品。

苏州的摩崖石刻主要集中在西部丘陵山区,而西部山区的摩崖石刻又主要集中在上述的十二个摩崖石刻群,合计约 630 处(方)左右(不含现代的)。此外,天平山的摩崖石刻历代题咏不绝,原有 40 余处,但在"文革"中被全部凿去,碑石被毁,有待逐步整理恢复后一并统计。其他地方零星的摩崖石刻,如东山镇的莫厘峰、金庭镇的金铎山与西湖山等,光福镇的米堆山与西碛山、铜井山、玄墓山等，以及苏州高新区的狮子山等，约20方左右。这样来看，苏州西部丘陵山区已经发现的摩崖石刻总计650多处（方），还有一些因年代久远、模糊不清的尚需进一步确认。可见，其分布之密，石刻之多，实为罕见。

三、保护修复历史遗产　挖掘内涵传承光大

苏州西部丘陵山区的摩崖石刻，作为历史文化象征的特殊符号，不但是重要的人文景观，同时也是珍贵的文化资源，是前人留下的一笔珍贵财富，具有很高的史料与文化艺术价值。从文学视角看，名人题刻诗文稀世手迹堪称文苑奇葩；从书法视角看，书体俱全，精品荟萃乃书海大观园；从雕刻视角看，斑斓多姿，堪称艺术之瑰宝。但由于年代久远，众多摩崖石刻经不起风刀雨剑的侵蚀，大多笔迹漫漶，许多模糊难辨了，加之周边淤泥堆积，杂树、荒草、荆棘、苔藓遍布，日趋凋零，尤其是不少青山遭遇开山采石、筑路通道，许多摩崖石刻惨不忍睹，岌岌可危，与其自身所具有的价值形成巨大反差。如何做好这些文化瑰宝的修护，使之能一代代传承下去，是各级政府和文物部门亟待重视和有效解决的重要课题。对此，苏州有关部门采取了行动。

（一）制定规章，抢救保护

例如，寒山摩崖石刻，由于地处苏州高新区（虎丘区）与吴中区的交界地带，其土地隶属吴中区，文物保护责任则归苏州高新区，所以这些石刻长期处于无人管理保护的尴尬状态，一直遭受着风剥雨蚀，已经有许多摩崖石刻、造像无法辩认，几乎湮没了。鉴于此，苏州高新区在区政协的提议下，于2012年初正式启动了抢救保护工程。

一是依法保护。制定了摩崖石刻管理、保护及森林防火等规章制度，层层落实保护责任，通过详细摸查和梳理区域内摩崖石刻，安排专人定期巡查，清理周边杂草、碎石，打扫环境卫生。

二是科学保护。对摩崖石刻进行抢救性拓片。专业拓制组背上梯子、脚手架、大桶的水及有关工具进山,一干就是两个月。首先要选纸,一般的宣纸还不行,棉性的为上。纸张选好后,将纸覆在碑石上捋平,用胶带固定后喷点水,再用棕老虎刷平。刷还要有软硬功夫,轻了不服帖,重了纸头破碎,必须要反复刷好几次。为了不致破坏碑刻,有的地方还要用皮榔头轻轻敲打。从湿到干,大约要1小时。拓片看似简单,却是一项艰苦细致的体力活,从拍打到补墨,一块四尺宣纸大小的碑刻,一般要认真拍打数百上千次方能完成(见图7-76)。悉数拓片完成后,又将拓片资料整理出版,其中有明代书法篆刻家赵宧光、清乾隆皇帝手迹等重点摩崖石刻。

图 7-76　苏州高新区专业技术人员在寒山摩崖石刻拓片

三是将摩崖石刻保护工作与其他景区文化历史古迹修复工程一起纳入新一轮的旅游发展规划,将摩崖石刻群、观音街古街道、御道等历史文化遗迹的独特景观一并打包创建5A景区。

(二)清理美颜,修补磨泐

苏州虎丘风景区为国家5A级景区,有"吴中第一名胜"的美誉,更有宋代大文豪苏东坡"到苏州不游虎丘乃憾事也"的千古名言。那里有：海涌葬阖闾，剑池千古谜；生公讲经千人坐，顽石也点头；盆景精粹绘万景，塔影山光更迷人，其游客长年不断。为使被风化磨泐、容颜失色，甚至字迹不清的摩崖石刻变得鲜亮醒目，景区专业人员按制度规定定期为其"美颜"（见图7-77）。

图7-77　苏州虎丘景区专业人员对剑池石壁上的摩崖石刻进行填色

这些专业技术人员在清洗中，遵循不可损坏、不改变文物原状的原则，先对石刻进行擦洗，尽可能地展露出文人墨客的笔迹；对石刻上的青苔、污迹等不可用金属和药水，而是用竹签等慢慢地轻轻地逐步刮掉，边冲洗边刮，多次反复，直至露出题刻者的真迹。由于很多摩崖石刻位置高、难度大，这些"土专家"一干就是半个月。在填色作业中，采用丙烯颜料。该颜料附着力强、耐候性强、色彩鲜亮，对环境和岩体无污染，无破坏。清理"美颜"后的摩崖石刻鲜亮醒目了，尤其是"虎丘剑池"四个红字分外耀眼，吸引了众多游客在此排队等候拍照。

（三）潜心挖掘，完善阙如

苏州阳山最高峰箭阙峰，海拔338.2米，为吴中第二高峰，峰巅偏北处有一缺口，宽达 10 余米，传说为秦始皇射箭所穿，故名为"箭阙峰"。

据浒墅关开发区介绍，当地有个钦瑞兴（1955 年 12 月生于苏州），自号飞山人，自小就生长在阳山一带，是苏州一位知名文化学者和书法家，现任苏州市书法家协会副秘书长，苏州高新区文联副主席、书法家协会主席。几十年来，他为家乡倾注精力，潜心研究《阳山志》，并在阳山最高处箭阙峰岩壁上题写了"箭阙峰"三个大字，填补了吴中第二高峰的阙如（见图 7-78）。

图 7-78　钦瑞兴题"箭阙峰"

对此，如何看待"现代版"的摩崖石刻？这是一个值得深入探讨研究的课题。笔者认为：

其一，"现代版"的摩崖石刻当慎行。因摩崖资源有限，必须慎之又慎。一旦在摩崖上留下作品——题刻出现，就会成为"石头写成的史书"，必然会在社会上引起很大反响，亦有可能成为文物。所以必须依法严格把关，正如法国伟大诗人、作家雨果在《巴黎圣母院》一书中形容巴黎圣母院时所说："最伟大的建筑物大半是社会的产物而不是个人的产物……它们是民族的宝藏、世纪的积累，人类社会才华不断升华留下的痕迹。"同理，摩崖石刻亦"不是个人的产物"，它属于一个伟大的群体。

其二，必须按照国家的《风景名胜区管理暂行条例》规定，在符合总体规划的基础上，题刻需经过文物和行政主管部门逐级审批。题刻的作者原则上应是在国内外有影响的名人，如已故的近现代名人或是健在的现任

第七章
摩崖石刻遍布山岭　　文化资源斑斓多姿

或离任的党和国家领导人,以及国内外一流的科学家、作家、诗人等,且应尽可能地用名人笔迹原稿刻制,并将原稿存档。否则,所谓的"现代版"摩崖石刻必然是盲目的,效果不会太好。严禁利用职权塞进质量低劣或非名人的题刻。

其三,如果风景名胜区有规划要求,可在上述两点要求的基础上,利用历史资源,向社会广泛征集。当征集到名家圣手的字迹,作品又能与自然景物、人文景观相和谐的,既要广泛征求专家学者的意见,也要听取民间的声音,经多方专家研究确定后,选好岩石,请良匠镌刻。因摩崖资源有限,绝不可刮摩崖刻石风,践踏摩崖资源。

综上所述,历史时间是有重量的。苏州西部丘陵山区摩崖石刻数量之多、内容之丰、年代之久,令人叹为观止,不仅有丰富的历史内涵,还保存了许多优秀的书法艺术,表现出一种阳刚之美,在中国考古学和历史学上都具有重要地位,其价值自不待言。有人讲,"吴中山水李根源",意指李根源对吴地文物保护是有功的,让苏州人难以忘怀。1925年,他告别政坛,息影吴门,筑曲石精庐,入"九九消寒会",广交吴中贤俊,寄情山水田园,苏州成了他的第二故乡。他夜宿晓行,记录见闻,"瞻古德之道场,访先贤之祠墓",以一己之力完成了《吴郡西山访古记》,并将此书交付上海泰东图书局铅印问世。他曾感慨"人生只合住苏州"(《过胭脂桥怀石遗先生》),无奈外敌入侵,国难来临,山河变色,人民遭殃。苏州沦陷后,李氏发出了"老夫挥泪别苏州"(《去苏州四首》)的哀叹,辗转回滇支持抗战。1965年7月31日李根源被安葬在苏州小王山阙茔旁。可见,苏州西部丘陵山区的摩崖石刻是古人与近现代人留下的厚重的人类文明印迹的热土,使逾千年延续不断的摩崖石刻大都完好地留存于今世,进一步展示了苏州西部丘陵山区的文化底蕴和人文精神。

英国历史学家卡莱尔认为,说到底,历史才是真正的诗。以史为镜、以史明志,了解昨天、把握今天、开创明天,必将在新时代的浩荡东风里,使历史文化艺术的长河奔流不息,以更加丰硕的成果,勇攀现代文明的高峰。

第八章
奇巧工匠层出不穷　大师辈出名震中外

苏州得天独厚的自然环境与江南文化滋养了人的明慧与精致，才华横溢的文人雅士辈出，技近乎道的能工巧匠世代传承，出现了很多开创纪元的工艺大师。在全国工艺美术11大类中，苏州就拥有10大类共3 000余个品种，很多项目在全国乃至世界享有盛誉。2014年，苏州被联合国教科文组织授予"手工艺与民间艺术之都"的称号。统计数据显示，苏州目前拥有联合国教科文组织人类非物质文化遗产代表作7项，居全国各类城市之首，其中民间手工艺类就有缂丝、宋锦和香山帮传统建筑营造技艺与碧螺春4项；拥有国家级非物质文化遗产代表性名录29项，列全国同类城市前茅，其中民间手工艺类达18项，其专业与精细让世人惊叹。在康熙、雍正年间，其工艺种类已达50多种，北京故宫博物院的180万件藏品中，涉及苏工苏作的藏品数量高达31.7万件，从中便可切身感受到苏州文化及技艺的博大精深。

有道是："天下工艺看苏州，苏作精华在吴中。"苏州吴中地处苏州西部丘陵山区，此处曾出土了一万年前的旧石器时代晚期的石核、石片、刮削器、尖状器等旧石器一万余件。诚如恩格斯所指出，真正的"劳动是从制造工具开始的"①。正是创造活动，使劳动者"在活动时享受了个人的

---

① 《马克思恩格斯选集》第三卷，人民出版社，1972年，第513页。

第八章
奇巧工匠层出不穷　大师辈出名震中外

生命表现","感受到个人的乐趣"①。在当今中国式现代化的浪潮中，苏州西部丘陵山区的民间手艺蓬勃发展，尤其是新生代手艺人形成了一股"后浪"，以百花齐放的态势续写着指尖上的传奇。欲问苏州为什么能长期可持续高速发展？当下的新生代手艺人不断茁壮成长就是其秘密之一。江南不仅是白居易的《忆江南》，或是张若虚的《春江花月夜》、苏东坡的《望江南》，更是一个草长莺飞、花团锦簇、诗意无限的手艺江南。

一、香山匠人名震中外，能工巧匠层出不穷

俗话说：荒年饿不死手艺人。乡土社会中，手艺是一种生存下去的本领。操持各种手艺的匠人们，在默默地劳作中创造出丰富多彩的区域文化，其中香山帮传统建筑营造技艺的"香山匠人"在全国乃至世界尤为著名。

蒯祥（1398—1481，字廷瑞，江苏吴县渔帆村人，今苏州市吴中区胥口镇人），技精艺绝，乃中国明代著名的建筑大师、苏州香山工匠的祖师爷（见图8-1），"永乐十五年（1417年），负责建造北京宫殿；正统年间（1436—1449年），又负责建造故宫三大殿；天顺末年（1464年），规划建造裕陵（明十三陵之一）"②等，永乐皇帝每每称他为"蒯鲁班"，是中国建筑史上里程碑式的人物。明正统十二年（1447年）升为工部主事，景泰七年

图8-1　蒯祥墓飨堂塑像

（1456年）提为工部右侍郎，成化二年（1466年）升为工部左侍郎，十一年升正二品俸。成化十七年（1481年）卒，食一品俸。

---

① 《马克思恩格斯全集》第四十二卷，人民出版社，1979年，第37页。
② 《辞海》，上海辞书出版社，1979年，第437页。

（一）名不虚传的大国工匠"蒯鲁班"

宫殿建筑是皇权的象征，不论在哪个国家，宫殿都是一种特殊的建筑。它的建造，汇集了民间建筑的精美，同时被赋予宫廷文化的严谨格律。紫禁城，无疑是我国传统建筑中最炫目的杰作之一，它的名称系借喻紫微垣星而来。在古代，人们把天上的恒星分为三垣、二十八星宿和其他星座。三垣包括太微垣、紫微垣和天市垣。紫微星在三垣中央，因此成了代表天帝的星座。天帝住的地方叫紫宫，皇帝是人间天子，所以要模仿天帝，把自己住的地方叫紫宫，且从秦汉开始，皇帝的居所又叫禁中，即不许他人随便出入之意，因而合称为紫禁城。

紫禁城正前是正阳门，北部是天安门广场，天安门后是端门、午门，再以后就是紫禁城内，紫禁城的重要建筑物都排列在一条直线上。在正阳门与天安门之间的广场原先还有一座门，叫大明门，清代叫大清门，民国元年改名为中华门。永乐年间该门建成时，朱棣命大学士解缙题门联，缙书古诗"日月光天德，山河壮帝居"。日、月两字正好组成了一个"明"字，此联在清朝时无改动。

这座红墙围起的紫禁城，一座挨着一座的大殿，每间房都高大豁亮。1981年，故宫维修东南角楼时，由于设计难度大，工匠们都伤透了脑筋。一般人形容角楼是9梁18柱72条脊，其实比这还要繁复。三层屋檐共有28个翼角、16个窝角、28个窝角沟、10面山花，72条脊之外，还有背后掩断的10条脊。屋顶上的吻兽共有230只，比太和殿的吻兽多出一倍以上。更有众多的斗拱，它是中国木建筑结构特有的形制，是较大的建筑物柱子和屋顶之间的过渡部分，它可以将支出来的屋檐重量先转移到额枋上再到柱子上。斗拱更是木构件里的规矩王，尺寸多、讲究多。一般人刚接触时，会被"蚂蚱头""霸王拳"和"麻叶头"之类的说法弄得晕头转向。

还有那中国现存最大的木结构大殿——太和殿，上承重檐庑殿顶，下坐三层汉白玉台阶，采用金龙和玺彩画，屋顶仙人走兽11件，开间11

第八章
奇巧工匠层出不穷　大师辈出名震中外

间，均采用最高形制，等等。

据说，当时有人呈报给皇上朱棣一份建造宫殿的设计图纸，朱棣看后非常满意。新皇城比元朝时略向南迁，各大宫殿，依中轴线，左祖右社，十分规整，又开凿南海，堆砌景山。整个设计方方正正，稳稳当当，象征大明长治久安。

如此复杂、浩大的紫禁城，蒯祥能胜任吗？历史浩如烟海，湮没了多少秘密。关于蒯祥是故宫的设计与营建者之说，也有很多让人怀疑的地方。

2020年9月，为庆祝故宫600岁大寿，北京故宫用一场大展来讲述前世今生——"丹宸永固——紫禁城建成六百年"。这场大展在故宫博物院午门展厅展出，除了展出故宫博物院自家的文物外，还特邀南京博物院的23件文物"进宫"同台亮相。在这借展的23件文物展品中，22件是实物，独《明无款北京宫城图轴》借的是高清照片，因《明无款北京宫城图轴》是国家一级藏品，也就是人们常说的"国宝"。南京博物院研究员欧阳摩壹说，这幅图轴目前所知全世界仅4幅，3幅在中国，另有一幅在大英博物馆。

该"古画已有500多年历史，都是明代绘画。4幅中，只有大英博物馆藏的那一幅有落款，可以知道绘画者是朱邦，另外3幅都是无名氏所绘"，欧阳摩壹如是说。图轴画了明代早期的北京宫城图。图中，紫禁城皇家气派尽显，午门、奉天门、奉天殿……排列齐整。奉天门前还有6头大象，寓意"太平有象"。最惹眼的，是一位穿朝服、持笏的红衣官人，他站在图轴右下方。他是何许人也？欧阳摩壹考证认为，画中人乃"皇家大工匠"、苏州香山帮巨匠蒯祥。这个绘画，应是明代中晚期，在北京等地从事木作等建筑行业的香山帮行会供奉的祖师爷画像（见图8-2）。

当下，对于紫禁城的设计师是谁的问题众说纷纭，他到底是谁？在《明史》中并无记载，这是关于紫禁城诸多待解之谜中的一个。

宋礼、陈珪等人是奉命指挥修造紫禁城的朝廷命官，不是设计师，更不是一线建造者。有人提及紫禁城是太监阮安设计的。阮安来自交趾（今

图 8-2 《明无款北京宫城图轴》（局部）中的蒯祥画像（资料图片）

属越南），他聪明能干，对我国传统营造法式有研究、有巧思，营建北京城时奉命设计城池、宫殿及百司府廨。史载，阮安"目量意营，悉中规制，工部奉行而已"，他受蛐蛐笼启发设计了紫禁城角楼。阮安对紫禁城设计贡献良多，但整个宫城的宏观布局并非一名太监能够设计的。阮安的贡献，集中在微观层面。

但多数人认为，紫禁城的设计和建造是集天下之智、倾天下之力成就的，而以苏州蒯氏家族为主体的"蒯家军"是紫禁城设计和建造的领衔者与突出贡献者。笔者赞同这一说法：

其一，紫禁城是"蒯家军"祖孙三代人的智慧结晶。事实上，明初，不论是南京的明故宫还是北京的紫禁城，都用了同一批"皇家大工匠"——蒯家军。明朝初年，金陵城应天府大街有个"木匠营"，香山帮匠人们就住那儿。

蒯祥的祖父蒯思明，是一个工匠能人，在家乡很有名气。洪武十年（1377年），蒯思明以苏州工匠魁首的身份应召入宫，他凭借着娴熟的技术崭露头角，一干就是15年，直至1392年南京故宫基本完工。1403年，燕王朱棣当上了大明王朝第三个皇帝，改北平为北京。1406年，朱棣下

第八章
奇巧工匠层出不穷　大师辈出名震中外

决心迁都，当初营造南京皇城的能工巧匠们也就成为建设北京皇城的首要人选。蒯思明那时已是六十岁左右的人了，他深恐自己不能承受如此重任，于是他就带着儿子蒯福、孙子蒯祥一起来到北京，延续了"蒯家军"的神话。

永乐初年蒯氏三代进入北京开始前期的准备工作，在这些日子里，鉴于已建过南京宫城的三大殿（奉天殿、华盖殿、谨身殿），而北京紫禁城一概照搬、大体不变，因而蒯氏家族熟门熟路，其设计与建造优势得到了发挥，尤其是蒯福身强力壮，担起了重担，史称蒯福"能大营缮"。

从永乐四年（1406年）开始，蒯福率领以香山帮为主的建筑大军首先建造北京西宫，开始了皇城建设的伟大工程。次年四月西宫成，共建午门、奉天门、奉天殿、仁寿宫、景福宫、仁和宫、万春宫、永寿宫、长春宫及后殿、凉殿、暖殿等，紫禁城撩起了它绝世惊人的面纱。永乐十九年（1421年）初，永乐帝由南京至北京，登奉天殿受百官朝贺。蒯福被任命为工部营缮司营缮所丞，年轻的蒯祥也因技艺出众被永乐帝授予"营缮匠"。

蒯祥门里出身，又在祖父与父亲的亲手帮扶下，展示出天赋的技能。据明史及有关建筑专著评介，蒯祥木匠、泥匠、石匠、漆匠、竹匠五匠全能。《吴县志》载，他精于建筑构造，"略用尺准度……造成以置原所，不差毫厘"。

在香山帮匠人中，关于蒯祥的民间传说很多，其中心总离不了蒯祥如何鬼斧神工。据载，蒯祥能以双手握笔同时画龙，合二为一，一模一样，就连明宪宗也很敬重他。《宪宗实录》中记述道"凡百营造，祥无不与"。

细节之处见真章。据说在建造紫禁城时，缅甸国向明朝进贡了一块巨木，朱棣下令把它做成大殿的门槛，但一个木匠不留神锯错了，短了一尺多。木匠吓得脸色煞白，慌忙报告蒯祥。蒯祥看了，让那个木匠再锯短一尺多，大家都很惊愕。之后，蒯祥就在门槛的两端雕琢了两个龙头，再在边上各镶上一颗珠子，还作了进一步的创新——让门槛可以装卸，这就是俗称的"金刚腿"（活门槛）。这"小技术"展示出了"大文明"，皇上见了龙颜大悦，十分赞赏，"每每以蒯鲁班称之"。

自古英雄出少年。大凡有成就者，少年时对事业就有痴迷的偏爱。在世界历史上，亚历山大大帝18岁佐其父腓力普统一希腊，20岁时继承王位，22岁远征亚洲，32岁完成他的征服；瑞典王查理十二，17岁时率军击败了俄、波、丹麦联军，18岁时征服丹麦……在中国历史上同样如此，项羽起兵为西楚霸王，霍去病为骠骑将军，李世民起兵反隋都是18岁。三国时的孙策20岁率军渡江就建立了东吴政权，而明朝的蒯祥在中国的建筑史上则显得格外高大至伟。

见多方能识广，蒯祥青出于蓝而胜于蓝。传说不是史实，但它往往亦是史实的素地。蒯祥的高超技艺自有他的理论指导与实证的案例。他既有综合的宋朝李诫奉敕编修的《营造法式》的指导，又有"子承父业"江南特有的技艺。"串"这一构件在《营造法式》的介绍中用于厅堂等屋的大木作里很多，主要起联系柱子和梁架的作用，这和江南常见的串斗式木架中的串枋和斗枋的作用是相同的，至今在江南的农村，仍采用串斗构架建造房屋，两千年间一脉相承，说明了它的存在价值。但《营造法式》卷四"飞昂条"说："造昂之制有二：一曰下昂，……二曰上昂。"可是作为斗拱上重要构件的这两大昂类，只有在江南才能全部看到，而在北方那么多唐、宋、辽、金以至元代建筑中，却只见下昂而未见上昂。可宋代上昂遗物苏州古城内就有两处：一是苏州玄妙观三清殿内槽斗拱两侧；二是苏州北寺塔第三层塔心门道顶上小斗八藻井斗拱。蒯祥从小勤奋好学，他把上昂的做法带到了北方建造紫禁城，而其他人则难以为之。这是其一。

其二，蒯祥所在的"香山帮"是一个团队，其历史悠久。早在春秋战国时期，吴国的冶铁业就在诸侯国中独树一帜，有"吴中铁工不绝"之说。发达的冶铁业，为工匠们提供了各式各样的工具；四通八达的水上交通，为木材的运输提供了方便。春秋晚期吴王阖闾、夫差为修宫殿而"积木成渿"的盛况，就是证明，所建造的"通天台"——姑苏台就是其杰作。及至汉、晋、南北朝时期，"香山帮"已具雏形，在唐、宋时期又得到了进一步的发展壮大，底蕴深厚，工艺齐备。它集"八大作"（瓦、木、土、石、搭材、油漆、彩画、裱糊）于一体，其下还细分上百工种，这就是"香山帮"的实力。

就说"金砖"①吧，故宫的大殿室内地面都是用金砖铺成的。据故宫的师傅白福春（艺名叫"延承"）介绍，现在真正的"金砖"确如黄金般贵重。其实，金砖并非黄金做成的，而是产自苏州的一种细料方砖，而这种质量是靠手艺、靠时间磨出来的。传说中，取得制造金砖的原料需要把某一段河道截断了，等泥淤3年、上岸晒3年、做起坯子3年后再烧制，而成品率大概只有1/10。砖的实际制作过程也相当烦琐，选土要经过掘、运、晒、推、舂、磨、筛共7道工序，经3级水池的澄清、沉淀、过滤、晾干，经人足踩踏，使其成泥；再用托板、木框、石轮等工具使其成形后置于阴凉处阴干，每日搅动，8个月后始得其泥，其传统工艺就是所说的"澄浆泥"。在建造紫禁城的过程中，"蒯家军"把苏州的"金砖"和苏式彩绘等运用到宫殿建筑中，对继承和发扬我国传统建筑文化作出了重大贡献。

值得指出的是，永乐十八年（1420年）十二月北京新皇宫建成后，蒯福得到了应有的赏赐，但官位未变，而蒯祥迅速成长。出人意料的是新皇宫建成仅仅四个月，可能因雷击出现一场大火把奉天、华盖、谨身三大殿烧个精光，二十年（1422年）闰十二月，又一场大火使乾清宫也化为灰烬。此后，北京皇城大规模建设工程足足停止了15年，蒯思明已告老还乡，此时的蒯祥已经成熟，能独立设计承建紫禁城内的各类重大项目。

宣德十年（1435年）正月宣宗朱瞻基卒，当月开始了景陵建设工程，三月玄宫建成，六月朱瞻基入葬。景陵虽然规模较其他寝陵为小，但却是由蒯祥独立设计承建的第一个皇家工程。直到正统元年（1436年）十月英宗下达了修建北京九门城楼城濠桥闸的旨意。此役共调动了近两万军士工匠，蒯祥也被抽调来兼职。经过三十个月的昼夜施工，正统四年四月北京终于以崭新的形象展示在世人面前，蒯祥也因表现出众调营缮所任职，

---

① 2023年3月，在苏州相城区元和塘地区发现南宋时期大型古窑址群，并出土金砖、陶罐文物225件。

十二月即投入重建乾清宫的工程中。正统五年三月举世瞩目的重建三殿两宫工程隆重开工，六年九月奉天、华盖、谨身三殿，乾清、坤宁两宫胜利完工。蒯祥因功步入了吏的行列。正统六年，英宗朱祁镇明确南京的陪都地位。这就昭示着明王朝的政治权力中心真正转移到了北京。于是蒯福、蒯祥父子又并肩联手，开始了长达五年的五府六部各文武诸司的建设工程。这时蒯福已是六十六岁的老人了，所有重担落到了蒯祥的身上。

成化元年（1465年）三月，一项具有划时代意义的宏伟工程开始了：宪宗下旨重建承天门。蒯祥废寝忘食，昼夜辛劳，倾平生之智慧，尽无限之妙想，他仅在八个月时间内就建成了承天门。承天门，造型庄重，气度威严，装饰华美，色彩鲜艳，它体现了中华民族的博爱精神、远大胸怀与东方文明的无限活力和深刻内涵。今天，北京天安门已经成了祖国首都的象征。

质言之，故宫是中国古代宫殿艺术的集大成之作，也是世界上最宏伟的宫殿建筑群之一。大批工匠、百姓为此付出了极大心血，甚至牺牲了无数人的生命，可惜都湮没无闻了。对于今天的我们来说，故宫更像是六百年前建筑家们的一次"集体汇报演出"，是中华民族集体智慧的体现。青山一道同云雨，明月何曾是两乡。

承天门建好后，蒯祥没有像他的父亲那样退休回到家乡，而是被宪宗留用在北京。有关营建之事，不论大小，他纵横捭阖，已至炉火纯青之境。不仅如此，蒯祥受人称赞的还有他的人品。尽管他后来的官职越来越大，但是他为人仍然非常谦逊俭朴，可谓德艺双馨。到了晚年，虽然他已主动辞官隐退，但每当有营造工程向他请教时，他还是非常热心地帮助指点。直到成化十七年（1481年）农历三月初三，一代建筑泰斗蒯祥卒于京师，享年八十四岁。宪宗给予了蒯祥最隆重、最高规格的入土仪式——赐葬。不久，蒯祥的灵柩回到家乡——葬在苏州市吴中区胥口镇的渔帆村。

如今，在苏州太湖公园北侧、胥口香山渔帆村蒯祥的墓葬所在地，建有蒯祥墓园，为省级重点文物保护单位。园内有牌坊、飨堂、石羊、石马、翁仲、石亭、仰贤桥、蒯祥石像、明代石碑等景物景观，墓碑上刻有"明工部侍郎蒯祥之墓"八字。墓前立有明天顺二年（1458年）明英宗赐给蒯祥的祖父蒯思明、祖母顾氏的"奉天诰命"碑，飨堂书有"技艺精湛二品致工部，蜚声遐迩千秋继鲁班"的楹联，不仅表达了当年皇帝与后人对这位建筑巨匠的赞扬缅怀，而且肯定了蒯祥对故宫的设计建筑的杰出功绩。

（二）"香山帮"能工巧匠层出不穷

苏州的香山位于吴中区胥口镇太湖之滨，有2 500多年的历史，是吴文化的发祥地之一。

"香山帮"是一个以苏州胥口镇为地理中心，以木匠领衔，集泥水匠、漆匠、堆灰匠、雕塑匠、叠山匠、彩绘匠等古典建筑工种于一体的建筑工匠群体。他们不但技艺高超，而且工种齐全，分工细密。例如，木匠分为"大木"和"小木"。"大木"从事房屋梁架建造，上梁、架檩、铺椽、做斗拱、飞檐、戗角等；"小木"进行门板、挂落、窗格、地罩、栏杆、隔扇等建筑装修；"小木"中又有专门从事雕花工艺的（清以后木工中产生了专门的雕花匠），其建筑特点是色调和谐、结构紧凑、制造精细、布局机巧。

香山帮的营造技艺细说起来，最早发自民间，后走向宫廷，最后又回归民间。2006年5月，"香山帮传统建筑营造技艺"被列入第一批国家级非物质文化遗产名录。2009年9月，又作为传统木结构建筑营造技艺入选世界非物质文化遗产名录。2014年，苏州加入联合国教科文组织的"创意城市网络"，成为全球"手工艺与民间艺术之都"。

常言道，历史有渊源，万物有规律。"香山帮"的出现并非偶然，公元前560年，吴王诸樊迁都姑苏，而后城市逐渐繁盛起来。不过，真正将苏州建成与各大国都相仿、具有相当规模的是吴王阖闾。当他率兵伐楚见识了楚国的绚丽文化后，归来姑苏，便在苏州西部姑苏山建造了姑苏台——通天台（详见第四章），台下辟百花洲、长洲苑，还开了通向吴都胥门的九曲路，又在石城山造了乐宫，颇有一番创新的架势。令人惋惜的是，这大部分宫苑，都在越灭吴时，化为一片焦土。但国可亡，而史不可灭。

公元605年，隋炀帝下令开凿京杭大运河。这一条水上交通大动脉，打通了南北两地的运输瓶颈，这对沿经的鱼米之乡——苏州城的发展十分有利。于是苏州村落渐多、人烟渐密，文人雅客纷纷来此，寄情山水，出现了"塑圣"杨惠之（713—741，吴郡人，今苏州人，著有《塑诀》一书，惜已不存）。宋朝之后，苏州的发展更为兴旺，苏式手工艺、苏州园林呈现一派欣欣向荣的景象。以始建于北宋的历史最悠久的沧浪亭为例，它自然古朴，与狮子林、拙政园、留园一起被列为苏州宋、元、明、清四大园林，被国务院列为第六批全国重点文物保护单位。

彼时，苏州城内私家园林和庭院达到280余处。苏州园林的盛名催化了"香山帮"工匠的迅速壮大，在经过2 500多年的自我琢磨与不断实践后，自明初始，"香山帮"开始声名远扬，形成以吴中香山为中心，包括周边花墩、外塘、水桥、郁舍、舟山等诸多自然村能工巧匠的行业集群性团队，他们与吴地文化一同成长，其血液已经深深融入了吴地的每一寸土壤。从栋梁之美到意境之妙，从雕镂刻画到布局擘画，从亭台楼阁到厅堂屋舍，每一方设计与建造都透着精妙的味道。一个个既懂技术又懂艺术的工匠大师划破时空，迎面而来。他或许在堆砌着一砖一瓦，或许在取景画框，雕刻着漏窗纹样，他们从历史中向我们走来，又早已成为超越时代的存在。截至2022年，苏州全市共有从事香山帮传统建筑的一级专业企业15家（不包括外地在苏州设立的分公司），专业二级的20多家，专业三级的有五六十家，合计从业人员约有七八千人，其中国家级代表性传承人3人（薛福鑫、薛林根、陆耀祖）、省级代表性传承人2人（杨根兴、顾建明）、市级代表性传承人5人、区级代表性传承人9名，合计19名。他们在全国各地从事古建筑、仿古建筑项目的施工并出口国外，把苏州的古建园林文化带给了全国、全世界。

第八章

奇巧工匠层出不穷　大师辈出名震中外

天工开画卷，人类有诗情。"香山帮"的诗情是看不见的营造技术，也是技艺的核心精神。得天独厚的自然环境滋养了香山匠人的明慧与精致，技近乎道的能工巧匠层出不穷、世代相传。

1. 博学之士，大师辈出

如上所述，明代巨匠蒯祥是"香山帮"的鼻祖，在他的带领下，众多的匠人共同建造出绝世精品，从某种程度上来说，他们不只是会挥舞刀斧的手艺工作者，还是既懂天文地理又懂人文美学的博学之士。他们有着特殊的受人尊崇的社会地位，非一般人能胜任。早在明末的太湖湖滨就出现了一位园林营造大家计成（1582—?，字无否，号否道人，今苏州吴江区松陵人，中国明末造园家），他把中国古代的造园法则和自己丰富的实践经验（如常州武进吴玄的东第园、仪征汪士衡的寤园与扬州郑元勋的影园等）升华总结，撰写了《园冶》一书。该书被奉为世界上最古老的造园专著，是中国传统宜居思想的精华，集中体现了中国传统造园艺术的美学思想，有着极为重要的理论和实践价值。

近代香山帮匠人姚成祖编撰的《营造法原》被誉为"南方中国古建筑之唯一宝典"。姚成祖与计成一起，逐步改变了工匠技艺依赖手教口授的传统。

姚承祖（1866—1938，字汉亭，号补云，又号养性居士，为今苏州吴中区胥口镇墅里村人），是继明代蒯祥之后又一位建筑大师。他一生设计营建的厅堂馆所、亭台楼阁、寺院庙宇、园林庭院数以千计，惜乎多无记载，无从查考。而今为世人所知，较为著名的有四处：一是同治、光绪年间为过云楼主顾文彬的怡园建屋三楹，隔扇将其分为南、北二厅，前曰"锄月轩"，后曰"藕香榭"，成为怡园之精华。藕香榭，内部是鸳鸯厅，外面平台临池，低头可观看荷花的娇艳芳姿，抬眼可眺葱茏山林，一幅巧夺天工的山水画卷展现眼前。二是光绪二十八年（1902年）和雕刻名家赵子康一起重葺苏州木渎严家花园。三是1923年在苏州光福马驾山东坡造梅花亭。当梅花香气四溢时，人们置身花海，陶醉梅花丛中，谁也忘不了那围坐小憩的梅花亭。这个亭子形如梅花，亭内所有装饰也尽是梅花，亭顶是无数朵小梅花烘托着一朵"大梅花",就连石柱、石栏、屋瓦也全作梅花瓣形。亭高两丈有余,上下错采,鸟革翚飞,玲珑典雅,完全是一朵名副其实的大梅花,与四周的梅花融为一体。坐在亭中赏梅花,给人以诗的享受、美的陶冶。四是1937年和赵子康合作重建灵岩山大雄宝殿。当旅游观光者踏进山门时,无不为它庄重的气势、精湛的建筑技艺惊叹(见图8-3)。值得一提的是,姚承祖晚年在苏州鹰扬巷建造的补云小筑,也是一处极精致的私家园林,可惜"文革"中被毁。有《补云小筑图》,图中亭台楼阁、树木花草齐全,该图曾刊载在北方《中国营造学社汇刊》上。

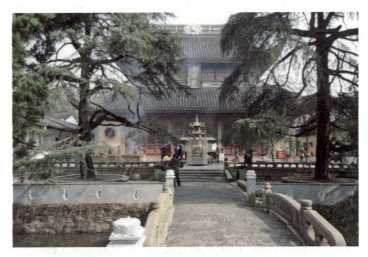

图8-3　江南耆匠姚承祖作品——灵岩山寺大雄宝殿

实践出真知,磨炼长才干。《营造法原》系统地阐述了江南传统建筑的形制、构建、配料、工限等内容,兼及江南园林建筑的布局和构造,内容十分丰富。当年中国营造学社社长朱启钤先生曾说:"《营造法原》书中所辑住宅祠庙、佛塔泊岸及量木计围诸法,未见官书,足传南方民间建筑之真相……它虽限于苏州一隅,所载做法,则上承北宋,下逮明清,今北京匠工习用之名辞,辗转讹误,不得其解者,每于此书中得其正鹄。然则穷究明清两代建筑嬗变之故,仰助此书正多,非仅传苏杭民间建筑而已。"这段话的意思是说《营造法原》不单单是传载苏南民间建筑,而且对研究我国建筑的文化发展史有很大的作用，学术价值很高。该书分为 16 章，附有照片一百七十二帧，版图五十一幅。现今坐落在美国纽约大都会艺术博物馆中的中国庭园明轩、加拿大温哥华城中的逸园，以及澳大利亚维多利亚州的棂星门牌楼等建筑的设计制作，全都离不开姚承祖的《营造法原》。该书成于明崇祯四年（1631 年），刻印于明崇祯七年。后流入日本，在日本被称为"夺天工"、《木经全书》。

2. 历久弥新，几代人薪火相传的匠人世家

"香山帮"营造技艺把古建筑工程当作工艺品来做，从平民走向精巧，又从精巧复归民间，历久弥新，这是整个中国传统营造技艺发展史的生动写照。其所以如此，关键是其匠人不仅能适应不同年代高难度建筑工艺的需求，还能将历代工匠的技术传承与创新代代相传，不断发扬光大。

（1）国家级非物质文化遗产项目"香山帮传统营造技艺"传承人陆耀祖

陆耀祖（1949 年出生，苏州吴中区香山人，祖上世代为香山帮建筑匠人）的高祖父姚三星是木作名师，在嘉兴开作坊；曾祖父姚桂庆，木作名师；叔曾祖姚根庆，木作名师，在苏州木渎开作坊；叔祖父姚建祥、姚龙祥、姚龙泉，木作名师，在苏州东山、木渎开作坊；父亲陆文安（因跟太祖母姓陆），木作名师，江苏省建工名人志有记载。陆氏家族中有多人参与过东山雕花楼和席家花园等多个苏州园林项目的建造，尤其是他的父亲陆文安，13 岁就跟随叔叔学艺，在参加东山雕花楼的营建中被称为"小辈英雄"。陆耀祖为第五代，从小得到父亲的亲授，并长期在一起工作，在传统建筑的大木作、小木装修方面系统地得到传承，后来便成为高级木作技师、国家级非物质文化遗产项目香山帮传统营造技艺传承人，曾任苏州园林发展股份有限公司总工程师、副总经理。他继承了中国传统古典建筑技艺，不仅在实际操作中，更重要的是在传统风格、法式要求上得到传承，同时还博采众长、灵活运用。他参与了著名的寒山寺院的大修、苏州天平山乐天楼复建、苏州灵岩山钟楼大修等项目。在任职期间，他于 1979 年开了中国在国外造园的先河——他还建造了美国纽约大都会艺博物馆北翼的工程明轩及后来的美国波特兰市兰苏园等影响深远的国外园林。此后，苏州匠人从美洲到非洲、欧洲……40多座"新苏州园林"陆续出口海外。

明轩项目，是我国改革开放政策落地的第一个国际项目，国家特别重视，所用材料经国家特批从成都郊区山林中采伐了珍贵的楠木，自山谷中运向溪涧水中，然后扎成木筏，从长江中运回苏州，用作柱子材料。这种楠木色泽棕红色，有一股浓郁的香味，历经几百年也不蛀不朽。庭院植物按中国传统手法精心配植，除蕉、竹、松等外，漏窗后有樱桃、杏、兰、山茶、芍药、莲和柿树等，还分散点缀着杜鹃、菊花等季节性的花卉，以期四季花色有不同变化。院内的月亮门、曲廊，还有山石、竹木、花草和鱼池等具有中国特色的元素，充分表现了中国古典园林幽静高雅的特点，为苏作洞开了一扇通往世界的"窗"（见图8-4、图8-5）。

图8-4　美国纽约明轩园林一角：南墙玲珑石

图8-5　1980年美国前总统尼克松接见明轩施工人员

1999年在美国建造了兰苏园。因为苏州和美国俄勒冈州的波特兰市是友好城市，作为文化交流，苏州受邀在波特兰市建造一座"最正宗"的中国古典园林，包括园内的亭、台、楼、阁甚至连假山也要是"最正宗"的。陆耀祖所在的苏州古典园林建筑公司（Suzhou Classical Garden Architecture Company，现改为苏州园林发展股份公司 Suzhou Garden Development Co. Ltd）接受了这一项目，并交由陆耀祖主持。他从动议到落成历时达11年之久，其原因是遇到了美国当地的有关建造法律问题。

先是在堆叠园里的假山过程中，工程人员遇到了在国内从未遇到过的

"怪事"——假山的阶梯施工被叫停了。当时阶梯施工刚开始不久,一位美方建筑师就一本正经地对中方负责人陆耀祖说:"你们的假山阶梯不规范,要重做。"他拿出一本美国的"工程规范"说:"这是法规,假山上的阶梯尺寸要从上到下完全一致。"原来,按照当地的建筑法规,阶梯的宽、窄、高、低误差不得超过 2 厘米。但是,中国古典园林中的阶梯特点讲究的就是错落有致,如果从上到下完全一致,那味道就全变了,这活儿还怎么干呢?为了了解这本法规,陆耀祖找来了法规的中文文本,在详细看了法规之后,他找到了两个字"梯段",于是他据理力争:可以按梯段来统一。美方建筑师却不甘心,最后"搬"来了制定这本法规的专家。专家在实地勘察后,认为中方对法规的理解是正确的,是"按梯段来分别统一尺寸的"。一场风波之后,苏州匠人的心才平静下来。没想到,接下来的九曲桥工程,则"惊动"了立法委。原来,在美国,桥梁的栏杆最低也要达到 110 厘米,而兰苏园里那座九曲桥的栏杆只有 50 厘米,显然不符合规定,但是如果拔高桥栏杆又不成其为九曲桥了,这次倒不仅仅是那位建筑师"执着"了,美方全体工程人员都认识到事情的严重了。于是,美方建筑人员郑重其事地报请美国俄勒冈州立法委,立法委也兴师动众对这座九曲桥的建设专门进行讨论、立法,之后的法规中便有了这么一条:因为兰苏园中的九曲桥是从外国引进的,所以可以用矮栏杆,但其他地方不许。可谓过五关斩六将才完成了这项工程(见图 8-6),但也在潜移默化中完成了中国文化的输出。

陆耀祖现在说起这事情的时候还觉得挺有意思:造园林造到要立法委出面,中国人讨教了美国的建

图 8-6　建造在美国兰苏园中的九曲桥

筑法律，美国人也领教了苏州园林只可意会不能言传的造园功夫。最终美国俄勒冈波特兰市的兰苏园被赞誉为最正宗的中国古典园林，波特兰市政府按美国建筑质量标准对工程打了100分。

陆耀祖从16岁开始随父亲学艺，从事香山建筑木作，从小得到父亲亲授，并长期在一起工作，直至父亲过世，在传统建筑的大木作、木装修方面系统地得到继承，现为苏州风景园林投资发展集团有限公司"木作首"，已经全面、熟练地掌握了木作技术，以及一些濒临失传的传统工艺。自20世纪70年代开始，他陆续承担了虎丘盆景院、北塔公园一期工程、寒山寺复修等古建筑修复工程，得到了社会和专家的一致肯定。近期他还主持了法国湖心亭的建造任务，向国外友人呈现了高超的中国古典木作工艺。

作为"香山帮传统建筑营造技艺传承人"的陆耀祖对香山建筑有着深刻的理解，他不仅自己继承和掌握了香山传统建筑营造技艺的各项要领，还为培养下一代香山传人而积极工作。他主持苏州古典园林建筑名师工作室，使许多身怀绝技的香山建筑名师有了良好的工作环境。从20世纪80年代开始，他就着手对苏州地区古建筑技术工人进行培训，经他培训的工种有石雕工、砖细工、木雕工、木工、瓦工、假山工等，培训的技术等级有高级技工、技师、高级技师，总人数达数百人，这些人已经成为目前香山古建行业的中坚力量。

为了丰富和完善香山帮建筑技艺的理论体系，陆耀祖参与编写了很多建筑理论书籍，如《古建筑技师职业资格鉴定规范》《苏州园林营造技艺》等，填补了中国古建工人技术鉴定的空白。他还参与行业标准的制定，如《古建筑修建工程施工及验收规范》《世界文化遗产——苏州古典园林监测工作规范》等。

（2）国家级非物质文化遗产项目"香山帮传统营造技艺"传承人薛福鑫与薛林根

薛福鑫（1928年出生，苏州吴中区东渚镇阳山村香山帮匠人，祖籍吴县胥口，别名山水痴人、古园知己，第一批国家级非物质文化遗产项目香山帮传统建筑营造技艺代表性传承人，被誉为"当代蒯祥"、苏州"鲁

第八章

奇巧工匠层出不穷　大师辈出名震中外

班")出身于匠师世家,第一代是表舅舅姚承祖,是著名古建筑大师,《营造法原》的作者;第二代是表舅舅朱祥庆、朱富庆木工;第三代为舅舅孙春宝瓦工;第四代是大哥薛鸿兴瓦工;第五代薛福鑫,精研泥塑、砖雕,为世界文化艺术研究中心会员、中国古建筑专家、苏州古典园林专家、苏州太湖古典园林建筑有限公司总工程师、高级建筑师与高级技艺师。我们从已故的著名园林学家陈从周教授的手书"钟情山水,知己泉石"中,更能体现出薛福鑫半个多世纪以来对我国古典建筑和苏州园林的造诣和贡献。

一是刻苦自学成才,为吴中香山古建集团第一个获得高级职称的人。1939年,薛福鑫被迫中断小学学业,跟着家人学艺帮工,泥水作、木作、砖雕、泥塑、彩绘等什么都干。他不辞艰辛,广拜名师,如拜雕塑名家颜根大为师学习泥塑,拜李秀庭为师学习设计画样,拜山水画家王子振为师学习绘画等,17岁就当上了带班师傅。1945年至1950年师从大哥——香山古建筑艺人薛鸿兴学习祖传古建筑瓦工、泥塑、砖雕技艺。20世纪50年代初,任苏州高级工业学校教师,后入苏州园林工作,既善规划设计又会施工预算,为拙政园、网师园等十几个园林修复工作出了力,并练就了双手绘龙之绝技。

1958年,苏州市园林修建队成立,薛福鑫出任技术负责人,负责修缮遍布全市的24处园林。虎丘山的十八折、赖债庙、千手观音殿、金刚殿、玉兰山房等知名建筑大修,薛福鑫担任工程技术指导。为了提高自己的素养,他边学边干,参加了由大学教师授课的工匠训练班,系统学习建筑理论知识,并与苏州的文人墨客往来密切,向书画名家拜师学艺。

从事古典园林工艺六十多年的薛福鑫,尤擅长香山帮传统技艺中的砖雕、泥塑工艺,掌握了各种雕刻题材,能在金砖上雕出秀丽清新、细致生动的图案,其代表作为全国文保单位苏州网师园砖雕门楼,苏州市文保单位山塘街玉涵堂砖雕门楼,全国文保单位苏州拙政园远香堂立式麒麟泥塑及狮子林、耦园、怡园泥塑、砖雕、花漏窗等大量作品。

1979年1月,邓小平访问美国,双方决定要在美国纽约大都会艺术博物馆建造苏州园林明轩。在该工程中，薛福鑫担任了明轩的砖雕工程技术指导和工程预算。1980年4月23日，明轩工程结束后，工程队在美国工地现场留下了身影（见图8-7）。

图8-7　在美国纽约大都会艺术博物馆明轩工程结束时的留影（薛福鑫前排右一）

1986年，他出资组建了吴县东渚古建公司，后又成立了苏州太湖古典园林建筑有限公司，任总工程师，他的儿子薛林根任总经理。无锡锦绣园、上海重建南朝吴兴寺、江苏江阴修建徐霞客草堂、设计吴江市（今苏州市吴江区）同里珍珠塔陈氏祠堂、苏州木渎镇沈寿故居等古建筑群都是他晚年的作品。

20世纪90年代，薛福鑫应邀前往日本主持设计并施工日本长崎市公园工程。2002年12月27日，其指导的吴一鹏故居修复工程开工建设。他还先后设计过广德竹子博物馆、太极洞长乐园、上海嘉定吴兴寺、无锡锦绣园、无锡市镜花缘缘中园、昆山市周庄南湖园全福寺、浙江奉化市（今宁波市奉化区）岳林寺、山西运城水墨江南别墅区等中外园林几十余座。尤其是日本长崎苏州园荣获优质工程奖，名扬中外。

"文革"期间的薛福鑫，为保护苏州宋代名园沧浪亭园林中举世无双的五百名贤士祠碑刻，出谋献策，组织泥工夜间将500个半身刻像涂上纸筋，为保护文物作出了贡献，被各界人士称道。如今，仍兼任设计室高级建筑师、中国传统建筑园林研究会会员、中国徐霞客研究会会员、中国风景园林学会会员。

二是身体力行传帮带，儿孙皆为古建高手。儿子薛林根（1952年出生，大专文化）为第五批国家级非物质文化遗产代表性项目传承人。

薛林根15岁那年辍学，跟着大伯薛鸿兴和父亲薛福鑫学习古建技艺。父亲告诉薛林根，不做则已，做就要做到最好。秉承这一理念，薛林根在古建方面斩获多种奖项。1993年负责的日本长崎凑公园工程，获日本金熊奖；1996年被中国风景园林学会授予"中国园林古建名师"荣誉称号；2002年获高级工程师的技术称号；2003年负责的山塘街玉涵堂工程获首届苏州市文物保护优秀工程二等奖；2004年负责的太仓张溥故居工程获首届苏州市文物保护优秀工程二等奖、负责的张氏义庄亲仁堂整体移建保护工程获首届苏州市文物保护优秀工程一等奖。主要代表作品有：苏州沧浪亭、怡园藕香榭、西园湖心亭、西园大雄宝殿修复、太平山御碑亭、天平山高义园乐天楼、天平山曲廊、拙政园漏窗、常州文笔塔、东山紫金庵罗汉殿、山塘街玉涵堂、苏州博物馆整体移建的张氏义庄亲仁堂，太仓沙溪长寿寺唐式大雄宝殿、苏州明清家具博物馆……（见图8-8）

图8-8　薛林根参加建造的"上海豫园"

父传子，子传孙。如今薛福鑫的孙子薛东毕业于同济大学（硕士研究生），亦从事古典园林建筑设计工作（见图8-9），爷爷倾囊相授，孙子问艺、问技、问道，刻苦认真。类似于这样的家族，在香山帮的团队中比比皆是，如蒯祥的家族中，今年60岁的蒯雪庭，从蒯思明—蒯福—蒯祥—蒯刚……蒯义……应是蒯祥的第二十六或二十七代孙（见图8-10）。他说:"我的爷爷、爸爸都是做木工的,就这样一代代地把老祖宗的手艺传承了下来。"1982年,22岁的蒯雪庭,在大庆正式开启了做古建筑的生涯。之后,北京友谊宾馆、新加坡"中国花园"、深圳"锦绣中华"等大项目的建设中都有他的身影。在2021年江苏园博园的建造中,蒯雪庭作为苏州鑫祥古建园林工程有限公司的项目经理,负责苏州、无锡、常州、泰州、淮安、扬州、南通7个城市展园的工程建设,与设计团队默契配合。蒯雪庭坦言,越做古建筑感情越深,越做越有劲、越有味。现在香山蒯氏家族中,从事木工和瓦工的,约有二三十人。他们携着祖辈的荣耀,一生坚守一艺,守正创新,这也许正是香山蒯氏传承600年的工匠精神。

图8-9 爷薛福鑫(中)、子薛林根(左)、孙薛东(右)

图8-10 蒯祥的第二十六或二十七代孙蒯雪庭

3. 校企合作产教融合,建立金字塔式传承体系

善于继承才能善于创新。两千多年来,苏州流传下一大批巧夺天工的非物质文化遗产。但长期以来,香山帮工匠的传承体系主要是依靠家族之间的传承和担保入行的师徒传承。

家族之间的传承,指后继者为有血缘关系的家庭成员或家族成员,即通过父带子、舅带甥等亲带亲方式代代相传。担保入行的师徒传承,和其他手工艺行业一样,有着拜师学艺的习俗,按照三年出师的规矩,必须邀请一位中保人,为师徒之间搭建关系桥。这种传承体系在不同的年代和时期使工匠营造技艺兴衰如潮涨潮落、起起伏伏。直至清光绪初年(1875年),香山帮工匠在苏州城乡成立了建筑业的作坊,兼做建材生意,那段时期的香山帮营造业务低迷,匠人农耕之余从事本业。至民国中期,吴县东山、木渎、光福等集镇,先后出现水木作坊和营造工厂。据《吴县城乡建设志》统计,当时吴县城区和东山、木渎、浒墅关等几个集镇,香山帮工匠人数在两千人以上,约占当时全县建筑工匠总数的60%,凡吴县境内的大型建筑,都有香山工匠参与施工,一度呈现出香山帮复兴的局面。如香山帮一代宗匠姚承祖承建东山席家花园时,工人在100人以上。但好景不长,到20世纪40年代后期,社会经济衰退,营造厂与水木作已是只能雇佣三五人,只能承建一些维修工程了。

新中国建立后,尤其是改革开放后,苏州乡镇两级的乡镇建筑队纷纷成立,香山帮重现生机,对古建工匠的需求越来越大。但从80年代后期开始,传统古建技艺就出现后继乏人的端倪,真正掌握香山帮营造技艺精髓的传人越来越少,"这项技艺被慢慢边缘化了",香山帮面临人才断层的挑战:一是顶尖传承人已是高龄老人,力不从心;二是年轻一代有更多的职业选择了,传统建筑行业的部分工种(如木匠、泥水匠、石匠、漆匠、泥塑、雕花匠等)具有"苦、脏、累"的特点,现代年轻人对其越来越缺乏兴趣。香山帮传统营造技艺面临着日益式微、后继乏人的困境,亟待抢救性保护。鉴于此,2017年以来,中央和省市有关部门专门下发了一批针对传统文化、传统工艺以及非遗传承保护的文件,其中很多条款几乎就是为香山帮传统营造技艺的传承保护量身定制的。为此,有关部门在上述的传承体系基础上制订了"香山人才培养"计划:

(1)校企合作,创办"香山工匠学院"

2019年1月,苏州农业职业技术学院创办了"香山工匠学院""香山帮传统建筑营造技艺培训与研究中心",校企紧密合作,重点开展六个方面的工作:一是传统园林营造技术精英人才培养;二是古建筑技艺传承和社会培训;三是校企深度合作开展科技服务;四是苏州园林文化及造园技艺传承与创新相关课题研究;五是协助省市及全国风景园林行业协会等举办古建筑木作、瓦作等相关工种技术技能大赛;六是打造全国一流的青少年非遗技艺传习科普教育基地。

(2) 产教融合建梯队

由承袭香山古建筑营造技艺之正脉的苏州风景园林投资发展集团有限公司（简称"苏园集团"）及其下属子公司——苏州园林发展股份有限公司承担香山帮传统技艺的保护和传承，制订"香山人才培养"计划，建立"从国家级、省级、市级传承人的金字塔式传承体系"，做到"老中青人才梯度衔接"，"通过紧密的言传身教和产训结合，近五年拟培养十位国家级、二十位省级、三十位市级的香山营造技艺名师名匠"。为此，于2019年初投入1 000万元专门用于香山帮人才队伍的培养。2019年4月，在省、市领导和专家学者的见证下，苏州园林集团举行了陆耀祖、薛林根、钟锦德三位国家级大师和十位省市级名师的传统收徒仪式，将首批28位学徒纳入其门下，其中有近一半都是"90后"（见图8-11）。

"香山人才培养"计划的实施，无疑提升了苏园集团的核心竞争力，为企业持续高质量发展奠定了基础。同时，更能进一步传播香山帮和苏州园林文化，用实际行动践行新时代工匠精神和文化自信。

(3) 设立名师讲堂

通过名师引领，集中培训，提高员工综合素质。2021年4月28日是首个"苏州工匠日"。香山工匠学院"客座匠师"聘任兼合作续约签约仪式在苏州旅游与财经高等职业技术学校举行，4位香山匠人被聘为"客座匠师"（来自苏园集团的假山高级技师张伟龙、木作高级技师徐吉凡、瓦作技师谭建华，以及荣获2020年苏州"最美劳动者"称号的谢理想），并为该校古建班毕业生开讲第一课（见图8-12）。

图8-11 首批28名学徒拜师现场

图8-12 4位香山匠人被聘为"客座匠师"

张伟龙在为学校古建班毕业生开讲第一课时表示："'工匠日'的设立，对我们来说，是一个极大的鼓舞！因为我就毕业于旅游财经学校的前身园林技校。"他从事园林建造行业三十多年，先后参与环秀山庄等苏州园林内假山修复、假山堆筑等工作。在进行海外最大苏州园林——美国流芳园的假山堆筑时，他运用的"新型抗震假山结构"技术获得了国家实用新型专利证书。张伟龙说，这一节日让工匠们的荣誉感陡然提升，对从事一线工作的"匠人"和即将走上社会准备从事专业技术工作的学生都是莫大的激励。

（4）鼓励著书立说，走与文化相融的"香山人才"可持续发展之路

香山帮之所以能成为中国建筑史上著名的工匠帮派，除了它深根于吴地的工匠文化之外，还在于历史上的人才辈出、著书立说，如姚承祖所著的《营造法原》、计成的《园冶》等。随着时代的发展，新工艺、新材料、新技术不断出现，必须有新的经验总结，使之产生一批有影响力的现代技术技能大师。

（5）营造工匠文化，确立尊匠崇能的人才价值观

工匠文化是一种从物质到精神、行为到产品的生存生产生活方式，有着广泛的社会性。对此，香山帮顺应个体的发展，根据个人的特质，结合其核心需要，构建职业共同体，因势利导地培养其精益求精的工匠精神，并将工匠精神融入企业文化，从而进一步提升了企业的文化软实力——开放和包容的视野、一丝不苟的钻研精神、敬天爱人的涵养，出现了持之以恒的创新传承，不断涌现出工匠文化新地标。

二、苏绣之盛冠于全国，碧螺春茶香飘世界

苏州西部丘陵山区绿水青山、人杰地灵，既有"绣圣"沈寿，又有"茶圣"陆羽曾长期寓居苏州虎丘，更有洞庭山碧螺春现代"茶王"施跃文。

审视《考工记》里"天有时，地有气，材有美，工有巧，合此四者然

后可以为良"的工艺美学观，我们可以悟出苏州西部丘陵山区人固有的"天人合一"的匠心细胞、工艺设计理念。他们不断吸取流淌在血液中的诸多"文化元素"，在一个开放的、共生的、动态的和可持续发展的良性生态环境下为非遗传承插上了翅膀，他们的一招一式、细微之处无不散发出人间智慧的无穷芬芳。许多凡人突破自己，创新创造，早已成为"国宝"级人物。

（一）"绣圣"沈寿首创"仿真绣"，代代相传名扬四海

丝绸的原点在江南，江南的名绣在苏州。苏州先人从远古的"断发文身"开始，将颜色涂在身上，进而从养蚕种棉到纺纱织布，从穿针引线到缝衣置服，"披锦被绣"，在传承中不断跃升，成为纺织和丝绸两朵艳丽夺目的奇葩。

考古证明，6 800多年前的苏州草鞋山人已学会使用捻线、纺轮织麻布。经专家鉴定，织物的原料可能是野生葛，其密度为：经约10根每厘米，纬约26～28根每厘米。在此基础上，又植桑养蚕。司马迁《史记·吴太伯世家》云："初。楚边邑卑梁氏之处女与吴边邑之女争桑，二女家怒相灭，两国边邑长闻之，怒而相攻，灭吴之边邑。吴王怒，故遂伐楚，取两都而去。"① 宋范成大的《吴郡志》也详细记载此事。当时，富贵人家都以蚕纹（形）装饰为贵，并作为财富的象征。据民国《吴县志》记载：吴王"阖闾夫人墓中……，尤异者有金蚕、玉燕各千余双"。将蚕作为国王夫人重要的陪葬品，足以看出蚕在当时人们心目中所占的地位。据《三国志·吴志》记载：赤乌三年（240年）春正月，孙权曾颁布"禁止蚕织时以役事扰民"的诏令。由此可以看出当时吴国蚕桑生产已具有相当的规模，它在吴国整个社会经济中已达到了举足轻重的地步。

至明末清初，苏州的蚕桑丝织已完成了理论上的总结，并由地方史书——县志记录下来，它标志着吴地蚕桑生产进入了成熟的阶段。太湖边

---

① 司马迁：《史记》，梁绍辉标点，甘肃民族出版社，1997年，第430页。

第八章
奇巧工匠层出不穷　大师辈出名震中外

出现了两个誉满世界的著名蚕丝品牌：一是"辑里丝"，二是"吴丝"。"辑里丝"又名"湖丝"，"吴丝"又称"香山丝"。它们都是中国历史上久负盛名的两种土丝。所谓"土丝"，是现在对古时"丝"质量的统称，它不是用机械缫制的，由于农家分散自行抽缫，因此都是鲜茧直接缫丝，不经烘成干茧，成本低；又由于在生产中充分利用了太湖之滨优越的水土自然条件与精细的加工技艺，这两种土丝色泽光亮，质地坚韧，条分细匀，拉力强，历来皆为上品。

苏州西部的光福、香山、木渎、善人桥、横泾和洞庭东西山等处，位于太湖东岸，皆为著名的"吴丝"（香山丝）丝茧区。由于有太湖烟水的滋养，丝质光泽可爱，乾隆《吴江县志》称："吴丝与湖丝一样负有盛名。"1889年苏州日本领事在报告中称："香山丝质量居于首位。"其质地坚牢，适合于织造高档出口织物，大大促进了"苏绣"的发展。

苏绣，以"精、细、雅、洁"著称于世，列于中国"四大名绣"（苏州苏绣、湖南湘绣、四川蜀绣、广东粤绣）之首。随着时间的推移，特别是近代以来，苏绣得到了很大发展，在表现形式、针法上屡有创新，主题更加鲜明，意境更加深邃而高雅。新中国建立后，苏绣作为中华民族传统文化的象征，频频以国礼的方式在对外交往中发挥了作用，特别是赠送外国元首的人物绣像更以不同凡响的艺术魅力倾倒国际友人。

它源于先吴人的生活和在衣服上绣上图腾纹样以维护信仰，后因刺绣多为妇女所作，故又名"女红"，多为家庭作坊，母教女、姐教妹、嫂教姑，代代相传。唐朝诗人孟郊的《游子吟》曰："慈母手中线，游子身上衣。临行密密缝，意恐迟迟归。谁言寸草心，报得三春晖。""向来多少泪，都染手缝衣"，它是使人们热爱生活的"母亲的艺术"。

刘向《说苑》载，2500多年前的春秋时期，苏州已有"绣衣而豹裘者"。三国时，东吴丞相赵达之妹，已能运用刺绣绣出了我国第一张山川地势军阵之图，时人谓之"针绝"——在方帛上绣出五岳、河海、城邑、行阵等图案，于是有了"绣万国于一锦"之说。而《三国志·吴志·蒋钦传》上也记有"妻妾衣服，悉皆锦绣"之句，可见1700多年前苏州刺绣无论在数量还是质量上已达到可观的程度。建于五代北宋时期的苏州瑞光塔和虎丘塔出土的苏绣经袱，在针法上已能运用平抢铺针和施针就是佐证。张应文著的《清秘藏》一书中说："宋人之绣，针线细密，用线仅一二丝，用针如发细者为之，设色精妙，光彩射目。山水分远近之趣，楼阁得深邃之体，人物具瞻眺生动之情，花鸟极绰约喽喋之姿，佳者较画更胜。"描绘了宋代苏绣已具有精工细作、形象真实生动的特点，充满了炽热的生命力和美好的情感，使得中国出现了"锦心绣口""锦绣前程""锦上添花"这样美好的词汇。

宋代苏州刺绣之技已十分兴盛，工艺也日臻成熟，农村"家家养蚕，户户刺绣"，城内出现了绣线巷、滚绣坊、锦绣坊、绣花弄等坊巷。当时不仅有以刺绣为生的，而且富家闺秀也往往以此消遣时日，陶冶性情，所谓"民间绣""闺阁绣""宫廷绣"的名称也由此而来，绣作在原料、针法、技艺等方面形成了自己"精细、雅洁"的独特风格，发展之盛冠于全国。尤其是在明清时期盛况空前，苏州被称为"绣市"而扬名四海。

明代在以沈石田、文徵明、唐寅为代表的吴门画派影响下，苏绣以针代笔，画绣结合，相得益彰，再现了中国书画艺术的魅力，大大提高了苏绣文化艺术的内涵。一枝独秀，跻身士林，而且对当时各地的刺绣产生了深远的影响。

图 8-13 "绣圣"沈寿

晚清时出现了"绣圣"沈寿（见图 8-13），她创造了"仿真绣"，把西方美术技法融汇于中国传统的刺绣艺术，绣出了不少人物肖像。作品一呈现，使人耳目一新，国内外为之震惊，开创了中国刺绣文化艺术新局面，成为刺绣发展史上新的里程碑。

沈寿（1874—1921），女，原名沈云芝，字雪宧，号天香阁主，出生于苏州阊门海红坊。父亲沈椿，擅长收藏，是当地有名的古董商人。丰富的家藏字画，从小给了沈云芝艺术熏陶。7岁的时候，在木渎外婆家生活,为姐姐沈立穿针引线,让小云芝产生了浓厚的兴趣,8岁开始跟从姐姐学习女红。她天资聪颖,12岁时便将父亲收藏的沈周、唐伯虎、文徵明、仇英四大名家之画,作为刺绣蓝本,绣制的唐伯虎《秋雨月上图》,惟妙惟肖。16岁时已成为苏州有名的刺绣高手,20岁与余觉结婚,定居在横塘镇新郭渔家村。余觉出身书香世家,能书善画,婚后两人画绣相辅,默契配合,使得沈云芝的绣品在当时就与众不同。1903年,沈云芝开始研究明代露香园彩绣技艺,在继承传统针法的基础上,改进了原有的套针法,按照所绣真实景物组织针脚纹路,使针迹隐藏,物象逼真,具有一定的立体感。

1904年,适逢慈禧太后七十寿辰,经人举荐,沈云芝绣制了《八仙上寿图》和《无量寿佛图》进献慈禧。慈禧观看各地送来的礼品,唯独走到沈云芝绣的寿礼前眼睛一亮,顿觉画面上的神仙个个在动,以为眼花,问身边的人,而众人都附和老佛爷:真的在动,是活了!慈禧大喜,来来回回看了好几遍,连称"绝世神品",并亲书"福""寿"二字分赐余沈夫妇,沈云芝遂易名为"沈寿",余觉更名为"余福"。清政府农工商部大臣载振也向他们夫妇颁发了勋章,并决定设立"女子绣工科",亦称皇家绣工学校,这是中国第一所正式的绣艺学校。沈寿为总教习,余觉为外事总办,传授她的绣艺。那年沈寿已是30岁的人了,婚后10年才怀上第一胎,为了赶制上述贡品,竟因操劳过度而小产,付出了从此终生不孕的代价。同年11月,余沈夫妇又赴日本考察美术学校。在日本期间,西方绘画的光影色彩表现和日本美术绣的逼真效果,给一直接受中国传统绘画艺术的沈寿以巨大的视觉冲击和启发。

回国后,她以中学为本、西学为用,吸收西洋油画的光与影、明与暗的绘画理念,革新中国传统刺绣针法和色线用法,历经多年的创新,独创出自己的"仿真绣",简称沈绣,其色彩比传统苏绣更加丰富华丽,使刺绣具有了光感、质感和立体感,尤其在人物的绣制上,比其他绣法,更逼真传神、栩栩如生。

1907年,女子绣工科在北京正式开学,下设国文、图画、刺绣三门专业课。沈寿教学十分认真，常到皇家动物园观察鸟兽羽毛色彩，并把实地观察记录作为教材。此时的她，在人物绣像的技法上又有了创新，为绣像表现现实生活拓宽了道路。1910年，清政府在南京举办全国第一届南洋劝业会，时任江苏谘议局议长的张謇被任命为审查长。当时有一幅顾绣董其昌书大屏需要鉴定，顾绣是明代上海露香园顾名世家的女眷所绣作品，很有名望。状元出身的张謇听说沈寿的绣艺高人一等，特地请她来鉴定真假。绣品刚展开，沈寿即断定为真品，问其何以断定，她说："一看针法，便不难辨出。"张謇对沈寿的作品及其鉴赏力大加赞赏，遂有聘请沈寿去女子手工传习所担纲的意图。

1911年，沈寿的第一件仿真绣作品——用18个月绣成的《意大利皇后爱丽娜像》，作为国礼赠送意大利，轰动该国朝野。意大利皇帝和皇后亲函清政府，颂扬中国苏州刺绣艺术精湛，并赠送特制勋章一枚和钻石金表一块。同时将这一幅作品送意大利都朗博览会展出，荣获"至大荣誉卓越奖"。当这一消息传出后，各国报纸竞相登载，沈寿声誉远扬海外，邀请沈寿到各国游览的信函如雪片般飞来。

1914年10月，沈寿任南通女子师范附设女工传习所所长兼绣科主任，她治校严谨，教学有方，常率学生写生，观察实物，讲述仿真绣色的理论，即使在病中，也让学生围榻听讲赋色用线的道理。1915年，她依据一张著名的西洋油画《耶稣》的摄影件，由她的丈夫余福摹入绣片，她采用100多种颜色的绣线根据摄影件的光色差异，巧用色线，突破过去单向排列丝路的传统绣法，进行灵活多变的仿真绣法，按人物面部受光的明暗层次与肌肤纹路的阴阳运色，循画理而显真形，因而使画面立体感更强，达到形神兼备之美效，被世人誉为"神绣"。它在美国旧金山举办的巴拿马万国博览会上展出，荣获"卓绝大奖"。

1919年，沈寿在患病期间，以惊人的毅力，历时3年绣成最后的杰作《美国女优倍克像》。这是根据当时美国著名影星倍克的肖像刺绣的。这幅画绣中的倍克是一位身着盛装的妙龄女郎，神态端庄、自然而生动。那缕卷曲的秀发，明亮的双眸，甜蜜的微笑，雾一般的白色纱裙和丰润的肌肤，都被绣得细致入微，层次分明，极尽华丽、娇艳之美，似乎触手就能颤动（为使人物的口角、眼角、发际之间等细部都显其神，她在阴阳浓淡之间，加绣一两针极细的短针，美人的笑靥和神采顿时显露出来，充分反映出这位刺绣名家高度的造型才能和美术修养）。当倍克这幅绣像在美国纽约陈列展览时，倍克一看到就兴奋地欢呼起来，当即愿出重金购买。但当时张謇正率领中国实业代表团访美，则以"此乃国宝，无价也"而婉言谢绝。

沈寿为发展我国的刺绣事业，殚精竭虑，终于积劳成疾，一病不起，遂决定作书对后学倾囊相授。一本由沈寿口述，张謇笔录，花了3个多月时间，记述了沈寿40年所积累的经验和创新心得的书写成了。张謇把它条分为绣备、绣引、针法、绣要、绣品、绣法、绣节、绣通八个部分，然后编写成章，题名为《雪宧绣谱》。1920年，由南通翰墨林印书局出版。

《雪宧绣谱》，字数不过万余，但内容十分丰富，论述透彻深刻，是我国刺绣史上最完整、最全面、最实用的第一部工具书，并成为我国现代刺绣发展的重要理论根据，诚如近代著名的织绣文物收藏家、评论家朱启钤先生的赞誉："其书集绣法之大成，折中中外，确有心得，可俾后人奉为圭臬，且开中国工艺专书之先。"日本现代诗人、文艺评论家大冈信曾经说："人类文明的产物，一切都隐藏在'过去'的这个时空中，而这一切对于我们每一个个体来说，都是未知的世界。我们需要的是从现在开始发掘它，把它作为我们自己的东西，即重新获取'未来'。"

著名苏绣老艺人金静芬（1885—1970），是沈寿的高足。她酷爱刺绣，为苏州刺绣事业奋斗了一生，也是一位造诣极深的刺绣大师。她不仅技艺精湛，而且师德高尚。迫于生计，金静芬9岁时，就被母亲送到一个姓范的师傅家去学刺绣。12岁满师后，就在家里做刺绣，到绣庄去拿些披风、红裙等作刺绣加工。13岁已为织造府宫货局绣制绣品，同时在家由母亲教授《千字文》《百家姓》《孝经》等书籍，至16岁，在苏州就有"金家姑娘好针线"之誉。19岁经人介绍拜沈寿为师，师徒两人教学相长，互相切磋技艺。1904年她参加了沈寿为慈禧七十寿辰准备的贡品《八仙上寿图》的绣制。1906 年随师进京，任京师绣工科教习。她利用教学之余绣制的《水墨苍松》于 1910 年在南洋劝业会上获优等奖。1915 年，她绣制的《齐老太太》肖像在巴拿马国际博览会上获青铜奖章。

后来金静芬将苏绣技艺传给了牟志红。1989 年，牟志红又收下了 1967 年出生的姚惠芬这个农家女为徒弟。姚惠芬擅长将乱针绣的技法完美地融入中国传统水墨画的绣制中，使其绣品更具独创性，其作品曾连续在三届"中国国家级工艺美术大师精品展"上荣获金奖。2012 年 12 月，她与余福臻、张玉英、蒋雪英、张美芳等大师入选为第四批国家级非物质文化遗产项目代表性传承人。

2017 年，苏绣第一次进入威尼斯双年展。在中国馆的 34 幅苏绣作品中，难度最大、最引人注目的，是以宋朝名画为刺绣蓝本的《骷髅幻戏图》，该作运用了 50 多种针法，是苏绣工艺的一次有着里程碑意义的创新实践。创作者正是"针神"沈寿的第四代传人姚惠芬。2018 年 1 月，姚惠芬荣登"2017 十大中国非遗年度人物榜"，成为江苏唯一上榜者。

江山代有才人出，苏绣艺术贵出新。出生于苏州西部镇湖刺绣世家的姚建萍，在传承的基础上，结合时代特征，不断提高与完善，通过新的表现手法提炼出生活中的美与爱等元素，为刺绣原来的技法与形式注入了新的活力，她的作品四次获得中国民间文艺最高奖"山花奖"金奖，十余次获国际大奖，两次搭载卫星飞天归来，被国内外多家重要机构及个人收藏，多次作为国礼赠予外国政要及知名人士。近年来，她先后创作出《江山如此多娇》《海纳百川》等巨幅苏绣，引起了强烈的社会反响。特别是为党的十八大献礼而绣制的大型苏绣《春早江南》走进了人民大会堂（见图 8-14）。2014 年，清华大学开办首届姚建萍中国刺绣高级研修班，聘任姚建萍为中国刺绣高级研修班导师。

目下，苏州西部绣娘逾 10 万，仅"国家级非物质文化遗产生产性保护示范基地""中国刺绣艺术之乡"——镇湖一带就有 8 000 多名，拥有千项专利。可喜的是不仅有绣娘，也有绣郎。这个绣郎就是笔者于 2013 年 6 月专门到东渚镇登门采访的苏州唯一获得江苏省工艺美术大师的沈德

第八章

奇巧工匠层出不穷　大师辈出名震中外

图 8-14　国家级非遗传承人姚建萍与苏绣《春早江南》

龙，他深造于中国美院油画系，获文学学士学位，经多年积淀，形成了"针为笔、线为色、扬传统、汇中西"的刺绣艺术特色。他的作品《深山里的太阳》（如图 8-15），将艺术绘画规律与方法、传统刺绣针法与技巧充分融合，刻画了一位山村少妇雪中小憩的生动形象，展现出苏绣表现油画的独特艺术魅力。

在苏绣创新发展的大潮中，男性刺绣家的身影成为一抹特别的存在。他们让"张飞绣花"的笑谈成真，也挟着男性独有的视角为古老苏绣带来新变——绣郎也顶"半边天"！这在中国刺绣行业中实为翘楚。东太湖边的沈德龙、傅健等"苏绣郎"手持银针引彩线，绣出了一幅幅绚丽的绣品（如图 8-16）。如果用时下的热门语汇来比喻苏绣，那一定是"致广大而尽精微"。一丝一缕的飞针走线，接通了古典的情意，也勾连起广袤的时代。特别是"85后"的小伙张雪，与清华大学美院副教授朱海鹏合作，首创国内"非遗+科技"的"会动的苏绣"作品《锦绣兰蝶》，释放了未来潜在的生产力。

如果说苏绣是亭亭玉立的花枝，富饶的苏州就是适宜它成长的土壤。苏绣在"天、地、人、材、工"诸方面得天独厚，才得以如此分外妖娆。苏绣花开，也处处散发着苏州乡土的特有芳香——"设色精妙，光彩射目"，"缩千里于尺幅，绣万趣于指下"，"绣花能生香，绣鸟能听声，绣虎能奔跑,绣人能传神"。著名科学家、诺贝尔物理学奖获得者李政道先生赞叹说苏绣像物理学中的超弦一样……苏绣也可以用一根丝线表现所有四度空间的万象、形形色色!

图 8-15　沈德龙作品《深山里的太阳》

图 8-16　沈德龙作品《自绣像》

(二)碧螺春香万里醉,现代"茶王"施跃文

"洞庭无处不飞翠,碧螺春香万里醉。"烟波浩渺的太湖包孕吴越,苏州西部太湖洞庭东山与西山所产的碧螺春集吴越山水的灵气和精华于一身,系中国历史上的贡茶。1915年在巴拿马万国博览会上获得金奖;新中国成立后,被评为中国的十大名茶之一;2009年获中国驰名商标,2011年洞庭山碧螺春手工制作技艺被列入国家级非物质文化遗产名录;2020年3月,碧螺春荣登"国家级双遗"名录("中国重要农业文化遗产",与"碧螺春传统手工制作技艺"被评为"国家级非物质文化遗产",2022年又被列入联合国教科文组织非物质文化遗产名录)。

《苏州府志》记载,"茶圣"陆羽(约733—约804,湖北天门市人)晚年,在德宗贞元中(约贞元九年至十七八年间)曾寓居苏州虎丘,边研究茶学与水质对饮茶的影响，边著书。他发现虎丘山泉甘甜可口，遂在虎丘山上挖筑一石井，称"陆羽井"，又称"陆羽泉"，并将其列为"天下第五泉"。据传，当时皇帝听到这一消息，曾把陆羽召进宫去，要他煮茶。皇帝喝后大加赞赏，于是封其为"茶神"。陆羽还用虎丘泉水栽培苏州散茶，总结出一整套适宜苏州地理环境的栽茶、采茶的办法。由于陆羽的大力倡导，"苏州人饮茶成习俗，百姓营生，种茶亦为一业"；各地出现"茶坊酒肆"，甚至"以茶代酒"。

陆羽在《茶经》中说："茶之为饮，发乎神农氏。"可见，茶发源于中国。魏晋南北朝时期是中国茶文化的形成时期，唐代茶叶进入人们的日常生活。这一时期，茶始征税，茶始定名，茶始成书。"自从陆羽生人间，人间相学事春茶。"陆羽《茶经》的问世，把茶文化推向了一个空前的高度。两宋时期，斗茶蔚然成风，以此判定高下。在数千年的历史长河中，中国茶文化不仅蕴涵着丰富的传统文化底蕴，还不断地向周边国家传播，影响了众多国家的饮食文化。

历史发展到今天，中国的茶产业已进入一个崭新的阶段。各种各样的茶类，竞相争艳，犹如春天的百花园。但茶的关键在于有独特的风格，体现在茶叶的色、香、味、形四个方面，即"色绿、香郁、味醇、形美"。

碧螺春茶产于太湖洞庭东、西山，此地气候温和，太湖水面的水气升腾，雾气悠悠，空气湿润，土壤呈微酸性或酸性，加之质地疏松，宜于茶树生长；二是采摘精细，做工考究，形成了别具特色的品质特点，俗名"吓煞人香"。到了清代康熙年间，康熙皇帝视察并品尝了这种汤色碧绿、卷曲如螺的名茶，倍加赞赏，题名"碧螺春"，从此成为年年进贡的贡茶。

而茶是有灵魂的，有一种洗尽铅华后率性的纯真。洞庭碧螺春茶的特色是条索纤细，卷曲成螺，满披茸毛，色泽碧绿。冲泡后，味鲜生津，清香芬芳，汤绿水澈，叶底细匀嫩。尤其是高级碧螺春，可以先冲水后放茶，茶叶依然徐徐下沉，展叶放香，这是茶叶芽头壮实的表现，也是其他茶所不能比拟的。因此，民间有这样的说法：碧螺春是"铜丝条，螺旋形，浑身毛，一嫩（指芽叶）三鲜（指色、香、味）自古少"（见图8-17、图8-18）。其工艺过程：杀青—炒揉—搓团、焙干，在同一锅内一气呵成。

图8-17 碧螺春的嫩芽叶

图8-18 经炒制后的洞庭碧螺春茶叶

古人称碧螺春为"功夫茶""心血茶"。高级的碧螺春，0.5千克干茶需要茶芽6万～7万个。炒成后的干茶条索紧结，白毫显露，色泽银绿，翠碧诱人，冲泡后杯中白云翻滚，清香袭人。其因是茶树、果树相间种植，令碧螺春茶独具天然茶香果味，品质优异，这是其他地区的茶难以做到的。

碧螺春成品茶汤色碧绿清澈，饮后回甘。2002年经国家质量监督检验总局批准，获得原产地域标志产品保护。今西山镇（金庭镇）全境12个行政村（社区）都种茶，重点茶区在秉场、石公堂里、东村、衙甪里、东河、缥缈村一带，其余东蔡、林屋、庭山、蒋东、元山等各村也有分布。东山镇全境12个行政村中，茶区主要分布在山区的莫厘、碧螺、双湾、杨湾、陆巷5个村。目前，洞庭东西山碧螺春茶园达3.9万亩，正常年景洞庭山茶叶总产量可达130多吨。每年清明节前后茶香满山，当地人手不够，还要聘请外地众多采茶熟练女工帮忙。

采摘茶叶固然费时费工，但炒茶制作技艺是关键。洞庭东山镇槎湾村的施跃文可谓赫赫有名，他的手艺故事温情感人。

施跃文，1967年10月出生于炒茶世家——祖母周瑞娟是当地有名的"碧螺姑娘"，曾获得碧螺春全国大赛女"状元"。据《东山地方志》载，

第八章
奇巧工匠层出不穷　大师辈出名震中外

1956年,有中央领导到东山做农村社会调查,周瑞娟亲手炒了一锅碧螺春茶,刚炒完,一位老首长递过一条毛巾来,叫她擦擦汗。周瑞娟一看,差点惊叫起来,这正是画像上经常看到的朱总司令!

周瑞娟祖上,世代茶农,曾祖父的名字已经记不得了,只知道每年开春第一个采制碧螺春进贡朝廷的茶农就是他,被村里人称为"碧螺老人"。祖父周凤林,继承祖业,因为过度劳累,最后病倒在床,但当时奸商无处不在,硬是逼着周凤林起床上灶炒茶,最后周凤林倒在了灶台上,临终手里还握着一把茶叶。

周瑞娟5岁的时候开始跟着父亲学炒茶,而到了施跃文7岁的时候就开始跟着祖母周瑞娟学炒茶。从小耳濡目染的施跃文,在近50年的实际炒茶过程中不断摸索、总结经验,形成了自己独有的炒茶技艺,一直坚持传统土灶锅手工炒制,练就了一双炒茶"铁砂掌",在温度高达近200 ℃的炒锅中(杀青时的3~5分钟),不戴手套也可

图8-19　施跃文坚持传统土灶锅手工炒茶

以炒茶(见图8-19)。负责灶下火候的则是施跃文的母亲,因为"炒制碧螺春七分火工三分炒,上下配合得好才能炒出好茶来"。施跃文说,这样做出来的碧螺春,是机器无法比拟的,炒出来的碧螺春茶才具有"条索纤细,卷曲呈螺,茸毛遍体,银绿隐翠"之外形,以及"汤色碧绿,清香高雅、入口爽甜、回味无穷"之内质。2004年他获得洞庭(山)碧螺春原产地茶王擂台赛冠军,2007年在央视《同一首歌》上成功地拍卖出32万元一斤的碧螺春。2018年荣获国家级非物质文化传承人,并入选"中国制茶大师"名录。2019年北京世园会开幕式上施跃文受邀进行洞庭山碧螺春炒茶技艺展示。

炒一锅好茶,原料非常重要。施跃文说,一是要采得嫩,每年春分前

后开采，谷雨前后结束，以春分至清明采制的明前茶品质最为名贵。通常采芽叶初展，芽长1.6～2.0厘米的原料，叶形卷如雀舌，历史上曾有500克干茶达到9万颗左右芽头，可见茶叶之幼嫩，采摘功夫之深非同一般，故碧螺春确系"功夫茶"。二是要拣得净，做到当天采摘、当天挑拣、当天炒制，不炒隔夜茶。

施跃文说，家里有几株老茶树，每年开春后都会去观察出芽情况，并依此来决定采摘、开炒时间。炒制时，手不离茶，茶不离锅，揉中带炒，炒中有揉，炒揉结合，连续操作，起锅即成，全程约为40分钟左右。

清末震钧（1857—1920）所著《天咫偶闻·茶说》道："茶以碧萝（螺）春为上，不易得，则苏之天池，次则龙井；芥茶稍粗……次六安之青者（今六安瓜片）。"可见，碧螺春在历史上就荣以为冠，尤其是"明前碧螺贵如金"。

"不经一番寒彻骨，怎得梅花扑鼻香。"碧螺"茶王"施跃文有一双超级厚实的手，阳光下看上去泛出古铜的颜色，一看就是炼过的！"嗯，不是练，是炼！火炼！"要知道，8斤青叶才能炒出一斤极品茶，即使是现在，施跃文的手，有时还是要被烫出泡来的。铁掌与嫩芽成为矛盾又和谐的搭配，要靠手炒手，要靠心去控制心，要靠传承去发展。

有人说，为什么不用铲子呢？"因为那是嫩嫩的芽尖！宁愿自己的手烫坏，也不能让茶叶烫坏。"几十年下来，施跃文炼出了"铁砂掌"。他记得第一次用手炒茶，奶奶完成了最烫的"杀青"之后，才让他踩上小凳子开始操作。可那还是烫啊！这时候，奶奶说：炒茶，用手，更要用心！这是祖辈传下来的心法，因为茶叶是有灵性的。所以不管是什么情况、什么环境，炒茶之前，施跃文都要先出门转几个圈，这是为了让自己的心平静下来。

茶，要靠手炒；手，要靠心去控制。尽管每炒一锅茶只需要四十分钟左右，但要一直保持弯腰姿势，因为只有这种姿势，才能使上劲。所以，施跃文的手边总要放一个红色垫子，累了，手肘疼了，就垫一会儿。不过时间一长，垫子其实早已失去了弹性。

在2004年洞庭（山）碧螺春炒茶能手擂台赛上，给他烧火的是妻子杨华敏，给他洗锅的是女儿施影。

他回想女儿施影，在农忙的时候没人看管，刚学会站的她就被父母绑在橘子树上；5岁的时候她就自己背着篮子跟在父母身后去采茶叶，8岁的时候开始给父亲烧火。现在，施跃文炒茶时，施影总会给父亲帮忙烧火。虽然隔着一道墙，但什么时候放几根柴火，什么时候加几片树叶，他们配合得得心应手、天衣无缝。

在施跃文的灶台边有一副扑克牌，不是用来休闲娱乐的，而是每次茶炒完锅里还剩一点点儿茶末，施跃文都会用一张扑克牌抄起来收集好。他自己每天喝的就是茶末泡出来的茶。他说，那是最香的一口。祖先创下的茶园，奶奶留下的技艺，这一家人

图8-20 施跃文（中）对徒弟制作的碧螺春茶进行评比

炒茶的初心，以及勤劳致富、勤俭持家的作风，不但一代代地传承了下来，还带出了一批徒弟（见图8-20），这大概就叫薪火相传吧。

大国匠心，赋予茶魂，"清风生两腋，飘然几欲仙"，文心为核，匠艺呈现。炒茶的锅一般高30厘米，施跃文不用把手放进锅里，手一伸就能感觉到锅里大约是多少温度。他说："茶，是用心炒出来的。"

随着科技的发展，2022年春，东山镇引进了智能化制茶设备并投入使用，在春茶集中上市、批量生产期间，其优势是明显的，但它还不大适用一些高端茶的炒制。手工炒茶技艺是老祖宗流传下来的，一方面我们要继续保护、传承、发展，另一方面要做大做强茶科技、茶文化、茶产业。

三、民间绝技精彩纷呈，道技合一穿越时空

苏州自古便是物华天宝、人杰地灵之地，两千多年来流传下一大批巧夺天工的非物质文化遗产，尤其是苏州西部的百姓几乎家家都有一门手艺，都有着很多鲜为人知的故事。手艺的力量来自手艺之外，所谓"技也近乎道"，我们不只是关注手艺的"技"，更要关注背后的"道"，这个"道"是工匠精神，它涵盖文化、情感与哲思，关联社会、经济和时代变迁。他们一丝不苟的钻研，敬天爱人的涵养，持之以恒的创新精神，所体现的工艺之美，无不使人感动。

（一）明式家具，超越时空

家具史家弗洛伦斯·德丹皮耶在《椅子：一部历史》中考证，人类最早的椅子出现在古埃及，它们的形象出现在陵墓的壁画、雕刻之上，多是贵族独享的用具。椅子的出现改变了人的身体姿态，形成了一种生活方式，而中国的明式家具则是我国古典家具发展史上巅峰时期的家具艺术作品，至今在中国乃至世界依然魅力不减。著名学者、收藏家、文物鉴赏家王世襄先生于1979—1980年到苏州实地走访考察后曾指出："比文献史料更为可信的是来到苏州洞庭一带调查……在东、西山找到了明清前期家具的根源，也找到了明及清前期黄花梨家具的制造之乡。故而，洞庭山乃是苏作明式家具器型的输出地及核心产区。"[①] 其制作家具的历史源远流长。

苏州洞庭东、西山虽很富庶，终究是乡村，他们做家具的材料主要取自当地山上的榉木。有些老人还记得祖辈曾讲到招延工匠住在家中做家具，考究的用花梨、紫檀、乌木、杞梓木等优质硬木，产品有的供应苏州或江南其他大城市，有的出口外销，更多的则通过漕运，远销直隶、北京。为什么如此畅销呢？

---

① 王世襄：《明式家具研究》，生活·读书·新知三联书店，2007年，第15页。

一是造型优美，清雅文秀。明式家具，又称"文人家具"。以沈周、文徵明、唐寅、仇英为代表的众多画家群形成的吴门画派，占领全国画坛盟主地位时间很长，这就奠定了以苏州为中心的江南地区的文化基础。由于有了文人的积极参与，就注定会赋予家具诗情画意的意境和表现力。与文人朝夕相伴的笔墨纸砚也必然会与家具发生或多或少的联系，文人们将自己的古雅之气通过家具这个载体予以表达和体现。我们从书法作品中可窥见一斑：用毛笔蘸墨在宣纸上行笔，生宣纸吸水性强但略洇水，行笔之中笔画交接处往往有墨迹洇开，使局部增大了笔画宽度成为结点给人以力量感，笔画交接夹角端部呈微小弧形，而不是尖角，给人以刚中带柔的美感。这些神韵被文人生动地表现在明式家具上，他们原创性的作品，具有典雅脱俗的神韵（图8-21）。

(a) 明式家具的文化元素与文化韵味　　　　　　(b) 明式螺钿家具

图 8-21　典雅脱俗的明式家具

二是园林之需，简约空灵。苏州从春秋中晚期始就大肆造园，园内的家具风格当然要与之匹配。文震亨（1585—1645，作家、画家、园林设计师）对于园内的家具是这样要求的："几榻有度，器具有式，位置有定，贵其精而便，简而裁，巧而自然也。"于是苏州在当时的家具就有了新奇的创意（苏意），式样叫"苏样"。民间就有"破虽破，苏州货"，以至于"苏人以为雅者，则四方随之而雅；俗者，则随而俗之"（王士性《广志绎》），还有"苏气"（泛指苏州人文雅，打扮亦比较漂亮）等等，构成了时尚产品设计、制造、推广、销售乃至话语权的完整、成熟、比较先进的产业链条，而明式家具就是其中之一。它以造型优美、选材考究、制作精细、风格简约为主要特点，是中华民族家具文化的代表，恰如王世襄先生所赞赏的:"精于取舍,有概括之功,无刻画之病。"从某种意义上来说,它已经超出其物质使用的功能满足,而演变成符号化物品中所蕴含的意义消费,既有符号学、人文价值,又有产品语意等,体现了人类不断追求真善美、不懈创新探索的精神。角落里面藏秘密,细微之处最有文化味。

三是榫卯技艺,精密巧妙。正宗的明式家具,一是不论大小,没有一滴胶水,没有一颗钉子,以精密巧妙的榫卯技艺结合部件,使家具能适应冷热、干湿变化。它能够具有世界级的影响力,榫卯是藏在红木家具里的秘诀。二是线条弧度与人体结构相适应,人坐上去不仅舒适,还能有助于纠正身姿坐态。据专家介绍,坐在酸枝木制成的椅子上,因散热性和透气性俱佳,其微微沁出的香味还能提神,对腰椎病有一定的保健作用;睡在用紫檀木做成的床上,因该木为"木中之金",可散发对人体有益的"木氧",人就不怕再受蚊虫叮咬之苦了,且有调节气血、安神醒脑、养颜驻颜的作用;用鸡翅木做餐桌餐具,因该木在热水的刺激下,会挥发出一种自然的香气,这种香气亦有提神的效果,又因它本身柔韧、不怕水,做茶具颇受欢迎。故消费者推崇,收藏者趋之若鹜。

据曹昭《格古要论》载:洪武初,抄没苏人沈万三家条凳、桌椅,其中以螺钿、剔红工艺最妙。其中的"螺钿",泛指产于江河湖海中的贝类,因色彩鲜艳,又名"七彩螺钿""夜光贝"等,它是中国最昂贵、最耗工的艺术品之一。以一件明式螺钿香几的制作工艺为例,首先要选料,大多选用楠木、香樟木等体轻、不易开裂的木材,有的也用酸枝、紫檀等硬木,在上面涂胶、抹灰,并在胶上粘麻布,麻布上面再抹灰、打平,灰上再涂抹黑漆,绘上图案,并把螺钿片按照图案进行剪裁,粘在漆面之上,之后在螺壳之上用针、刀刻画出更加细腻的图案。它精致生动,夜间会散发出莹润光芒,但因工艺太过繁复,有的工匠甚至为此视力衰弱以致失明,这在扬州、苏州一带常有之,可见其工艺要求极高。嵌螺钿的图案纹饰除了明代已有的山水人物、花鸟草虫外,还有画意深远、寓意吉祥的,如"竹报平安""瓜瓞绵绵""寿山福海"等。

四是大美无边。原汁原味的明式家具传遍世界,让世界闻香而知中国。这个"香"来自"原创"。如今明式家具已超出了家具的范畴,成为较为昂贵的艺术品。它的美不是单一的,而是多方位、立体化、超时空的。王世襄先生曾说:"明及清前期的家具陈置在我国传统的建筑中最为适宜,自不待言,不过出乎意料的是见到几处非常现代化的欧美住宅,陈设着明代家具,竟也十分协调,为什么明式家具和现代生活这样合拍呢?不难设想,正是由于西方现代生活所追求的简练明快的格调在本质上和明式家具具有相同之处的缘故。"用西方研究人士的话来说,"依现代美学观点,它们极致的艺术性、手工、设计、造型及多样变化的款式至今深深地震撼着人心"。

当代的苏州明式家具制作技艺国家级传承人许建平,1954年生于苏州书香门第,自幼目染并受到从事工笔花鸟画的姨母影响,喜爱临摹各类花鸟这一艺术门类。1970年学校毕业分配到工艺美术行业,在苏州工艺美术公司技训班师从陈必强老先生学习中国花鸟画,到苏州刺绣研究所从事苏绣工笔花鸟画稿的设计,三年后进入苏州红木雕刻厂设计室工作,开始学习古典家具设计,系陆涵生师祖、徐文达老师的第三代传承人(见图

图 8-22　明式家具制作技艺国家级传承人许建平

8-22)。历经五十年,对古典家具的技艺、营造颇有研究。1987年,他设计的"雕灵芝厅堂家具"共17件作品获得了香港中国艺术家具展销会唯一的一个金奖。

1992年,受当时中国明式家具学会会长陈增弼教授所托,许建平根据陈增弼教授手绘草图,整体设计了北京中南海紫光阁总理会见厅雕龙背景地屏及迎宾地屏(见图8-23)。"还有中央政治局第四会议室地屏,一下子全交给我了。"许建平回忆道。这些项目的完成,更加大了他在业内的认可度。1999年担任南京近代史遗址博物馆(南京总统府内)洪秀全天朝王宫复原总设计、监制;2000年担任伪满皇宫博物院复原总设计、

监制（见图8-24），以及世界文化遗产苏州拙政园李宅、国家重点文物保护单位曲园、省级文物保护单位苏州天平山景区范仲淹故居等项目的总体设计与监制等工作。

图8-23　中南海紫光阁总理会见厅雕龙背景地屏及迎宾地屏

图8-24　2000年恢复伪满皇宫博物院中一景

在许建平看来，传承就是要先把老祖宗的东西守好，而不是一味去创新。为了更好地传承苏作技艺，许建平还积极开门授徒。2019年6月，在苏州市非遗办、市工艺美术行业协会、姑苏区文化馆非遗部相关工作人员的见证下举办了收徒仪式，那是许老师收的第25个弟子。

近年来，许建平不遗余力做好明式家具制作技艺的传承工作，频频到高校、文化和旅游部门举办各类高级研修班授课。为了让明式家具制作技艺传承更规范，他呼吁制定苏作家具技术标准，并积极向中国非物质文化研究院申办该院分支机构苏作传统家具制作技艺研究所。目前他正积极与研究院携手，编纂有关苏作传统家具制作工艺流程与技术标准的新著。

"江山代有人才出，各领风骚数百年。"作为许建平大师第25位弟子的史志晔是太湖边的光福镇人，而光福镇自古以来就是手艺人之乡，该镇有个苏州老字号企业——"明仕阁红木家具"。史志晔的父亲史忠明（苏州市工艺美术大师，苏州市明式苏作家具文化研究院荣誉院长）又是"明仕阁"的掌门人。从小就在一旁观看父亲制作红木家具的史志晔，从设计到选材、从搭配到雕刻，每个步骤他都熟记于心。他于2008年大学本科毕业后，先跟随父亲学雕刻技艺，2013年又拜许建平为师。作为明仕阁的第五代传人，史志晔在继承祖业的同时，就特别注重传统造型的继承与创新。

随着时代的发展，家居文化亦多元发展，欧式、皮质等家具类目越来越受年轻人的青睐，红木家具受到了一定程度的冲击。如何应对这种局面？对于这个问题，史志晔觉得，跨界融合，是传统红木家具的一个突破点。如荷花圆台、角花条案、囧字凳，都是他的创意之作，既保留了传统红木家具的厚重气质，又融入了现代元素，符合时尚审美（见图8-25、图8-26）。

图8-25　史志晔设计的囧字凳

图8-26　史志晔设计的贵族鼓凳

史志晔尝试着把古典红木家具做成现代人喜欢的新中式风格，从设计到选料再到制作的每一个环节，到最后呈现出的作品，无不彰显着他作为传承人的认真与严谨。

在史志晔的作品中，最让人印象深刻的应该就是囧字凳系列了。"囧，窗牖丽廔，闿明也。"在古文中，"囧"有"光明"之意。将囧字符号，放入书桌、画案、餐台、衣架、花几、琴台的设计中，既成就了囧字系列作品，也表明了他对红木家具事业光明前景的信心和追求。

贵族鼓凳也是史志晔的一次创新尝试。掐丝珐琅是以前的宫廷工艺，他将红木跟宫廷使用的掐丝珐琅结合，让大家能够在收藏红木的同时，也收藏了一个非常好的掐丝珐琅，这是他的初衷。史志晔扛着他的鼓凳，在传统面前又一次完成了他的创新。

基于代代传承的精工细作和创新精神，明仕阁在史志晔的领导下取得了不俗的成绩。精仿故宫乾隆十八件、荷花十八件等，获得了国家级工艺美术金奖，申请获批版权600多个，拥有国家知识产权实用新型专利及其他外观发明专利165个，更荣膺了"中华老字号传承创新"奖。

继承传统却不因循守旧，大胆创新延续苏作内涵。史志晔，一个传统手艺人，以他独特的视角，审视着这些穿越时空的美。苏作家具带着历史和岁月变迁的痕迹，文字始终太苍白，热爱才是最美的样子，只有亲眼去瞧瞧，才能感受这份深厚的责任感。

（二）雕塑之术，独步天下

历史悠久的雕塑，又称雕刻，是雕、刻、塑三种创制方法的总称，指用各种可塑材料（如黏土、石膏、树脂等）或可雕、可刻的硬质材料（如木材、石头、金属、玉块、玛瑙、砂岩、铜等），创造出具有一定空间的可视、可触的造型艺术形象，借以反映社会生活、表达艺术家的审美感受、审美情感、审美理想的艺术。

1. "塑圣"杨惠之

著名建筑学家、建筑教育家梁思成在《中国雕塑史》中指出："艺术之始，雕塑为先。盖在先民穴居野处之时，必先凿石为器，以谋生存；其后既有居室，乃作绘事，故雕塑之术，实始于石器时代，艺术之最古者也。"对于唐代美术，他指出："玄宗之世为中国美术史之黄金时代……唐代美术最精作品殆皆此期作品，李、杜之诗，龟年之乐，道子之画，惠之之塑，皆开元天宝间之作品也。"他在专辟一段介绍杨惠之的同时，附6幅杨惠之塑苏州甪直保圣寺罗汉像图片，并评论道："此种名手真迹，千二百年尚得保存，研究美术史者得不惊喜哉！此像于崇祯间曾经修补，然其原作之美，尚得保存典型，实我国美术造物中最可贵者也。"1961年保圣寺塑像，被列入第一批全国重点文物保护单位（见图8-27）。

杨惠之（713—741，苏州吴中区胥口镇香山人，雕塑家），少年时曾与后来世称"画圣"的吴道子一起远师南朝画家张僧繇，后专学雕塑，终

第八章

奇巧工匠层出不穷　大师辈出名震中外

图 8-27　苏州甪直杨惠之作品《保圣寺塑壁罗汉像》（局部）

成天下泥塑的高手。《辞海》中介绍说："先曾学画，和吴道子同师张僧繇笔法。后专攻雕塑，当时有'道子画，惠之塑，夺得僧繇神笔路'说。他在南北各地寺院制作过许多塑像，并著有《塑诀》一书，现均已不存。"

杨惠之从塑后，在苏州虎丘山麓搭了间草屋，白天用心观察来往摊贩船夫的神态形状，晚上就用山脚的池泥为白天见到的人捏头像。后来，他在大江南北各地寺院，雕塑过许多塑像。仅从画史记载来看，其作品就有长安长乐乡北太华观玉皇尊像、陕西临潼骊山福严寺山水壁塑、凤翔天柱寺维摩像、汴州安业寺（后改称大相国寺）净土院大殿佛像及枝条千佛像、东经藏院殿后三门二神像及当殿维摩像、洛阳广爱寺三门上五百罗汉像及山亭院楞伽山、洛阳北邙山老君像、湖南郴州通惠禅师院九子母像、昆山慧聚寺毗沙门天王及侍女像……据说他塑的倡优人留杯亭彩塑像，陈列于市中，人们从背面就能认出，可见其雕塑技艺的高超，人们尊称他为"塑圣"。

杨惠之，系贫苦人家的孩子，从小割草耙泥。他在小伙伴堆里是个首领，大家都服他。因为他随手抓起几把潮泥湿土，就能捏出一个天神天将来，放在土地庙里当菩萨，竟能哄得一些善男信女来上供烧香。不料小孩子家淘气的把戏得罪了当地的乡绅，说他污渎神灵，要惩办。杨惠之眼看要吃苦头了，好心的人劝他父母说："既然你家孩子欢喜这一路，倒不如送他到苏州城里玄妙观去学个描画神道轴子的手艺，将来也好混碗饭吃。"于是他的父母到处求亲托友，终于把他送去学画了。跟了个有本领的师父，他就不分日夜地搬笔弄彩，把神道佛像画得活灵活现。据传，初夏的一个晚上，青蛙在田地里呱呱叫。半夜，月亮从云里冒出来。这时候，杨惠之吃力地抱着新塑好的一个一人高的泥人，悄悄地放在街市中的一座凉亭里。泥人侧身朝外站着，她是一个年轻妇女，挽着一只菜篮，像是在等人。天蒙蒙亮，一个起早赶集的农民，挑着一担青菜，在凉亭前停下来，对着泥人问："阿要买菜？"晓风吹动了泥人头上的饰物，好像摇了一下头。那个农民又问了声："不要吗？不碍事。"挑起担子走了。接着，一个卖菱角的，一个挑菱白的，都向泥人问一声："要不要买？"又挑担走了。杨惠之高兴地笑了，他抱起泥人就回家。想不到后面有人跟着他，而且人越来越多。杨惠之这时好像听得后面有人在喊他："强抢民女啰！"他莫名其妙。

　　回头一看，不好了！几个差役正赶上来，吆喝着要捉他。杨惠之大吃一惊，把泥人往地上一摔，拼命逃跑。泥人被摔碎了，差役们跑近一看，吓呆了："什么强抢民女！亏他有这本事，手捏的泥人比真的还真！"这时赶来看热闹的人们围了一层又一层。一个秀才摇头晃脑地赞叹说："百工之中，皆出圣人，此杨惠之，亦可谓之一圣。"至今，千年古刹——甪直保圣寺里还保留着杨惠之塑的罗汉像。

　　苏轼曾亲眼见过杨惠之的作品，他赋诗道："今观古塑维摩像，病骨磊嵬如枯龟。乃知至人外生死，此身变化浮云随……此叟神完中有恃，谈笑可却千熊罴。"元代大书法家赵孟頫为保圣寺题写抱柱联语云："梵宫敕建梁朝，甪甫里禅林第一；罗汉溯源惠之，为江南佛像无双。"泥和土，无非是司空见惯的材质，然而，因为苏州香山人对于细节的专注和执着，它们也被点石成金了。晴雨风雪有情致，四季风光各不同，文化的魅力就在于，一眼看不穿但又被吸引。

2. 泥塑"圣手"雷潮夫妇

　　东山镇既是江南万年人类发祥之地，亦是艺术集萃之区，有两处可以称为"绝景"的历史遗存，一处就是拥有"天下罗汉两堂半"其中一堂的紫金庵，系南宋时期彩塑罗汉（见图8-28）。

泥塑，俗称"彩塑""泥玩"。泥塑艺术是中国民间的一种古老常见的民间艺术，

图8-28　东山镇紫金庵中的一尊彩塑罗汉（局部）

即用黏土塑制成各种形象的一种民间手工艺。制作方法是在黏土里掺入少许棉花纤维，捣匀后，捏制成各种人物的泥坯，经阴干，涂上底粉，再施彩绘。它以泥土为原料，以手工捏制成形，或素或彩，以人物、动物为主。

在古代的佛教造像技艺中，罗汉的塑造难度很大，一在于其数量多，紫金庵中的一"堂"即16尊，依次对应着：慈、虔、嗔、静、醉、诚、喜、愁、傲、思、温、威、忖、服、笑、貌。16尊泥塑彩绘罗汉，容貌各异、各显妙相、姿态生动，他们面部表情细腻，富于性格特征，衣褶流转自如，很能表现质感。既有"神"的飘逸气质，又有"人"的世俗情怀，耐人寻味，充满个性之美，可谓异彩纷呈，竞相辉映。二在于罗汉神态各异，造型极需对人类的观察与高度的审美。《苏州府志》载：紫金庵中一堂罗汉"系雷潮装塑。潮夫妇俱称善手，一生只塑三处，本庵尤为称首"。后人评价这些造像"精神超忽，呼之欲活"。紫金庵罗汉塑像造型生动、比例适度，且容貌各异、恣态鲜活，人物感情表现得淋漓尽致，所以2006年5月20日入选第一批国家级非物质文化遗产名录。

（三）精美的"六雕"，刀尖上的绝技

有句谚语说得好："上有天堂，下有苏杭。"苏州的柔美精致是元元雕刻出来的！唯有极致，方能出彩，尤其是那些"不起眼"的小件，诸

如玉雕、核雕、木雕、石雕、砖雕等,这种刀尖上的艺术令人刮目相看。

1. 独特的玉雕技艺

《诗经》云:"它山之石,可以为错""它山之石,可以攻玉"①。"错"是磨石,"攻"是琢玉,这正是古人借助石而开掘雕琢玉的。古文献记载与大量的考古发现都表明,玉从石中来,玉源于石。早在5 000多年前我国已进入了"玉器时代"。玉是一种会说话的石头,既咏叹着文化的长调,也展示了治玉人的传奇。

《越绝书》中记载了风胡子对楚昭王说的一段话:"轩辕、神农、赫胥之时,以石为兵,断树木为宫室,死而龙藏。夫神圣主使然。至黄帝之时,以玉为兵,以伐树木为宫室,凿地。夫玉,亦神物也。又遇圣主使然,死而龙藏。禹穴之时,以铜为兵,以凿伊阙、通龙门,决江导河,东注于东海。天下通平,治为宫室……"②"以玉为兵",就是黄、炎、蚩时代,他们"以玉为兵"开通了"玉石之路"③。

在吴越广袤的大地上,有许多玉矿,特别是环太湖地区的许多山脉都具有蕴藏玉矿的条件,如天目山、会稽山等。《山海经》将天目山称为"浮玉之山",而会稽山也被古籍描述为多"金玉"之地,玉至少已有7 000多年的辉煌历史。它是"一种中国特有的艺术品"④,这是世界上其他民族所没有的。1986年4月,苏州西部通安镇严山石矿开山时发现大量玉器,经征集共收到文物402件。在《文物》1988年第11期上发表的《江苏吴县春秋吴国玉器窖藏》一文中,翔实披露了这批玉器。该批玉器无论从数量上还是质量上,均属吴国首屈。虽然其所属遗存被炸,文物已散轶民间,但被追回和征集的出土遗物仍达400多件,包括玉器、彩石器和料器等。具有春秋时期吴国特有的琢玉风格,不同于其他诸侯国的同类

---

① 《诗经》,陈晓清、陈淑玲译注,广州出版社,2004年,第148页。
② 袁康、吴平:《越绝书全译·第十一卷第十三》,俞纪东译注,贵州人民出版社,1996年,第225页。
③ 臧振:《"玉石之路"初探》,《人文杂志》1994年第2期。
④ 《青墩文化》,第2版,吉林人民出版社,2004年,第185页。

玉器（见图8-29）。它体量虽小，却寄托着天地神人时空的全部精神，具有永恒的魅力，这种精工细致到极点而又质朴无华的天姿，不能不算是人类文化史上的奇观。

（a）双系拱形玉饰　　　　　（b）玉虎　　　　　　（c）玉环

图8-29　苏州西部严山窖藏出土

时至明代，苏州、北京和扬州为全国三大琢玉中心，以苏州尤为突出。宋应星在《天工开物》中言："良玉虽集京师，工巧则推苏郡。"史料记载，明代苏州的玉雕名匠有贺四、王小溪等人，以陆子冈（刚）最为著名。虽区区工匠却"名闻朝野"，被当时的文学家张岱称为"吴中（指苏州）绝技"（《陶庵梦忆》）。所制玉器人称"子冈玉"，为达官贵人所追求，十分名贵。

陆子冈，又作"陆子刚"（约1522—1592），原籍太仓州，1539年后迁居苏州西部横山——今横塘镇新郭渔家村一带开办琢玉作坊，逐步成为明代最负盛名的琢玉巨匠与中国玉行的代表人物，至清代，苏州玉行更将陆子冈奉为师祖、明代琢玉嵌宝工艺家。他不但技艺高超，而且是目前可考的第一个把自己名字留在作品上的人，为后人的考证提供了方便，所以现在一提到玉雕大师，就从他开始了。

2013年9月，台湾玉器研究专家邓淑苹在苏州访问时指出，提起古代玉雕大师，苏州人陆子冈无疑是个响当当的人物。玉雕有"京作"和"苏作"之分。"京作"就是北方工，以北京为中心，大气、质朴为其特征。"苏作"是南方工，以苏州为中心，以空灵、飘逸、精细著称。一般都认为苏作玉雕"精巧雅致"，老少咸宜，雅俗共赏。在20世纪后半叶，西方艺术史界以"Suzhou School"一词专指明代晚期在江南形成的讲究文人清雅品味的艺术风尚。这一名词不只指玉雕,也泛称当时各类以文人书房用品为主的工艺。艺术史界通常称明晚期以苏州(当时又称"吴门"或"吴中")为核心的书画传统为"吴派(Wu School)",工艺传统为"苏派(Suzhou School)"。前者是文人画派,后者是合乎文人品位的工艺流派。

陆子冈乃"苏派""苏作"琢玉的名家。他治玉有六大特点:一是材质全用新疆玉,少数白玉,多数为青玉,有所谓"玉色不美不治,玉质不佳不治,玉性不好不治"之说。玉质越佳,硬度越高,雕刻难度越大。二是作品多实用器,如笋、壶、杯、水注等,造型规整,器型多变,古雅精致。三是工艺方法有立雕、镂雕、剔地阳纹、浮雕和阴刻线,技艺精湛。他的"吾昆刀"法,从来秘不示人,操刀之技也秘不传人。"子刚死,技亦不传。"四是图案设计巧妙,刻画生动,法古真实,有独到之处。五是器物上有铭文诗句,多五言四言者,文字书体有草书、行书,字体清秀有力。六是款识均用图章式印款,刻字多用阳文,也有用阴阳文各一字者。字体有篆书、隶书,有"子冈""子刚""子刚制"三种。落款处不显目,也不固定位置,于器底背面、把下端、盖里等处不一。①

由于选料精良,用上等无瑕美玉,加之技艺绝佳,其作品皆精美绝伦,如他所雕刻的水仙玉簪,玲珑奇巧,花茎细如毫发,一支价值五十六金。

他一改明代玉器陈腐俗气,把中国的书画艺术与玉器工艺完美结合在一起,将印章、书法、绘画艺术融入玉雕艺术中,把中国玉雕工艺提高到了一个全新的艺术境界。所制玉器以小型器玩为主,尤以文房器具一类居多,纹饰有仿古的云雷、蟠螭、夔龙等,更多的是花卉、山水、人物等写实一类的饰纹,刻琢极为雅致生动。因为他的名声大,所以有关他的传闻也特别多。

---

① 吴山:《中国工艺美术大辞典·名匠·名师·名家》,《江苏美术出版社》,2011年1月。

皇帝明穆宗朱载垕闻知后，特命他在玉扳指上雕百骏图。他竟仅用几天时间就完成了百骏玉扳指。在小小的玉扳指上刻出重峦叠嶂的背景和一个大开的城门，而马只雕了三匹，一匹驰骋城内，一匹正向城门飞奔，一匹刚从山谷间露出马头。仅仅如此却给人以藏有马匹无数奔腾欲出之感，他以虚拟的手法表达了百骏之意，妙不可言。自此，他的玉雕便成了皇室的专利品。在北京故宫博物院里，至今珍藏有陆子冈的青玉婴戏纹壶、青玉山水人物纹方盒等玉雕佳作。其中的合卺杯，高7.5厘米，宽13厘米，杯由两个直筒式圆形连接而成，底有六个兽手足，杯体腰部上下各饰一圈绳纹，作捆扎状，一面镂雕一凤作杯把，一面凸雕双螭作盘绕状，两纹间的绳纹结扎口上刻一方图章，上有隶书"万寿"两字；杯身两侧，一侧雕有"温温楚璞，既雕既琢，玉液琼浆，钧其广乐"诗句，未署"祝允明"三字，诗上部刻有"合卺杯"名，另一侧雕有"九陌祥烟合，千春瑞日明。愿君万年寿，长醉凤凰城"之诗句，诗上部有"子冈制"三字篆书款。这件玉雕作品是陆子冈为皇帝大婚所制的玉玩，充分体现了子冈琢玉古雅精妙的艺术风格（见图8-30）。

图8-30　陆子冈为明帝大婚所制玉合卺杯
（北京故宫博物院藏）

他的作品几乎都要刻上自己的名字，连给皇上进贡的玉雕作品也要刻上名字。有一次皇帝召见陆子冈，要陆子冈为他雕刻一匹马，并且明说不准落款。陆子冈回去雕刻好了献给皇帝，皇帝仔细看，并且让其他大臣看果然没有落款，非常高兴，于是奖赏了陆子冈。后来一个宰相仔细看的时候在马的耳朵里发现了"子冈制"微雕字体。后来皇帝也发现了，不但没有生气处罚陆子冈，反而夸奖了他。据说有个例外，唐伯虎有一个扇坠是陆子冈所赠，上雕一只五彩斑斓的小老虎，也是陆子冈一生中唯一没有署名的玉雕作品。

传世的陆子冈作品，主要收藏在北京故宫、首都博物馆、上海博物馆、天津艺术博物馆、台湾故宫，著名的作品有茶晶梅花花插、青玉山水人物玉盒、青玉婴戏纹执壶等。就北京故宫收藏的子刚款玉器而言，大部分是清宫旧藏，有壶、杯、洗、盘、墨床、笔格、笔添、磬、佩、璜、带钩、簪等。款识有阴有阳，有篆隶亦有楷体，图案题材也多种多样，风格涓杂，琢制水平高低相差悬殊，做工均无一相似。

图 8-31　陆子冈茶晶梅花花插
（北京故宫博物院收藏）

以北京故宫收藏的茶晶梅花花插来说，该花插系茶色水晶，色甚浓，近黑色，淡处显出酱色。原材显出深浅不等的白绵色斑点，属二色水晶，十分少见。器作梅树截干之花插，口大，底略小，梅枝与白梅花朵攀附于梅干上，这是一件巧作水晶器。在花插中部枝杈和梅花稀疏的树干上有双竖行"疏影横斜，暗香浮动"阳文草书题句，下署"子冈"一圆一方阴篆文戳印款。此花插碾工类似"青玉'子冈款'桃形杯"，题字生动娴熟，与碾工一致，其造型、巧作、题刻具有文人气质，堪称上乘，非俗工所为。（见图8-31）

2010年1月，凤凰网文化专稿在《杨伯达评陆子刚款玉器》一文中指出，陆氏长年在苏州府琢玉，在世期间已名噪一时，可与缙绅同坐。明末文人不止一次地在文献中提到目睹摩挲陆子刚所琢玉器，如白玉辟邪（水注）、玉水中丞、周身连盖滚螭白玉印池、玉簪、百乳白玉觯等数器，备受赞赏。高濂在《遵生八笺·燕闲清赏笺·论文房器具》中，对陆氏玉器有两条评价：一是"法古旧形，滑熟可爱"，关键词是"滑熟"，做到"滑熟"是不容易的。二是"工致精极"，似可作为辨认陆氏玉器的具体标准。关键词是"工致"，"工致"系指其工艺而言，"工"即工巧，"致"即精致。"工致"有着工巧精致之意。邓淑苹女士认真研究了子刚款玉器，公开发表了《陆子刚及其雕玉》的长篇论文，首先介绍了香港中文大学屈志仁先生主办的"汉代到清代中国玉器展览"收集的自明嘉靖至清乾隆年间的子刚款玉器22件，"提供了丰富的比较资料，使得多年来漫无标准的所谓子刚玉器有了较清楚的界说"。又列举该展览目录中的第114号"白玉小圆盒"，器底阴镌"嘉靖辛酉陆子刚制"八字篆体款，进而言明"在目前为世人所知的子刚款玉器中以这件最为精美，也最可能是陆子刚在嘉靖辛酉年（1561年）亲自雕制的"。此外还指明玉水仙花簪头、辟邪形水注（109号）、卮形杯（104号）"可能是子刚真迹"。现台北故宫博物院收藏陆子刚款玉器有七件，"这七件玉器在器形的设计、纹饰的雕琢以及诗文和款的题刻上，优劣程度相差得很大"。邓淑苹认为最精美的一件是白玉方盒，"玉质温润、雕工精良的青玉香炉及器壁上的仿古花纹雕琢，堪称细致整齐的黄玉连座小洗"，"可称为佳品"。

陆子冈琢玉真品在民间传世不多，两岸故宫披露子冈款玉器共约44件，其中八九成属清宫旧藏。民间收藏以曾属香港北山堂所藏、后来捐赠给香港中文大学的一件圆盒最著名，它上面刻有"嘉靖辛酉陆子刚制"八个字，被公认是陆子冈的真迹。目前考古出土的唯一一件"子刚"款玉器是北京海淀区清代黑舍里氏墓出土的明代"子刚"款玉樽，它高10.5厘米，口径5.8厘米，这也是公认的陆子冈的真迹。该玉樽为新疆和田玉，器身满雕夔凤纹，盖上凸雕三只狮子，分布呈等距三角形，中央出圆钮。器底外侧琢三个兽首为足。樽外壁有一环形把，侧面出角，把上圆雕象形钮饰，象鼻自然内弯呈环形，古雅精美，把下有阳文篆书"子刚"款。

每一方玉都是天地的宠儿，是沧海桑田的杰作，它们有着自己的独特的个性，有着自己独一无二的精魂和声音。人们所应做的，只是理解它、欣赏它，再将它的个性、灵魂和声音释放出来。

唐太宗说过："玉虽有美质，在于石间，不值良工琢磨，与瓦砾不别。"意思是说石中的玉虽然有美的本质，但是没有精细的雕琢，与破瓦乱石一样。手中观赏把玩的玉器，皆为人琢之物。故古人语："玉不琢，不成器；人不学，不知义。"琢磨璞玉，美玉出焉；琢磨君子，圣贤出焉。

2. 方寸之间妙不可言的核雕

我国的微型雕刻技艺始于春秋战国，兴盛于明代，文人墨客嗜爱，达官贵人视其为宝物，作为佩带把玩的装饰品，风行一时。《韩非子·外储说左上》记载，"燕王征巧术之人，卫人诸以棘刺之端为母猴。燕王说之，养之以五乘之奉"。意思是，燕王喜欢小巧玲珑的东西。有个卫人说："我能在棘刺尖上雕刻猕猴。"燕王很高兴，用30平方千米土地的俸禄去供养他。明代魏学洢写的《核舟记》中讲述了一个名叫王叔远的人，技艺精湛。他能在一颗不足1寸的桃核上雕刻出宫殿、器物、人物以及鸟兽木石等，而他送给魏学洢一只"苏轼泛游赤壁"的核舟，充满了豪迈旷达的意境。小小核桃，尽显大千世界。

在日常生活中，我们吃完核桃、橄榄之后，大多会直接把吃剩的核扔掉了，而苏州光福地区则把它变废为宝，利用它的纹路和自己的奇思妙想，把它们变为精美的工艺品。清代乾隆初年，苏州微雕艺人杜士元［生卒年不详，约生活于清乾隆年间（1736—1795年），号鬼工，苏州吴县人］同样用桃核雕刻了《东坡游赤壁》，他在舟两面雕刻窗格、桅杆、橹、艄篷、舵、帆樯等，且都可活动；舟中雕刻8人，其中东坡先生着袍而髯，与着禅衣之佛印相对而谈；另有一客手持洞箫，启窗而望；船头一侍童，持扇烹茶。雕刻精微之处细逾毛发，精巧绝伦，尤其是康乾盛世期间名家辈出。台北故宫博物院珍藏的《东坡夜游赤壁》橄榄核舟就是乾隆皇帝的珍爱之物。1955年，周恩来总理出访时精选苏州名家核雕作为礼品赠送外国元首。

当代的秀美姑苏，太湖之滨，穹窿山下，有一座古朴而又安静的中国核雕第一村——舟山村。相传2500多年前，这里为吴王阖闾所置"造舟之所"，舟山之名由此得来。这里传统工艺种类多，有木雕、石雕、砖雕、核雕、象牙雕等，其中核雕工艺最为出名。2008年以舟山核雕为首的光福核雕被列入第二批国家级非物质文化遗产名录。它在宋水官、周建明等核雕名家的大力推动下，从业人员已逾三千，其中有一批核雕非物质文化遗产代表性传承人（国家级2人、省级1人、市级3人、区级6人）、苏州市工艺美术大师17人、高级工艺美术师19人。该村因核雕也相继获评中国传统村落、中国特色旅游示范基地、中国新闻摄影学会摄影创作基地、中国特色商业街区、全国商业街先进集体、中国商旅文产业发展示范村等,每天要接待近千名来自全国各地的文玩收藏爱好者,已成为国内最大的核雕设计生产、批发销售的文化产业基地,其代表性传承人有两个:

一是宋水官,1946年生于吴县光福乡舟山村,现为苏州市吴中区香山街道舟山村核雕国家级非物质文化遗产代表性传承人、世界民间艺术工艺美术大师。他从小耳濡目染,爱上了核雕艺术,1967年进入由老一辈雕刻艺术家须吟生等人创办的舟山工艺雕刻厂学习红木和橄榄核雕刻,由此一刀刀地刻画着人生。

现今的宋水官已是一位核雕老艺人,从艺五十余年来,创作出大量的优秀作品,以罗汉、神仙、弥勒等吉祥图案见长,雕工细巧精致,造型生动,个个栩栩如生,其中紫金庵罗汉头像、花篮、八仙亭、睡狮等,在迎奥运首届中国农民艺术展上获"奇品奖"。2007年1月举办的首届东方工艺美术之都博览会上与女儿宋梅英一起获"迎春花奖",作品《乘风破浪》于2009年荣获第九届中国民间工艺最高奖——山花奖,《十八罗汉》《核舟》在第二届中华艺术品收藏博览会上同获金奖,《一百零八罗汉》在2017年第十届中国(长春)国际民间艺术博览会"精品奖"评选活动中荣获金奖,《龙腾奥运》在第四届中国民间工艺品博览会获"金奖",《后继有人》在首届中国集美民间工艺精品博览会获"金奖",《苏州园林》在第十届中国工艺美术大师精品博览会获"金奖"……使核雕这一古老技艺焕发出青春。从民间到宫廷,从宫廷到国礼,又从国礼到民间,小核雕创出了大天地。

2009年的宋水官,历时一个多月创作了《乘风破浪》,虽取材于传统题材"核舟",但其细腻程度令人惊叹不已。这条小舟上共有八扇芝麻大小的窗户,用牙签轻挑,小窗即可开关自如,每个小窗里还坐着4个人,其中一人还在探头朝外张望。细细数来,一条小舟上竟然有23个人物!

二是周建明,1956年6月出生于舟山村,核雕国家级非物质文化遗产代表性传承人，研究员级高级工艺美术师。1975年从事核雕，师从朱耕原，1980年毕业于南京师范大学。40多年来，周建明为核雕文化的传播以及核雕产业的发展作出了很大贡献。他不仅是苏州核雕业的引领者，也是当代中国核雕业中的领军人物之一。

周建明耕耘于核雕天地，作品题材有人物、动物、植物、园林风景、核舟等类，数十次参加国内外重大展出活动并屡获大奖，多次随政府艺术团赴国外进行艺术交流，并受邀在央视节目中操作演示，艺术业绩入编《中国工艺美术师精品集》《影响中国100位艺术大家》等经典艺术书，并被中央电视台、《人民日报》、人民网及众多地方媒体多次报道，其代表作品：串珠类的有《殷派十八罗汉头》《苏州园林》《北京胜迹》《历代诗人》《浮雕十八罗汉》《骑兽罗汉》《八仙庆寿》《八宝弥勒》《八宝观音》等；单件类的有《麻姑献寿》《福禄寿禧》《吉祥八仙》《钟馗纳福》《五子戏弥勒》《四大天王》等（见图8-32）。

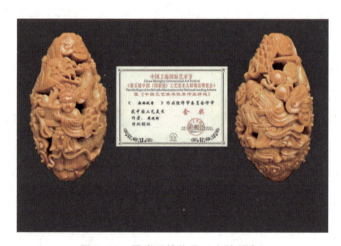

图8-32　周建明的作品《麻姑献寿》

如今已年近花甲的周建明，四十年来一直坚持手工雕刻，至今每天还在创作新的作品。对周建明来说，雕刻内容简单的橄榄核需要半天时间，中等难度的一般三天一粒，复杂的最多十天能雕一粒。"我每天早上8点半开始工作，一般到22点休息，天天如此。我觉得拿刻刀是一种享受，三天不拿刀就像缺了什么一样，心里难受，就是参加展销会，也要带台灯、刀具，空的时候刻几刀。"周建明如是说。

享有"中国工艺雕刻之乡"美誉的光福镇，还有不少女大师，如许忠英（1957年生，国家高级工艺美术师），17岁拜师学艺，先后从事雕刻红木、橄榄核等工艺制作，在核雕行业孜孜以求四十余年（见图8-33）。好在功夫不负有心人，她第一次感到前所未有的荣耀是源于一个英国人。这位客人要来看看她的核雕作品，当他看到许忠英刻的一艘小舟，上面有八扇窗户，里面还有好几个人坐在里面喝茶聊天，而承载这个画面的仅是一粒小小的果核，这位英国人十分惊讶。他说，这个东西我非要不可，我想把这里的文化带到英国去！这让许忠英十分感动。其作品先后获得国家级、省级金奖18项，中国民间文艺最高奖"山花奖"1项，"五个一工程"入选作品奖1项，版权登记204件（见图8-34）。此外，还培育出一批核雕人才。

图8-33　雕刻大师许忠英　　　　图8-34　许忠英作品《核舟》

2022年5月，央视《奋斗者·正青春》栏目关注了苏州一位"90后"核雕师朱蒙佳。她出生于雕刻之乡吴中区光福镇，在大学读的是艺术设计专业，毕业后回家乡，坚持创作，推出核雕书签，开发深受年轻人喜爱的萌宠系列产品……让古老非遗走进生活，多次获得省级、国家级工艺美术大奖，最近创作了一组《十二精神赞》，致敬心中的革命英雄，雕出了护目镜、防护服，记录了身边的抗击疫情故事（见图8-35）。

图8-35　青年核雕师朱蒙佳

3. 名震华夏的石雕

"石有族。聚太湖为甲，罗浮天竺之徒次焉。"（白居易）苏州的"三石"（金山石、太湖石、澄泥石）"磊"起了苏州西部丘陵山区的石文化。

(1) 金山石雕

据《吴县志》载："金山在天平东南，初为茶坞山，晋宋年间，凿石得金易今名，山高五十余丈，多美石……"自晋代起，金山就开始采矿，用于农业生产和水利交通设施等。到元代，金山石匠开始精雕细琢，出现了佛像、动物等石雕工艺品，现在天池山寂鉴寺还保留有元代用金山石构筑的石屋、石殿（见图8-36）。

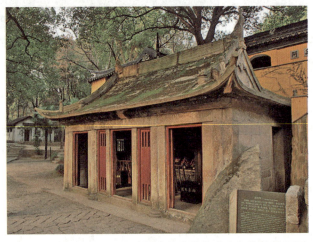

图8-36　全国重点文物保护单位寂鉴寺金山石构筑的石屋

第八章

奇巧工匠层出不穷　大师辈出名震中外

民国初年，金山石雕名声大震，上海滩的很多著名建筑都是用金山石装饰而成的，南京中山陵的陵门、墓室、碑亭、牌坊和二百四十多级台阶就用了上万立方金山石，毛主席纪念馆更用了大量的金山石。金山石与其他花岗岩石不同，金山石特别耐磨、耐腐蚀。太湖古建工程师、苏州修桥名人殷林男说："苏州的老房子都用金山石，它密实度高，颗粒细，因此抗压性特别强。石匠都知道，金山石一剁斧下去，切出来的线条非常清晰，因此金山石雕很有名气，其'左右开弓''断柱接柱''狮子含球'等工艺绝活具有很高的艺术价值。"

金山石雕制的作品大的千斤以上，小的似手指，石狮威严有加，石马引颈长嘶，石灯镂空剔透，观音笑容可掬，无不神情兼备，惟妙惟肖。这些风格独特的石雕艺术品深受日本、美国、新加坡、澳大利亚、马来西亚等十多个国家和地区的外商、华侨以及我国香港、台港等地客商的青睐。但金山石雕是一门艰苦的体力活、硬功夫，塑、刻、凿、雕、磨、钻、镂、削、切、接等技法无所不用，且有一整套绝技：一是采料绝技——会看石纹石脉，俗称"丝缕"；二是劈石绝技——大料石取出后按要求再分割成若干块（现以机械切割替代）；三是左右开弓绝技，即左右手分别握锤，右手雕凿雄狮，左手雕凿雌狮，达到雌雄狮一模一样的艺术效果；四是狮子含珠绝技——传统的"苏式"石狮口中的舌头雕成球形，称"珠"，一旦进入，石珠再也拿不出来；五是"冰梅纹"石墙砌筑绝技——石块拼缝似碎冰状，有的呈梅花状，酷似天然，以不留拼接加工痕迹为最；六是"断柱接柱"绝技；七是石拱桥建筑绝技；八是摩崖石刻和碑刻绝技——凿刻时以钢凿代笔，接刀处不留斧凿痕，刻凿深浅恰到好处，酷似书法运笔轻重，游丝枯笔均须反映原作风貌，如民国时期的顾竹亭便是专事摩崖石刻的高手匠人，章太炎先生曾为其亲书对联："班氏功名诗投笔，鲁公碑志有传人"。图像碑刻必须精通画理，运刀如运笔，圆角转折处不露接刀痕迹。石雕行业出现了许多大师名人，如民国初年，汤根宝和陈根土率金山细石匠200多人赴南京建造花岗石工程中山陵，并巧接石牌坊断柱而技压群雄，更使金山巧匠声名远播。"造桥王"许松斋、钱金生则以修建苏州宝带桥筑石亭和建造横塘彩云桥而著名……

  金山石匠、中国工艺美术大师（石雕）、江苏省非物质文化遗产项目代表性传承人何根金（1939年生于苏州木渎镇天平村），从设计、制图、开采到加工，全套精通，对高难度的切削加工、打磨、雕塑、镂空等无所不涉。他承接的泰州凤凰河景观带石料工程中长廊内以《水浒传》《西厢记》《三国演义》《红楼梦》等古典名著为题材的戏文故事石刻画像达999幅，其精湛的石刻技艺受到业内外人士广泛称赞。

  （2）澄泥石雕

  澄泥石也叫蠖村石，是一种太湖东岸特有的泥岩，所制砚台有发墨快、不渗水、久贮不涸的优点。早在1700年前，人们就发现了泥岩，于是因材施艺，采石作砚。它盛产于灵岩山一带。清初徐崧、张大纯在《百城烟水》一书中有记载："（吴县）灵岩山，去城西三十里，馆娃宫遗址在焉。石之奇巧者十有八，惟灵芝石为最，故名灵岩。西产砚石，即蠖村石，一名砚石山。"用澄泥石制成的砚台，质地温润、色泽柔和、滋润胜水、益毫发墨，石性糯而砚锋健，刚柔兼济，自宋米芾《砚史》著录、清乾隆《西清砚谱》刊载而声名益盛。由于其可塑性强，适合各种雕刻技法的表现，故历史上苏州涌现出顾氏一门、王日申、陈端友等砚雕高手，尤其是顾二娘砚雕技艺之精湛，更是一时无二。民国时期和新中国成立初期，苏州地区最大的制砚群体就在藏书镇，因为附近的山石适合制砚。

  澄泥石是一种沉积岩石，清代《西清砚谱》收录有蠖村石澄泥砚两方，石中含有金属砂粒，石品有鳝鱼黄、蟹壳青、虾头红等，所以也被后世称作"澄泥石砚"。这种砚还含有大量矿物质及锶、硒、锌、锰等微量元素，故石质细腻，颗粒孔隙率低，有良好的研磨加工性能。制作一方作品，须经过一个复杂过程：传统法手工打凿开采、自然雨淋、风干人工选料、切坯、内腔制作、水检、二次坯料构思、勾线放样、粗雕、精雕、打磨、着色、清理、包装出品。在雕刻技艺上运用深浅浮雕、圆雕、透雕、薄意雕、镂雕和浅雕等多种手法，可逼真地再现斑驳的梅桩、破壳的竹笋、鳞纹的苍松、丰硕的水果等，使砚台不但具有观赏价值、实用价值，更具有收藏价值,深受海内外各界人士的喜爱。所以,澄泥石砚是集山水秀美于一身、经精心手工雕刻而成的一朵奇葩。《苏州市志》载,新中国成立初期,苏州市内制砚作坊有许多家,1956年还成立了砚台生产合作社,年产砚台近10万方。20世纪90年代初,往往一个村子里有一半人家建起小作坊生产澄泥石壶,日夜赶制,一批批销往全国各地。

笔者曾登门拜访的石刻大师蔡云娣(1962年生,苏州木渎镇藏书人,艺名石云,国家级高级工艺美术师、澄泥石刻非物质文化遗产传承人;1997年被联合国教科文组织授予"中国民间工艺美术家"称号,2003年3月被联合国技术信息促进系统中国国家分部授予"国际工艺美术大师"称号),是雕刻之家的第三代传人,其代表作有《梅桩提梁壶》《十八罗汉砚》等。

人们常说,武人爱剑,文人爱砚。蔡云娣的《十八罗汉砚》(十八罗汉由十六个罗汉加二尊者而来的。它最早源出玄奘的《法住记》的内容,佛祖释迦牟尼遣命十六名弟子常住人间,济度众生),采用天然澄泥石中的精品——玫瑰红,耗时10个月,手工精雕细刻而成。整幅作品造型优美,大气磅礴,古朴典雅,具有回归大自然之感。十八个神态各异却很慈祥的罗汉,营造了一种和和睦睦、其乐融融的气氛,象征着吉祥安定、消灾纳福(见图8-37)。赠送给英国威廉王子的《早生贵子》澄泥石壶(见图8-38),创作设计花了1个月时间,高12厘米、长18厘米、宽15厘米,造型生动饱满。在创作中特别设计了中国传统婚礼中最常见的红枣、花生、桂圆三种吉祥物,寓意"早生贵子",乐得威廉王子念念不忘中国。

图8-37 蔡云娣作品《十八罗汉砚》

图8-38 蔡云娣作品《早生贵子》石壶

祖传制砚的蔡金兴（1954年生，苏州木渎藏书人，澄泥石刻省非遗代表性传承人、研究员级高级工艺美术师，被文物专家韩欣称为"砚痴"）及子蔡春生不仅收藏、研究、摹制历代古砚，而且还不断创新，正如蔡春生所说："只有完全理解的传承才是活的，之后才能创新。"正是在吃透、读懂传统技艺的基础上，他们用刻刀赋予了冰冷的砚石以灵动的生命。因其独特的造型和栩栩如生的雕工，大受市场欢迎，带动了当地石雕产业的大发展，迎来了澄泥石刻的第二春。

4. 传世的木雕

苏州的木雕历史悠久，在出土的6000年前的草鞋山文物中，除了农具、玉、石刻外，更有木刻件的遗存。苏州古城蟠门（盘门）城楼上竖着一条木刻的"蛇"，作为克"越"的吉祥物也是一个例证。特别明代以来，居民生活普遍由低位坐卧而变革为高位后，越发推动了木雕艺术的发展。在形式上，有实地雕、镂空雕、阴雕、阳雕；在表现手法上，有大刀阔斧、粗犷有力的，也有精雕细刻、线条流畅的。一块平常的木料，经过艺人的构思，雕成一幅错落有致的立体画面，起到了"自然天成，古朴雅趣"的艺术效果。

好的木雕不仅是雕刻家心灵手巧的产物，也是装饰美化环境、陶冶性情、令人赏心悦目的艺术品。特别是蒯祥等木工创造的"金刚腿"表现了"以雕补拙"的高超技能，令人叫绝。清代后期，有"烂泥吴鲍，木头金宝"之说，说的就是苏州香山匠人吴小胖、鲍子阴、金宝，他们手艺四方有名，各立门户，已成为不同特色技艺的掌门人，充分显示了苏州西部山区木雕艺人的智慧、才能和创造性，其经典代表作为《春在楼》，俗称"雕花楼"。

雕花楼坐落于苏州洞庭东山镇，是吴中香山建筑雕刻的代表作。木刻浮雕出于香山木雕艺人周云龙之手，为研究中国近现代民间雕刻艺术传统、地方流派和技法难得的实物。据《吴中胜迹》载：雕花楼于1922年兴工，250余名工匠昼夜施工，历时3年，花去黄金3741两。全楼的梁、桁、柱、檐通饰砖、石、木雕和铸铁装饰，其砖、木浮雕，十分丰富，在江南的现代建筑中,仅此一例(见图 8-39)。

图 8-39　苏州西部东山雕花楼一角

该楼木刻浮雕,内容取材于《三国演义》《二十四孝》《西游记》和传统寓意图案。远远看去,像一座神秘的城堡。未入大门,学问就来了。地面上是用彩石铺的花街铺地,有一个大花瓶,里面插着 3 支戟,边上一个乐器笙,取"平升三级"之意。大门对面是一堵曲尺照墙,上有砖雕"鸿禧"二字,比喻出门见喜。两扇漆黑大门上的青铜雕饰拉手称为金雕,由菊花瓣、如意和 6 枚古钱币形组成,喻义伸(拉)手有钱。接下来就是美轮美奂的砖雕门楼了。正面门楼的砖雕分三层,中坊是"天锡纯嘏"4 个大字,喻义天赐洪福,左右兜肚雕的是《三国演义》古城相会和古城释疑的故事,喻义忠孝仁义;上坊雕灵芝、牡丹、菊花、兰花、佛手、祥云等图案,下坊是梅、兰、竹、菊"四君子",均是吉祥之意。进了大门,回头再看门楼上的砖雕,比正面更精彩。与"天锡纯嘏"相对应,这边中坊写的是"聿修厥德"4 字,为清代书法家尹立勋所题,意为修行积德,左右兜肚雕的是尧舜禅让和文王访贤的故事,喻义德与贤;上坊是王母娘娘做蟠桃盛会、八仙庆寿的场面,取"寿"的意思;接下来一栏雕了 10 只梅花鹿,既有"十全十美"又有"禄"的意思;下坊是唐朝大将郭子仪做寿,他的 7 个儿子、8 个女婿前来贺寿的场面,喻义多子多福,取"福"

的意思；再加上顶脊正中的聚宝盆、门楣上方的双喜字，合在一起就占全了"福、禄、寿、喜、财"5个字。单是这一座砖雕门楼，就花了3 500块银圆。转过身来便是雕花楼前楼大厅、门窗，雕的是"怀橘奉母""戏彩娱亲"等24孝图和"囊萤夜读""道途磨杵"等励志故事。门槛上嵌有蝙蝠形的销眼，叫作"脚踏有福"。踏着"福"迈进前楼大厅，这是整幢雕花楼的主厅，称为凤凰厅，因为厅内总共雕了172只凤凰，也就是86对，当地方言，"八六"与"百乐"是谐音，喻义百年快乐。4根厅柱上端雕有4副乌纱帽的帽翅，象征"回头有官"，所以又叫官帽厅。大厅包头梁上的黄杨木雕，刻画的是"桃园结义""三英战吕布""三顾茅庐"等48个《三国演义》的故事，画面着力刻画武战人物威严勇武的神态，惟妙惟肖，十分耐看。大厅沿廊饰还有20只花篮，分别雕有春兰、秋菊、夏荷、冬梅等四季花卉……

再看雕花楼的二楼、三楼，可谓"楼无处不雕，雕无处不精"，如"二龙戏珠""狮子滚绣球""凤穿牡丹"，形形色色的花卉、鱼、虫……名目不下千余个，其作品既可独立，又具有连贯性，幅幅皆为鬼斧神工的精品。2006年东山雕花楼被国务院列入第六批全国重点文物保护单位。以上是其一。

其二，苏州光福镇太湖中有一座地理位置偏僻的小半岛，半岛上有个冲山村，面积不足3平方千米，周围芦苇茂盛，是当年太湖游击队的主要宿营地之一。过去，冲山人大多以捕鱼为生，现今百十来户人家，家家户户做木雕佛像，蜚声大江南北，而领头人便是冲山村村民陈翰彪。

清末民初，陈翰彪12岁在外学艺，长期在上海从事佛像雕刻，上海的名刹龙华寺大殿的三尊如来，便是他的杰作。新中国成立后，他回到了冲山村，1959年建立了农村小作坊，培养了一批年轻的木雕佛像技术人员。到20世纪70年代，小作坊发展成了有30多人的小工厂，如今已形成冲山一条木雕工艺佛像街。走过村牌坊就能闻到淡淡的樟木香，听到叮叮咚咚的敲凿声。湖岸边、草丛里、小院里到处都能看到大大小小的佛像，笔者到当地去看了几次，似乎佛像比村里的人还多。

冲山的佛像是活的。都说女娲仿照自己用泥土捏出了人，吹了一口仙气泥人就活过来了。而佛雕恰好相反，是匠人把心中的众生相刻出佛像，并赋予佛像一种人的灵性。

佛雕这个行当从入门到出师要花很多的时间和功夫，既要把每尊佛像的容貌和服饰都熟记于心里，心中有佛，才能跟木头对话；又要有刀功，才能在一刀一凿下出现佛像的一颦一笑。

雕佛如同修佛。修佛就是从一个无知无觉的混沌状态，通过修行一点一点地放下心中各种的纷扰和执念，最后才能悟出生命的本真。

须知，做佛雕是一门做减法的学问，一刀一凿地削掉多余的木，从模糊的雏形，经过把斜面越雕越细渐显佛相，本来无知无觉的木头在匠人们的琢磨下就逐渐变成了充满灵气的佛像（见图 8-40）。

图 8-40　雕师一刀一凿地渐显佛相

冲山人用一辈子时间去表达对一门手艺的尊重，可谓十分虔诚。陈翰彪大师曾说，在雕佛的时候十分讲究心境平和，一旦心有杂念，那一刀下去就会刻歪了，不像画画那样可以把纸撕了重来，一块珍贵的香樟木材就废了，只有心地宽广才能看到自己的格局，做久了、看多了，才知道这门手艺的讲究。一尊佛像好不好，就看你想不想跟他说话。佛像的面相和规格只有一个，要让每个人看到你的佛像都会感动，靠的不全是手艺，要靠自己的感悟,这也许就是佛雕的绝技(见图8-41)。由此,冲山人慢慢雕出了一种与世无争的心态,只想一心沉下来把整个人交给这门手艺。把一块木头最后雕琢成一尊有灵魂的佛像,要经过选材、造型、描绘、粗雕、细雕、整形、打磨、抛光、彩妆等几十道工序,这样佛像才能变得栩栩如生。匠人们在看到成品的那一刹那,仿佛是自己用慈悲感化了众生。

图8-41 光福镇冲山村的"千手观音"

匠人在为佛像开相时,心里除了模型,还有那一张张在自己生命中留下过痕迹的众生相。匠人们通过佛像与我们对话,他们把对生活的感悟刻进佛像,佛像就会抚慰芸芸众生。所以佛雕是机器难以取代的一门手工艺。机器的速度再快、工艺再怎么精湛,都刻不出谁都想跟他说话的相。没有人的灵性,造出来的终归还是一堆没有温度的木头。从佛像微微俯视的眼神和慈祥端庄的微笑,我们会感到佛像对众生的尊重远远超过了众生对他的尊重。可见冲山的工匠对待佛像的那种专注和讲究,似乎也远远超出了我们对这门手艺的尊重。笔者在现场曾几次想与他们交流,但看到他们那种专注敬业的精神,都不敢开口,连脚步也是轻轻的。

冲山村的一尊尊佛像走出了苏州,走向海内外,普陀山、峨眉山、五台山、九华山四大佛教圣地及全国各地大小寺庙,日本和东南亚各国,还有美国等都有冲山佛雕的作品。如现为国家级文物的上海龙华寺的千手观音、日本的太阳神（大圣金刚）等。这其中陈翰彪、李永良、李进荣、李兴荣、陈忠林、陈远义等17人功不可没。在他们的传授下，一批新人茁壮成长。顾国荣是1975年出生的冲山村人，17岁时跟随舅舅学习佛雕，一年半后基本掌握了传统佛雕制作的工艺流程。之后的四五年，走南闯北，吃"百家饭"，其间跟多位师父学习各家的工艺技能优点，并很快融会贯通并有所创新和突破。他改用水晶做佛像眼睛，神态逼真、惟妙惟肖，把脱胎工艺提升到新的高度。2015年12月，在第十七届中国（国家级）工艺美术大师精品博览会中，由他设计制作的《达摩渡江》获金奖。2016年9月，其作佛雕《千手观音》获"紫金花艺博杯"金奖。2017年，佛雕《释迦牟尼佛》在中国（苏州）"苏艺杯"国际工艺美术精品博览会又获金奖。

5. 千年不坏的砖雕

砖雕是指在青砖上雕刻出人物、山水、花卉等图案，是古建筑雕刻中很重要的一种艺术形式，大多作为建筑构件或大门、照壁、墙面的装饰。它由东周瓦当、汉代画像砖等发展而来。苏州的玄妙观为南宋遗构，三清殿须弥座砖雕当为宋代作品。苏州西部的洞庭东、西山明清民居大都有砖雕，其纹饰无论是用在民宅还是用在官邸都有它特殊的语境，其特点：

一是传神。这是香山帮工匠砖雕的精华所在，不同的雕刻工艺赋予了砖雕千姿百态的艺术风貌。

二是精致。这也是香山帮工匠砖雕的技艺所在。以类别来分，有圆雕、透雕、镂雕、深浮雕、浅浮雕等。无论是人物还是花卉，甚至是角花，都犹如工笔重彩一般，处处精雕细刻。

三是题材上，多以龙凤呈祥、和合二仙、三阳开泰等吉祥寓意和人们所喜闻乐见的内容为主。

苏州人内敛，在表达上比较含蓄、委婉，耐人寻味。反映到苏州砖雕图案上则表现为喜欢将具有相同属性的事物相类比，通过隐喻或转喻来传达信息而又不显得露骨。比如，砖雕中常用梅、兰、竹、菊来表现君子的高风亮节,将植物的傲、幽、坚、淡的特性与君子应具备的品格相类比,通过隐喻,形成了最初的图案符号,每一个吉祥物都是一个"语码"。如东山、西山古村落的砖雕(见图8-42、图8-43)。

图8-42 西山东村传说乾隆皇帝"金屋藏娇"的敬修堂的砖雕

图8-43 东山雕花楼砖雕门楼(局部)

值得一提的是,苏州曾经拥有二百余座明清时期的砖雕门楼,其字碑大都是名人题字,精美的书法和典雅的砖雕往往相得益彰,使苏州砖雕更添了几分浓厚的书卷气,可惜大部分都在"文革"中被湮灭。随着现代人们的审美情趣对古老艺术的回归,门楼砖雕重又为人们所钟爱。

时代在发展,新人在成长。吴中区非物质文化遗产苏式砖雕技艺代表性传承人钱建春(1971年出生于苏州木渎镇藏书),父亲钱炳仁为雕刻圈内公认的大师傅,对于石雕、木雕、砖雕无所不能,尤擅长砚台雕刻,曾获得全国工艺美术"百花杯"一等奖。耳濡目染使钱建春从小就学习雕刻,更读懂了古建砖雕。2008年他将小作坊转身变为苏州钱氏砖雕有限公司,逐步形成了企业规模,在华东一带享有盛誉。其特点:一是"大",气势恢宏。传统砖雕面积一般在0.5~10平方米之间,他的砖雕照壁常超300平方米。二是"深",深雕。传统雕刻深度一般在3~5厘米,而钱建春发明了超深砖雕新工艺,深度可达28厘米。三是"彩",就是色彩斑斓。他受秦汉画砖及苏式堆塑彩绘的启发,经十多年的反复试验,研究成功了其色牢度及色饱和度适应户外建筑运用的传统苏式彩绘砖雕。他的作品打破了传统基本做法——"砖雕模块",把传统砖雕融入了现代建筑,在工艺、工序、效率及成本、环保等优先的前提下,雍容华贵,工整精致,大气中见规矩,组合中显绝技,为传统砖雕开拓了新的市场。着迷和守望的钱建春在砖雕这部乐章中,他已是其中一个不可或缺的音符,悦耳动听,华丽绽放。

6. 出土的特殊雕刻技艺

除上述系列所述外,还有一批近几十年来出土的文物证实,苏州的奇巧工匠名不虚传。

① 1972年,苏州吴县藏书公社社光大队在"旱改水"——旱田改水田时,无意间在乾隆年间刑部尚书、苏州人韩馪的墓中,发现了一件黑乎乎的金属器物,槎背刻着:"至正乙酉朱碧山造"。1979年,这件银槎杯被定为国家一级文物。这尊银槎杯斜长22厘米,宽7.5厘米,高11.4厘米,题材取自仙人乘槎凌空飞越到达银河的神话故事。树槎形的银酒杯像一叶扁舟,枝杈错落,形态奇崛,中空可以贮酒。槎上一位老人倚坐,其颔下长须髯髯,身着宽袖长袍,腰束飘带,双目注视远方,神态悠然,透出一股仙风道骨。银槎杯尾部的签名——至正乙酉朱碧山造。朱碧山(生卒年不详,本名华玉,元嘉兴路嘉兴县人,居麟瑞乡魏塘,流寓苏州木渎)是元代著名的锻银大师。张岱在《陶庵梦忆》"吴中绝技"条载:"陆子冈之治玉、鲍天成之治犀、周柱之治嵌镶、赵良璧之治梳、朱碧山之治金银……俱可上下百年保无敌手。"早在元末明初,文学家、史学家陶宗仪的《辍耕录》就谈及朱碧山。现苏州吴中博物馆内,有一件"国宝",它就是"朱碧山银槎杯"("槎"是木筏的雅称)。资料显示,现今存世的朱碧山款银槎杯极少,目前已知存世作品仅四件(见图8-44),均为1345年造。用今天的话来说,每件都是"高定款"(按照客户要求为客户量身定做的款式),各有特色,每件都立意高雅、布局简雅、纹饰图案素雅、品位格调清雅、形式内容古雅,凡见过其银槎作品者无不称奇。整器设计精巧,造型奇特,融入了焊接、锤鏨、镂镂等多种技巧,錾刻精细,颇具艺术感染力,代表了吴地银作工艺的高超技术水平,是元代银器中的艺术

瑰宝,更体现出吴文化中的文人主题。

朱碧山银槎杯（吴中博物馆藏）

朱碧山银槎杯（美国克利夫兰博物馆藏）

朱碧山银槎杯（故宫博物院原藏）

朱碧山银槎杯（台北故宫藏）

图 8-44　元代著名治银工匠朱碧山四件银槎杯

② 1973 年 3 月，吴县洞庭山洞庭公社红光三大队（现洞庭东山槎湾）队员发现一座古墓，经南京博物院考古专家清理、查明，系明万历年间许裕甫墓，出土了一批珍宝，尤为珍贵的有三件：

第一件是文徵明书画折扇。明代最流行"土豪金"扇面——明泥金扇面。其扇骨为乌木，十二股，高 20.3 厘米，宽 55 厘米，长 31 厘米。十二股，也就是我们今天说的十二方，九寸半。扇面虽在墓中几百年，仍然不失光泽。在 1979 年的《文物》期刊中，潘群在《明代的折扇》一文里提到明代著名的"乌骨泥金扇"，则以苏州所做为最佳。它涉及扇面、扇骨、扇坠以至于香色等各个方面。先以扇面说，明人尚用金扇。据潘群考证，原来泥金之法是我国工匠吸收了日本、朝鲜两国折扇制作的精华，加以融会贯通而进一步独创的（见图 8-45）。

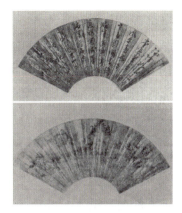

图 8-45　出土的文徵明书法/绘画泥金扇面

文徵明是明代中期有名的书画家，在他数量众多的传世作品中，书画扇面占了相当一部分，并有不少精品。他的这柄折扇，一面画的是雨景山水：近处的水坡烟树，用墨笔混点，结合晕染的技法，树丛中用淡墨勾勒出小屋三两间，远处则有山峰在云雨中起伏，另一面无画。

第二件是申时行手书折扇，为竹骨十三股方端混金面，骨长 28 厘米、扇面高 15.2 厘米、宽 43.5 厘米。一面行书五律《兴福寺》《石公山》诗两首，另一面也无画。

第三件是"子刚"款玉簪。该簪长 9.4 厘米，头刻螭纹，簪体雕龙凤纹，上刻"文彭赏、子刚制"款。采用浅浮雕的雕刻技法，线条圆润流畅。文彭为文徵明的侄子，著名画家，属吴门画派，与子刚交往甚密。

③ 1954 年，苏州西部五峰山博士坞，在明代弘治年间进士张安晚家族墓地 14 号墓中出土了一只金蝉，长 5.3 厘米，重 4.65 克。这一只形神毕肖、金光闪耀的蝉，栖息在玉叶上（见图 8-46）。它侧身翘足，双翼略张，嘴巴微开，好似在奏鸣，透明的玉叶托着它。金蝉蝉翼左右各两外翼，长 1.7 厘米，宽约 0.8 厘米，厚仅 0.2 毫米，表现了蝉翼轻而薄的特点，蝉足简化为三对，一对前足翘起，一对后足微微抬起。整个蝉体形象逼真，栩栩如生。经鉴定，金蝉含

图 8-46　金蝉玉叶饰件（南京博物院收藏）

金量达到95%。玉叶则长5.2厘米、宽约3.2厘米，系用新疆和田所产羊脂白玉精工琢磨而成，晶莹润泽、温柔细腻。叶片打磨细薄呈凹弧状，厚约0.2厘米，分为八瓣。有主脉一根，两边各有支脉四根，叶片正面的叶脉琢成弧曲的凹槽，背面的叶脉相应磋成凸棱，使叶片极具真实感，整片叶子的边缘磋磨得圆润光滑。

该金蝉采用了压模铸范、薄叶延展、錾刻、焊接等工艺。玉叶汲取传统的阳线、阴线、平凸等多种琢玉工艺，抛光细腻，琢工精致，达到炉火纯青的艺术境界。整个画面构思奇巧，动静结合，妙趣横生，具有极高的鉴赏价值，可谓是15世纪下半叶明代中期的杰作，同时也是目前国内出土的唯一一件，可谓稀世之宝。可见对美的追求是人类的天性，苏州西部的先民在创造生活的同时，也创造了神奇而瑰丽的古代艺术。

综上所述，吴中的灵秀山水，孕育了吴中灵秀的人，这些熠熠生辉的智慧手艺，使"天下工艺看苏州，苏作精华在西部"成为共识。尽管历经数千上万年，世事沧桑，就连时间老人都惜爱古人的智慧。那些色泽斑驳的石刻、清雅文秀的器具、形神兼备的刺绣……所表现出的艺术之美，无不使人感动，甚至其上的一个波纹或是一个手印，都使我们感到它们的脉搏依然在跳动。可见，手工艺品的生命是久远的。惊人的手工包含着"工"和"技"，"工"是手的作用，"技"受思维的影响。当人类在作品中追求人性时，手工的价值永远值得记忆。当下，传统在生长，意韵且绵长；突破传统，又在再造传统。人们常说，智慧远比智能重要。新时代的劳动者在"工匠精神"的熏染下，"苏作大师"在现代制造业的各个岗位不断涌现，如在苏州西部高新区的中国科学院苏州生物医学工程技术研究所的一个车间里，数控技术人员张荣荣正聚精会神地审核着工艺程序。一个小小的零件，在他的手里，能做到0.001毫米的精确度。电脑屏幕上，随着红色的小刀笔不断抽动，短短几分钟，一个完整的三维模拟零件就成型了。张荣荣说："'苏作大师'为了一件作品可以沉淀数十年，我们新时代的劳动者同样应该大力发扬'工匠精神'，用数字经济赋能社会发展，就能实现高水平的自立自强。"

第九章
薪火相传澎湃动能　点绿成金诗意无限

"光自东方来"（Ex Oriente Lux），这句拉丁谚语认为，在东方的宗教中可以找到比物质主义的西方更高的智慧和更深的精神世界。这意味着西方文明的源头在东方，来自东方的光芒与力量一直在向西传递，从亚洲到希腊，到罗马、法国……

古吴太湖流域地处北纬30°左右，这里是一片广阔的降雨充沛的地区，而水是有机生命的源泉，故而成为最有利于文明产生发展的区域，正如黑格尔所说，"历史的真正舞台是温带，当然是北温带，因为地球在那儿形成了一个大陆"，是当之无愧的人类文明产生地。考古发现，距今200万年前的中华大地已有古人类生活痕迹，就在太湖西边100多千米、长江南岸边的安徽繁昌人字洞，证明那时的江南已经形成了早期的中华文化；1万多年前的苏州太湖三山岛出现了旧石器时代晚期人类活动的遗址，距今5 800多年的苏州张家港东山村出现了"中华文明的第一缕曙光"；5 000多年前良渚"国家"横空出世，由此将"中华文明五千年"从传说论证为可信的历史；距今4 300年前后，由于环境变化和社会内部变化等原因，中华大地曾经盛极一时的区域文明相继发生衰变，太湖流域的良渚文明因海平面上升导致地下水位上升，致使由沼泽湿地开垦出来的大量稻田桑地再次沦为沼泽，农业遭受毁灭性打击。但不屈的太湖人很快又重新站了起来，逐步创造出今日之"人间天堂"。

核心江南
——世界罕见的苏州西部丘陵山区历史文化

因为苏州西部丘陵山区地处太湖流域中心地带,不是丘陵山区就是湖荡沟壑,街巷深处藏着历史的根与魂,那里的文脉至今从根底里不失原味,苏州太湖西山地质博物馆全方位地记录展示了太湖流域的前世今生,证明了江南的花儿繁盛,但最美的花儿在西部;那里的民众不一定都是诗人,但他们都在诗意地生活,成为"传统"与"现代"的双面绣,展现出美丽江南绿肥红瘦社会发展的全新版图。她为人类社会探索面向未来新的文明形态提供了苏州方案,使马克思主义中国化时代化在核心江南出现了新的飞跃。

一、太湖山水古吴文化　独特文明钟灵毓秀

苏州西部丘陵山区面积约 2 332.96 平方千米(其中陆上面积约 736.96 平方千米,水上面积约 1 596 平方千米),共有 9 个镇(木渎镇、胥口镇、东山镇、临湖镇、光福镇、金庭镇、浒墅关镇、通安镇、望亭镇)、9 个街道(横泾街道、越溪街道、太湖街道、香山街道、横塘街道、狮山街道、枫桥街道、东渚街道、镇湖街道),户籍人口约 96 万人。这方神奇的古老文明之地为什么能够一直延续到今天,主要有两方面的原因:一是因水处在一个相对封闭而又开阔的地域里。由于水多而使外来民族很难走进来,而山温水暖的地理条件又能自给自足、稳定发展。同时,又因无处不通的河湖水,使民众能与各地在交流融合中逐渐生发出自身的独特文明。二是有坚韧不拔的奋斗精神。先吴人"断发文身,裸以为饰"[①]"有不火食者"[②],面对任何外敌的入侵,他们能一直战斗到底,绝不允许别人侵吞自己的家园,其自信无所不在,无惧旱涝勤稼穑,换得遍地稻谷香,创造出许多不为世人所知的奇迹。

---

① 《左传·哀公七年》
② 《礼记·王制》

第九章

薪火相传澎湃动能　点绿成金诗意无限

（一）太湖山水源远流长，三江既入地处"C位"

水是人类混沌开始的地方，是本原、是来处；水流弯弯曲曲，而"曲则全，枉则直"①，有时枉曲，反而能保全、能伸展，使人真正坚强，坚韧不拔。

远古时，天倾西北，地陷东南。大约在 5 亿年前，长江中下游的苏南、浙北、皖南、赣北一带，总体上还是一片被称为"古扬子海"的汪洋，江西湖口发现的三叶虫化石就是证据。经过多次大规模的地壳运动，古扬子海不断缩小，逐渐消失，随之露出的陆地被称作"江南古陆"。《苏州市志》上记载："远在 5 亿 7 000 多万年前（寒武纪），苏州地区广为浅海，接受了一套碳酸盐岩石沉积，这一时期，延续 2 亿多年。4 亿年前（泥盆纪），地壳上升转为陆地"，"3 亿 5 000 万年前石炭纪早期为海陆交替"②。在晚奥陶世时期江南地区曾发生过一次地壳运动，成为一个接近陆地的滨海环境，因而具有十分独特的地层古生物序列，从而改写了江南地区的地质演化史③。

那个时候（泥盆纪），皖南和苏南地区由于奥陶纪末的地壳上升运动，已经上升为陆地（南方各省当时还多被海水淹没）出现在世界上。太湖南岸边"长兴灰岩"这本"天书"详细记录了地球生物的演变，是亿万年沧海桑田变迁的见证。

但在距今 2.47 亿年地球曾经骤然变暖，那时地球上的气温大约常年维持在接近华氏 100 度（约摄氏 35 度），且持续了数千年之久，导致氧气被消耗殆尽，使地球上几乎所有的生物因此灭绝④。在距今 1.95 亿～1.37 亿年的侏罗纪，现属华东地区的大陆火山活动的鼎盛时期，地球上暴发了一次被称为"燕山运动"的地壳大变动。大地震颤，现今北京以北的地壳隆隆升起，并褶皱叠曲，形成了今天这样连绵不绝、苍苍茫茫、险峻天成

---

① 陈鼓应：《老子注译及评介》，中华书局，1984 年，第 154 页。
② 《苏州市志》，江苏人民出版社，1995 年，第 162 页。
③ 徐国保：《吴文化的根基与文脉》（第 2 版），东南大学出版社，2018 年，第 7 页。
④ 徐国保：《吴文化的根基与文脉》（第 2 版），东南大学出版社，2018 年，第 7 页。

的燕山山脉。而这股力量的余波，直接带动了我们这块江南古陆，大地猝然间剧烈地起伏震荡，山崩地裂的巨大声响，撼天动地。这时期的强烈地壳运动，致使岩层发生断裂，造成地面火山喷发，大量中酸性熔岩流夹着碎屑物质填满了沟谷低地，此时上海地区已是一片大陆，查山、钱圩、青浦等地，迄今还留下一些火山残迹。

后来在 7 000 万年前的古新世，喜马拉雅山从古地中海的海底猛然崛起，持续上升，最终成为高达 8 800 多米的"世界屋脊"，它的余波牵动了江南大陆，引起了镇江附近茅山山脉的出现。随后江南大陆还受到其他一些地壳构造运动方面的影响，甚至还经历了一些脉动式的起起伏伏，因而多次引起海水大规模的进进退退，在江南发生了大面积的海侵和海退现象。但从总体地貌上来说，已没有什么根本性的重大变化了。

在距今 2 万年左右的更新世晚期，人类经历了现在说来的最后一次冰期，这就是地质历史上的"大理冰期"，到处是冰原雪峰，海面水位大幅度下降，使海水从苏州甚至上海以东的广大地区退走，本来淹没在大海中的泥沼、沙洲、浅滩等都露出了海面，逐步形成了长江古三角洲。

面对苍茫的大海和水草丰茂的水乡泽国，先吴人在地势较高的近水之地建立起了原始村落。东南有马家浜、草鞋山、良渚等地的星星之火，北有张家港东山村遗址出现的"中华文明的第一缕曙光"。四千多年前大禹在太湖苏州西山约定时日协调联合治水，"三江既入，震泽底定"，留下了禹王庙、禹期山等古迹（见图 9-1）。在世代劳动人民的辛勤耕耘下，在青山绿水之间，沃野绵延，稻浪飘香，山青水绿，花果满坡，"全吴之沃，鱼盐杞梓之利，充仞八方，丝绵布帛之饶，覆衣天下"[①]，先吴人谱写出如诗如画的动人乐章。

诗人艾青在诗中说："为什么我的眼里常含着泪水，因为我对这土地爱得深沉。"喜马拉雅山和青藏高原的崛起，打破了我国应有的纬度地带性规律，造就了我国青藏高原区、西北干旱区和东部（江南）季风区三大

---

① 沈约：《宋书》，中华书局，2010 年，第 1015 页。

第九章

薪火相传澎湃动能　点绿成金诗意无限

图 9-1　苏州西山岛西北衙甪里村北郑泾港甪头洲禹王庙

自然区的格局。没有青藏的高寒，没有新疆、甘肃、内蒙古和宁夏的干旱和荒凉，就没有江南的湿润和富饶。青藏高原的寒和西北地区的旱，换来了江南古陆直至现在的雨，这就是三大自然区之间的因果链条。

看过《西游记》的人都知道，王母娘娘设蟠桃会，没请弼马温，结果齐天大圣孙悟空发了脾气，大闹天宫。他见一样打一样，当他看见玉帝送的那只大银盆，也不管三七二十一，一棒打了下去，银盆便从天上掉了下来，跌到地上砸了个大洞，银子便化作白花花的水，形成了三万六千顷的湖，因为湖是从天上掉下来的，"天"字上面的一横落在下面就变为一点，也就是"太"字，所以此湖就叫"太湖"。72 颗翡翠成了 72 座山峰，分布在太湖中间。玉石雕刻的鱼，就是现在太湖里肌白如银、肉嫩味鲜的银鱼；玉石雕刻的飞禽，变成了对对鸳鸯。

当然，上述只是传说，使太湖增添了一道迷人的神话色彩，它起到了"沉珠再现、隐星发亮"的积极作用。据科学考证，太湖是"海的儿子"——海迹湖，地理上称"潟湖"。原来这里是一个大海湾，由于长江、钱塘江泥沙的冲积，长江三角洲不断向东延伸，海湾因湾口被泥沙淤积成的沙冈所封闭而形成了太（大）湖，之后在江水和雨水的作用下，海水逐年淡化，就成了淡水湖。

在距今 1 万年前后，随着气候转暖，冰川消融，海平面迅速上升。当

核心江南
——世界罕见的苏州西部丘陵山区历史文化

时长江三角洲覆盖着一层晚更新世末期陆相褐黄色硬黏土层，此硬层构成自西向东倾斜的太湖平原全新世原始地面，现在太湖湖底的褐黄色硬黏土层就是佐证（20世纪70年代，笔者于夏天带部队在太湖中搞游泳训练时，湖水深不到肩膀，休息站立时明显感到脚底下光溜溜的，几乎没有浮泥，既干净又舒服）。东太湖大部和西太湖部分地表为晚更新世末期2～6米厚的陆相硬土层所覆盖，地势较为平坦，其水大部由太湖西部的南北谷地与钱塘江、长江沟通。沟通钱塘江的谷地，其中的水从太湖中的大、小雷山之间，向南经吴兴至杭州与乔司之间与钱塘江交汇，注入钱塘江；北部谷地中的水则从马圩向北经雪堰、前洲、青阳、芙蓉、夏港注入长江。

距今9 000～8 000年时，海平面持续上升达到现今的－25～－10米，海侵到达长江三角洲顶部的镇江、扬州一带，海潮通过太湖西部南、北两条支谷入侵西太湖地区。特别是西南部的钱塘江深切支谷，因之演变成为从钱塘江口侵入太湖西部的大海湾，称为"太湖海湾"。

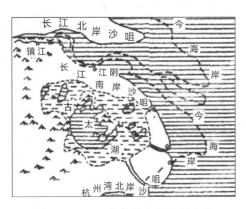

图9-2　7 000多年前太湖四周形成天然的碟形盆地（资料图片）

西北部的茅山、宜溧山地一般高度在200～300米，湖西的平原一般高度为5～8米，长江南岸和杭州湾北岸以及沿海一带一般高度在4～6米，湖东平原地势较低，一般在2.5～3米。然而，在冈身一带以东，受历史时期海潮倒灌影响，地面略较西部为高，达4～5米，致使太湖四周形成一天然的碟形盆地（见图9-2）。

在太湖东、西两侧大部沦为潟湖的全新世早期，太湖周边除湖沼洼地之外，在较为高爽的地区，已有吴地先民在此活动。太湖平原南部的嘉兴、桐乡、石门、崇福一带地势高爽的台状平台，也有先民定居。因此在罗家角、马家浜、秦堂山、谭家湾、彭城等地，均有形成于这时段的马家浜文化遗址。此外，在一些墩台、小丘上，如苏州的草鞋山、张陵山、龙

第九章
薪火相传澎湃动能　点绿成金诗意无限

灯山，昆山的绰墩、黄泥山以及上海冈身内侧的崧泽、福泉山、查山等地也都有马家浜文化遗址分布，说明在太湖地区潟湖扩展期内，并非整个太湖平原都沦为潟湖。而常州圩墩马家浜文化遗址的发现，则说明太湖西北通道封堵之后，其附近的潟湖经泥沙淤填已转变为陆地，适合先民居住。

全新世中期（距今6 000～5 000年），太湖平原东部紧邻沙冈的东侧，又有滨岸滩脊（紫冈）的形成，它在加宽、加厚碟缘高地，进一步塑造太湖碟形洼地的同时，封堵了先前的一些通道，阻遏了海潮涌入西部的潟湖地区，加之距今5 400年左右，气候一度转凉，海平面略有下降，碟形洼地中的潟湖面积显著缩小，湖底大部出露成陆，周边地区则排水不畅演化为星罗棋布的淡水湖沼群，于是出现了良渚文化。

全新世晚期（距今5 000～4 000年），长江携带的泥沙，不断在太湖平原东部的冈身外侧加积，在塑造新的水下边滩的同时，并形成紧邻于沙冈、紫冈东侧的竹冈，太湖地区碟缘高地的冈身海岸大致建造完成。

史太公记载的大禹治水，可能与这一时期因洪涝灾害造成太湖扩大与良渚国家突然消失有关。太湖古称震泽。《禹贡》曰："三江既入，震泽厎定。"北宋郏亶在其《吴门水利书》中，对《禹贡》的这一记载做出了合乎历史情景的解释："昔禹之时，震泽为患，东有堰阜，以隔截其流，禹乃凿断堰阜，流为三江，东入于海，而震泽始定。"吴地从远古至此，由东水西流（珠峰地区在2.1亿年前还是大海）到西水东流，源远流长，预示着美好的未来。

大自然的神奇造化，在这里形成了曲折的浅水海湾、山岬和沙滩，海蚀地貌千姿百态。以穹窿山为高峰（341.7米）的苏州西部丘陵山区延伸到浅湖盆里，形成很多突出于水面的大片陆地，像莲花般在太湖平原湿地中绽放，呈现出原始而壮观的自然风光。山峦青碧如洗，万草千花，一股清新的空气扑面而来，略带一点儿潮湿，你会贪婪地大口呼吸起来，这才发现这里原来真美！抬头白云翠岚，举步溪谷丛林，感觉大自然与古老文明和谐地交融在一起，由此吴地的先人逐步由狩猎、采集转入了定居。

随着生产技术的进步与管理水平的提高，粮食产量也逐步提高，出现了"苏湖熟,天下足"的民谚。根据史书记载,"元都于燕……无不仰给于江南"。史料载,元朝一年的粮食征收额为1 201万石。江浙行省(今江苏、安徽两省的江南部分,浙江、福建两省以及江西省一部分地区)即占449万石。百姓的生活有了保障,而诗人笔下水稻的壮美则令人怦然心动:"新筑场泥镜面平,家家打稻趁霜晴""稻花香里说丰年,听取蛙声一片"……尤其是秋后,江南稻熟,弥望的田野送来丰收的乳香。

从刀耕火种到有吃有穿,奇迹的背后是持之以恒的守护。拨开历史迷雾,探访古老痕迹,或许是在6 000年前,先吴之地的古吴人乘着独木舟于湖海之上,向着太阳升起的地方前行,借助季风,不断向湖海深处漂流……他们的足迹并不因大自然恶劣而却步,更不因自身条件的简陋而望洋兴叹。湖连着海,烟淡水云阔;雪浪云淘,无际且无垠。得天独厚的广阔天地,使先吴人生命中有一种躁动的力量,"可上九天揽月,可下五洋捉鳖",苏州西部丘陵山区因地势稍高,由此形成了江南地理位置中的"C位"。

(二)古吴文化历史久远,人杰地灵物产丰富

在多元宇宙、亿万星河中,人是自然的一部分,地理气象创造了往往被人们忽视的真实文明。约2亿年前,地球上到处是裸子植物,无须开花结果的过程,后因被子植物大量出现,盛开的花朵才使一片单调绿色的地球变得万紫千红。

伟大来自平凡,平凡造就伟大。有了人就有了文化,而文化和文明没有多大差别,甚至可以说,两者是同义的。文明是文化的内在价值,文化是文明的外在形式。但文化是以人为本,包括文明,即文化所包含的概念要比文明更加宽泛,"文明"是指一种较高级的、较发达的文化形态。

上述已经阐明,美丽的江南不是飞来之地,它是自然妙造,奇异天成。它犹如一条丑陋的毛毛虫变身为五彩斑斓的蝴蝶——会飞的花,展示出独一无二的旷世传奇。

1. 一万年前苏州西部太湖三山岛上人猿相揖别,开创文明新天地

古吴大地,到处弥散着神圣的文化灵光。1万年之前苏州西部太湖三

第九章
薪火相传澎湃动能　点绿成金诗意无限

山岛上人猿相揖别，成为中华文明史上一系列火花中耀眼的一颗新星（见图 9-3）。"有了人，我们就开始有了历史。"①

从自然条件看，北纬 30°这条温度带是处于亚热带和温带的过渡地带，是最适于人类生存的地带，降水比较丰沛，植物茂盛，尤其是在生产力水平比较低的情况下，人类仅靠大自然的供给，就能获得一个低水平的发展。所以，在这里早期人类可以比较容易生存，其初始文明和社会就容易在这个地带发展起来，这是远古先吴人的特殊优越环境和本土特色，从而产生了很多独特而精彩的故事。

1985 年 12 月，经文化部批准，南京博物院、上海大学文学院、苏州博物馆、吴县文管会的考古工作者，在太湖中的苏州三山岛西北部清风岭下一溶洞内发现了 1 万年前的旧石器时代晚期的人类文化遗址——长约 60 米，宽约 12 米，总面积达 700 多平方米，洞内文化层厚 40 厘米，系旧石器时代晚期古人类的石器加工场地，从中发掘出石核、石片、刮削器、尖状器等旧石器 1 万余件（见图 9-4），以及 1 万～2 万年前的猕猴、豪猪、貉、棕熊、鬣狗、虎、鹿等 6 目 20 种哺乳动物化石，当年的《人民

图 9-3　苏州太湖三山岛旧石器时代晚期人类文化遗址　　图 9-4　三山岛出土的打制石器

① 《马克思恩格斯选集》第三卷，人民出版社，1972 年，第 457 页。

日报》称其为"中华民族古文明的摇篮"。他们过着渔猎为主、狩猎为辅的原始生活,由此揭开了苏州地区人类历史的序幕。

从出土的众多石器文物中,我们可以清晰地看到石器的精致,它标志着——古人类对新生活具有积极创造的精神,人类物质文明发展进入新阶段。

旧石器时代向新石器时代的转变,是人类历史发展的一个里程碑。在旧石器时代晚期,发生了人类发展史上真正意义上的第一次技术革命。这时,苏州先人们加工石器的技术已经不再是用石头打石头的简单锤击法,而是发明了比较先进实用的间接剥片和打磨技术。制作石器的目的是生产复合工具,矛头装柄成为猎枪,石刃装柄成为石刀、石镰……一切都变得生动、自由、雄浑与欢爱,变得新鲜、甘美、光华与芬芳。他们便是我,我们便是他,人类的过去犹如一幅由远及近的油彩画。可见,在人类文明起源的嬗变过程中,我们已经明显看出社会的变迁总是滞后于技术的变革。三山岛因该岛有北山、行山、小姑山三峰相连而得名,面积仅1.8平方千米,古称蓬莱。岛上常年花果不断,使你如临世外桃源。清朝吴庄《三山》诗曰:"长圩龙气接三山,泽厥绵延一望间。烟水漾中分聚落,居然蓬莱在人寰。"

毛泽东在《贺新郎·读史》中吟道:"人猿相揖别,只几个石头磨过,小儿时节。"诗人用生动形象的笔调描绘人类远古时代的"小儿时节",人与猿之间的区别,只在于"几个石头磨过",是很富有想象力的。人与动物的区别在于能否创造使用工具,动物一般不能。当时所使用的工具,多为石器,人类使用石器作为工具的时代便是石器时代。石器根据制作的不同,又可分为打制石器和磨制石器。使用打制石器的时代是旧石器时代,使用磨制石器的时代便是新石器时代。严格说来,在旧石器时代,磨制石器是不见或不多见的。当人刚与猿分离时,他们的区别或许就是"几个石头磨过"。

毛泽东仅用16字就写了一部历史,而且是一部惊天动地的历史,这岂不是高度的时间浓缩艺术!这种浓缩的奥秘就在这一"揖"一"磨"二字之中。大学问、大道理,全然不以概念出之。历史的第一页,是人含笑挥手与猿"揖别"的卡通画。原始氏族公社时代，人类在"磨"石头中度过了童年。接下来，诗人用"铜铁炉中翻火焰"（青铜器与铁器的制造与使用）、"但记得斑斑点点，几行陈迹"（文字的出现与记录），这一"翻"一"迹"标志着人类逐渐进入了文明社会。

1980年4月，苏州西部东渚镇淹马村的村民在窑墩取土建土窑时发现古墓。在考古人员发掘时，采集到磨制得非常光滑的双孔石斧、常型石锛、石镞、夹砂红陶鱼鳍形大鼎足、"丁"字形断面的鼎足、夹砂红陶器耳、泥质黑衣陶豆盘、饰有竹节和镂空的豆把、带有断凿附加堆纹的夹砂红陶罐腹片，以及泥质灰陶、黑衣陶罐口沿及商周时期的几何印纹陶片等。这些文化遗物的特点，与草鞋山、张陵山遗址中早期良渚和典型良渚文化的遗物相接近，为一处距今4 500年左右的新石器时代古文化遗址。该遗址南北长约300米、东西宽约200米，面积约6万平方米，为苏州西部丘陵山区历史文化提供了从未中断的又一个重要实物依据（见图9-5）。苏州西部的星星之火，到处闪烁，仅被苏州市列入文化遗产保护的地名就有20个（横塘、浒墅关、枫桥、树山、木渎、光福、东山、横泾、香山、胥口、越溪、舟山、邓尉、陆巷、三山、莫厘、东村、明月湾、望亭、虎丘），特别是西山岛上现存的历史文化古迹就

图9-5 苏州西部东渚镇新石器时代窑墩遗址

有一百多处，其中省、市级文物保护单位达14处，这些都是凝固的文化，禹期文化→吴越文化→南渡文化→明清文化……从未中断。走进苏州西部丘陵山区，就像走进了万年的时空。

历史学家李学勤先生指出，不管是炎帝、黄帝还是蚩尤，他们作为古史的传说人物，都代表了一定的历史时期，也代表了一定的部族集团。他们都是处于中国的文明正在起源和融合、形成的时期。而蚩尤是南方人的

先祖。如何看待炎、黄、蚩的关系？2008年7月，清华大学收藏的战国竹简中的《五纪》（暂题名）篇，其中有关于"蚩尤"身份的记载，其文曰："黄帝有子曰蚩尤，蚩尤既长成人，乃作为五兵。"[①] 这里的"子"并不代表蚩尤是黄帝的儿子！这个"子"字表达的是其中一段时间内双方社会关系的一种称谓。在古人的历史观念中，黄帝、蚩尤之时，恰逢神农氏衰，原有社会秩序瓦解，炎帝、黄帝、蚩尤等部族进行了重新整合，互相之间时敌时友，最终融合到一起了。只能说明你中有我，我中有你，"火便是凰，凰便是火"，标志着中华文明起源的历史雄浑而悠久。

《中国原生文明启示录》的作者孙皓晖先生认为，中华文明的强大与不朽，不在变形的末端，而在雄厚的原生时代。一个民族在她从涓涓细流发展为澎湃江河的过程中，必然有一段积淀凝聚进而升华的时期，这个时期所形成的生活方式、文化方式、生存谋略等一系列稳定的存在方式，如同一个人的生命基因那样不会改变，将长久地甚至永远地影响着一个民族的生命轨迹与发展潜力。历史上蚩尤部落的"城"与"器"（冶金兵器）无与伦比，回看第一章春秋中后期的寿梦在苏州西部丘陵山区筑城、苏州人干将莫邪夫妇铸剑，后来苏州一带的炼铁技术一跃而为天下先，其剑与"吴戈"更被后世誉为举世无双的锐利武器，就自然而然明了了。中国人对"文明"的概括比西方要早得多，作为古典语汇的"文明"，其内涵也非常地逼近当代的理念——传承发展，开拓进取，开放合作，不断开辟新的文明天地，从而推动了历史滚滚向前。

2. 人杰地灵，物产丰富

苏州西部丘陵山区既有万年以上的文明历史，更有令人向往的奇山秀水。这里群山环绕，山间小河悠悠流淌，民众生活得安定与惬意，笑容洋溢在每个人的脸上。

（1）人才济济

"东南人士，姑苏最盛"，白发苏州，以文聚人。自古以来苏州人就备

---

① 贾连翔：《清华简关于战国时期"百科全书"的新发现》，《光明日报》2021年10月30日第11版。

受母亲湖太湖的恩泽，宋高宗赵构渡江南后北方名门望族纷纷迁到西山定居，元末明初名士徐达左（1333—1395）隐居光福，在下淹之滨筑别墅耕渔轩，常交海内名士……世界举重冠军陈艳青的故乡也是太湖西山。

同样，东山镇的人才亦大名鼎鼎，宋朝户部尚书叶梦得（1077—1148）、明朝户部尚书兼文渊阁大学士王鏊就是其代表人物。仅明清时期东山就出了2名状元，43名进士。"东山方志名人馆"统计并陈列着出自东山的教授达140余名、副教授近200名、中科院院士3名、博士生导师40余名、享受国务院特殊津贴者37名。特别是山中宰相王鏊（1450—1524），系明代著名政治家、文学家，著有《震泽编》《震泽集》《震泽长语》《震泽纪闻》《姑苏志》等，唐寅赞为"海内文章第一，山中宰相无双"。王氏家族成员及姻亲中又有许多名人。如王鏊第八世孙王世琛，康熙五十一年（1712年）殿试第一，钦点状元，官至翰林院修撰——"文人之笔，无雕饰痕"；第十三世孙王颂蔚，光绪六年（1880年）进士，官至庶吉士、户部主事、军机章京；第十四世孙王季烈，清光绪甲辰（1904年）科进士，官学部郎中，业余昆曲家，其父王颂蔚为朝廷三品官，是蔡元培参加会试时的恩师，其母谢长达系近代著名女教育家，创办振华女校。在王季烈这个家族中，不仅在王季烈一辈弟兄姐妹中有王季同、王季点、王季绪、王季玉等科技专家、教育家，其后代家族中更涌现出王守竞、王守武、王守觉、王淑贞、何泽慧、何怡贞等一批我国科技界精英。第十五世孙王守觉，中国科学院院士，兼同济大学信息工程学院名誉院长。而王鏊堂兄王銮的后裔王季卿，系我国著名的声学专家，在建筑声学方面有很高的造诣……

（2）物产丰富

这方沧海奇域，在当时是什么样子，已不得而知，但可以肯定的是，这是一个受到湖海律动不竭的水势很大的山水"绝恋"之地，久而弥新，古老而美丽。

一是地上花果植物繁多。江南人是很难饿死的，历史上江南生态环境优越，物产丰富，可谓"一年十八熟、天天有鱼虾"，出门不用带干粮。

二是水中生物多种多样。陆地上食物多，水中生物亦多。水既是人类

核心江南
——世界罕见的苏州西部丘陵山区历史文化

图 9-6　苏州西部横泾旧日小菜场（资料图片）

文明的摇篮，又是"自然产生的生产工具"；既是基础性自然资源，又是战略性经济资源，由此造就了江南的富庶之地。水中除螺、蚌、蟹外，太湖里有记载的鱼就达 106 种（见图 9-6）。

三是地下矿产丰富。中华上古奇书《山海经·堂庭山》载："又东三百里，曰堂庭之山，多棪木，多白猿，多水玉，多黄金。"①"堂庭之山"即苏州西部太湖中的东、西洞庭山，俗称东山、西山。这里的"水玉"即水晶，"黄金"是指沙金。

考古发现，江南地区自公元前 21 世纪前后就进入青铜时代。最先使用的金属是红铜（未经加入其他金属的自然纯铜），人们将它加工成装饰品和小器皿。金锡的合金即青铜。著名历史学家、考古学家郭沫若在对商周青铜器及其铭文进行深入研究的基础上，面对殷周时期大批制作精细、纹饰繁缛、技艺水平精湛的各类青铜器物，赞叹不已；进而对中原地区青铜铸造业的铜源、锡源大胆地做出了揣测，首次提出中原地区商周时期青铜或青铜冶炼技术可能是由别的区域输入的判断。他认为："中国南方，江淮流域下游，在古时认为是青铜的名产地。《考工记》云'吴越之金（铜）锡'，李斯《谏逐客书》云'江南金（铜）锡'，都是证据。……在春秋战国时，江南吴越既为青铜名产地，则其冶铸之术必渊源甚古。殷代末年与江淮流域的东南夷时常发生战事，或者即在当时将冶铸技术输入了北方。"②（见图 9-7）在《两周金文辞大系图录考释》中，郭老还通过对青铜铭文的考释，提出东南夷与中原政权之间存在着一条以金锡入贡或交易之路——"金道锡行"。《周礼》《禹贡》《越绝书》《史记》等均对质地

---

① 刘向：《山海经》，刘歆校刊，吉林摄影出版社，2003 年，第 2 页。
② 郭沫若：《青铜时代》，科学出版社，1957 年，第 300-301 页。

优良的江南金锡和楚、吴、越所铸青铜器之精美赞不绝口,对荆、扬二州"贡金三品"言之凿凿。

图 9-7　锯齿铜镰出土地点分布图

据笔者十多年前实地考证,苏州铜山即在太湖边光福镇鞍山旁的铜坎山,故王揆(1623—1709,太仓人)在《山行竹枝词》中云:"山楼晓起雨初晴,绕屋淙淙涧水声。喜得湖平波浪息,小船双橹出铜坑。"① 邓尉山"与铜坑、玄墓诸山相连。铜坑者,一名铜井,晋宋间,凿坑取沙土煎之,皆成铜。有泉,亦以铜名"②。

（三）古村古寺古树众多,养蚕植桑中国重地

上述已经指出,苏州西部丘陵山区早在一万多年前就有人类活动。

1. 古村古寺古树众多

（1）西山（金庭镇）古宅名屋颇多

所辖11个行政村和一个社区（秉常村、石公村、缥缈村、堂里村、林屋村、东蔡村、元山村、蒋东村、东村村、庭山村、衙甪里村,东河社区）,154个自然村,现存历史文化古迹有100多处,其中省市级文物保护单位14处、市级控制保护古村落7个、市级控制保护古建筑26处（见图9-8、图9-9）。

---

① 徐崧、张大纯:《百城烟水》,江苏古籍出版社,1999年,第125页。
② 陆广微:《吴地记》,曹林娣校注,江苏古籍出版社,1999年,第179页。

图 9-8　西山东村古村落及控制保护古建筑（一）　　图 9-9　西山东村古村落及控制保护古建筑（二）

众所周知，历史价值是一切价值产生的核心。金庭镇现存各类古民居 116 幢、古祠堂 25 幢、古寺遗址 15 处、古庙遗址 42 处、古亭遗址 5 处、古店铺遗址 5 处、古码头 7 处（见图 9-10）、古桥 18 座、古街 6 条、古泉 15 眼、古巷门及古牌坊楼遗址 22 处、古井 36 口。百年以上依然苍翠的"文物"、绿色"活化石"——古树 84 棵［其中含 1 200～1 800 年的柏树 3 棵、1 000 年以上的香樟 2 棵（见图 9-11）、500～800 年的香樟 12 棵、800 年以上的罗汉松 1 棵、600 年以上的紫藤 1 棵、500 年以上的桂花树 2 棵、400～500 年的银杏树 3 棵、300 年以上的白皮松 2 棵］。古塔遗址有 4 处。既有宋代气势不凡的禹王庙、楠木大殿，又有明代涵村的古店铺、东村的楠木栖贤巷门、明湾独特的清砖斜砌扇形墙体房，还有清代堂里仁本堂木砖雕刻的雕花楼、沁远堂的雕花大厅、东村"四门楼六进"敬修堂等，形成了后埠、明月湾、东蔡、西蔡、东村、绮里、慈里、堂里、甪里、镇夏、衙里、涵村、鹿村、秉常、梅益、植里、东河等古村落，其中明月湾、东村、堂里、东西蔡、后埠、植里、涵村等七个尤为突出。如明月湾还保留着清乾隆年间修建的石板街，它由 4 560 块花岗石铺就，下面是排水沟，能够迅速排干雨水和山洪。

图 9-10　明月湾 58 米长古码头　　图 9-11　金庭镇阴山岛千年古樟（高 36 米，树干一圈达 5.83 米）

此外，在太湖边光福镇西、吾家山东麓司徒庙的四株古柏相传为东汉大司徒邓禹（2—58）手植，因其形态奇异，分别被题名为"清""奇""古""怪"，堪称吴中一绝（见图 9-12）。

图 9-12　古柏相传为大司徒邓禹手植

西山岛除本地居民外，以北方名门望族为首的南迁居民颇多，形成了一些大的宗族和村庄，其中以徐、陆、沈、蔡、蒋、马、屠、劳为南渡八大宗族。各宗族在西山定居后，依传统都要建宗祠、修宗谱。至明初，西山约有较大宗族 25 支，如秦家堡秦氏、消夏湾蔡氏、甪里郑氏、兵场黄氏、劳家桥劳氏、东村徐氏、煦巷徐氏、横山韩氏、梧巷凤氏等。目前，西山氏族宗祠尚存的已经很少。在《洞庭山金石》中录有碑文的宗祠有：东村徐氏祠、堂里徐氏祠、梧巷凤氏祠、秦家堡秦氏祠、涵村陆氏祠、东宅河朱氏祠、东蔡蔡氏祠、西蔡蔡氏祠、甪里沈氏祠、甪里郑氏祠、徐巷徐氏祠等。

（2）东山镇有两个著名的古村及一棵"江苏银杏王"。

两个古村：一是地处该镇西南的杨湾古村（最早名为"阳湾"，意为向之湖湾。据传因春秋时期吴国屯兵而得名，有两千多年历史）里坐拥着两个全国重点文物保护单位：轩辕宫——始建于唐贞观二年（628年），其正殿至今仍供奉着轩辕黄帝塑像（见图9-13）；怀荫堂——一座典型的明代民间住宅，两层11间，整体建筑和木雕、砖雕颇具艺术特色。此外，还有一个明善堂（为江苏省文物保护单位）。

图9-13　东山镇杨湾古村轩辕宫正殿系全国重点文物保护单位

二是陆巷古村，它位于后山（东山西部）太湖边，建于南宋，因村中有六条古巷而得名，距今逾千年，是全国首批历史文化名村。它是目前江南建筑群体中质量最高、数量最多、保存最完好的古村落。村中有明代古街、3座明代牌楼，各种厅堂鳞次栉比，至今还保留着古弄及30多幢明清建筑，为江南少有的明清建筑博物馆。辟有"一街六巷三河港"，呈鱼骨状空间布局："一街"指村子中心的紫石街（见图9-14），由光亮的花岗岩条石铺成,行走起来有云淡风轻的飘逸感;"六巷"指古西巷、旗杆巷、姜家巷、韩家巷、文宁巷和康庄巷6条街巷,在老街东侧,与老街垂直相交,向山坡蜿蜒伸展;"三河港"指蒋湾港、陆巷港、寒山港3条河港。村内道路纵横,都以青砖侧砌成"人"字形,主街则以条石铺面,道旁镌刻着上下轿马的标记,是研究明清礼仪不可多得的资料。古村依山面湖,粉墙黛瓦掩映在果林之中,整个村落与周围山水融为一体,显得静谧幽雅。

村周边还有寒谷山、北剪壶、王鏊墓、化龙池、观音堂等名迹,特别是康熙皇帝六次南巡,唯一到过的苏州民宅——东山的席氏府第,园内有三室:柳毅井、康熙手植梅树、御码头(见图9-15)。在老街西侧,河水清澈,缓缓流向太湖,每当夕阳西下,一轮红日缓缓西沉,七彩闪耀,犹如"人间天堂"。2022年,吴中区入选全国传统村落集中连片保护利用示范县(区)。

图9-14 陆巷村古街

图9-15 席氏府第的"东山康熙御码头"

一棵"江苏银杏王",它长在东山岭下村村口,高30多米,树干周长达20多米,树龄已2000年(见图9-16)。村民视之为"神树",建了庙,进香烛保平安,站在树下有种被神圣庇佑的感觉。

2. 养蚕植桑中国重地

中国是世界上最早养蚕植桑、缫丝纺织的国家。大量考古发现证明,至少在5 000多年前,中国人已开始养蚕和用蚕丝纺织了。清代历史学家

核心江南
——世界罕见的苏州西部丘陵山区历史文化

图9-16 吴中区东山镇东山岭下村村口2000年树龄的"银杏王"

马骕《绎史》卷五引《黄帝内传》说:"黄帝斩蚩尤,蚕神献丝,乃称织维之功。"蚩尤是南方人的祖先,这就进一步证明了吴越地区除了早有盛名的稻米文化,更是丝绸纺织文化的摇篮。春秋时期吴国公子季札到中原各国观礼时,曾将吴国所产的缟带赠给郑相国子产。周敬王元年(前519年),吴楚两国因争夺边界桑田,曾发生大规模的"争桑之战",说明蚕桑之利在当时经济上的重要地位。三国东吴时,丝绵布帛之饶,覆衣天下,苏州丝绸已发展成为"赡军足国"的重要战略物资。南北朝时,有日本使者求吴织、缝织女工归。隋唐时,苏州丝绸贡品数量最多,"土贡"有丝葛、丝绵、八蚕丝、绯绫。韩愈曾说:"赋出天下,而江南居十九。以今观之,浙东西又居江南十九,而苏、松、常、嘉、湖五郡又居两浙十九也。"据民国《吴县志》记载:吴王"阖闾夫人墓中……,尤异者有金蚕、玉燕各千余双"。将蚕作为国王夫人重要的陪葬品,足以看出蚕在当时人们心目中所占的地位。至明末清初,苏州西部丘陵山区出现万亩桑园、四季养蚕的盛景,所产"吴丝"(又名"香山丝")已成为享誉世界的著名品牌。

苏州之所以被称为"丝绸之府",这又与西部的浒墅关科学地养蚕植桑分不开,那里早已形成了"人家勤耕种,湖桑接远村"的繁荣景象。旧时,吴地一年四季的风俗中,有许多是与蚕桑有关的,诸如"蚕关门""看花蚕"等,而至近代,浒墅关镇已出现了浒墅关女子蚕桑学校(见图

9-17)。

费孝通指出,"浒墅关女蚕校不愧是中国蚕丝改革的发动机"。1921年,浒墅关女子蚕桑学校为振兴中国蚕丝事业,在校长郑辟疆的引导下,进行了蚕种改良,技术一经推广,立马夺得高产。

图 9-17 浒墅关女子蚕桑学校(资料图片)

据记载,浒墅关大大小小的蚕种场曾有 20 多家,其中规模最大的是大有蚕种场。1930 年左右,浒墅关蚕户总数 5 000 余家,桑田 400 余亩,多数蚕农在房前屋后种满了桑枝,每到暮春时节,走近桑树林,扑面而来的都是桑葚果馥郁的气息。

蚕丝专家费达生是著名社会学家费孝通的姐姐,也是浒墅关女子蚕桑学校校长郑辟疆的妻子,早年曾在太湖东南岸的七都镇开弦弓村进行蚕丝业改革。当年浒墅关集中了全国最为优秀的一批蚕丝科研学者和传人,正是有了他们的默默奉献,浒墅关的桑蚕丝织事业才得以改革与发展(见图 9-18、图 9-19)。

图 9-18 费达生与郑辟疆铜像合影
(资料图片)

图 9-19 蚕种场所产原种(资料图片)

浒关蚕种场（由大有蚕种场发展而来）是全国最大的蚕种场。1950年前后，该蚕种场所产原种，除供应全省需求以外，还支援了全国其他省区，包括新疆、广东、广西、甘肃等15个省（区、市），同时出口供应许多国家。如今，浒墅关镇在大有蚕种场原址应运而生的蚕里街区，位于苏州浒墅关桑园路333号（运河东岸浒墅关大码头）。街区内有5栋保留建筑和4栋新建筑，其中保留建筑是民国时期建造的，距今已有百年历史。蚕里街区以蚕种场民国建筑为基地，已打造成浒关记忆馆，标识出浒墅关蚕桑事业的人文内涵、发展轨迹与历史贡献。

二、海纳百川自成一体　强富美高烟波胜景

广袤无垠的大海，因为有深邃的底蕴，才会有飞驰的情、澎湃的爱，因为有不同籍贯江河力量的聚集，才会敢于与日月对话，同长风交流。

苏州西部丘陵山区在千万年的历史长河中，使不同籍贯的流派在此荟萃，择善而取，不拘流派，不分门户，不求千口一腔，兼收并蓄，熔各种文化于一炉，从火耕水耨到全面小康，结出了丰硕的硕果。正如俞伟超先生所说："任何文化，只要发展到其活动能力已达到可以比较广泛地同其他文化相接触并相互发生影响的程度，每一个文化内部都不会只有一种属于自身文化传统的因素，而且这种相互联系所产生的彼此影响，不会只发生一次。"从地理上来看，远古的苏州地区处于大江大湖之中，并向广阔浩瀚的太平洋敞开，其本身既是一个开放的系统，又是一个聚集的地方（以太湖为中心的碟型洼地）。早在四五千年前，吴越人就已驾船航行到太平洋西岸的各大岛屿，殷商时期已自发形成市场的萌芽。春秋战国时期，在吴国出现了来自西方国家的器皿；开辟了与西北丝绸之路相比肩的"海上丝绸之路"和"海上陶瓷之路"。无论是异域文化的传入，还是海外移民或丝绸、陶瓷制品的输出，吴越地区更多的时候是开风气之先，尤其是在嘉靖到万历年间（1522—1573年），江南的商品经济繁荣，与同时代世界各国的工商业和技术水平相比，江南都是当时世界上经济最发达、工商

第九章
薪火相传澎湃动能　点绿成金诗意无限

业最繁荣的地区。史料证明，早在六七百年前，苏州地区已经走到了人类社会近代化的大门口。新中国建立后，尤其是在新时代中国特色社会主义改革开放的大潮中，苏州西部丘陵大地"奇经八脉"活起来，焕发出新的勃勃生机。心怀梦想、奋勇拼搏，经济效益不断提升，人民进入了物质上富有、精神上富足的共同富裕新生活。

（一）不用救世主自救自度，继往开来全面小康

纵观中国政治、经济、文化发展史，"民惟邦本，本固邦宁"，这一思想有着非常深厚的"人本"底蕴。毛泽东同志曾说过，在世间一切事物中，人是第一最可宝贵的。在共产党的领导下，只要有了人，什么人间奇迹都可以创造出来。

1. 不用救世主，自强自立

苦难的背后是伟大。司马迁在《史记》中对江南的描述是："地广人希，饭稻羹鱼，或火耕而水耨。"《汉书·严助传》亦说："南方暑湿，近夏瘴热，暴露水居，蝮蛇蕠生，疾疠多作。"当时每平方千米只有2~3人[①]，而且人的寿命一般都不长，南方曾被北方人视为畏途。不怕死的先吴人不离不弃，面对"旱夭"，顽强拼搏。尤其是海侵、洪水泛滥时，难逃厄运，"水国不胜愁"。而到宋朝时，情况已经大变，《宋书》载："江南之为国盛矣。……地广野丰，民勤本业，一岁或稔，则数郡忘饥。……丝绵布帛之饶，覆衣天下。"这个壮美从何而来？一句话：这是先吴人与洪水搏斗、与恶劣的环境拼搏造出来的。

距今9 000~8 000年时，以苏州为中心的古吴地区东边是海，西部是"太湖海湾"，海侵到达长江三角洲顶部的镇江一带，海潮通过太湖南、北两条支谷入侵至西太湖地区。特别是南部的钱塘江深切支谷，因之演变为从钱塘江口侵入太湖南部的大海湾，它与北部的支谷海潮在太湖东部形成交汇点，山洪漫流，海潮翻滚。吴地先民生存条件十分艰险，他们居住在

---

① 据《汉书》卷二十八《地理志》统计。

湖海之中的高台地区，疫疾多作，浮大泽，劈草莱，战猛兽，斗蝮蛇，血战前行，独具一种强悍、刚健、习水的风骨。

为了生存，"断发文身"是吴越民族区别于其他民族的一个非常重要的外貌特征。最早记载吴人"断发文身"的是《左传·哀公七年》："太伯端委，以治周礼，仲雍嗣之，断发文身，裸以为饰，岂礼也哉，有由然也。"《说苑·奉使篇》也说："是以剪发文身，烂然成章，以象龙子。"这些习俗的众多文献记载也为考古发现所证实。《礼记·王制》曰："东方曰夷，被发文身，有不火食者矣"，活吞鱼虾蛇蟹。《史记·赵世家·正义》记载，吴越人文身之法："刻其肌，以青丹涅之。"他们不梳冠，头发是剪掉的；文身是用矿物、植物的颜料在身上画些图案，这是古代吴越人"习水"而避"蛟龙"的一种自我保护方式。此外，女性还用河中的草汁染齿，满口是光亮的黑齿，旨在"食稻啖蛇"。男性不但染黑牙齿，还将口中门牙敲去，以像猛兽。这些带有神秘色彩的古老遗俗，在考古资料中也得到印证：南方几何印纹陶纹饰中普遍发现类似蛇形的纹饰。[①] 闻一多先生说，古龙蛇相通，龙子也就是蛇子。苏州阖闾大城设有蛇门，《吴越春秋》载："越在巳位，其位蛇也，故南大门上有木蛇……"又说：勾践降吴后，曾使刻工雕木"状类龙蛇"，并把它献给吴王夫差。[②]《说文解字·虫部》也说："南蛮，蛇种。"一方面说明吴人常在水中，懂得水怪的习性；另一方面表明吴人如不勇猛强悍，定会被水怪吃掉或咬伤。直到近代，这种习俗仍可以在海南黎族、台湾高山族等民族中看到。

水中险恶，岸上的豺狼虎豹、野猪等更凶残。苏州先人"向死而生"，在与猛兽的搏斗中，以牙还牙，充满了粗犷剽悍、英武阳刚之气。正是这个蛮夷小国，自吴王寿梦时开始崛起一方，至阖闾与夫差时期更是问鼎中原，逐鹿天下。世人谈及吴国军队，尤其是南方人的老祖宗蚩尤时，更是闻风丧胆。视死如归的吴人，无论战场格杀、恩怨角斗，还是朝廷刑罚，轻死之风盛行，涌现出了一批像专诸、要离那样悲歌慷慨的伏节死难之士。

---

① 陈华文：《几何印纹陶与古越族的蛇图腾崇拜》，《考古与文物》1981年第2期。
② 赵晔：《吴越春秋全译》，张觉译注，贵州人民出版社，1993年，第349页。

第九章
薪火相传澎湃动能　点绿成金诗意无限

面对汤汤洪水,"生于斯,长于斯"的吴人不离不弃自己的故土。史载:1696年,暴风雨摧毁了苏州东南方的古海堤,张永铨先生针对当时太湖地区的水患曾做一首诗:

> 数口同将绳系身,犹冀相依或相挈。
> 那知同泛竟同沉,或钻屋顶求身脱。
> 身随茅屋偕漂泊,或抱栋梁任所之。
> 风来冲激东西撒,或攀树杪得暂浮。
> 蛇亦怖死缘树头,人怕蛇伤手自释。
> 人蛇俱已赴沧州……
> 一日二日面目在,浮尸填积如丘山。三日四日皮肉烂,臭闻百里真心酸。[①]

苏州先人历尽坎坷多磨,苦不怕、死不怕,永不言败,以金石般的意志开拓创新,经过长期自身的努力奋斗,太湖平原由"火耕水耨"到"地宜稻",并种桑养蚕、种棉纺织,亩产量及综合效益也逐步提高。"譬如,从欧洲近代早期的小麦来看,其平均种子产量比很难超过1∶5。在帝国晚期的嘉兴,好年景对勤快的农民而言,种的稻和收割的稻的种子产量比,从量上讲是1∶45到1∶51。就稻种和米(大多数人吃的那种)的比率而言,它仍大约在1∶31到1∶36之间。也就是说,这里每公顷谷物的生产率与同一时期欧洲的那个产量处在完全不同的一个层次上。这是多种因素综合作用的结果,包括所种粮食的特性(是水稻,而不是小麦和其他旱地作物),诸如年平均温度、光照时间、土壤等等的自然条件,当然还包括农业技术。"[②]

伊懋可这位英国的教授可谓一个中国通,他拿出了西方善于数据分析

[①] 张应昌:《清诗铎》,上海古籍出版社,1982年,第473页。
[②] 伊懋可:《大象的退却:一部中国环境史》,梅雪芹、毛利霞、王玉山译,江苏人民出版社,2014年,第222-223页。

的本领，很富有洞见。苏州地区的农作物，尤其是水稻的产量比较高，确实是"多种因素综合作用的结果"，比如施肥、精耕细作，农忙时不仅男人下田，女人也下田。女人除了种稻、种麦、种油菜外，还要植桑养蚕、纺纱织布，对应四季变化劳作，十分辛苦。

一勤天下无难事。一个人或一个民族，经历了许多磨难便有了自己的个性。即使在大冬天，江南人也是冬闲人不闲。有积肥的、修理农具的，有合伙打（搓）草（麻）绳的，有上山开荒（翻地）、砍柴的，等等。可见，江南的富不是天上掉下来的，是男女老少一齐上、勤奋而节俭的花朵。

苏州人面朝黄土背朝天、自强不息的"草根精神"，被南宋诗人范成大（平江府吴县人，晚号石湖居士）用脍炙人口的《田园四时杂兴》六十首七言绝句真切生动地展现天下，这些诗字里行间带着露珠、散发着泥土的芬芳，被誉为"字字有来历"的诗。例如：

土膏欲动雨频催，万草千花一晌开。舍后荒畦犹绿秀，邻家鞭笋过墙来。（春日）

昼出耘田夜绩麻，村庄儿女各当家。童孙未解供耕织，也傍桑阴学种瓜。（夏日）

新筑场泥镜面平，家家打稻趁霜晴。笑歌声里轻雷动，一夜连枷响到明。（秋日）

放船闲看雪山晴，风定奇寒晚更凝。坐听一篙珠玉碎，不知湖面已成冰。（冬日）

乡村四月

［南宋］翁卷

绿遍山原白满川，
子规声里雨如烟。
乡村四月闲人少，
才了蚕桑又插田。

《乡村四月》通过对山川田野、子规啼雨和植桑插秧等情况的描述，反映了乡村四月一片繁忙的劳动景象。

2. 治水用水，持续改善区域水生态

巍巍钟山，滔滔大江，"茫茫九派流中国"；浩浩太湖，烟雾缥缈，朦朦胧胧胜天国。四周皆为湖水的千年古镇——苏州西山金庭镇，显得神奇而迷人。它将大自然的色彩，天、地、人、湖无缝衔接，人文与自然多种元素巧妙融合，浓缩成生命活力的精华，尽显精细、精巧、超美。那种与生俱来的优雅气度，那种温柔似水的格调姿色，那种小巧玲珑的精致情调，让人忘掉一切。其实，太湖是个充满生机活力、生命动力的湖，因"活"而延续，因"动"而精彩。

雨过天晴，夕阳西下，晚霞的余晖映满湖面，五彩缤纷的格调、变幻无穷的云海，似飞舞的彩蝶；活动在水面上的小精灵，又似流动的画。当微风徐徐拂来，被"欺负"的湖面受到惊扰，立刻皱起眉头；那湖湾里一只只小白鹅游来游去，无数次把湖面划开一道道浅浅的口子，犹如一叶小舟扬起风帆，驶向生命的远方……

水流过的地方，有世界上最早诞生的路。吴中大地上的"一江、百湖、万河"水域图，就像脉络丰富的叶片，有干流，有支流，从粗到细，从主到末，你走到哪里，向任何一个方向走去，终将与水相遇；更有"水上高速公路"——大运河，东南西北，四通八达。

由于太湖流域位于中纬度地区，属湿润的亚热带季风气候区，四季分明，雨水丰沛。冬季有冷空气入侵，多偏北风，雪少湿冷；春夏之交，暖湿气流北上，冷暖气流相遇形成持续阴雨，称为"梅雨"；盛夏受副热带高压控制，热量充裕。流域年平均气温15 ℃～17 ℃，自北向南递增。多年平均降雨量为1 181毫米，年降水总量414亿立方米，陆面蒸发量为764毫米，水面蒸发量为842毫米；区域多年平均水资源量为162亿立方米，其中地表水资源量为137亿立方米。降雨年内分布不均，其中60%的降雨集中在5—9月。降雨年际变化很大，最大与最小年降水量的比值为2.4倍；而年径流量年际变化更大，最大与最小年径流量的比值达

15.7 倍。尤其是发大水的年份,天目山与太华山的洪流似银河飞流直下,而长江的洪峰排山倒海,太湖流域的水量可谓大也。以 2019 年太湖流域水资源总量为例,详见表 9-1:

表 9-1 2019 年太湖流域水资源总量　　　　水量单位:亿立方米

分区	年降水总量	地表水资源量	地下水资源量	重复计算量	水资源总量	产水系数
江苏省	199.7	65.2	11.8	2.7	74.3	0.37
浙江省	187.7	101.5	23.4	17.2	107.7	0.57
上海市	74.9	35.9	8.7	2.5	42.1	0.56
安徽省	3.1	1.5	0.2	0.2	1.5	0.48
太湖流域	465.4	204.1	44.1	22.6	225.6	0.48

注:① 2019 年太湖流域年降水量 1 262 毫米,折合降水总量 465.4 亿立方米,比多年平均偏多 7.2%。

② 2019 年太湖流域水资源总量 204.1 亿立方米,折合年径流深 553 毫米,比多年平均偏多 27.5%。

③ 扣除地表水及地下水重复计算量 22.6 亿立方米,2019 年太湖流域水资源总量 225.6 亿立方米,较多年平均偏多 49.6 亿立方米,平均产水系数 0.48。

资料来源:水利部太湖流域管理局,《2019 年太湖流域及东南诸河水资源公报》。

传说中,历史上大禹的父亲鲧被尧帝派去治理水患,修堤堵水九年未果,被杀。舜帝即位,命鲧的儿子禹继续治理水患。禹改变了治水方法,运用准绳和规矩疏导,终于把洪水引入大海,地面上又可以耕种庄稼了。他和老百姓一起劳动,戴着箬帽,拿着锹子,带头挖土、挑土,禹常年脚泡在水里连脚跟都烂了,只能拄着棍子走。他治水居外 13 年,三过家门而不入,成为中国历史上第一位成功治理水患的治水英雄。人们为了纪念他带领千万先吴民众治理太湖"三江"的功绩,至今太湖西山岛衙甪里古村北端三面临湖的甪里洲还存有禹王庙。

吴地人传承大禹治理"三江"精神,师法自然,历朝历代文脉未断。特别是伍子胥及北宋"钱王射潮"的传说告诉我们,江南民众曾向大自然发起了一场声势浩大的治水会战,它反映了民众敢于挑战海神以及建设美丽家园,追求美好生活的强烈意愿。多年来,太湖流域在沿长江一线兴建了许多引排工程,以使水大时向长江排泄洪涝水,水少时则从长江引水。宋人单锷(江苏宜兴人)在《吴中水利书》中特别指出,苏州、常州、湖州三府之水为患最久，从溧阳五堰以东到吴江县（今吴江市），好似人的身体："五堰则首，宜兴荆溪则咽喉也，百渎则心也，震泽则腹也，旁通震泽众渎，则络脉众窍也，吴江则足也"，这是着眼于整个太湖流域来谈水利大势的，具有重要的理论指导意义。

前面已述，从1991年开始至2005年底，经过流域水利部门和建设单位15年的不懈努力，太湖流域综合治理十一项骨干工程全面建成，并陆续投入使用，初步构建了流域防洪和水资源调控工程体系框架，在防御流域洪水，特别是在防御1999年太湖流域特大洪水中发挥了巨大作用，防洪效益显著；依托治理太湖骨干工程体系实施的引江济太水资源调度工程，已成为保障流域供水安全的重要措施。如太浦河西起东太湖边上的苏州吴江区横扇镇，东至上海南大港接西泖河入黄浦江，跨江苏、浙江、上海三省（市），全长57.6千米，是1958—1991年在天然湖荡的基础上人工开挖连接而成的。底宽110~150米，面宽200米，高程最大处在南大港有4.9米，是排泄太湖洪水、向下游地区供水的关键性工程，具有防洪、供水、除涝、改善水环境和航运条件等综合效益。

水利万物，首善在水。水，是绿色之源、生态文明建设发力的关键，在新发展理念指引下，当下江南以"水"为笔绘就美丽生态画卷。为进一步做到水旱从人，沪、苏联手全力打造安全之河、活水之河、生态之河、航运之河、幸福之河。2022年5月16日，国家重大水利工程吴淞江整治工程江苏段在苏州昆山市开工建设（详见第五章第三节），总投资超过150亿元。该工程建成后将成为太湖的第三条行洪通道，除了提高防洪排涝能力，还将通过增强水资源配置能力，有效改善区域水资源、水生态和水环境，提升苏州至上海内港航道航运能力。

大运河苏州段长96千米，连接苏申内、外港线和长湖申线等众多干线航道，是京杭运河上货运量最大、船流密度最高的河段。为满足日益增长的水路运输需求，2007年7月，苏州开工建设苏南运河苏州段三级航道整治工程，历经15年艰辛建设，可通行1000吨级船舶，通航能力整整提高了1倍。

吃得苦，才能开出路。江南从"水虐为灾"到"鱼米之乡"，谱写出一幅新时代江南绿色发展的壮美蓝图。它犹如冬虫夏草，在冬天是一只冬眠的虫，静而不语，熬过了严寒，到了春夏，伴随着希望而盛开的她，像是一朵美丽的花。它绿肥红瘦，像一泓清澈的水，美得一点儿也不嚣张，不论经济还是文化。2021年，吴中区地区生产总值突破1 500亿元，增长9%；城乡居民人均可支配收入分别提升到7.9万元、4.1万元；村级集体总资产超200亿元，较2016年末增长31.2%，村均稳定收入超1 430万元。近五年来，机器人与智能制造产业规模以上工业企业产值年均增长12.9%，生物医药及大健康产业规模年均增长18.6%。2020年，苏州高新区（虎丘区）战略性新兴产业产值1 903亿元，占规模以上工业产值比重达62.8%，连续五年位列苏州全市第一，全面进入了"强富美高"的小康生活。

（二）穿自己的鞋走自己的路，持续不断高速增长

马克思指出，主体是人，客体是自然。过去，吴中大地从贫瘠中长出富饶。它使世人仿佛看见幽谷中的一朵兰花，静静地绽放着；它养育着中华民族、中华文明，生命不息，追梦不止，就像长江入海口的那片沉积的沙滩陆地，无声无息地在不断生长、不断壮大，每时每刻都在续写着新的传奇。

上古时期，太湖流域是个"姥姥不疼，舅舅不爱"的地方。可老天爷不负人愿，它安排江南地处"季风型"地带，这里的人一方面感情纤细而丰富，另一方面对应四季变化劳作，习于忍辱负重，历史感甚为强烈，于是一步步走出了历史。至唐宋时期，"全吴之沃，鱼盐杞梓之利，充仞八方，丝绸布帛之饶，覆衣天下"。

苏州这个"人间天堂"之地是很有灵性的。早在春秋晚期已成为中国古代工业文明中一颗璀璨明珠。两宋时，自然经济得到长足发展，纺织业已出现专业的"贡户"，出现了"苏州码"计数发票，这既是苏州独有的计数符号，也是中国历史上出现过的一种数字系统——自然生长出的新文

化，不仅体现了中国数字文化的演变，而且已成为中国商业经济发展和市场交易的特定历史印记。马可·波罗在他的《东方见闻录》（即《马可·波罗游记》）中，用充满赞叹的语气描述了苏州这座城市，说这里漂亮得惊人，商业和工艺十分繁荣。当地人精于工艺，城市里有许多学识渊博的学者和医术高明的医生……当时，很多读过《东方见闻录》的欧洲人都认为马可·波罗是夸大其词，甚至是欺骗。在黑死病蔓延的13世纪，欧洲人很难相信，在遥远的东方，会有这样富丽的城市。元朝时，苏州已建有织造局，人民"恃工商业为生，产丝甚饶"。明代时出现资本主义萌芽。清朝时，苏州已出现"计日受值"的计时工资与"按件而计"的计件工资形态，约有50多个行业，"五方杂处，人烟稠密，贸易之盛，甲于天下"。国外学者估计，当时吴地的可量化财富总量，相当于工业革命初期的整个英格兰积累的财富。

1. 道路创新，持续高速增长

近代中国受到西方舰炮的重创，直到新中国建立后，苏州工业企业由1949年的1 655个增至1952年的3 051个。经过三年恢复时期后，广大农村出现了"萌生于50年代、衰落于60年代、活跃于70年代"的乡镇企业，"异军突起"，离土不离乡、进厂不进城，发扬"四千四万"（说尽千言万语，走遍千山万水，经历千难万险，吃尽千辛万苦）精神，突破计划经济的樊笼，迅猛发展，在20世纪80年代中期占据了全市经济的"半壁江山"。它并非什么"顶层设计"，而是农民的伟大创造。改革开放的闸门打开后，实现了历史性的第二次飞跃。1978—1997年，苏州地区生产总值从31.95亿元上升到1 132.59亿元，增长了34.4倍。其特点是：速度中求效益，持续高速增长；扩展中求实绩，出现了一批高新技术企业；建设中求合理布局，以外向型经济带动产业结构调整，国民经济已开始发生质的变化。

与此同时，到20世纪80年代中后期，苏州地区广大民众创造了"四为主一共同"（以集体经济为主，以乡镇工业为主，以市场取向为主，以政府推动为主，走共同富裕道路）的"苏南模式"，形成了以城带乡、以乡促城、城乡共同繁荣的发展格局，在实现城乡发展一体化方面走在了前列，为全国农村改革提供了宝贵经验。苏州以不足千分之一的国土面积，创造了全国近百分之三的经济总量。

1983年春天，邓小平同志的苏州之行就是对小康社会内涵的最好阐释和注脚。在苏州，他心系1981年起全国工农业的年总产值20年能否翻两番、人民物质文化生活能否达到小康水平的问题，江苏省尤其是苏州市的同志对此给出了肯定的答案，而且表示能提前完成。对一位伟大的政治家而言，小康并非只是经济指标问题，小平同志在苏州看到了政治稳定、经济发展、社队工业勃兴、人民生活改善的局面。回北京后，他又让秘书进一步核实苏州的经济社会数据。这些都让小平同志吃了定心丸。在重要场合论及小康社会建设问题时，都会用他在苏州视察时的所见所闻，向人们阐述与描绘小康社会的宏伟蓝图，最终使得小康社会理论成为中国现代化建设"三步走"发展战略的重要组成部分。

中共党史出版社出版的《小康社会思想与苏州实践》书中一方面解密了小康理论与苏州的渊源，另一方面以苏州建设小康社会独具特色的整体实践和诸如"张家港精神""昆山之路""园区经验"为代表的典型例证，以一幅幅立体、生动的历史画卷，创造性地诠释、丰富了小康社会理论的内涵。由此证明，邓小平同志的小康社会思想是经得起实践检验的，融合了理论与实践理性的真理性认知。

从20世纪50年代初到2011年的50年间，苏州地区生产总值由1952年的4.38亿元上升到2011年的10 716.99亿元，进入了"万亿俱乐部"。2021年，全市实现地区生产总值22 718.34亿元，同比增长8.7%；规模以上工业总产值首次迈上4万亿元新台阶。2022年《财富》世界500强榜单出炉，江苏3家全在苏州（恒力集团、盛虹控股集团、江苏沙钢集团）。

苏州并非省会，也非特区，更没有机场，这座江南的梦幻之城，它的质感与诗意曾被赋予无限的浪漫与遐想……它是自力更生、自强不息的典范，亦是吴中人的真实写照。

第九章

薪火相传澎湃动能　点绿成金诗意无限

回顾世界经济发展史，以亚当·斯密、大卫·休谟等为代表的苏格兰启蒙运动是英国现代化的起点，也是世界现代化的起点。不久，英国完成产业革命后就被称为世界上第一个工业化即现代化国家。其实，中华文明上下五千年，在世界领先了4 800年，只是近代落伍了。斯密在其代表作《国富论》中指出："中国长期以来是世界上最富有的国家之一，也就是说中国是世界上土地最肥沃、土地耕作得最好、人民最勤劳、人口最多的国家之一。"[①] 斯密这里的"最富"显然是指国家的总财富，可用现代经济学术语GDP（国内生产总值）来代表。据世界著名经济学家安格斯·麦迪森教授的研究：1700年，中国的GDP占世界GDP的份额为22.3%，1820年为32.9%，位居世界第一，其间年均增长率为0.85%，亦位居世界第一。而整个西欧的GDP总额在1700年占世界GDP的份额仅为22.5%，与当时的中国相当；1820年则为23.6%，远远低于中国32.9%的份额[②]。麦迪森特别指出："19世纪之前，中国比欧洲或亚洲任何一个国家都要强大。从5世纪到14世纪，它较早发展起来的技术和以精英为基础的统治所创造的收入都要高于欧洲的水平。14世纪以后，虽然欧洲的人均收入慢慢地超过了中国，但是中国的人口增长更快。1820年时，中国的GDP比西欧和其衍生国的总和还要高出将近30%。"[③] 有关情况可参见表9-2：

表9-2　安格斯·麦迪森在《世界经济千年史》公元0—1998年"B20"统计表

年　份	占世界GDP的份额/%	
	中　国	美　国
1500	25	0.3
1600	29.2	0.2

---

① 亚当·斯密：《国富论》，第2版，新世界出版社，2008年，第60页。
② 安格斯·麦迪森：《世界经济千年史》，伍晓鹰、许宪春等译，北京大学出版社，2003年，第261页。
③ 安格斯·麦迪森：《世界经济千年史》，伍晓鹰、许宪春等译，北京大学出版社，2003年，第109页。

(续表)

年份	占世界GDP的份额/%	
	中国	美国
1700	22.3	0.1
1820	32.9	1.8
1870	17.2	8.9
1913	8.9	19.1
1950	4.5	27.3

这组数据告诉我们，19世纪初是中国与美国经济历史的分水岭。第一个现代化国家是英国，紧跟其后的是美国、法国……而中国则落伍了。英国学者李约瑟曾问："为什么直到中世纪中国还比欧洲先进，后来却会让欧洲人着了先鞭呢？怎么会产生这样的转变呢？"笔者认为，主要是因为：封建专制，重农抑商；封闭禁锢，作法自毙；墨守成规，回天乏术。

今天，这个"先鞭"又打回来了，这个"转变"又转回来了。国际货币基金组织（IMF）和世界银行的统计数据显示，2013年至2016年，中国对世界经济的贡献率平均为31.6%，超过美国、欧元区和日本贡献率的总和。同时，中国对亚洲经济增长的贡献率已经超过50%。[①]

奇迹为什么一再出现在中国？因为一个没有中断的五千年古老文明，与一个超大型向现代化迈进的国家结合在一起，必然碰撞出绚丽的火花。改革开放40多年来，苏州用0.09%的国土面积，创造了全国2.4%的税收和7.7%的进出口总额，地区生产总值增长超过600倍。在新冠疫情胶着反复的三年时间（2020—2022年）里，苏州GDP分别实现1.93万亿元、2.27万亿元、2.3958万亿元；规模以上工业总产值达4.36万亿元，位居全国第一。2022年，外贸进出口总值25721.1亿元，比2021年增长1.6%；其中出口15475亿元，位列全国大中城市第三位；进口10246.1亿元，位列第四位。苏州持续稳定的发展，其人均GDP已达高收入经济体水平。

---

① 徐惠喜：《中国经济对全球经济的贡献度》，《经济日报》2017年9月21日。

第九章

薪火相传澎湃动能　点绿成金诗意无限

吴中区"十三五"时期，地区生产总值提升到1 352.5亿元，年均增长6.2%，城乡居民人均可支配收入分别提升到7.3万元、3.7万元，年均增长7%、7.4%。一般公共预算收入、社会消费品零售总额年均分别增长9.2%、17.4%。2022年，实现地区生产总值1 600亿元，主要经济指标中三项增速（规模以上工业总产值增长、规模以上工业增加值增长、工业投资增长）苏州市第一，取得了近年来最好成绩。

苏州高新区（虎丘区）西临烟波浩渺的万顷太湖，素有"真山真水园中城，科技人文新天堂"美誉，是全国首批国家级高新区，行政区域面积332平方千米。"十三五"时期，经济运行稳中提质，创新转型加快推进，综合实力明显增强。地区生产总值由1 033亿元增加至1 446亿元，年均增长6.3%，新兴产业产值占规模以上工业总产值比重超过65%；一般公共预算收入由110亿元增加至175亿元，年均增长9.7%。实际使用外资近24亿美元，累计拥有外资企业近1 800家，日资企业突破600家；高新技术企业由409家增加到972家；全社会研发投入占GDP比重由3.4%提高到4.27%，达到美日等发达国家水平。2022年，完成地区生产总值1 780亿元，增长3%以上；规模以上工业总产值3 620亿元，增长4.3%；全社会固定资产投资580亿元，增长5.2%。数字经济和数字化发展步伐加快，完成智能化改造和数字化转型项目800个，实现规模以上工业企业全覆盖。

2. 转型升级，提质增效

等闲方识无边景，有悟脚下处处是灵山。清晨，雾隐太湖，而太阳一旦露出笑脸，地面展现出千姿百态，这可不是"梦幻"，而是实景。

历史上的西山金庭镇在古生代泥盆纪前，广为浅海。泥盆纪时，因地壳上升而成为陆地，以后又经过长期的风化、剥蚀、径流、淤积，才形成现在的低山丘陵、平原湖荡等地貌类型。在很长时间内都是以农副业为主，而工业发展于唐代的太湖石开采，北宋时期则大规模采办"花石冈"，后来变为民间大量开采元山上的石头作为建筑石料。1927年开始有轮船，至新中国成立前，主要以煤矿、石灰窑和一些亦工亦商的店铺式工场为主。1951年全镇只有各类木帆船240余条，载重2 120余吨。1958年货运开始使用机动拖轮。1964年推广农用水泥船。1980年后，水泥船又渐被木质和钢质船代替，个体、集体运输船大增。至二十世纪六七十年代，通过围湖造田、修建环山公路，建太湖铁塔，大规模兴办采石及建材企业等建设。党的十一届三中全会后，乡村工业异军突起，先后办起100多家工厂，不仅传统资源型的采石、建材、果品行业迅速发展壮大，还形成了以玩具、手套、服装、包装、钢锉、仪表等轻工业生产及五金机电生产为主的工厂。全镇几乎每个行政村都有工厂。1984年工业产值达3 338万元，首次超过农业产值。1985年，登陆艇轮渡开通，外地汽车可直达金庭，由此旅游人数迅速增加，花果迅速发展。1994年10月，太湖大桥建成通车，金庭经济建设和各项社会事业的发展揭开了崭新的一页。从以农副业为主，发展成为一、二、三产业齐头并进，基础设施较为完善的投资开发型热土和旅游热线。20世纪90年代后期，形成了采石、建材行业以镇村集体为主，果品加工、轻工业制造等以个体私营为主的工业格局，但量大、质低、污染重、效益差，至2008年全面禁止了开山采石，与此相关的企业全部关闭。2009年末，农业总产值为17 228万元，林业总产值为718万元，牧业总产值为1 893万元，渔业总产值为9 385万元。可见，农业仍占有很大的比重，约占第一产业总产值的59%。

至2011年，该镇的三次产业已调整为14.9∶22.9∶62.2，第三产业中旅游业已成为主导产业。2013年9月，成立吴中西山国家现代农业示范园区，与金庭镇实行"区政合一"的管理体制，成为全国小城镇综合改革试点镇。2015年，该示范园区实现地区生产总值19.56亿元，完成公共财政预算收入9 462万元，全社会固定资产投资7.64亿元，接待中外游客368.77万人（旅游总收入50.71亿元），人民生活蒸蒸日上。

近几年来，吴中区紧扣"五优五美"（发展质效创优、产业结构调优、功能品质提优、民生福祉筑优、服务效能争优与环境美、生活美、产业美、人文美、治理美）工作目标，落实镇"两带三区一半岛"空间产业布局，面对新冠疫情、太湖地区大汛、大旱严峻形势，以及生态涵养发展实验区建设全面启动的契机，全镇奋发向上，2020年完成固定资产投资2.7亿元，为生态涵养发展实验区建设打下了坚实的基础。社会事业全面发展，社会大局和谐稳定，社会文明程度显著提升。

今天的吴中区，生机盎然，活力迸发。越溪街道旺山村是长三角闻名的农家乐集聚区，最近几年来，村里把目光投向了文创旅游。2011年，该村接待游客98.6万人次，收入2 000多万元，村民人均收入5.2万元。在香山街道舟山村，一枚小小的橄榄核，雕刻出了大千世界，也雕刻出每年3个亿的"富民之源"。在临湖镇灵湖村，网红小火车开进特色田园，江南人家门庭若市，2022年，该村入选江苏省新型农村集体经济高质量发展表率村十佳案例；又由于村辖区80%的面积在沿太湖一千米生态保护区内，村级经济发展受到很大制约，为不断探索适合本村的发展道路，通过"资本联合抱团发展""资源整合融合发展"模式，逐步将"生态发展限制"转化为"生态发展优势"，自主造血功能不断完善，开创了农村集体经济发展新局面，有效实现了经济量、质双升和农民持续增收的目标，村年可支配收入从2010年的200万元提升到2020年的1 280万元，实现了共同富裕。

（三）发力"研发经济"，重塑产业空间

现代化道路没有固定模式，中国式现代化既有各国现代化的共同特征，更有基于自己国情的鲜明特色。苏州西部丘陵山区由两大板块——吴中区的西部（约占全区面积的六分之五）与苏州国家高新技术开发区（虎丘区）相连组成，这两大板块皆为2021年度全国综合实力百强区（第八位与第十一位）。在聚力发展中厚植实体经济，科技赋能，产业变革，重塑空间，出现了闪亮的精彩蝶变。

1. 苏州高新技术开发区创新发展

苏州高新技术开发区位于苏州城西部，面积为223.36平方千米，2021年末户籍人口46.90万人，流动人口63.46万人。辖浒墅关镇、通安镇和狮山街道、横塘街道、枫桥街道、镇湖街道和东渚街道，下设江苏

省苏州浒墅关经济技术开发区、苏州科技城、苏州高新区综合保税区、苏州西部生态旅游度假区（见图9-20）。

图9-20　以狮子山为中心的苏州高新技术开发区（局部）

1992年11月，苏州河西新区被国务院批准为苏州国家高新技术产业开发区。开发建设以来，从无到有、从小到大，不仅成为苏州经济的重要增长极、自主创新的示范区和全市高新技术产业基地，而且成为苏州现代化都市的有机组成部分和最繁华的金融商贸区之一。

近年来，该区作为苏州产业科创主阵地、苏南国家自主创新示范核心区，聚焦"成为重要科技领域领跑者、新兴前沿交叉领域开拓者"目标，紧紧抓住南京大学苏州校区建设重大机遇，坚持高点定位，加大谋划力度，高标准推进太湖科学城规划建设，构建出"一核五区"（核心区——布局大科学装置等重大平台，承载科学机构、研究性大学；"五区"——交叉平台集聚区、科技成果转化区、数字经济创新区、城市服务配套区、江南文化展示区）整体框架，充分发挥近100家高等院校集聚优势，加强关键核心技术攻关。当下，正逐梦未来，向"光"而行。总规模100亿元的太湖光子产业投资基金在太湖科学城功能片区启用，已集聚光子领域相关企业200余家，产业规模超600亿元，全力打造千亿级光子产业高地。

（1）加快共建环太湖世界级湖区，重点打造太湖科学城

该城系苏州最年轻的新城，占地约10平方千米，战略规划研究范围约77平方千米，它包括5个主要功能板块：重大科学研究区、科教资源

汇集区、交叉平台集聚区、科技成果转化区、文化商务配套区。走产、学、研、城于一体的发展模式。通过引进成立南大苏州校区，实现"科技城"向"科学城"的转变，规划为长三角世界级科创城市群的枢纽型载体，以新工科、新装置、新模式为支撑的山水园林型国家科学城。

2021年9月，长征七号遥四运载火箭搭载"天空快递员"天舟三号货运飞船在我国文昌航天发射场按预定时间发射。位于苏州高新区的中国兵器工业集团第214研究所（简称"214所"）苏州研发中心研制的4款关键元器件（供电分流组合电路、充电分流组合电路、步进电机驱动电源电路、直流有刷电机驱动电路）保障了天舟三号货运飞船的太阳能帆板两翼顺利展开。近年来，214所项目研制团队发扬"人民兵工精神"，党员突击队带头加班加点，层层分析技术难点痛点，开展制样、测试、验证等工作，解决了一项又一项技术难题，连续有力地保障了"神舟"系列飞船，"嫦娥一号""天宫一号""天宫二号""天通一号"等20多项重点航天工程取得圆满成功。

苏州科技城中科苏州地理科学与技术研究院，孵化苏州中科天启遥感科技有限公司，参与完成的"自主可控高性能地理信息系统关键技术与应用"项目获得2020年度国家科学技术进步二等奖。该技术在教育科研、生态环境、国土资源、智慧城市等多个领域进行了广泛的深层次应用推广。它好比太空里的一双眼睛，不仅能对国土和资源进行实时监测，而且在防灾减灾、农田保护、生态保护等方面发挥了重要作用。目前该研究院已孵化37家企业，建成500人的人才队伍，获批各级各类领军人才10余人次。

中国科学院苏州生物医学工程技术研究所（简称"苏州医工所"）位于苏州高新区科技城科灵路88号，是中国科学院唯一一家以生物医学仪器、试剂和生物材料为主要研发方向的国立研究机构，由中国科学院、江苏省和苏州市人民政府三方共同出资建设。2012年11月通过验收正式成立以来，研究所围绕医用光学技术、医学检验技术、医学影像技术、医用声学技术、医用电子技术和康复工程技术等研究方向，设立了9个研究室，已建成半导体照明联合创新国家重点实验室——光与健康研究基地（苏州）、中科院生物医学检验技术重点实验室、江苏省医用光学重点实验室、中科院先进体外诊断技术工程实验室和9个苏州市高技术重点实验室。研究所占地面积208亩，现有总建筑面积7.8万平方米的科研及配套用房，装备投入2.78亿元，总资产12亿元。目下各类人才达1000余名，累计授权专利近1200项，其中发明专利350余项；发表高水平研究论文近1600篇，已承担近1100项国家、中科院及省市各类科技项目、军工项目、企业委托项目。

2018年底，由苏州医工所承担的国家重大科研装备研制项目"超分辨显微光学核心部件及系统研制"通过验收，标志着我国具备了高端超分辨光学显微镜的研制能力。历时五年攻关，全面突破大数值孔径物镜、特种光源、新型纳米荧光增强试剂、系统集成与检测等关键技术，研制出激光扫描聚焦显微镜、双光子显微镜、受激发射损耗（STED）超分辨显微镜、双光子－STED显微镜等高端光学显微镜整机；建成了高端显微光学加工、装调、检测以及显微镜整机技术集成工程化平台，培养出一支具备研制复杂精密高端光学显微镜能力的研发团队，为我国高端光学显微镜的发展提供了系统解决方案。

（2）各地跑出发展"加速度"，在聚力发展中精彩蝶变

苏州高新区的浒墅关镇作为开发较早的区域，在2021年全国千强镇中名列第89位。辖区的百胜动力机器股份有限公司，其产品以"市场占有率全国第一"入选国家级专精特新"小巨人"榜单，所研发的大马力舷外机填补了国内空白，先后通过欧盟CE、欧Ⅱ排放和美国EPA排放认证，"小个子"实现了大跨越。又如由徐卓、李飞团队研发的"具有超高压电性能的透明铁电单晶"项目，荣获"2020年度中国科学十大进展"称号。在产业变局中构筑"苏州高地"的苏州富强科技有限公司，是该镇一家集研发设计、生产销售以及售后服务为一体的自动化系统集成方案专业提供商，其产品有非标自动化设备，装配、检测自动化设备，自动化成套设备，工业机器人应用，智能工厂等，均取得了显著效益。在该镇不但

有连续五年入围苏州民营企业100强的胜利精密制造科技股份有限公司，也有世界领先的、在中国地铁制动系统占有率达90%的德资企业克诺尔商用车设备有限公司。前者承担了"国家智能制造试点示范项目"，后者是中国时速350千米高铁制动系统供应商。辖区的通锦精密工业股份有限公司还荣登"中国智能工厂非标自动化集成商"百强榜，特别是位于该镇的企业旭博检测实验室，自2017年起就承担了长征二号F火箭核心部件的检测工作，多年来旭博精心检测了每一枚"神箭"，后又助攻神舟十四号载人飞船发射。

使命如山，初心如炬。2022年6月，世界知识产权组织（WIPO）发布首届全球奖20强名单，苏州高新区的瑞派宁科技有限公司和苏州工业园区的英途康医疗科技有限公司两家医疗器械公司榜上有名。入围20强的企业中，有6家中国企业，苏州独占2家，入围数量位居全国第一。瑞派宁科技有限公司自主研发的"MVT"技术打破技术壁垒，解决了世界性难题。公司目前已申请专利340余件，授权170余件，其中发明专利授权超110件。

作为苏州高新区发展的起锚地、"新区精神"发祥地的狮山片区（街道）一直是高新区的"桥头堡"，创造了多个"第一""唯一"。辖区内拥有4万多家市场主体，经济活力强劲。在高新区率先完成"三整合"改革，积极推进"中日创新谷""中日绿色产业创新合作示范区"建设。2020年11月挂牌成立万向区块链苏州研究院、狮山金融科技研究院，签约完成了总投资265亿元的34个重点项目，商务创新发展"新高地"正拔地而起。2020年8月，全球首个"胡润独角兽培育基地"落户该街道，为推动区域产业转型升级和经济高质量发展提供了有力支撑，完成了由行政街道向城市功能区转型发展的精彩蝶变。

工业稳则经济稳。工业基础雄厚的枫桥街道是苏州高新区的又一"工业重镇"，辖区内共有1700多家工业企业，其中规模以上工业企业有240家、世界500强企业及全球行业龙头企业21家、高新技术企业230家、上市挂牌企业20家。如苏州纽威数控装备（苏州）股份有限公司是中国领先、具有世界影响力的数控机床制造商，该公司的员工经常加班加点赶制数控机床，多款产品远销德国、美国、俄罗斯等。他们用"闯"的精神、"创"的劲头、"干"的作风走向了世界。

2. 吴中区产业强区创新引领

该区既有国家级旅游度假区、国家5A级太湖旅游区，又有国家级历史文化名镇、古村，还有与街道建制并存的省级高新区……形态各异，错落分布，虽有移步换景之效、风景多样之美，但对于土地的成片开发、资源的统筹利用、产业的集聚发展、管理的均衡优质都有着较大的制约。对此，该区调整思路，大力发展新一代信息技术、机器人智能制造、生物医药及大健康和文化旅游产业，尤其把生物医药作为"一号产业"。

2022年3月初，该区举行机器人与智能制造产业创新集群项目云签约活动，15个重大项目总投资83.8亿元。通过汇聚科研机构和载体、高校、金融、智能制造企业及解决方案供应商等创新资源要素，构建高水平的产业创新联盟，为打造机器人与智能制造产业全国创新集群第一区提供了有力支撑。位于该区的科沃斯电器有限公司是家庭服务机器人、商用机器人、清洁小家电的专业智造者，有6 500名员工，系全球最大的清洁电器制造商之一，至2015年5月，已在国内外申请专利885件。2019年6月11日，入选"2019福布斯中国最具创新力企业榜"。如今，科沃斯拥有全球最完整的家庭服务机器人产品线，成为全球家庭服务机器人行业的主要开拓者。

木渎镇享有"吴中第一镇"的美誉。来到木渎镇城南片区的"木渎智慧工业园"，一批项目正在如火如荼地建设。整个产业园占地2.8平方千米，从2017年开始招商，目前已引进包括在谈项目总投资超100亿元，全部建成后预计可达250亿元，为全镇经济发展点燃了"新引擎"。位于木胥西路19号精耕细作、厚积薄发的绿的谐波传动科技有限公司，是工信部公布的第一批"小巨人"之一，2021年在科创板上市。走进该公司，你会被展示大厅里的机器人吸引，只见这台拥有6个"关节"的机器人，灵活地做出各种"扭转"动作。这台机器人使用的就是绿的谐波生产的谐波减速器。该减速器功能类似人体的"运动关节"，当一台机器人加入减速器后，即可完成转动、挥舞、捏放等精细动作（见图 9-21）。该公司的技术总监储建华说，绿的谐波研发生产的一体化集成的谐波减速器系列产品，可以降低机器人整机的成本，大大提高生产效率，"我们的谐波减速器问世以来，不但打破了日本的技术垄断，更是大幅降低了机器人的生产成本"，"中国的机器人一定要用中国的核心零部件，这样我们才有自主权"。经过十余年的精耕细作，如今的绿的谐波，已然占据了国内谐波减速器 70%的市场份额，成为中国该领域国家标准的制定者。

图 9-21　绿的谐波传动科技有限公司机器人车间（吴中区宣传部摄）

实体经济是国家经济的命脉所在，而"三新"（新产业、新业态、新商业模式）则是经济活动的集合。根据区域特点和发展基础，精准匹配产业定位，一改原有产业发展散、小、弱局面，木渎镇高质量发展的"四梁八柱"已经构建起来，必将催生更大的动能。

通过 40 多年的改革开放，中国已经发生了巨变，现今的苏州正向现代智能制造业大步迈进。数据显示，2022 年，新增 9 个省级重大科技创新载体。科技部公布的 2022 年度国家级科技企业孵化器名单，苏州有 15 家，上榜数位列全国第一（总数达 76 家，跃升至全国首位）。新认定高新技术企业 5 531 家，累计达 1.34 万家，科技型中小企业 2.23 万家，持续保持高位稳定增长。在第十七届"中国芯"颁奖仪式上，苏州6家集成电路企业获得了"中国芯"殊荣。苏州东山镇的精密制造股份有限公司成立20多年来，逐步形成了电子电路、光电显示和精密制造三大业务板块，并切入新能源汽车行业全新赛道。目前该企业位列全球前三、内资第一，总资产规格突破400亿元，境内外员工超过2万名，业务和运营遍及全球。目前，全市人才总量达363万人，其中持证外国人才10 428人（含高端人才4 344人），位列全国第五。由中国科学家主导的第四届"科学探索奖"，苏州实验室前沿材料研究部负责人王欣然教授荣获信息电子领域"科学探索奖"。更可喜的是绿色崛起，生态优先，向着"减污、降碳、强生态"方向转型，生态环保产业新业态、新模式不断涌现。

三、道法自然系统修复　以绿生金诗意生活

我们正处在一个充满挑战，也充满希望的时代。2022年，百年变局、世纪疫情及俄乌冲突交织叠加，世界进入动荡变革时期，不稳定不确定性显著上升。人类社会面临的治理赤字有增无减，实现普遍安全、促进共同发展依然任重道远。回头看看，人类进入工业文明时代以来，在创造巨大物质财富的同时，也加速了对自然资源的攫取，打破了地球生态系统平衡，人与自然深层次矛盾日益显现。近10多年来，气候变化、生物多样性丧失，尤其是2022年7、8月份的持续高温极端气候，给人类生存和发展带来了严峻挑战。对此，苏州西部丘陵山区在保护万年生生不息根脉的同时，坚持人民至上、生命至上，不唯GDP，凝聚减碳共识，对山水林田湖草进行了一体化保护和系统化修复，"软硬"结合，综合创新，落实"双碳"（碳达峰、碳中和）目标，初步建立起绿色低碳循环经济体系，把生态优势转化为发展优势，进入了中国式现代化的诗意生活。

（一）以绿色转型为驱动，系统修复自然环境

地球是个生命体。根据"盖亚假说"（生命与环境的相互作用，能使

得地球适合生命的持续生存与发展),地球演变的核心和主要调控者是生物,而在地球生物化学循环的核心要素中,人类的作用越来越具主导性。况且,人类活动已经具备了改造自然的力量,这种改造又会反过来影响人类自己,这就需要采用合理的甚至有节制的方式参与自然建设,使人类与自然界和其他物种协同演化、"合作共赢"、良性发展下去。更重要的是,健康的生态系统是经济活动的基础也是粮食安全和健康、高质量生活的依托,所有人类活动都植根于此,概莫能外。遗憾的是,在全球范围内大自然正以前所未有的速度衰退,"据统计,从1992年到2014年,空气、土壤、水源及生物等自然资本存量的人均价值下降了40%"。而太湖流域以全国平均人口密度8.4倍的状态,创造了全国平均单位国土面积经济量20.9倍的成绩。但社会经济快速发展,也给流域生态环境带来了巨大的压力。近10多年来虽然取得了阶段性成绩,但目前仍处在爬坡过坎、负重前行的关键阶段。对此,苏州西部丘陵山区各级政府坚定绿色发展不动摇,以更大担当破题、破局、破界,应变、识变、求变,乘势而上赋众新,唱响了新时代的"太湖美"。

1. 坚持多措并举,持续开展污染防治攻坚

湖海孕育了江南,江南的"C位"在吴中。为守护居民平安健康、幸福生活,吴中区从2017—2019年持续加大力度,开展了"三年整治行动"。

一是出台了《吴中区农村人居环境整治和长效管理"红黑榜"考核办法》,组建工作专班,每月公布行政村"红黑榜"、每季度公布镇级"红黑榜",完成了首轮全覆盖考核,涉及13个镇(街道)的108个行政村共计1057个自然村。围绕"四清一治一改"(清理常年积存垃圾、清理河塘沟渠、清理农业废弃物、清除无保护价值的残垣断壁,加大乡村公共空间治理,加快改变农民生活习惯)重点任务,狠抓推进落实,一批老大难环境问题得到了有效整治。如该区东山镇双湾村涧桥自然村,过去垃圾遍布、杂草丛生的露天空地如今摇身一变,成为"口袋公园"。

紧接着又出台了《吴中区农村人居环境整治纳入社会综合治理"一张网"建设实施方案》,建立巡查清单,近40个问题100%整改落实到位,

核心江南
——世界罕见的苏州西部丘陵山区历史文化

出现了许多典型,如临湖镇创新"五牛"(坚持党建引领,落实问责制,牵好"牛鼻子";两委班子成员区域包干,筑好村务管护"牛栏";党员示范,高效配合,提振"牛气";志愿者协作,加强宣传、强化参与,迈出"牛步";村民配合,全民参与,持续深入,展示"牛劲")工作法,建立"片中有网、网中有格、格中有人、人负其责"的网格化管理机制,连续两次获评吴中区"红榜"。该镇南侧的牛桥村,毗邻太湖,是个村域面积达5.38平方千米的美丽村落,经人居环境整治后吸引了不少外来人口入驻,村级年稳定性收入持续保持在2 000万元左右;不仅如此,还先后获评全国文明村(见图9-22)。可见,文明始于心、见于行,既要有对基本善的追求,更要有对自洽美的坚守。让历史文化和现代生活融为一体,走出了一条以文化为根基的城乡创新发展新路。

图9-22 吴中区临湖镇牛桥村优雅的人居环境

二是打赢农村水环境治理"攻坚战"。吴中区东山、金庭两镇拥有许多历史文化古村,而古村落的保护和治理受限于街巷狭窄、可利用工作面小、市政基础设施需兼顾古树名木和古街古井古桥古建筑等原因,历来是一项极富挑战和极其复杂的系统工程,其中古村落生活污水接纳收集设施建设需与"三线"入地等地下工程"同步设计,同步施工,统筹安排",

项目设计和施工难度可想而知。对此，该区逐个排查出环太湖农村村庄生活污水治理排查"明底表"，邀请市级专家"把脉"，合理选择适合的处理技术，优化管道平面布局与工程设计方案，加强与现状雨水系统的衔接，尽量为古村落保护和发展留有余地。

方案出台后，经费按照《吴中区美丽乡村建设专项资金管理办法》和区全覆盖治理相关会议纪要，东山镇、金庭镇古村落生活污水治理资金由区财政承担80%，东山镇财政承担20%；金庭镇、度假区财政各承担10%。全区相关各部门各司其职，区水务局围绕"计划统筹协调、技术方案指导"，全面统筹推进，太旅集团古村公司、东山镇、金庭镇紧扣"严格治理标准，全面完成治理任务"目标，全力以赴抓落实。经几个月奋战，太湖沿线农村生活污水治理率就达100%。

为确保村镇生活污水治理设施正常运行和达标排放，实行全区城乡生活污水建设管理"统一规划、统一建设、统一运行、统一管理"模式，健全区、镇两级排水监管职能，对农村管网泵站、污水独立处理设施信息化管理系统进行整合，严格区级、专业公司多层次的长效管理监督，提高了民众的幸福指数。

2. 巩固提高，解决难题

鉴于区域环境基础建设依然薄弱，污水管网覆盖还有不少盲区，部分地区污水管网还存在沉降、渗漏、串管等情况，极易引发周边河道污染。工业废气治理能力也有待加强，不少企业仅安装了简单的活性炭、光催化氧化等废气处理设施。为打好"蓝天、碧水、净土"三大保卫战，其举措如下：

（1）"碧水"行动

一是推行上述"四统一"，"破冰"治理难题。从"各自为政"向"整体推进"转变，设施从"量小散乱"向"全域覆盖"转变，体制机制从"多头运作"向"统一管理"转变，并采取农村生活污水治理"接管优先"——优先将农村生活污水接管至城镇污水处理系统集中处理，特殊地方根据实情建立小型独立设施。以金庭镇为例，该镇有49个村采用全接管模式，为此配套新建了日处理能力一万吨的污水处理厂；偏僻村则采用独立处理设施，最少只有两户人家合用一套设备。如该镇的包山禅寺，排水管网不健全，原来生活污水只能自然排放，对周边生态环境十分不利，区政府免费为其新建一条污水管道，连接到金庭污水厂主管网，解决了包山禅寺的生活污水排放问题，赢得了周边群众的一致好评。二是组织开展太湖安全度夏应急防控工作，对太湖湖体和饮用水源地做到"实时监测，及时预警"。编发蓝藻预警快报，2021年打捞蓝藻95 689.9吨（含水）、水体漂浮物56 226.2吨（含水）。针对瓜泾口北省考断面水质超标的情况，按照"一断面一方案"要求，对沿线22条支流支浜全面开展毛细血管"微检查"。排查运河沿线入河排污口情况，建立入河排口清单，明确入河排口整治要求；深化水环境区域补偿工作，每月对全区各镇（街道）37个主要河道行政交界断面点位进行监测并进行考核，补偿资金达1 388万元。

（2）"净土"行动

严格按照"土十条"（即国务院《土壤污染防治行动计划》）和新的法律法规要求，加强土壤污染防治重点单位的监管。持续推进114个污染地块风险管控与修复、涉镉等重点污染整治等重点项目，完成45个建设用地土壤调查评审及备案，完成284个地块的信息采集、复核及风险等级评定等工作。

（3）"蓝天"行动

2021年，制定了《吴中区打赢蓝天保卫战双百日攻坚方案》，开展大气污染防治双百日攻坚行动，不间断进行日夜巡查及废气深度整治。发现问题408处，在整改中补偿资金达960万元，并完成国一国二高排放机动车淘汰补助4 470辆。

目前，"四统一"建设管理机制已在苏州全市范围内开花、生根、结果。当下，该区环境空气PM 2.5浓度为30.7微克/米^3，同比下降18.6%；优良天数达标率为83.3%，同比上升11.6%；PM 2.5浓度和优良天数实现双达标，全市排名双提升。9个国省考断面水质达标率为100%，其中7个河道断面水质优Ⅲ比例为85.7%，荣获第二次全国污染源普查表现突出集体奖，《守湖》宣传片荣获苏州市六五环境宣教月生态环境微视频、微动漫评选一等奖。近来,又根据《环太湖地区城乡有机废弃物处理利用示范区建设方案》要求,结合区域有机废弃物处理利用现状,依托中国农业大学有机循环研究院(苏州)根植吴中区的独特优势,先行探索产业新模式——将有机废弃物处理利用工作融入苏州生态涵养区建设范围,镇域的"1+2"(临湖镇+东山镇、金庭镇)有机废弃物"零"废弃,不出镇、不入河,资源回收变废为宝,在减少环境污染的同时实现了化肥减量,推动了农业有机废弃物处置"资源化、无污染、再利用"的循环经济发展。2022年,金庭消夏粮仓农业发展有限公司种植的"太湖香糯"品牌荣获全国金奖。

(二)建设苏州太湖生态岛,打造全球的中国样本

就自然资本平均而言,亚太地区30%的国家财富(GDP、出口和政府收入)来自自然资本,这使得生态系统不仅是一个环境问题,也是一个发展经济、保障社会安全和人类生存的问题。

为充分利用自然资本,苏州于2020年底,立足于长三角一体化发展的大格局、大背景,首次提出要将苏州西山岛打造成"太湖生态岛"。这是一个激动人心的时代命题。它涵盖了吴中区金庭镇(原西山镇)的行政区域,包括太湖西山岛及周围横山、阴山、绍山、大干山、小干山、大鼍山、小鼍山、箬帽岛、大砂山、青浮山、婆杵山、大雷山、小雷山、佘山、大竹山、小竹山、东南浮、西南浮、柱石、香篮山、思夫山、杨公桩、瞳里浮、石蟹、龙床、沉山等27个小岛,总计84.59平方千米的陆域面积,以及周边715.26平方千米的太湖水域。可见,它是全国淡水湖泊中面积最大的岛,也是太湖健康生态系统维护的关键节点和生态屏障,亦是长三角核心区重要生态服务功能支撑地。对此,吴中区作为"一号任务",其社会关注度、群众期待值都很高,不仅要举全区之力,更需要智慧和理性态度。该区在2021年发布的《太湖生态岛发展规划(2021—2035年)》中指出,力争把西山岛打造为全球可持续生态岛的"中国样本"。这是精神的砥砺、梦想的力量,她像一盏明灯,照亮了前行的方向。

这份由中国科学院南京地理与湖泊研究所牵头编制的《太湖生态岛发展规划（2021—2035年）》，在对太湖生态岛的功能进行定位时是这样描述的：碧水青山萤舞果香的美丽岛，永续循环节能韧性的低碳岛，生态经济民生幸福的富足岛，绿色创新技术引领的科学岛，地景天成情感共鸣的艺术岛。可见，它是一座集美丽、低碳、富足、知识、艺术于一身的世外桃源岛。2021年3月1日，江苏省"十四五"规划纲要把苏州建设太湖生态岛作为提升生态环境质量的一项重要内容："支持苏州建设太湖生态岛。"2021年4月25日，苏州市第十六届人大常委会第三十三次会议审议通过了《苏州市太湖生态岛条例》，这是苏州首次、江苏省首例为此专门立法。

凡事预则立，不预则废。建设"太湖生态岛"并非突发奇想，而是有着深层的底气。如上所述，"十三五"以来，苏州全力推进太湖流域水环境质量持续改善，为打赢污染防治攻坚碧水保卫战，划定生态空间保护区域113块，总面积达3 257.97平方千米，其中国家级生态保护红线1 936.70平方千米，生态空间保护区域面积占国土面积比例为37.63%，并大力推进苏州市生态涵养发展实验区建设，加快建设环太湖生态安全缓冲带。加强湿地保护力度，扩大湿地资源监管范围，太湖、长江等15处湿地纳入省级重要湿地名录，数量和面积均居江苏省第一，全市重要湿地红线管控范围占自然湿地总面积从86%增加到93%，又为江苏省第一。还在全国率先出台生态补偿地方性法规，2010年以来全市财政累计投入补偿资金已达93.2亿元。而太湖边的吴中区与苏州高新区更是先行一步：

1. 以优越的自然环境为底色，铁腕治污

（1）化废为宝，有机废弃物处理利用

早在2017年，吴中区围绕有机资源循环利用与中国农业大学有机循环研究院（苏州）签约，坚持以循环利用代替污染治理，以资源再生替代处理排放，力争实现整体环境整治和节能减排目标，全力打造中国有机资源循环利用领域重要的创新研发和产业集群高地。2020年，全国首个城乡有机废弃物处理利用示范基地在该区临湖镇落地，投入试运行，该项目总投资3 700万元，设计日处理能力40吨，主要是餐厨垃圾和太湖水草、农作物秸秆、果树园林枝条等有机废弃物，日产有机堆肥15吨左右。目前，又在东山、金庭镇启动处理利用基地建设，为环太湖城乡有机废弃物处理利用提供了示范和经验。

从2007年开始至今的每年初夏，在吴中区大缺港，每天有20吨左右的水草被打捞上岸。该区太湖水草专业打捞队队长褚泉介绍说，一旦水草过多，就会导致区域性的水流无法正常流动。水草死亡腐败后，会造成区域性水域的发臭、发黑。一边是大量难以处理的各类水生植物和餐厨垃圾，而另一边是长期使用化肥造成土壤板结。如何既减少环境污染又能将有机废弃物变废为宝、实现化肥减量呢？他们的方案是：建设环太湖城乡有机废弃物处理利用示范区，探索循环发展。在位于临湖镇的环太湖有机废弃物处理利用示范基地，一车车有机废弃物，如太湖水草、蓝藻、水稻秸秆甚至河道淤泥，经粉碎混合后，通过巨大的筒仓式堆肥反应器，变成原料。餐厨垃圾，通过发酵一体机和槽式堆肥反应器，变成另一种原料。经进一步加工它们就变成了宝贵的有机肥。

在苏州高新区有着近80平方千米的太湖保护水域，湖岸边的镇湖街道早就建立起一支60多人的蓝藻打捞专业队伍。他们每年5—10月主要进行蓝藻和水草的打捞，不仅保护了太湖，也保护了苏州自来水主要取水口的安全。在护湖工作中，该街道还建起苏州首个蓝藻分离泵站及藻泥堆场，集打捞、运输、无害化处置于一体的生态循环——通过清华苏州环境创新研究院国内首创的瞬时弹射式微秒级超音速爆破技术，使蓝藻中藻毒素去除率达99.8%，让"爆破"脱毒蓝藻变身为蛋白粉，直接用于饲养鱼、虾、蟹，实现了太湖生态保护的多元发展及蓝藻去毒的生态再利用。

（2）铁腕治理太湖，破解渔业污染治理困局

截至2022年，苏州西部地区完成太湖4.5万亩围网养殖清拆和7.78万亩养殖池塘改造，累计投入资金21.25亿元，全面完成了太湖沿岸3千米范围内养殖池塘整治（其中标准化改造28 468.15亩、清退49 397.25亩），形成了较为健康的生态养殖模式，对有效控制湖体富营养化程度、实现太湖控磷降氮目标、确保太湖水质明显改善起到了重要支撑作用。

(3) 严格落实生态环境部（原环保部）通报的太湖问题的整改工作

其中涉及苏州的22个问题均已整改完成，持续推进了环太湖湿地建设，东太湖围网全部拆除后水生植被生物量总体明显增加；县级以上水源地发现的20个隐患问题全部整治到位；"两违"（违法圈圩、违法建设）全部拆除；"三乱"（乱占、乱建、乱排）整改已全部反正。综合分析各方面数据表明，2022年以来，太湖水质藻情总体达到近十年来最好水平，连续14年实现安全度夏。

2. 擘画新的奋斗坐标，为生态岛建起净化"绿肾"

根据上述《太湖生态岛发展规划（2021—2035年）》与《苏州市太湖生态岛条例》，吴中区采取八个行动策略——水清洁为首要的环境提升、生物多样性指引的生态恢复、自然农法支持的绿色种养、零碳导向的生态镇村建设、生态产业发展与富民、生态技术研发示范应用推广、社区发展和跨界服务的民生治理、生态全链条运营管理的体制机制创新。实施一年多来，已初步为太湖生态岛建起净化"绿肾"。

2021年上半年，苏州市政府印发了《关于支持太湖生态岛建设的若干政策意见的通知》，在三大举措（加大生态优先保护力度、加大绿色发展支持力度、加大重大要素保障力度）十六条政策意见中，对市所属各个责任部门提出了具体要求。举全市之力，协同作战（见图9-23）。

图9-23 苏州太湖生态岛

第九章

薪火相传澎湃动能　点绿成金诗意无限

2021年6月，吴中区金庭镇（西山岛）南端的消夏湾、苏州生态涵养发展实验区重点项目——消夏湾湿地生态安全缓冲区（生态空间中具有消纳、降解和净化环境污染的过渡地带，为生态净化型、生态涵养型、生态修复型和生态保护型四类）正式开工，经半年多的大力奋战，目前该缓冲区一期工程已经投入运营，一幅生态美景的画卷已初露芳容（见图9-24）。未来，这里还将打造万亩生态良田、缥缈有机经济林、南湾湿地水街、湖湾湿地带等生态新景点。

图9-24　苏州太湖生态岛消夏湾湿地生态安全缓冲区一角

消夏湾里鹭鸟飞，稻花流水游人醉。驻足金庭镇缥缈峰半山，向南而望，消夏湾湿地生态安全缓冲区内的大片稻田镶嵌在宜人的湖光山色中——丰收的喜悦裹挟着一季的清香，白鹭、鹡鸰鸟逐水而居。林深时见雾，湖蓝时浪涌，温柔又坚韧，无处不迷人。很难想象，这片区域几年前还是泥泞的滩涂，水污染问题突出——每逢下雨，山上果树茶树的农药化肥残留不经拦截，就直接排入这片低洼地带，水位上涨后，大量富集着磷、氮元素的污水就经过消夏湾直接进入太湖，给水环境带来很大负面影响。如今，旧貌已变新颜。

该湿地生态安全缓冲区项目规划实施面积为18平方千米，总投资3.2亿元，建设期共三年，分为三期：分别为一期南湾村落区，二期万亩良田区，三期缥缈汊湾区。建成后将大大改善周边居民的生活环境，提供可以休憩的湿地公园，提升周边民宿及农家乐品质，带动旅游业发展，成为宜居、宜业、宜游的生态示范区，使太湖生态岛呈现"云雾蒸腾的山，清澈可人的水，风景如画的村"。现今，项目一期已经建成启用：2.6公顷强化型垂直流湿地、0.4公顷雨污截流湿地、12.5公顷浅滩湿地和1千米清水回用廊道等环节，构成了应对面源污染的三道拦截体系。如此"由多到少、由少到集中"的截与导，使得项目成为黄家堡至南湾约4平方千米区域内各类农村面源污染的"绿肾"，进一步改善了区域生态环境，形成了"消夏湾生态净化湿地"。项目全部完成后，每年将减少入湖0.87吨磷、8.7吨氮，对太湖周边面源污染治理、生态安全缓冲区建设具有示范意义，也是山水林田湖草一体化系统性治理的体现。

  垂直流湿地一侧，则孕育着千百年来金庭农人的匠心。得天独厚的地理条件，让岛上喝着太湖水长大的大米清香四溢，煮熟后饭粒晶莹剔透、柔软滑润、富有弹性，冷却后口感不硬，是江苏省稻米市场公认的外观与食味品质俱佳的优质米品种。2021年秋，太湖生态岛消夏湾一期种植水稻4500亩，南粳9036、南粳46、宁香粳9号、金香玉1号等优质品种使用生态岛"太湖绿"品牌，产量达70万千克。减的是近十吨入湖磷氮，添的是百万斤生态大米。2022年5月，太湖生态岛农文旅绿色低碳融合发展，成功入选全国示范区，可谓初战告捷，美丽嬗变正在进行时。

  消夏湾畔，林木葱茏，花草秀美，一条由碎石步道和木质栈道连接而成的步道穿林过滩，串联起明月湾和黄家堡两个村落，这条3千米左右的"绿堤"，现已成为很多来太湖生态岛游客亲近自然的"打卡地"，给这片生态涵养功能区域注入了更多的活力。

  展望不久的未来，生态安全缓冲区全面建成后，预计每年可削减入湖总磷量7.29吨、总氮量67.4吨，对环太湖地区特别是苏州环太湖丘陵山区的农村农业面源污染治理起到典型示范作用。对此，苏州市专门出台3个方面16条配套措施，明确市级各部门、各条线的各项财政奖补政策要优先支持生态岛项目。从2021年起，苏州市在10年内将通过市级财政转移支付的方式，为金庭镇提供30亿元的生态补偿资金。此外，截至目前，已成功举办了太湖生态岛建设推进大会，22个总投资387亿元的重大项目集中签约，使之成为影响全球的国家生态文明名片。

3. 立足大保护，激活新经济

创新大潮奔涌，赋能绿色发展，各项工作立足大保护，寻找最优解。

（1）在浅水湿地厚植芦苇，在河荡专司养鱼外还发展稻鱼综合种养

目下的苏州太湖边，"蒹葭苍苍，白露为霜；所谓伊人，在水一方"。（见图9-25）

正是这些芦苇，使新中国成立前新四军太湖游击队在光福冲山村湖边芦苇荡中坚持抗日。他们在日伪军包围中，藏在芦苇荡中吃芦根、喝荡水坚持20天，给敌人以沉重打击，谱写了一曲惊心动魄的芦荡传奇。现在为抑制蓝藻的生长，太湖边栽植了无数株芦苇。而这些"环保植物"却生长成了太湖湖畔不可或缺的景致。除了巨大的经济价值外，芦苇还有重要的调节气候、涵养水源等生态价值，所形成的良好的湿地生态环境，也为鸟类提供了栖息、觅食、繁殖的家园。

图9-25　苏州东太湖中的芦苇

（2）现在的苏州西山岛已从过去的"卖石头"变成了"卖风景"，生动地展现出绿水青山化作"金山银山"的苏州实践

初冬时节，山峦层林尽染，城乡美景如画，从湖边岸线到美丽乡村，到处都是打卡地（见图9-26）。沿太湖大道一路往西，在贡山路右转，便能看到一个干净整洁、粉墙黛瓦、依湖而建的小村庄，这是政府投资4 000多

万元打造出"康居特色村"。昔日的小渔村正变身为现代化美丽村庄。

图 9-26　苏州太湖岸边打卡地

从 2020 年 10 月起，太湖禁渔 10 年，但吴中地区禁渔不忘江南韵。在这里能欣赏到"落霞与孤鹜齐飞，秋水共长天一色"的美景，原渔村里正以港湾优势，打造宁静致远的游客体验，如渔文化展示馆，集合赏鱼、知鱼、品鱼、绘鱼的"渔趣"，陈列了渔网、虾笼、鱼钩等渔具，保留了这个湖村的渔文化。

（3）打造新场景，激活新经济

跟车减速、变道超车、停车调头……2022 年以来，无人驾驶车在西山岛金庭环岛公路上快速、灵活、平稳行驶。经过半年的打造，环岛公路和镇区主要干道已安装近百套新型数字基础设施。目前，全岛建成双向 100 千米智能网联道路，该"太湖生态岛智慧出行文旅项目"已入选"国家新一代人工智能创新发展试验区（苏州）应用场景案例汇编"。

太湖生态岛的建设，不仅擦亮了生态底色，还提升了发展成色。近两年来，金庭镇围绕推进产业生态化、生态产业化，在现有优势资源的梳理重组之下，大力构建契合太湖生态岛发展定位的产业体系，为前沿技术提供了最佳试验场和应用地。如今,在这里无人驾驶的巴士开始穿梭,新能源车开始普及,一些更低碳、更环保的产业项目纷纷落户……新经济、新产业,不断崛起。随着生态加法的持续深入,全镇发展的引擎"再提速"。

4. 破茧蝶变生态高地,涌现多个奇观奇迹

坚持以人与自然生命为一体,踔厉奋发、笃行不怠,各地"生态进、荒山退,治理进、污染退,高端进、低端退",变革加速推进。从生态修复到生态建设,再到生态产能,构建出湖山村林一体、人文景观相融、城乡互动、生态经济共赢的生态治理体系,为世人保存着一方宝贵的生态财富,彰显出"天堂之美"标识的生态高地。

(1)茂密的森林,满眼青葱的"绿色宝库"

吴中西部拥有五分之四的太湖峰峦、五分之三的太湖水域、五分之二的太湖岸线,生态空间保护区域占全区国土面积的87.1%,占江苏全省的8.1%。鉴于此,该区采用"三线一单"(生态保护红线、环境质量底线、资源利用上线,编制生态环境准入清单)管住空间布局,实行精准管理。例如:在森林管理中推进"林长制"。建于1952年的东吴国家森林公园管理中心(吴中区林场),下辖国有林地14 234.6亩,广泛分布在吴中区的木渎、胥口、横泾、光福、越溪等五个乡镇,共计22个林区(块)。该中心以守林、护林、育林为本职,分工明确,各司其职。不仅有一支防火灭火、装备齐全的精兵强将队伍,其背后还有一批默默守护的吴中林场人。65岁的朱阿二是一位护林员,在寒山岭,一守就是16年,闪烁出平凡之美。他把家建在水库旁的小平房,陪伴他的是两条黑狗。他像保护眼睛一样保护生态环境。他每天巡山10多千米,一个季度穿烂一双解放鞋。他的汗水换来了寒山岭地区多年无森林火情的工作业绩,满眼青葱的森林是他交给社会最美好的答卷,被民众称为森林的"守护神"。

千千万万普通人最伟大,凡人微光亦能彩霞满天。该林场不仅护林,还长年坚持"育林",特别是通过"彩叶工程",在林间间隙地和疏林地中已累计种植各种彩叶树种2万多株,不仅实现了森林景观的"绿化",还实现了"彩化"和"美化",给游客带来了丰富多彩的视觉体验。为进一步提升森林的价值,该中心又精心培育、扩繁了一批紫楠珍贵树种。目前,5万余株、近200亩紫楠苗种在穹窿山等林地茁壮成长,此乃江苏省唯一一家通过人工扩繁与栽培技术将紫楠繁育成功的单位,进一步提高了"绿色宝库"的含金量,使苏州西部的"颜值"飞升,由此点亮了苏州西部山区。

(2)前所未有,出现了多个奇观奇迹

一是"国保蝴蝶"。2022年初夏,苏州环境监测中心联合南京晓庄学院应用生态研究所对太湖西山岛开展蝴蝶生物多样性调查。在观测中,观测团队发现了一只低空飞翔的黑色凤蝶。经过仔细辨别,专家认定这只蝴蝶是有着"国蝶"之称的宽尾凤蝶(见图9-27)。

图9-27 苏州西山岛的"国蝶"(宽尾凤蝶)

这让当时在场的生态环境部全国生物多样性观测专家组成员、江苏省生态学会副理事长、南京晓庄学院应用生态研究所所长李朝晖等人大为兴奋。他说:"这只'国保'蝴蝶在灌木丛中低空飞翔,姿态如仙子般优雅飘逸,独特的花纹看上去清雅素淡","在江苏这样一马平川的平原地带,稀有物种确实难见,宽尾凤蝶出没西山岛实属罕见"。这说明苏州地区,尤其是西山岛及木渎地区当前的自然生态环境底子好,为珍稀物种的生存提供了优质环境。众所周知,"挑食"的蝴蝶是生态系统指示生物的最佳代表,只有环境优良的地方才能吸引"国保"蝴蝶驻足。

二是松叶蕨——植物中的"活化石"。2022年5月中旬,江苏省生态环境厅召开新闻发布会:前不久,珍稀濒危的孑遗植物松叶蕨在苏州太湖生态岛西山国家森林公园被发现,植株形似松叶。它最早出现于约3亿年前的泥盆纪,系最古老最原始的陆生维管束植物,是松叶蕨亚门在中国唯一的分布种,可以说它是植物中的"活化石"(见图9-28)。因它逃过了约2.5亿年前(二叠纪末期)地球上发生的最大规模的生命灭绝事件(超过70%的陆地物种消失),在中国的珍稀植物名录中蕨类植物排名第一位的珍稀濒危植物,被列入《世界自然保护联盟濒危物种红色名录》。它受益于苏州西山岛从古至今生态环境的好。尤其是当下人为破坏少、干扰小,为很多物种提供了良好的生存环境。此乃又一奇迹,再次证明:苏州西部丘陵山区是"汲古为新"的时空殿堂、罕见的活态博物馆。

图 9-28 有 3 亿年历史的"活化石"松叶蕨现身苏州西山岛

三是被誉为"水中大熊猫"的珍稀腔肠动物——桃花水母(见图9-29)。2002年始,生物学家在苏州西部国家高新区白马涧龙池水域中发现了世界濒临绝迹的桃花水母。它最初生长于5.5亿年前,其形状如桃花,故得名。它是地球上最原始、最低等的无脊椎动物。成群的桃花水母活跃在龙池中,就像一把把张开的、有着四根骨

图 9-29 苏州白马涧龙池中的桃花水母

架并带着细细花穗的小伞,水滴般晶莹透明,柔软轻盈,姿态优美,煞是可爱。但它是一种相当脆弱的小动物,哪怕一点点污染都会导致它的死亡。

白马涧上游为龙池,又名胜天水库,面积约2万平方米,水量约8万立方米,池水皆为天然雨水与山泉,一直保持原生态,水质清澈,无污染,故桃花水母经常会现身,生长繁衍。

四是鸟类天堂。《全国县域/市辖区生态系统生产总值(GEP)研究报告2021》显示:吴中区位居全国市辖区GEP(即生态系统为人类提供的产品和服务的价值总量)百强名单首位。苏州西部丘陵山区的生态系统对全社会做出了巨大生态服务贡献,并产生了明显的生态经济效益。监测数据显示:2021年,吴中区PM2.5浓度均值为25.8微克/米^3,同比下降14.6%;优良天数比率为82.4%,同比上升2.1个百分点;臭氧浓度为174微克/米^3,同比下降2.2%。其生态调节服务指数位列全国第四。同期的苏州:PM2.5浓度为28微克/米^3,同比亦下降15.2%;空气质量优良天数比例为85.5%,同比上升1.1个百分点。两项指标分别排名江苏省第一、第四,尤其是PM2.5浓度首破"3",实现了历史性的突破。

"生态好不好,鸟儿说了算。"动物是有灵性的,目前苏州太湖湖滨国家湿地公园有409种野生鸟类在这里栖息繁衍,尤其是已成为"明星物种"小天鹅的越冬地,其中不乏国家保护的珍稀鸟类,是名副其实的"鸟类天堂"(见图9-30)。尤其是三山岛。每年从10月开始,这里还是猛禽迁徙(如凤头蜂鹰、灰脸鵟鹰等)的重要区域,此乃又一奇观。

守住根与魂,涵养新气韵。马克思主义深刻地改变了中国,中国也极大地丰富了马克思主义。苏州西部山区将在省、市、区各级坚强领导下,坚持一张蓝图绘到底,全力构建政府主导、企业参与、全民共建的工作机制,下足"绣花功夫"、攒足"破茧力量",努力打造"为太湖增添更多美丽色彩"的创新样本。

图 9-30　吴中区太湖湖滨国家湿地公园的"鸟类天堂"

（三）绿满湖山灵动诗意，最美吴中世外桃源

行走在苏州西部丘陵山区，只见那环太湖 1 号公路串起千年不息的历史文脉，散发着江南文化迷人的魅力。2022 年 4 月，财政部、住建部发布 2022 年传统村落集中连片保护利用示范县（市、区）公示名单，全国共 40 个县（市、区）上榜，吴中区为江苏省唯一上榜示范区。在住建部公布的 5 批共计 6 819 个中国传统村落名单中，该区共有 12 个村被列入，是全国入选数量最多的县（市、区）之一，而在这 12 个村中，金庭镇又独占 7 席。这是文化的乡愁、历史的印记，为世人保存着一方古老而宝贵的文化遗产与人文自然财富。特别是那些被称作"凝固的记忆"的古老建筑，它们不仅是一种艺术表现形式，更是代表中国文化的符号和象征。

1. 彰显出"天堂之美"标识的生态高地

如今的苏州西部丘陵山区天蓝云白、草木繁盛。看似寻常最奇崛，成如容易却艰辛。近十年，此地施行环境保护制度之严，前所未有。各地"生态进、荒山退，治理进、污染退，高端进、低端退"变革加速推进。大踏步前进，跨越式发展，不断推动着太湖流域水环境质量持续改善（见

图9-31），打造太湖世界级生态湖区，给太湖增添了更多美丽色彩。许多森林草地、湿地滩涂因吸碳多、排放少变成"负碳"区域。鱼虫林鸟湖草浑然一体，荡头荡尾各类鸟儿嬉戏捕食的画面时有出现。

图9-31　2021年太湖湖体氮、磷浓度及同比
（资料来源：江苏省环境监测中心）

2022年，森林面积7.8万亩，约占苏州全市四分之一，森林覆盖率达63.8%，其中国家级重点生态公益林面积7.01万亩，占全市的49.8%……生态之美，有目共睹。特别是东山镇的三山岛，成为全国唯一村建的国家级湿地公园。2022年11月，《湿地公约》第十四届缔约方大会决议，将小微湿地保护和管理"苏州方案"写入《湿地公约》全球推广。

2. 不只富口袋，还要富脑袋

美丽的苏州西部丘陵山区最美的是人，是老百姓脸上洋溢的幸福笑容、身上展现的文明素养、内心沉淀的向上力量。为彰显吴中地区的文明历程，那里新建了三个博物馆：

一是为科普教育，于2010年创建了苏州太湖西山地质博物馆。该馆位于缥缈峰景区水月坞，是江苏省内首家国家地质公园博物馆，建筑面积达6000多平方米，内设地球厅、矿产资源厅、地质环境厅和多功能影像厅等多个展厅，全方位、多尺度地展示了太湖流域特有的构造、地层、古生物、岩溶、湖蚀等自然景观资源，犹如登山时看景，展示了西山及周边地区的自然、人文、地理风貌。它是一个集展览、收藏、研究和教育于一体，兼有科学性、知识性、观赏性和趣味性的科学旅游景点和科普教育基地。

第九章
薪火相传澎湃动能　点绿成金诗意无限

二是为寻根问祖，于2017年创建了苏州吴文化博物馆（又称吴中博物馆）。该馆位于苏州市吴中区澹台湖畔、世界文化遗产大运河遗产点宝带桥南侧。该馆建筑设计灵感来源于苏州的街巷和院落，从高处俯瞰，不同单元的组合连接，整个建筑空间形似"吴"字。（见图9-32）

图9-32　苏州吴文化博物馆（吴中博物馆）

博物馆馆藏6 800多套近万件文物，其中一级品55件，二级品66件，三级品177件，常设主展厅展出1 000多件文物，馆藏文物数量位居江苏省内县市级博物馆前列。开馆后，博物馆开展的"学术讲座""传习""演绎""文创""特别展览""青年策展人计划"等活动长年不断，其中"文哉"系列讲座从"吴文化""地域文化""文化遗产""新美育"等几个专题入手，邀请国内相关领域著名学者开展学术讲座。博物馆的教育课程，基于馆藏文物以及吴地文化遗产开发而成，旨在普及博物馆藏品及相关文博知识，使广大民众进一步了解了吴文化的精髓与血脉基因，带领观众领略江南吴中最动人的往事和上万年历史的风云变幻。

三是为贯通世界、连通中外，于2021年新建了世界一流的苏州博物馆西馆。该馆位于苏州高新区狮山广场，其建筑造型犹如"十个盒子"。这"十个盒子"建筑单体的组合与玻璃廊道交错，与苏州水陆并行的街巷、江南错落有致的民居契合，生出既古典又现代的联想，恍惚瞥见江南和西馆的影子，却又站在了 2021 年。它既承接了那遥远的脉系，又连通着中外。开馆后参观人士从四面八方涌来，争先一睹为快。该馆主要由三部分组成，内容穿梭时空，涉及古今中外。① "纯粹江南——苏州历史陈列"。弥补了东馆缺少苏州通史的缺憾，以 1 200 余件（套）文物，其中精品文物 150 件展现了苏州万年文明史、2 500 多年城市史，溯源苏州文脉传承和地域文化。② "技忆苏州——苏作工艺馆"。苏作技艺巧夺天工，展览用约 800 件（套）文物，讲述了一个从宋元及至当下的苏作工艺沿革故事，展示了苏州顶级的琢玉、雕金、镂木、刻竹、髹漆、装潢、针绣等技艺。③ "罗马：城市与帝国"，这是苏州博物馆与大英博物馆的重磅合作，观众可以从充满异域文明的展品中驰神往罗马城市意象，品味古罗马文明之光。在同一座建筑内，感悟文明同时空，思绪打通了展厅的物理间隔，跨越山海，超越国界，把最新、最美、最好的苏州西部丘陵山区展示给四面八方。

2006 年，贝聿铭大师给了苏州博物馆一个世界级的新起点。一直有人说，苏州博物馆最大的展品就是博物馆建筑本身，它曾令无数建筑爱好者为之迷醉。而西馆一如本馆，一东一西，犹如苏州传统的双面绣，却又一脉相承，各美其美，美美与共。

3. 彰显出"两业融合"引领的养老事业和养老产业高地

没有全民健康，就没有人民群众的幸福感。近三年来，苏州养老服务支出 32.6 亿元，年均增长 10.5%，不断提升了养老服务领域的保障能力。

医疗装备是医疗卫生和健康事业的重要物质基础，直接关系到人民群众的身体健康和生命安全。苏州西部丘陵山区山青水绿空气好，具有养老事业和养老产业高质量协同发展的独特优势。为加快推进养老及康复辅助产业发展，苏州西部地区采用"两业融合"（先进的医学生命科学技术和现代服务业）的领先优势和丰厚积累，已初步形成了"一核多点"的产业布局，推动了养老产业"防、治、康、养"各环节的技术、产品与服务跨学科、新生产、新生活的创新发展。截至 2023 年初,已集聚养老产品研发、创新服务的机构与优秀企业数十家。

(1) 组建健康养老产业发展集团

2021 年 9 月,位于苏州城西高新区金山东路 79 号的苏州市健康养老产业发展集团有限公司揭牌并启动运营。为尽快做大做强健康养老产业,当天活动现场,苏州康养集团就完成 13 项合作项目签约,还与苏州高新区管委会、张家港市政府、吴江区政府、国家开发银行苏州分行、金浦产业投资基金、太平保利投资等 13 家单位签约成为战略合作伙伴(见图 9-33)。为配合这一战略目标,近年来苏州还新建了 16 家社区医院,使小病、常见病能够在家门口得到诊治,并大力发展普惠型养老服务。

图 9-33　苏州市健康养老产业发展集团有限公司揭牌并启动运营

(2) 兴办生物医药研发高科技企业

从 10 多年前医药产值占苏州全市"半壁江山"而声名远扬的"吴中药港"出发,吴中经济开发区不断对标国内领先、国际一流生物医药产业园区,加快完善产业生态体系,推动生物医药产业向中高端转型。2021 年 10 月,苏州欧康维视生物科技有限公司新工厂开业。该工厂是目前全国已建成的最大、最先进的眼科药物制药厂,占地 3 万平方米,最大年产能可达 4.55 亿剂。而位于该开发区的两位一体(苏州爱尔眼科医院暨苏南区域眼科中心）眼科产业，系全球最大眼科连锁医院集团，将为苏南地区带来更多、更优质的眼科医疗资源和人才，进一步推动眼科医疗服务高质量发展，满足人们不断提高的眼健康需求。目前，该开发区已有25个内、外资项目成功开建，涵盖生物医药、智能制造、基金等领域，总投资超200亿元。近几年来，苏州高新区已形成了高端医疗器械、集成电路、软件和信息技术等新兴产业集群，推动了知识链、技术链、人才链、资金链和产业链相互耦合，无缝衔接。

"浮云吹作雪，世味煮成茶"，"人间烟火味，最抚凡人心"。为人民服务，这是中国共产党所有理论的起点和终点，也是中国共产党所有人永远的出发点和归宿。科学史学家李约瑟直言，当代欧美国家"什么都不缺，只缺善良的愿望"，欧美民主应向朴素的中国民本思想取经，因为中国"有一种不依靠超自然力量的伦理学和不以原罪的悲观论学说为基础的伟大文化传统"。从认知革命到农业革命，再到科学革命，"未来"已成为历史演进的元力量。璀璨的苏州西部丘陵山区，星空迷上了山野，有雾有灯也有归人。为打开新战略空间，有着深刻历史自觉的吴中人，结合实际，把生物医药产业作为"一号产业"、建设太湖生态岛作为"一号任务"，他们想的是"等不起""坐不住""慢不得"！因为时间是有重量的。

科技是"元宇宙"实现的管道，人心与情感才是"元宇宙"跳动的心脏。这里既有数不完的风流人物，也有听不完的动听故事。勿忘昨天的苦难辉煌，无愧今天的使命担当，不负明天的伟大梦想。自1867年8月，马克思的名字与画像首次进入中国后，中国人民就念兹在兹，无问西东，造次颠沛，不改初衷，高歌逐浪，奋楫扬帆，"达己达人、天下为公"，正如陈望道所说："真理的味道非常甜。"都说生命不是享有，而是奉献，不要人夸好颜色，只留清气满乾坤。展望"小康后"时代的苏州西部丘陵山区，用制度与法规护航绿色发展，已从小康社会走向中国式现代化的先行示范区，共建一个"更美好的世界"。这个"美"，在于它的静与柔、绿色与富庶（见图9-34）。一位作家说，"人，用尽一生的时光，寻找自己内

第九章
薪火相传澎湃动能　点绿成金诗意无限

心深处的天堂"。我想，这人间天堂远在天边，近在眼前，苏州西部丘陵山区就是一个现实世界中的梦中情人——"天堂中的天堂"[①]。它不求闻达，但总是撩人心扉、扣人心弦的。

图 9-34　吴山点点幽

[①] 1994年秋，费孝通在苏州西部东山镇考察时题写。

后 记

《核心江南——世界罕见的苏州西部丘陵山区历史文化》这本书，缘起于二十年前史树青、罗哲文、吕济民、刘建业四位文史大家于2002年12月在苏州西部调研考察后，共议呈送给党和国家领导人的一封信，信中指出："苏州太湖所具有的深邃文化底蕴和秀丽风光，是我国无与伦比的丰富文化资源，在世界范围内有这样优厚人文与自然资源的地方也是极为罕见的。"对此，敝人一直想写一本书，因忙于其他写作而延误至今，直至2020年初开始动笔，三度春秋，尤其是在新冠疫情稍有好转的间隙，多次实地踏察，且得到了多方的支持和帮助，始有初稿。在出版过程中，东南大学出版社的张丽萍老师又为本书的编辑出版付出了艰辛的劳动，苏州携成教育的姚莉老师在百忙之中帮助修图，借此付梓之际，在此一并表示真诚的谢意！

本书由文博设计领军企业——苏州和氏设计营造股份有限公司全额赞助！不胜感激。

对于书中的不足与不妥之处，敬请专家、学者与广大读者批评指正。

二〇二三年五月一日于苏州寓所